U0137336

方彦寿著作集

方彦寿 著

福建古代刻書論集

海峡出版发行集团
THE STRAITS PUBLISHING & DISTRIBUTING GROUP | 福建教育出版社

图书在版编目（CIP）数据

福建古代刻书论集 / 方彦寿著. —福州：福建教
育出版社，2024.3
（方彦寿著作集）
ISBN 978-7-5334-9920-4

Ⅰ．①福… Ⅱ．①方… Ⅲ．①刻书—图书史—福建—
文集 Ⅳ．①G256.22-53

中国国家版本馆 CIP 数据核字（2024）第 047649 号

方彦寿著作集

Fujian Gudai Keshu Lunji

福建古代刻书论集

方彦寿 著

出版发行	福建教育出版社	
	（福州市梦山路 27 号 邮编：350025 网址：www.fep.com.cn	
	编辑部电话：0591-83716190	
	发行部电话：0591-83721876 87115073 010-62024258）	
出 版 人	江金辉	
印 刷	福建建本文化产业股份有限公司	
	（福州市仓山区十字亭路 4 号燎原村厂房 2 号楼）	
开 本	710 毫米×1000 毫米 1/16	
印 张	31.5	
字 数	482 千字	
插 页	7	
版 次	2024 年 3 月第 1 版 2024 年 3 月第 1 次印刷	
书 号	ISBN 978-7-5334-9920-4	
定 价	88.00 元	

如发现本书印装质量问题，请向本社出版科（电话：0591-83726019）调换。

宋福州东禅等觉禅院刻《崇宁藏长阿含经卷第五》

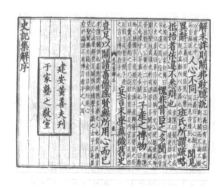

宋黄善夫刻本《史记》

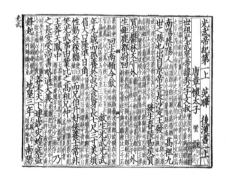

宋建安黄善夫刻本《后汉书》，左上角有耳记篇名

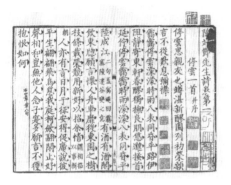

宋建本《陶靖节先生诗注》

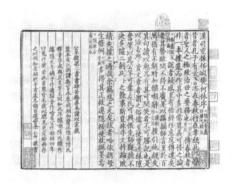

宋绍熙二年(1191)余仁仲万卷堂刻本《春秋公羊经传解诂》

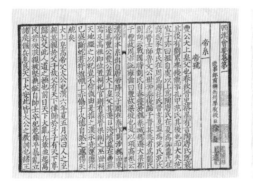

宋嘉定建宁郡斋刻本《西汉会要》

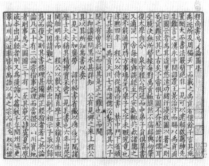

宋泉州州学刻本《禹贡论》

宋吴革刊本《周易本义》

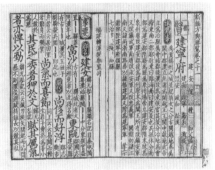

宋咸淳三年(1267)吴坚、刘震孙刻本《新编方舆胜览》

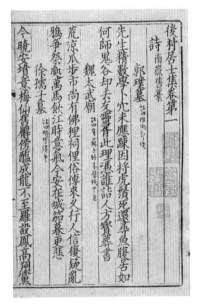

宋建阳刻本《后村居士集》

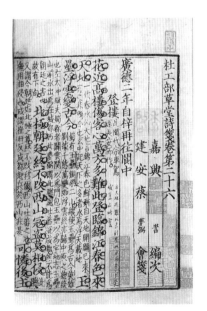

宋蔡梦弼刻本《杜工部草堂诗笺》

元顺帝至元六年（1340）郑氏积诚堂刻本《事林广记》中司马光与朱熹画像

元刻本《文公家礼集注》

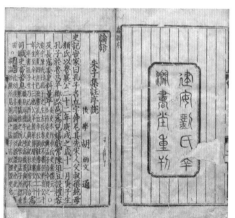

元刘氏南涧书堂刻本《论语集注》

元余志安刻本《四书通》

元建安虞氏刻本《三国志平话》

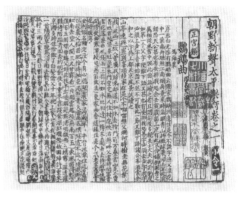

元建阳刻本《朝野新声太平乐府》

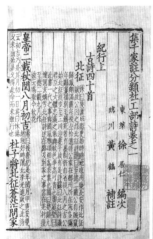
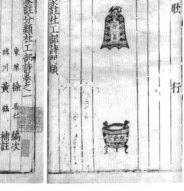

元叶氏广勤堂刻本《集千家注分类杜工部诗》

元至正十六年（1356）刘氏翠
岩精舍刻本《新刊足注明本广韵》

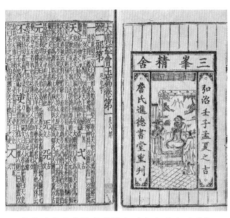

明弘治詹氏进德书堂刻本《大广益会玉篇》

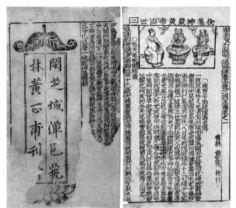

明建阳黄正甫刻本《三国志传》

明建阳书林萧腾鸿刻本《鼎镌西厢记》

明进贤堂刻本《新锲华夷一统大明官制》

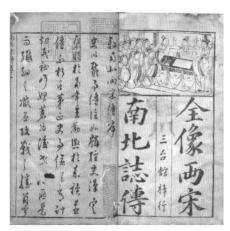

明余氏三台馆刻本《南北两宋志传》

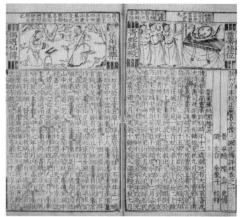

明余象斗刻本《三国志传评林》

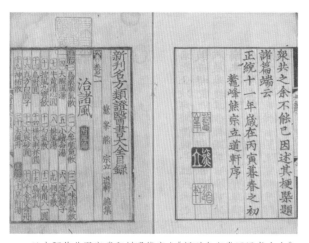

日本阿佐井野宗瑞翻刻明熊宗立《新刊名方类证医书大全》

明正德六年（1511）杨氏清江书堂刻本《新增补相剪灯新话大全》

清浦城北东园刻本《师友集》

清康熙四十八年（1709）正
谊堂刻本《杨龟山先生文集》

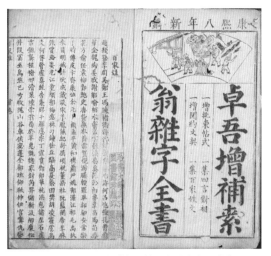

清书林千赋堂刻本《卓吾增补素翁杂字全书》

清四堡寄傲山房刻本《书画同
珍二刻》

前　言

　　荆溪勤有印犹新，座有藏书萃古春。

　　价重寒中田十亩，建安遗简更殊伦。

　　这首题为《家塾本》的七言诗，是清末民初国学大师杨守敬《藏书绝句》中的一首，说的是南宋时期几种著名的古籍刻本的流传与收藏。其中"勤有""建安"指的是宋元时期建阳余仁仲万卷堂、余志安勤有堂，以及刊刻"陆状元《通鉴》"的建阳蔡氏家塾等著名刻书家，后两句则讲述了发生在明代的一则书坛掌故。

　　话说明代藏书家马寒中，其藏书处名"红药山房"。他曾因购书之故到过藏书家龙山查氏的书室，见其案头有宋建阳刻本"陆状元《通鉴》"，一见而喜之，千方百计求让购却遭拒绝。不久，查氏为葬其亲，请风水师所卜的"吉壤"，正好是马家的田产。马寒中得此消息，非常高兴，最终他以十亩田产的巨大代价换得这部建本《通鉴》。然而，爱书如命的马寒中却感觉捡了个大便宜，成交之时，生怕查氏反悔，抱起书就往家里跑！

　　那么，这部诞生于建阳的"陆状元《通鉴》"究竟是一部什么书，为何有如此大的魅力？竟然能够"价重"田产十亩？

　　此书全称《增修陆状元集百家注资治通鉴详节》，共一百二十卷，由南宋著名刻书家建阳麻沙蔡氏家塾刊印。此蔡氏家塾，全名为"梅山蔡建侯行甫家塾"。所谓"陆状元"，即陆唐老，会稽（治所在今浙江省绍兴市）人，南宋淳熙年间进士第一。此书《四库全书总目》（卷四十八）作《增节音注资治通鉴》，卷数相同。其内容，四库馆臣概括为"于司马光书内钞其可备科举策论之用者，间有音注"。

　　在此要特别指出，此书是南宋建阳刻书家们刊行的，是将卷帙浩大的经

1

史类儒学典籍，向"文省而事略"的普及本转型的代表性刻本。就以《资治通鉴》为例，司马光的原著有二百九十四卷，另有目录三十卷、考异三十卷。由于卷帙浩大，书价昂贵，一般贫寒之士无力购买，给此书的传播和普及造成困难。有鉴于此，北宋政和年间（1111—1118），崇安武夷人氏江贽曾率先将此书节编为《通鉴节要》二十卷。由于简明扼要，卷帙缩小，便于购买和携带，使此书得以广泛流传。

江贽，字叔圭，号少微，今武夷山五曲仍遗存"叔圭精舍"门坊，即北宋时江贽所建的书院遗址。一直到明代，江贽所节编的《通鉴》在建阳书坊仍有刻本问世。全称为《宪台考证少微通鉴全篇》，此书今国内外图书馆存有不少明代福建的刻本，以及日本、朝鲜的翻刻本。而麻沙蔡氏家塾刊印的《增修陆状元集百家注资治通鉴详节》，则是以"增注详节"的又一节本方式加以刊行的"通鉴节要"。

应该说，在建阳刻书史上，"陆状元《通鉴》"是传世数量众多的麻沙本中一个很普通的个案。历史上，以《诗经》《书经》《周易》《礼经》和《四书》等一批儒学经典，和以《史记》《汉书》《资治通鉴》等一大批卷帙浩大的史学著作，以及唐诗、宋词、元明小说等大批文学典籍能够得以广泛普及和传播，其时间大多在雕版印刷黄金时代的宋明时期，其地点则与其时位居全国三大刻书中心之一的福建有着密切的关系。

福建刻书的历史十分悠久，上迄于五代，繁荣于两宋，下延于元明和清初。北宋，福州的寺院刻书；南宋，建阳麻沙、崇化两坊刻书，都跻身当时全国的领先地位。元代，建阳仍是全国四大刻书中心（大都、平水、杭州、建阳）之一，书堂、书铺以及刻本的数量均超过宋代。经、史、文集之外，供市民阶层阅读的医书、通俗类书较宋代更多。尤其是日用类书，由于甚为畅销，刊刻者比比皆是。几乎所有的书坊，均有一两种类书刻本。明代是建阳刻书业的鼎盛时期，刻本数量远远超过宋元时期。刻本内容十分广泛，其中医书、类书、小说、戏曲以及日用通俗书籍刻本尤多，内容趋向通俗化、大众化，这是明代建本的特点之一。

建本图书，早在南宋时期就开始流传海外，宋末建阳理学家、刻书家熊禾有"书籍高丽日本通""万里车书通上国"的诗句，表明雕版印刷术和建本图书在宋代已开始向东南亚、东西欧以及世界各地传播，成为传播中华文明，促进中外文化交流的重要载体。

宋明时期建刻的繁荣，为全闽文化的发展创造了极为有利的条件。清代著名学者朱彝尊在《南泉寺新建惜字林记》一文中，对宋元以来麻沙本的作用作了正反两方面的分析。他说："自（后唐）长兴镂《九经》于板，学者无笔札之劳，获观古圣贤书诚厚幸矣。"此后，诸如《史记》《两汉书》和《文选》等一大批史籍、文集"皆付雕造，诸子百家次第皆有"。这些印本图书，"官则储之国学，民间则吴、蜀、越、闽悉能摹印，而闽之麻沙、崇化二坊翻刻流传日多"。在麻沙、崇化两坊所刊刻的图书中，以科举应试之书尤多，由此形成了历代应试举子和读书人"揣摹时文是习，坊间刻本盈屋充栋"的盛况。其负面的影响则是"士子得书易而怠心生"，这主要指的是由于刻本易得，以往学者在抄本时代辛勤手抄、苦读记诵的现象因此有所懈怠。

其实，科举应试之书只是建阳麻沙本的一小部分，在经、史、子、集，即传统的所谓"四部"分类法中，建本图书可谓无所不有，并且对福建文化的发展产生了重大影响，为福建文化的发展创造了极为有利的条件，促使大批经史、文学、科技等方面的著作不断涌现，并得以及时问世和广泛传播，从而使福建在普及教育、科举文化、文学艺术、传统医学，乃至朱子理学的形成和发展等诸多方面都起了重要的促进作用。日本当代学者清水茂指出，福建地处偏僻，远离中央朝廷，在宋代竟然学者如林，人才辈出；闽学更成为道学中心，主要和福建出版业的兴盛有关。[1]

以上仅就福建刻书略述其大端，读者诸君若欲穷究其详，则必须更就本书的其他文字加以详参。

收入本书的三十多篇文章，前后历时 30 多年，是笔者辛勤跋涉书史的部分足迹。其中，或为福建刻书的通考通论，如《发达的福建刻书业》《建阳古代刻书通考》《刻书中心建阳对外传播的基本走向及其影响》等；或为地域分论，既有州郡一级如福州、泉州、莆田、汀州和漳州的区域刻书概况，也有刻书中心建阳与这些区域的关联性研讨；或为个案研究，大如刻书家族，诸

[1]　参见（日）清水茂：《印刷术的普及与宋代的学问》，《清水茂汉学论集》，蔡毅译，北京：中华书局，2003 年。

如《建阳刘氏刻书考》《建阳熊氏刻书述略》，小如某位刻书名家，诸如熊宗立、刘洪；更有专题探讨，如对其时影响最大的朱子学派的刻书及其相关文献研究。从篇幅来说，既有长篇，亦有短札。内容广泛涉及宋明理学、医学、类书、小说、戏曲、诗词、版画、图书广告等。这些文章，大部分曾先后在省内外报刊上发表过，本次结集出版，均一一注明原发刊名或书名，以示对原发刊物、图书编辑的谢意。除对原文某些明显错误略作修改，文中注释统一改为脚注外，一般不作改动，以尽量保持历史原貌。

方彦寿

书于福州理工学院朱子文化研究中心

2022 年 9 月 5 日

目　录

闽刻通考

地域分论

个案研究

专题探讨

闽刻通考

宋明时期的图书贸易与书商的利益追求

中国的图书贸易市场发展到宋明时期，经历了近千年的发展和演变。其间，从西汉元始四年（公元 4 年）长安出现的"相与买卖"经书的"槐市"，[1] 到东汉初王充阅书的洛阳市肆，[2] 均以竹简、木牍为交易对象，是图书市场的萌芽阶段。唐代，公元九世纪左右，长安、成都出现了一批以出售雕版历日、医书、佛经为主的书坊；扬越间则有印卖元稹、白居易诗集的书肆，则是印本图书走向市场的开端。

由于唐代政府用书仍停留在手抄阶段，故唐代的图书贸易，从图书商品来看，是印本与抄本并行或相互竞争的时代；从市场主体而言，则是民间坊刻之间的竞争。这种状况，直到后唐长兴三年（932）国子监刻印《九经》，才有所转变，印本图书开始占据上风；图书市场上，也开始有了"官刻"这样一支后起的力量。

一、宋明时期的图书市场

宋代是我国雕版印刷业的黄金时代，也是图书贸易繁荣的时代。这一时期，印本基本上取代了抄本，成为图书市场的主要商品。

从出版机构来看，以民间坊刻为主，以政府官刻、民间家刻为两翼的三大系统已经形成，并由此一直延续到明清时期。从刻书地域来看，福建刻书业呈后来居上之势，成为全国最大的刻书中心。生活于两宋之交的叶梦得

---

[1] 〔唐〕欧阳询：《艺文类聚》卷八十八引《三辅黄图·明堂》，北京：中华书局，1965 年，第 1517 页。

[2] 〔南朝宋〕范晔：《后汉书》卷四十九《王充传》，北京：中华书局，1965 年，第 1629 页。

（1077—1148）在《石林燕语》卷八中曾对"今天下印书"的杭州、四川、福建、京师（开封）四地的刻本进行过一番比较和评价，实际上已告诉我们，北宋时全国有四个主要的刻书基地。根据宋明时期的坊刻，大多具有集出版、印刷与销售于一身的特点，故刻书业繁荣之处，往往也是图书贸易繁荣的地方，由此可以推断，北宋时的汴梁（开封）、杭州、四川和福建也是当时全国最大的图书贸易市场。

以汴梁为例，据孟元老《东京梦华录》卷三载，京都大相国寺内就有很大的图书市场，"殿后资圣门前，皆书籍、玩好、图画"。北宋文人穆修，得韩愈、柳宗元二集善本，曾出资刻版印行，在相国寺设肆出售。[1]据李清照《金石录后序》，每逢朔望，这位女词人即与其夫赵明诚到相国寺书市上淘书，遇到合适的图书，"辄市之，储作副本"。

由于汴梁图书贸易繁荣，士人云集，市场广阔，很自然地成了外地书商发行图书的首选。《道山清话》记载了一则北宋时期有关图书发行的轶事：

> 张文潜尝言，近时印书盛行，而鬻书者往往皆士人，躬自负担。有一士人尽掊其家所有，约百余千，买书将以入京，至中途，遇一士人取书目阅之，爱其书而贫不能得。家有数古铜器将以货之，而鬻书者雅有好古器之癖……于是尽以随行之书换数十铜器，亟返其家，其妻……问得其实，乃詈其夫曰："你换得他这个，几时近得饭吃？"其人曰："他换得我那个也，则几时近得饭吃？"因言人之惑也如此，坐皆绝倒。[2]

张文潜即诗人张耒（1054—1114），为苏门四学士之一。从上文的语气看，此事当时是当作笑话来讲的，却从中透露出这样的信息：一是北宋时搞长途贩书的即所谓"行商"中有不少读书人，且生活比较贫困，倾其家中所有，仅能做一"躬自负担"的小本生意，贩书只是为了"近得饭吃"，即维持

---

[1]〔宋〕朱弁：《曲洧旧闻》卷四《穆伯长自刻韩柳集鬻于相国寺》，孔凡礼点校，北京：中华书局，2002年，第142页。

[2]〔宋〕佚名：《道山清话》，《丛书集成初编》本，上海：商务印书馆，1939年，第6页。

基本的生活。二是长途贩运的目的地是"入京",即京师汴梁。其原因不外乎是京师图书市场容量大,成交快。由此可见,北宋时的汴梁不仅是刻书基地,也是全国各地出版物的聚散之地和交易中心。

宋南渡后,临安(杭州)取代了汴梁的地位,成为当时南宋的政治、经济、文化中心,也是刻书中心和图书贸易中心。吴自牧《梦粱录》卷十三载:"大抵杭城是行都之处,万物所聚,诸行百市,自和宁门杈子外至观桥下,无一家不买卖者。"[1]北宋时,临安就有陈氏万卷堂、杭州大隐坊等书铺印书。南宋时书铺更多,今可考者尚有 20 多家,多以"书籍铺""经铺""文籍铺"命名。最著名的是陈起的书籍铺,以刊刻"江湖派"诗人的诗集而闻名于世。这些书铺既刻书,同时也卖书,其主人往往就是出版兼发行于一身的书商。

南宋福建以建阳(治所在今南平市建阳区)坊刻为主的刻书业发展迅速,在刻书数量上一跃而居于全国首位。一直到明代,仍是刻书最多的地方,同时也是全国规模最大的图书贸易市场。建阳图书市场的主要地点在麻沙和崇化(今书坊乡),并称"两坊"。南宋的方志学家祝穆在《方舆胜览》卷十一中,将建本图书列为第一项"土产",并称"书籍行四方。麻沙、崇化两坊产书,号为图书之府"。既说到"产书"即刻书业的繁荣,又提到了"书籍行四方"即图书贸易的兴盛。《(嘉靖)建阳县志》卷三则记载说:"书市在崇化里,比屋皆鬻书籍,天下客商贩者如织,每月以一、六日集。"这里的"比屋皆鬻书籍",是说街道两旁所有的店铺,清一色全是卖书的。这是写实,而并非夸张。现今凡是到过建阳书坊乡考察的人都知道,这里还有一条保存不甚完整的古街,长约五六百米。两侧的房屋仍是过去留下的店铺模样,使用的门面仍是过去那种可拆卸的铺板。在这样的一条古街上,两旁的店铺全部出售图书,其盛况,大概可与今天北京的琉璃厂相媲美。且每逢一、六日集,每月就有六次这样的图书集市,这种与当地的赶集(当地人称为墟市)的习俗紧密结合在一起,而又以图书为主要交易对象的文化集市,无论是中国图

---

[1]〔宋〕吴自牧:《梦粱录》卷十三《团行》,《丛书集成初编》本,上海:商务印书馆,1939 年,第 112 页。

书史还是经济发展史上，都是极其罕见的。[1]

与宋代不同，元代的图书市场，生产与销售出现了某种不太一致的地方。宋代的刻书中心如临安、建阳、成都，往往也是最大的图书贸易市场，而从元代开始，这二者之间出现了某种背离。元代的刻书中心主要在"两阳"，即北方的平阳（治所在今山西省临汾市）和南方的建阳，而图书交易最大的市场则是在大都（北京）、杭州和泉州等地。其原因：一是元朝统一中国，使政治中心重新北移，也带动了经济和文化的北移；二是图书的生产以原材料为主，原材料丰富、价廉之处往往就是书坊云集之地，建阳和平阳就是这样的地方。而图书销售市场则以商业繁荣、人口比较集中的大都市为首选，元大都、杭州、泉州等地作为当时闻名世界的大都市，理所当然地成为各地书商的角逐之地。当然，生产图书的地方如"两阳"实际上也有销售，而销售图书的大都市如大都、杭州也有书坊刻书，只是各自的侧重点不同而已。如建阳"每月以一、六日集"的崇化书市在元代仍然存在。谢枋得在抗元兵败后隐居建阳期间，就目睹了其盛况。他在《云衢夜月》一诗中写道："长虹跨陆登云衢，会通四海同车书。日斜市溃夜喧息，月夜云静天无疵。"[2]诗中描写元初的书市喧闹异常，一直到"日斜"之时方才散市，逐渐安静下来，说明元初的建阳图书市场恢复得相当迅速。平阳地处山西，本为金代中国北方的刻书中心。蒙古灭金后，在此设经籍所。入元后，金代旧店和元代新铺并存，书肆略少于建阳而多于杭州。大都刻书则以官刻为主，坊刻不多，知名者有窦桂芳设的活济堂，刻本均为医学书籍。窦本建安（治所在今福建省建瓯市）人氏而开肆于大都，由此可知政治中心北移对书商的吸引力。

入明以后，图书生产与销售地点的"背离"越发明显。明代著名藏书家胡应麟是最早发现其时"书之所出而非所聚"，并揭示这种"出"与"聚"即生产与销售二者之间出现背离的学者。他在《少室山房笔丛》卷四《经籍会通四》中说：

---

[1] 这种"每月以一、六日集"，每隔五日一集的习俗，建阳的各乡镇，甚至在建阳的城关至今仍有保留，只是早已没有这种以图书为交易对象的"书市"了。

[2] 〔明〕冯继科等：《（嘉靖）建阳县志》卷三，《天一阁藏明代方志选刊》本，上海：上海古籍书店，1962年，叶12A。

今海内书，凡聚之地有四：燕市也，金陵也，阊阖也，临安也。……凡刻之地有三：吴也，越也，闽也。[1]

所谓"聚之地"是说聚集全国各地出版的图书最多，图书贸易最繁荣的地方，其四地分别为北京、南京、苏州和杭州。所谓"刻之地"是说生产图书最多的地方，其三地分别为江苏、浙江和福建。由此可知，明代北京刻书不多但图书贸易繁荣。据张秀民《中国印刷史》，明代北京可考的书坊仅金台汪谅、金台岳家、永顺书坊等十几家，与建阳书坊达 200 多家相比，[2] 的确不多。但北京作为京城，人文荟萃，经济发达，故"海内舟车辐辏，筐篚走趋，巨贾所携，故家之蓄，错出其间"，从而使北京的图书贸易"特盛于他处"，[3] 成为明代全国的图书贸易中心。

明代的福建仍是全国刻书最多的地方，但因僻处东南一隅，从图书贸易的角度而言，以本地所产图书向外批发流出为主，而非外地刻本流入之地。而苏州、南京的市场"巨帙类书，咸荟萃焉"。其中七成为两地自刻本，福建刻本占了三成。杭州市场因"其地适东南之会，文献之衷"，故"三吴七闽，典籍萃焉"，[4] 江苏和福建刻本在此云集。可见，江苏（南京、苏州）和浙江（杭州）既是刻书业发达之处，也是图书贸易繁荣的地方。

元明时期图书市场的这种背离，其实质是自古以来以坊刻为主体的出版业集出版、印刷与销售于一身的三元结构方式，在新的时代背景之下所产生的第一种裂变，即图书市场的产与销的分离。这种分离，使图书的生产与销售成为各自相对独立的行业成为一种趋势，是现代出版业与图书发行业得以各自最终形成的滥觞。

---

[1]〔明〕胡应麟：《少室山房笔丛》卷四《经籍会通四》，北京：中华书局，1958年，第 55～56 页。

[2] 据拙著《建阳刻书史》（中国社会出版社，2003 年），明代建阳书坊多达 221 家。

[3]〔明〕胡应麟：《少室山房笔丛》卷四《经籍会通四》，北京：中华书局，1958年，第 55 页。

[4]〔明〕胡应麟：《少室山房笔丛》卷四《经籍会通四》，北京：中华书局，1958年，第 55 页。

以上所言，仅举宋明时期图书贸易的主要市场而论；实际上，这一时期图书市场已遍布全国城乡各地，形成了图书市场的交易网络，促使印本图书"行四方者，无远不至"。从宋代开始，流传至朝鲜半岛、日本，明代因西方传教士的中介作用而流传至欧美各国。

二、图书贸易的品种与方式

图书市场上交易的主要品种是已装订成册的成品图书。新印图书之外，古旧书籍也是图书市场上的一大品种。如南宋临安陈思，是其时著名的刻书家，印书出售之外，亦买卖古籍。著名理学家魏了翁的许多藏书，就源于陈思之代为"收揽"。[1] 陈振孙为陈思编刻的《宝刻丛编》作序说，都人陈思，因为买卖新旧图书，许多买家和卖家都和他交上了朋友，由于经手的古旧图书多了，他也成了精于版本鉴别的行家。明代北京的城隍庙书市，是古旧图书的聚散之地，藏书家张诚父曾在此购得宋版徐锴著《说文解字韵谱》五卷。该书卷末有其题记云："万历乙未年（1595）长至日，得于北京城隍庙，价银拾两，子孙其世宝之。"[2] 明万历、崇祯年间，常熟毛晋为了刻书而广搜古籍善本，成为其时古旧图书交易的一大亮点。他在家门前张榜曰："有以宋椠本至者，门内主人计叶酬钱，每叶出二百；有以旧钞本至者，每叶出四十；有以时下善本至者，别家出一千，主人出一千二百。""于是湖州书舶云集于七星桥毛氏之门矣。邑中为之谚曰：'三百六十行生意，不如鬻书于毛氏。'"[3] 由于毛晋收书是在与"别家"即其他书商的竞争中进行的，由此也推动了当地古旧图书市场的发展。

新印与古旧图书之外，在进入市场的图书品种中，还有一种"半成品"，即由购书者自选纸张、油墨，或缴纳纸墨钱进行自印。此举最早始于北宋的

---

[1]〔宋〕魏了翁：《宝刻丛编序》，清光绪十四年（1888）吴兴陆氏十万卷楼丛书《宝刻丛编》卷首，叶1B。

[2]〔清〕彭元瑞等：《天禄琳琅书目后编》卷三，北京：中华书局，1995年，第268页。

[3]〔清〕叶德辉：《书林清话》卷七，北京：中华书局，1957年，第192页。

国子监。《书林清话》卷六载:

> 宋时国子监板,例许士人纳纸墨钱自印。凡官刻书,亦有定价出售。今北宋本《说文解字》后,有"雍熙三年(986)中书门下牒徐铉等新校定《说文解字》",牒文有"其书宜付史馆,仍令国子监雕为印板,依九经书例,许人纳纸墨钱收赎"等语。[1]

由此可知,北宋监本书"许士人纳纸墨钱自印"是一个惯例。徐铉校本《说文解字》,只是仿照《九经》等监本原来的"书例"而已。

靖康之难,使官私藏书被金人掳掠一空。宋南渡后,馆阁缺书的问题尤为突出。绍兴五年(1135)闰二月,尚书兵部侍郎兼史馆修撰王居正上言:"四库书籍多阙,乞下诸州县将已刊到书板,不以经史子集小说异书,各印三帙赴本省。系民间者,官给纸墨工赁之值。"[2]南宋朝廷依此实行。此为中央政府为解决史馆图书之缺,利用各地现成书板,每种各印三部。州县官刻无偿调拨,民间坊私所刻,付给纸墨工钱,以及使用书板的租金。

宋明时期这种利用原有书板自选纸墨,甚至版式的"半成品"交易,也扩大到民间。南宋理学家朱熹(1130—1200)在建阳讲学时,有许多学者通过他来购买建本图书。有一个叫周朴的,寄了一笔钱,开了一个购书单给朱熹。朱熹在回信中说,你要买的书,已买到交给来人。你要的《汉书》,"不知是要何等纸,板样大小如何?其人未敢为印。有便子细报及,当续为印也"[3]。可见,建阳书坊可以根据读者所需,自由选择合适的纸张和版式。经济状况好的,可选好纸,以及字大行疏的版式;经济状况不允许,则可选择差一点的纸,以及行格紧密的版式,以节省开支。这种可供选择的"半成品"交易方式,能够适应不同层次读者的需求,可能在各地的图书交易市

---

[1]〔清〕叶德辉:《书林清话》卷六,北京:中华书局,1957年,第143页。

[2]〔宋〕李心传:《建炎以来系年要录》卷八十六,上海:上海古籍出版社,1992年,第207页。

[3]〔宋〕朱熹:《晦庵先生朱文公文集》卷六十《答周纯仁》,朱杰人、严佐之、刘永翔主编《朱子全书》第23册,上海:上海古籍出版社、合肥:安徽教育出版社,2002年,第2871页。

场上，或多或少地都曾经存在过。

明永乐、宣德年间，明朝政府曾有过几次大规模的征购图书的行动，以弥补馆阁藏书的不足。宣德四年（1429），有孔子后裔"衍圣公孔彦缙以请市福建麻沙板书籍咨礼部尚书胡濙，奏闻许之，并令有司依时值买纸雇工摹印"[1]。这是官方根据需要自购纸张，利用书坊现成的书板雇工摹印。官方与书坊之间所进行的，是一种图书"半成品"的买卖交易。

宋明时期图书交易的第三种方式是书板转让交易。此举最早见于北宋杭州的市易务。市易务系北宋时平抑物价的官方机构，在主业之外，也附带刻印图书。元祐四年（1089），大文豪苏东坡知杭州时，市易务欲将一批书板转售给杭州州学，计价 1469 贯有奇。苏东坡认为此事不妥，故上了《乞赐州学书板状》，[2] 要求无偿划拨给州学。此次书板转让的最后结果如何，不得而知，但杭州市易务开官方图书贸易书板转让之先河，应无疑义。

有趣的是，就在杭州市易务转售书板的同一年，泉州商人徐戬也开始了书板买卖，且将书板卖到了国外。徐戬本为海商，私下受高丽国（朝鲜半岛上古国）的委托，在杭州雕造《华严经》2900 多片，竣工后用海船运往高丽，徐得到酬银 3000 两。由于此事完全是徐戬个人的私下交易，事先未奏准官方同意，被杭州知州苏东坡知悉后，一纸奏状，徐戬被"特送千里外州、军编管"。[3]

宋明时期书商之间书板转让交易的典型事例，当属元代建阳余志安（1275—1348）勤有堂。余氏于元皇庆元年（1312）刊刻的《集千家注分类杜工部诗》二十五卷，在余志安逝世 15 年后，即至正二十二年（1362），不知出于何种原因，其后人将书板出售给了建阳叶氏广勤堂。今存至正二十二年印行的叶氏广勤堂本《集千家注分类杜工部诗》，即为原勤有堂刻板。叶氏购得其板后，在实现了版权转让的情况下，挖去勤有堂牌记，另增刻"三峰书

---

〔1〕〔清〕施鸿保：《闽杂记》卷八《麻沙书板》，来新夏校点，福州：福建人民出版社，1985 年，第 116 页。

〔2〕〔宋〕苏轼：《乞赐州学书板状》，《苏东坡全集·奏议集》卷六，北京：中国书店，1986 年，第 464—465 页。

〔3〕〔宋〕苏轼：《乞禁商旅过外国状》，《苏东坡全集·奏议集》卷八，第 493—494 页；《论高丽进奉状》，《苏东坡全集·奏议集》卷六，第 468 页。

舍""广勤堂"刊记,印行发售。明正统年间(1436—1449),远在北京的金台汪谅又从叶氏子孙手中购得此书板,亦改换刊记印行。这种书板一再转让,重印本迭出的现象,给后来的版本学家造成麻烦,以致误录。当然也有自以为高明的,如清代馆臣所纂《天禄琳琅书目》卷六著录此书有一段长长的文字,将叶氏改换余氏刊记印行之事分析得条条是道,但著录者显然对宋明时期有书板交易一说一无所知,以致将叶氏印本斥为"作伪"。叶氏既购得余氏书板,[1] 就是该书板的合法所有者,要怎么修改或挖改,那是他的权利。试想,假如叶氏不做挖改,而仍按原板印刷出售,就会造成以元末印本冒充余氏之皇庆原印本的混乱,那岂不是真正的"作伪"?

明万历年间书林刘龙田乔山堂刻本《三国志传》,和闽建书林笈邮斋刻本《三国志传》,过去多认为是两种刻本,拙著《建阳刻书史》亦沿袭此误。经陈翔华先生考证认为,其实笈邮斋并未刻此书,而是用乔山堂书板重印的。[2] 乔山堂的刻板当然不可能平白无故地交给笈邮斋重印,且打上笈邮斋的刊记。我们今天虽已无从了解此书板易主背后的故事,但此书板是乔山堂转售给笈邮斋的应无疑义。

明末著名刻书家毛晋为扩大其刻书经营业务,也曾于崇祯三年(1630)购置了胡震亨《秘册汇函》残板,经修补,刊行了大型丛书《津逮秘书》十五集,收书 137 种。[3]

除了以上三个品种的"显性交易"方式之外,宋明时期还有一种不太为人们所关注的"隐性交易"方式,即书坊接受官私方委托刻印图书。这种交易方式的主体是在书坊与某一官方机构,或某一私宅或个人之间进行的。由于许多官方机构或私宅,并非专业的刻书机构,因某种原因,临时需要出版某种或若干种图书,但又缺乏雕版印刷方面的知识和经验,于是就委托某些比较有实力的书坊来承担这一任务。这种交易方式,均由委托方负责出资,并负责书稿的编辑和校对。在版式的设计,字体、纸张的选择上,书坊必须

---

[1] 历史上并无余氏与叶氏的版权纠纷发生,因此推断此书板为正常的转售。

[2] 陈翔华:《刘龙田及其乔山堂本〈三国志传〉纪略》,《三国志演义古版丛刊五种》之四,中华全国图书馆文献缩微复制中心,1995 年。

[3] 〔清〕叶德辉:《书林清话》卷七,北京:中华书局,1957 年,第 199 页。

按照委托人的要求办理，书坊仅负责书板的雕印和装订等事务的具体实施而已。

宋明时期，这种图书交易的事例是很多的。笔者在《建阳书坊接受官私方委托刊印之书》[1]一文中，列举了建阳书坊接受官府委托刻书，宋代4例，元代3例，明代17例；接受私家委托，宋代5例，元代4例，明代5例。在外地其他书坊，这种情况也或多或少存在。如宋绍熙元年（1190）朱熹在漳州，将吕大临《芸阁礼记解》十六卷"刻之临漳射垛书坊"。[2]元太宗时，中书令杨惟中委托大都书坊刊行《四书》，尚书田和卿也委托书坊刊行《易程氏传》《书蔡氏传》《春秋胡氏传》等。[3]明末毛晋受王象晋委托，为之刻印《二如亭群芳谱》，受张之象委托刻印《唐诗类苑》，又受张溥委托刻印《汉魏六朝百名家集》等。[4]

宋明时期书坊接受官私方委托刻印图书，其实质是自古以来以坊刻为主体的出版业集出版、印刷与销售于一身的三元结构架设，在图书市场销售方式的探索过程中所产生第二种裂变，即图书出版者与印刷者的分离。这种分离，使图书的生产出现了出版与印刷两个不同的环节，是现代出版业与印刷业得以各自最终形成为不同行业的滥觞。

三、三大系统的不同市场表现与评价

作为图书的主要生产者，官、私、坊这三大系统的刻书机构，实际上也是宋明时期图书贸易的主要参与者；而其主体部分，则仍是各地从事坊刻的书商，盈利是其主要目的。

一般来说，盈利不是官刻的主要目的，但为了收回成本，或作为增收项目，实际上也参与图书市场的角逐。官刻本在五代时就有"印卖"的记载。

　[1]　方彦寿：《建阳书坊接受官私方委托刊印之书》，《文献》2002年第3期。
　[2]　〔宋〕陈振孙：《直斋书录解题》卷二，北京：现代出版社，1987年，第1187页。
　[3]　〔元〕姚燧：《牧庵集》卷十五《中书左丞姚文献公神道碑》，《四部丛刊》本，上海：商务印书馆，1929年。
　[4]　李瑞良：《中国出版编年史》（下），福州：福建人民出版社，2004年，第510页。

《资治通鉴》载：后唐长兴三年（932）二月辛未，"令国子监校定《九经》，雕印卖之"[1]。入宋以后，国子监书库官"掌印经史群书，以备朝廷宣索赐予之用，及出鬻而收其直以上于官"[2]。可见，北宋的国子监刻本除了准备朝廷恩赐之用外，一部分也是"出鬻而收其直"的。叶德辉在《书林清话》卷六中甚至断言宋代"凡官刻本，亦有定价出售"，并举了南宋时期各地官方机构公使库、州县学的六种刻本为例。如绍兴十七年（1147）黄州官刻本《小畜集》，书中有纸墨工价"共计一贯一伯（百）三十六文足，见成出卖，每部价钱五贯文省"的牒文；淳熙三年（1176），舒州公使库刻本《大易粹言》，每部成本为二贯七百文，书内牒文称"本库印造见成出卖，每部价钱八贯文足"。[3]

《天禄琳琅书目后编》卷四载宋淳熙象山县学刻本《汉隽》，序后详列成本与定价："每部二册，见卖钱六百文足。印造用纸一百六十幅，碧纸二幅，赁版钱一百文足，工墨装背钱一百六十文足。"文中列出的"赁版钱"系指雕版的折旧费，加上印刷工本费共 260 文，定价为 600 文，其利润竟高达 130%。该书目其下又载："杨王休题云：'善本锓木，储之县庠，且藉工墨赢余为养士之助。'故书末详胪工价，宋元郡庠书院多以刻书印鬻供膏火，不同坊贾居奇。"[4] 此是为了说明宋元时期州县学等官刻本售出后，其盈利部分是作为补贴士子学习的费用，而与书商纯粹是为了盈利有所不同。当然，这只是清代馆臣的说法，其实，同样是作为商品投放市场，二者只有参与程度上的差别，而并无实质的不同。

与官刻一样，宋明时期的私家刻书也不以盈利为主要目的。但在图书市场上，又不时地能见到他们的身影。据载，仅南宋时期，从事家刻的士大夫和著名人士就有陆游、范成大、杨万里、周必大等 100 多人。[5] 其中最具典

---

[1]〔宋〕司马光：《资治通鉴》卷二百七十七《后唐纪六》，北京：中华书局，1956 年，第 9065 页。

[2]〔元〕脱脱等：《宋史》卷一百六十五《职官志五》，北京：中华书局，1977 年，第 3916 页。

[3]〔清〕叶德辉：《书林清话》卷六，北京：中华书局，1957 年，第 143—144 页。

[4]〔清〕彭元瑞等：《天禄琳琅书目后编》卷四，清刻本，叶 26A—B。

[5] 张秀民：《中国印刷史》，上海：上海人民出版社，1989 年，第 56 页。

型意义的，是南宋的理学家朱熹。

乾道年间，朱熹由于奉祠家居，仅领半俸，生活陷于"艰窘不可言，百事节省，尚无以给"[1]的困境之中。为了摆脱此窘境，也为了保证自己的学术研究能够顺利进行，他在讲学和著述之余，在建阳崇化刻书作坊、书铺林立之处也开设了一间"书肆"，朱熹的书铺无名号，只称"书肆"[2]，从事书籍印卖活动。试图以此维持生计，弥补其半俸之不足。朱熹将售书所得利润，戏称为"文字钱"[3]，以此作为"自助"的经济来源。由于是文人经商，缺乏经验，朱熹的书肆最终因经营不善而倒闭，其原因，今已无从详考。笔者在《晦庵先生朱文公文集》中他给师友门人的书信中发现，为了传播其学术思想，他的一大批刻本多采用了赠送的方式，表明朱熹的经营目标的确只是停留在"自助"的水平上，而不是单纯为了盈利。

与官刻、家刻不以盈利为主要目的不同，坊刻的目的很明确，就是为了盈利，故流通性好，能畅销的图书被竞相刊刻。以市场需要为导向来选择图书品种，是从事坊刻者最基本的生存和发展之道。正因如此，科举应试之书、日用类书籍和通俗文学作品成为宋明时期刊刻最多、图书市场销售量最大的门类，也就不难理解了。

同样是刻印图书，官刻、家刻是把图书传播文化知识的属性摆在第一位的。刻本首先是精神产品，其次才是商品；赏赐、赠送之外，才讲"鬻卖"，故在他们那儿，图书的商品属性是不完全或不充分的。坊刻则不同，在他们眼中，图书首先必须是商品，能够买卖盈利，其次才讲它的文化属性。正因为坊刻的这个特点，人们才把从事坊刻者称为"书商"，即从事图书印卖活动

---

[1]〔宋〕朱熹：《晦庵先生朱文公别集》卷六《书·林择之（七）》，朱杰人、严佐之、刘永翔主编《朱子全书》第25册，上海：上海古籍出版社、合肥：安徽教育出版社，2002年，第4945页。

[2]〔宋〕朱熹：《晦庵先生朱文公续集》卷八《答李伯谏（书二、书三）》，朱杰人、严佐之、刘永翔主编《朱子全书》第25册，上海：上海古籍出版社、合肥：安徽教育出版社，2002年，第4786—4787页。

[3]〔宋〕朱熹：《晦庵先生朱文公别集》卷六《书·林择之（七）》，朱杰人、严佐之、刘永翔主编《朱子全书》第25册，上海：上海古籍出版社、合肥：安徽教育出版社，2002年，第4945页。

的商人。商人的本质是为了赚钱，而只有让图书具备完全的商品属性，以商业的运作模式来经营出版和发行，图书的生产和再生产才有可能获得源源不断的经济上的支持和保证。从这个角度来说，宋明时期的书商是这一时期图书市场中最具活力的主体，就好像我们不得不承认来自民间的书坊、书肆曾经是唐代或此之前雕版印刷业最主要的奠基者一样，我们还不得不承认，宋明时期从事坊刻的书商，是推动这一时期图书市场商品经济发展的最主要的力量。

四、从市场发展的角度评价书商的利益追求

在传统的评价中，人们习惯于从比较坊刻、官刻、私刻的质量这一单一角度出发，故对坊刻往往是贬抑者居多。从宋代以来，批评、斥责"坊贾射利"之说几乎是众口一辞，不绝于耳。这对部分坊刻本质量欠佳，粗制滥造，甚至偷工减料的批评，虽不乏合理的一面，但这种偏执于一端的指责，无形中既抹杀了"坊贾"在推动图书市场商品经济发展方面的贡献，也否定了书商可以而且应当追求正当利益的合理性。

与传统偏见不同，书商追求正当的利益得到理学家朱熹、熊禾（1247—1312）等人的赞赏。熊禾在为元代建阳书坊同文书院写的《上梁文》中甚至把坊刻本与朱熹的著作相提并论，称为"文公之文，如日丽文；书坊之书，犹水行地"，把能够促使"书籍高丽日本通"的坐贾、"万里车书通上国"的行商统统赞美为"伟儿郎"。[1] 这对培育当地图书市场的发展，促进中华典籍的海外传播，无疑具有进步意义和重大影响。在封建社会普遍贱商、鄙商的氛围中，熊禾的言论，显得尤为可贵。

朱熹对宋明时期图书市场发展的影响也是显而易见的。他除了以其亲身在建阳崇化开设书肆的经历，对书商盈利的合理性作了肯定的答复外，在所撰《不自弃文》中，他还明确提出了"商其业者，必至于盈资"[2] 这样一个

---

[1] 〔元〕熊禾：《熊勿轩先生文集》卷五，北京：中华书局，1985年，第65页。

[2] 〔宋〕朱熹：《朱子遗集》卷四，朱杰人、严佐之、刘永翔主编《朱子全书》第26册，上海：上海古籍出版社、合肥：安徽教育出版社，2002年，第697页。

重要的观点。他认为商人追求正当的利益，就好像士人登科、农者积粟、工者作巧一样天经地义，无可厚非。[1] 当把"商其业者，必至于盈资"这种进步的观点放在宋明时期图书市场发展的大背景中，再对书商的逐利行为进行观照和考察时，我们就会得出不同于以往的以下几点结论。

1. 书商的利益追求，平抑了图书商品的价格，其面向平民阶层读者的态度，也起到文化普及的作用。

以服务对象而言，官刻、家刻主要着眼于士大夫阶层，而很少考虑普通百姓的需求。在刻本的内容上，他们更侧重于选择经、史类的著作。他们虽不以盈利为主要目的，但在图书的定价上，官刻本着眼于士大夫阶层的选择，使其书价高企，这让平民百姓难以接受。上文在列举南宋的三种官刻的书价，《小畜集》的利润高达 320％，《大易粹言》的利润 175％，《汉隽》的利润也有 130％。由于缺乏这一时期家刻本、坊刻本的图书定价资料，使我们难以对此作一直接的比较。但为了与官刻本展开竞争，坊刻一是采取了多刻印适合平民阶层阅读的通俗读物，如日用类书和通俗文学作品等；二是改进版式和字体，这就产生了建阳书坊中那种典型的密行细字的版式，以争取在较少的版面中容纳更多的内容，降低了图书的成本，进而降低图书的销售价格，因此形成了薄利多销的竞争态势。

宋明时期坊刻的这一特点，最主要的贡献就是平抑了图书商品高企的价格，从而促进了文化的下移和普及，使平民阶层读者选择购买图书的可能性得以大幅度提高。应该说，这一普及文化和平抑图书价格的贡献，并不是出于书商的主观追求和努力，促使其产生的最初原动力，仍然是利益追求。

2. 书商的利益追求，促使宋明时期图书市场的结构出现了两种裂变，使图书商品的产、供、销专业分工得以初步形成。

南宋偏安一隅的局限，造成闽、浙、蜀三大刻书中心均处于南方。元朝的统一，使压抑已久的图书市场得以反弹和向北拓展，从而造成了此后"书之所出而非所聚"，即图书市场产与销的裂变与分离。从其表象而言，似乎是朝代的更替和国土的复归造成的这一变化，而分析其隐藏背后的最初动因，

---

[1] 关于朱熹的商业思想，笔者另有《朱熹的商业思想与经商实践》一文，在此不作详述。

仍然是书商的利益追求。"市肆贸迁,皆四远之货;奔走射利,皆五方之民。"[1] 谢肇淛此言,道出了明代北京市场外地商贩云集的根本原因。商业与资本的逐利性,决定了产品向利润丰厚的市场倾销,以故,才有元代建阳、平阳刻本向大都、杭州等地市场流动,才有明代"刻之地"生产的图书向"聚之地"北京、南京和苏杭四地汇集。也正是这个原因,元代有窦桂芳不在建安设肆而印书于大都;明代有建阳叶贵、熊振宇、肖腾鸿等设肆南京,熊世琦、吴世良鬻书广州等。与此类似,促使图书的生产出现出版与印刷分离的,也是在图书市场上追逐利益的书商。如明代建阳书户刘洪,以"涉猎古今,且裕于资本者"[2] 称雄于书林,受官府委托,刻印了宋章如愚《群书考索》,既得到了当地官员"各捐俸金以资顾直",又得到"复刘徭役一年以偿其劳"的报酬,且获得官方有文字可稽的"书林义士"[3] 之评价。仅刻一书,就赚了个名利双收,何乐而不为?然而,就在类似刘洪这样的书商接受官私方的委托刊刻图书,追求正当利益之时,图书市场上出版者与印刷者的裂变与分离,就这样不知不觉地产生了。这一裂变与产、销的裂变组合在一起,使我国自古以来以坊刻为主体的出版业集出版、印刷与销售于一身的三元架构模式最终分离出三个既有相互联系,又各自相对独立的行业。它标志着中国古代的图书市场出现了图书商品的产、供、销的专业分工,无疑是社会的一大进步。而追溯这一进步的原始动因,我们不得不承认,宋明时期书商的利益追求是隐藏其后的动力之源。

3. 书商的利益追求,促使其在图书的内容和品种上,必须瞄准市场的需要来选择畅销的品种,从而使坊刻在保存通俗文学作品方面取得了远大于官刻、家刻的成就。

在保存和传播中华文化典籍方面,官、私、坊三大系统无疑都有其值得肯定的历史贡献。但与官私方相比,坊刻最突出的贡献应在保存和传播通俗文学作品,如宋元戏曲、元明小说等方面。由于历史偏见,对这类图书,官私方很少或基本不刻印,藏书家亦不予收藏。以致我们今天所能见到的戏曲、

---

[1] 〔明〕谢肇淛:《五杂组》卷三,北京:中华书局,1959 年,第 62 页。
[2] 〔明〕郑京:《群书考索·序》,明正德十三年(1518)刘氏慎独斋刻本,叶 2B。
[3] 同上。参拙著《建阳刻书史》,北京:中国社会出版社,2003 年,第 258-259 页。

小说刻本，绝大多数是坊刻本。比如令今天的文学史家津津乐道、耳熟能详的《三国演义》的周曰校本、余象斗本、叶逢春本、熊清波本、郑世容本、黄正甫本、熊冲宇本等三十几种版本，几乎全是坊刻本。这种情况，在戏曲《西厢记》《琵琶记》，小说如《西游记》《水浒传》《金瓶梅》、"三言二拍"中，也无不如此。探求这种现象产生的最初原因，我们可以发现，并非坊刻书商独具慧眼，在刻本内容的选择上比官刻、私刻高明，而是这类图书在当时民间拥有大量的读者，所谓"农工商贩，抄写绘画，家畜而人有之"[1]，书坊投其所好，大量重复地刊刻。也就是说，是图书市场旺盛的需求，促使书坊竞相刻印此类图书。书商一方面满足了市场所需，又获取了其所需要的高额利润；一方面也在保存和传播通俗文学作品方面，取得了比其他方面更加突出的贡献。

[本文为 2005 年 10 月 15—16 日在北京中国国家图书馆召开的"中国和欧洲：印刷术和书籍史"国际学术研讨会宣读论文。法文版载法国 Histoire et civilisation du livre revue internationale ⅲ （《书籍的历史与文明》2007 年第 3 期）；中文版载韩琦、（意）米盖拉编：《中国和欧洲——印刷术与书籍史》，北京：商务印书馆，2008 年]

---

[1] 〔明〕叶盛：《水东日记》卷二十一，魏中平点校，北京：中华书局，1980 年，第 214 页。

发达的福建刻书业[*]

刻书业是福建文化一个极具特色的组成部分。自宋迄清，福建一直是全国最重要的刻书中心之一。福建刻书业规模之大，数量之多，技术之精，流传之广，持续之久，为世所罕见。福建刻书业在各个历史时期，有不同的发展特色。北宋时，福州的寺院刻书富有特色；南宋时，以建阳坊刻为主体的刻书业极为发达。南宋以降，八闽各地的官刻、私刻与建阳坊刻形成了共同繁荣的局面。入清以后，建阳坊刻逐渐式微，代之而起的是连城四堡、福州和泉州等地的书坊，是为福建刻书业的殿军。福建刻书业以其悠久的历史、辉煌的成就，直接促进了福建文化的发展，推动了中国文化的繁荣，并产生广泛而深远的影响。

第一节　福建刻书业的发展

　　刻书业发达的历史背景　官刻、私刻和坊刻　宋元官私刻书　明清官私刻书

福建刻书业的繁荣兴盛，是诸多因素相互作用的结果，与当时社会的政治、经济、文化、地理、人口等方面条件密切相关。

宋代统治者为巩固政权，奉行"重文抑武"的国策，促进文教事业的繁荣发展，为刻书事业的兴起创造了有利条件。福建地处东南一隅，在两宋三百多年中，基本上远离战火，保持相对安定的局面，获得了前所未有的发展机会。特别在南宋迁都临安（治所在今浙江省杭州市）之后，中国经济、文

---

　　* 本文为应福建省文史馆之邀，为国家重点文化项目《中国地域文化通览·福建卷》撰写的一章，文中有关四堡刻书的部分主要由吴世灯先生撰写。

化重心全面南移，福建的地位迅速上升。正如朱熹所言"天旋地转，闽浙却是天地之中"[1]。闽北地处闽、浙、赣三省交界，是沟通福建与外省的走廊，而建阳（治所在今福建省南平市建阳区）又位于这一走廊的中心。六朝以来，中原大批文人学士南迁入闽，闽北为必经之地。随着中原人士的到来，闽北遂成为传播中原文化的重要基地。

北方移民的南来，为福建刻书业提供了写书、刻书、售书这一产业链所需的各种人才。许多刻书世家都是在宋代迁入建阳的。例如，在刻书业中最负盛名的建阳余氏，据《书林余氏族谱》记载，就是"自北宋迁建阳县之书林"。明万历间刊刻《三国演义》的郑世容、郑世魁，即"闽建郑氏"一族，也是在宋理宗之时，"避宋乱入闽书林"。

福建地理环境的重要特点是山地多、平地少，农业发展受到制约。宋代，福建人口激增。据统计，南宋嘉定年间福建人口有近 160 万户，比唐开元年间增长近 15 倍。《宋史·食货志》称："福建地狭人稠，无以赡养。"田少人多成为制约农业经济发展的桎梏，大批劳动者被迫转而从事其他行业。正如宋人曾丰所言："居今之人，自农转而为士、为道、为释、为技艺者，在在有之，而惟闽为多。"[2] 福建从事刻书业的众多人员，就是曾氏所说的自农业转"为技艺者"。

图书的生产需要大量竹木原材料。建阳地区山高林密，木材资源丰富，可为刻书提供源源不断的板材；竹类品种繁多，可为印书提供丰富的造纸原料。建阳历来是福建竹纸的生产中心，《（嘉靖）建阳县志·户赋志》云："嫩竹为料，凡有数品，曰简纸，曰行移纸，曰书籍纸，出北洛里。"另据清郭柏苍《闽产录异》介绍，建阳生产用于印书的竹纸，名"建阳扣"，当地人称"书纸"，"宋元麻沙板书，皆用此纸二百年"。

建阳刻书业的繁荣还与当地学术文化的兴盛密切相关。福建从唐朝后期

---

[1] 〔宋〕朱熹：《晦庵先生朱文公续集》卷二《答蔡季通》，朱杰人、严佐之、刘永翔主编《朱子全书》第 25 册，上海：上海古籍出版社、合肥：安徽教育出版社，2002 年，第 4678 页。

[2] 〔宋〕曾丰：《缘督集》卷十七《送缪帐干解任诣铨改秩序》，《景印文渊阁四库全书》第 1156 册，台北：台湾商务印书馆，1986 年，第 193 页。

开始形成读书向学的社会风尚，进而逐渐成为文化教育发达的地区。《宋史·地理志》称，闽人"多向学，喜讲诵，好为文辞，登科第者尤多"。宋代，福建文化在许多方面取得长足进步，人才辈出，文士如林。据统计，唐朝福建的进士不过 70 多人，而两宋则达 6869 人，占这一时期全国总数的五分之一强。[1] 其中进士最多的建安县（治所在今福建省建瓯市），以 994 人而居全闽之冠。在唐代的宰相中，几乎找不到福建人的身影，而据《宋史·宰辅表》载，两宋闽人位至宰辅者多达 35 位，其中 15 位为闽北人。《宋史·儒林传》有闽人 18 位，其中 9 位是闽北人。《宋史·道学传》共列 24 人，闽人占 8 位，其中 6 位是闽北人。由宋迄清，从祀孔庙的福建人士有 13 位，其中 9 位为闽北人。在《宋元学案》的 90 个学案中，福建学者占 21 个，其中闽北的高达 18 个。无怪乎宋儒张栻惊叹："当今道在武夷。"[2] 这是对以朱熹为代表的理学文化引领全国思想潮流这一史实的基本评价。

实际上，建阳刻书与朱子理学这两个几乎在同时同地产生的文化现象，是有内在联系的。据统计，两宋时期福建书院有 85 所，其中闽北 44 所，占全闽书院的 52%。[3] 这些书院绝大部分为朱熹及其后学所建，各地朱子门人先后汇集于此，开展学术文化活动，形成历史上著名的"考亭学派"，并产生重大影响。闽北地区成为当时全国的学术中心。这一"中心"与处于同一地域的"刻书中心"相结合，促进了二者的共同发展。这些书院的生员往往就是书坊刻本的读者，同时，他们的著作往往就在附近的书坊刻印，而后流传到全国各地。建阳书坊在众多书院的滋养下，形成一种文化优势。浓厚的文化氛围，吸引许多当地文人参与刻书事业。宋代闽北的许多知名学者，如袁枢、宋慈、叶廷珪、魏庆之、黄善夫、祝穆等，都曾从事图书的编辑校勘工作，有的本人就是书坊主人。文人与书坊之间的密切联系，直接推动了建阳刻书事业的繁荣。

---

[1] 傅宗文：《宋代福建科第盛况试析》，《福建论坛（人文社会科学版）》1988 年第 3 期。

[2] 〔元〕脱脱等：《宋史》卷三百九十五《王阮传》，北京：中华书局，1977 年，第 12053 页。

[3] 李国钧等主编：《中国书院史》，长沙：湖南教育出版社，1994 年，第 1015—1017 页。

元明以后，中国政治中心重新北移，福建却仍能保持全国刻书中心的地位，这体现了福建刻书业的持续性。福建刻书业持续时间之久，在中国刻书史上是绝无仅有的，远非同属南宋三大刻书中心的四川、浙江所能比。究其原因，还与福建刻书业的家族传承性有关。以建阳刻书业为例，历宋至清，世代相传的建阳刻书家族有余氏、刘氏、熊氏、陈氏等；从元明到清初的刻书世家有郑氏、杨氏、叶氏、詹氏等。家族刻书事业能够世代传承，源于数百年的连续积累，包括书板和图书的积累以及刻书技艺与经营理念的传承。经过长年积累，许多书坊保留的图书刻板多则十几种，少的也有数种。每一种书板与房产、田产一样，也作为家产分配给各房子孙。这就是以建阳为代表的福建刻书业为什么能够持续繁荣、历久不衰的内在原因。

福建是全国最早从事刻书的地区之一。一般认为，福建刻书业萌芽于唐末五代时期。其时，福建诗人徐寅有诗云："拙赋偏闻镌印卖，恶诗亲见画图呈。"[1] 说明此时福建民间就已有人以印卖书籍为业了。北宋时，福建刻书业进入繁荣时期，全国有四大刻书中心，福建为其中之一。[2] 当时学者叶梦得在《石林燕语》中，称"福建本几遍天下"，流传极广。

福建现存最早的家刻本是蔡襄的《荔枝谱》和欧阳修的《牡丹谱》，均为蔡襄手书，于嘉祐元年（1056）刊行于莆田。[3] 福建现存最早的官刻本，是北宋后期福唐郡庠以北宋景祐监本为底本翻刻的《汉书》。二者均产生于福建沿海地区。

福建古代刻书与全国一样，也有官刻、私刻、坊刻三个系统。北宋时期，福建官、私、坊三大刻书系统已悄然形成，为南宋福建刻书业的进一步繁荣奠定了基础。官刻旨在推行教化，为读书人提供阅读范本，其主要内容为经史方面的官方读物。私刻又称家刻，旨在传承本家著述，弘扬家族文化，为数不多。坊刻则旨在盈利，书坊为追求利润，不断调整经营机制，扩大刻书

---

[1]〔唐〕徐寅：《徐正字诗赋》卷二《自咏十韵》，《景印文渊阁四库全书》第 1084 册，台北：台湾商务印书馆，1986 年，第 322 页。

[2] 北宋四大刻书中心为杭州、四川、福建、汴京（开封）。

[3]〔宋〕陈振孙：《直斋书录解题》卷十，徐小蛮、顾美华点校，上海：上海古籍出版社，1987 年，第 299、298 页。

范围，增强竞争优势，因而发展迅速，很快成为刻书业的主体。

官刻指政府各级刻书机构和官办学校以公帑刻印图书。宋代福建各州（府、军）及其属县多有刻书。其中以泉州和建宁府刻书较多。当时泉州是对外贸易的重要港口，商业发达，其官刻本的数量位居"诸州之冠"。[1] 各级刻书机构均由主政长官领衔，由当地官学负责具体编印事务，从而使教育与出版结缘。州、府古称"郡"，故州、府学的刻本又名"郡斋本"，如乾道二年（1166）泉州州学刻印的《孔氏六帖》、淳熙八年（1181）刻印的《禹贡论》，都被称为"泉南郡斋刻本"。

北宋福建刻书最重要的事件，是刊印著名的"三藏"。"三藏"均在福州刊刻，其共同特点：一是卷帙浩大，《万寿大藏》6434 卷，《毗卢大藏》6117 卷，《万寿道藏》5481 卷。二是历时长久，《万寿大藏》历时 32 年（1080—1112）刻成（书影 1）；《毗卢大藏》前后历时60 年（1112—1172）；《万寿道藏》于政和年间开雕，历时也有五六年之久。两部佛藏均在官府支持下，由僧人募集民间资金刻成。《万寿道藏》则是由崇奉道教的宋徽宗下旨，命福州知州黄裳刻印的。"三藏"均为数千卷的大型图书，数十年间连续进行规模巨大的雕版工程，这充分说明宋代福州地区雕印力量之雄厚。[2]

书影 1：福州东禅等觉禅院刊本
《崇宁万寿大藏·般若灯论》

南宋官刻有两个比较突出的现象。一是晚辈刻印祖、父、兄长的著作。许多学者在世时不能出版著作，后人若有任官者，多以官钱赞助刊行。如北宋晁补之的《济北晁先生鸡肋集》，因元祐党禁，"宣和以前世莫敢传"，绍兴

[1] 张秀民：《南宋（1127—1279）刻书地域考》，《图书馆》1961 年第 3 期。

[2] 福建省地方志编纂委员会编：《福建省志·出版志》，福州：福建人民出版社，2008 年，第 2 页。

七年（1137），其从弟晁谦之任福建转运判官，将此书刻印于建阳。[1] 韦骧的《钱塘韦先生集》原稿二十卷，传到曾孙韦能定手中，仅存十八卷。乾道四年（1168），韦能定任汀州知军，"大惧岁月寖远，复有亡逸"，急忙将此书付梓。[2] 二是后学刻印先贤著作，以朱熹等理学先贤的著作最为典型。如嘉定十二年（1219），真德秀知泉州，将朱熹的《资治通鉴纲目》刊于泉南。[3] 嘉定间，南剑知州刘允济刻印理学家罗从彦《遵尧录》。[4] 咸淳元年（1265），建宁知府吴革刻印朱熹《周易本义》（书影2）。同年，运使兼建宁知府吴坚先后刻印杨时、张载、邵雍和胡宏等四位理学名贤的著作。

书影 2：宋吴革刊本《周易本义》

元朝在福建的统治历时不足百年，且各级政府主官多由蒙古人担任，故官刻数量难以与两宋相比。元代刻书较多的是福州路，所刻多为大型图书。如福建行省参政魏天佑，于至元二十六年（1289）刻印《资治通鉴》二百九十四卷。大德年间（1297—1307），三山郡庠刻郑樵《通志》二百卷；至治二

---

[1] 〔清〕丁丙：《善本书室藏书志》卷二十八，清光绪二十七年（1901）钱塘丁氏刊本。

[2] 瞿镛编纂，瞿果行标点，瞿凤起覆校：《铁琴铜剑楼藏书目录》卷二十，上海：上海古籍出版社，2000年，第565页。

[3] 〔宋〕赵希弁：《郡斋读书附志》卷五上，北京：现代出版社，1987年，第1029页。

[4] 〔宋〕陈振孙：《直斋书录解题》卷五，徐小蛮、顾美华点校，上海：上海古籍出版社，1987年，第167页。

年（1322），福州路总管吴绎据大德旧版新印 50 部，"散之江北诸郡，嘉惠后学"。陈祥道《礼书》一百五十卷、陈旸《乐书》二百卷，也是由福州路儒学刻印的。

私刻，即由私宅、家塾或个人出资刻书，其刻本称家刻本或家塾本。家刻数量不多，已知的有：《史记集解》一百三十卷，邵武东乡朱中奉宅绍兴十年（1140）刻本；我国最早的丛书《儒学警悟》四十卷，邵武俞闻中家塾嘉泰二年（1202）刻本；朱熹《韩文考异》十卷，福州郑性之嘉定元年（1208）刻本；朱熹《资治通鉴纲目》一百零九卷，武夷詹光祖至元二十四年（1287）刻本；陈傅良《止斋先生文集》五十二卷，崇安五夫刘张至正二十年（1360）屏山书院刻本，等等。

坊刻即书坊刻书。书坊，即刻印、出售书籍之所，五代的书肆，北宋的书林、书堂，南宋的书棚及明清的书铺，皆泛称书坊。福建书坊起源早，发展快，堂号多，经营时间长，出书数量远超官刻和家刻，且流通广，影响大。特别是建阳麻沙、崇化二地，自宋到明，书坊林立，经营有方，刻书数量一直居全国之首。许多书坊父死子继，世代经营，形成百年以上的世业，这在全国是少有的。此外，福州、莆田、泉州、邵武等地也有刻书。清代中叶，长汀四堡一带书坊林立，盛极一时。

由于各级衙门不是专业刻书机构，官府刻书一般是委托给书坊或通过临时招募刻工进行。私刻也是如此。这些书籍虽由书坊所刻，也不称为坊刻本，其性质取决于出资者：由官方出资的为官刻，由私家出资的是私刻。这与现代出版社委托印刷厂印刷书籍，其版权仍归出版社而不归印刷厂，道理是一样的。[1]

宋明时期，建阳书坊大量接受来自省内外的官私委托刻书。如淳祐间（1241—1252），福建常平提举赵师耕在麻沙刊刻《河南程氏遗书》；[2] 咸淳三年（1267），建宁知府吴坚、刘震孙刻印祝穆《方舆胜览》，据其《跋》称，该书是委付"书铺张金瓯"刻印的；绍熙四年（1193），桂阳军学教授吴炎刻

---

［1］ 方彦寿：《建阳书坊接受官私方委托刊印之书》，《文献》2002 年第 3 期。
［2］ 邵懿辰撰、邵章续录：《增订四库简明目录标注》卷九，上海：上海古籍出版社，1959 年，第 388 页。

印《东莱标注老泉先生文集》，据《中国版刻图录》称，此书系由"吴炎校勘后，建阳书肆为之梓行"。

元代也有一些官刻本委托书坊出版，如《大元圣政国朝典章》是由元代福建地方官抄录汇集，而后委托建阳书坊刊行的；至正元年（1341），闽宪斡克庄委托朱熹五世孙朱炘，将虞集《道园学古录》刻印于建阳。元代书坊接受私家委托刻书，一般以刊行理学著作为主。如江西学者董真卿，于延祐五年（1318）委托余氏勤有堂刻印其父董鼎《书蔡氏传辑录纂注》。[1]至正二年（1342），建阳刘锦文日新堂刻印倪士毅《四书辑释大成》。此后，刘氏还刊印赵汸《春秋金锁匙》、汪克宽《春秋胡氏传纂疏》等书。倪、赵、汪三人均为元末理学家，他们的著作都由刘锦文刊行，表明学者委托书坊刻书在当时是比较普遍的现象。

明代，福建官刻的数量远超宋元时期。据周弘祖《古今书刻》上编统计，福建官刻本多达 110 种。其中，诸司刻书 31 种，各府刻书 60 种（其中福州府 16 种，建宁府 17 种），官学刻书 19 种（其中福州府学 14 种，五经书院 5种）。此书撰于嘉靖年间，反映了明代福建官刻的地域分布情况，即会城福州占全省首位，建宁府由于得属县建阳的地利之便，官刻也位居全省前列。

入清以后，福州以书院刻书为代表的官刻非常繁荣。康熙四十七年（1708），理学家张伯行任福建巡抚，在福州创办鳌峰书院，颜其堂曰"正谊"，搜访先儒遗著，精心校刻，得书 55 种，列为 437 卷，号《正谊堂全书》。同治五年（1866），闽浙总督左宗棠鉴于此书原本已甚为罕见，乃设正谊书局，校勘增补，重新印行，得书 68 种，凡 525 卷。闽学先贤如朱熹、杨时、李侗、真德秀等的著作莫不收入其中，清代理学家陆陇其、李光地及张伯行等人的著作也不遗漏。《正谊堂全书》总括宋明理学尤其是程朱一脉数百年的发展历史，遂成为名副其实的宋明理学文库。清代福建官刻的重要刻本还有，乾隆四十二年（1777），福建布政司照《武英殿聚珍版书》原式翻刻123 种，后经修版和改刊，至光绪二十一年（1895）最后成书，共计 148 种。

明代，福建私家刻书最多的是兴化府（治所在今福建省莆田市），其次是

---

[1] 瞿镛编纂，瞿果行标点，瞿凤起覆校：《铁琴铜剑楼藏书目录》卷一，上海：上海古籍出版社，2000 年，第 52 页。

泉州和福州。明代福建私刻有几个显著特点。一是全省各地的著名学者几乎都加入刻书行列，如福州府的董应举、叶向高、曹学佺，泉州府的庄国祯、何乔远，兴化府的林兆恩、宋端仪、郑岳，漳州府的卢维桢、黄道周等知名人士，先后都有过刻书经历。二是官刻与私刻之间有着明显的"跷跷板"效应。举凡官刻较少之处，私刻则较为兴盛。如兴化府官刻，明代仅有 4 家，私刻则达 40 多家；泉州府官刻仅有十余家，私刻则有 30 多家。反之，历史上官刻比较发达的闽北延平（治所在今福建省南平市延平区）、邵武、建宁（治所在今福建省建瓯市）三府，私家刻书则出现萎缩现象。

清代，福建的私家刻书以福州最多，刻书家多为当地名流。如闽县（治所在今福建省福州市）叶矫然，康熙间（1662—1722）自刻所著《龙性堂诗集》；林云铭，康熙间自刻所著《损斋焚余》；陈寿祺，道光间（1821—1850）集资刊行黄道周的遗著《忠端全书》；林春溥，嘉庆、咸丰年间（1796—1850）刊《竹柏山房家刻十五种》。此外，闽县叶申芗、何则贤、龚易图、刘存仁、陈宝璐、叶大庄，侯官（治所在今福建省福州市）曹岱华、郑际唐、郑杰、冯缙、郭柏苍，长乐（治所在今福建省福州市长乐区）梁章钜，福清魏宪等人，均为当时著名的刻书家。省城之外的其他地区，也有许多名家，如安溪李光地、宁化雷鋐、建宁张际亮、光泽高澍然、南安蔡廷魁、莆田郑文炳、仙游王捷南、永春颜尧揆、龙岩郑玫、浦城祝昌泰、长汀黎致远、福鼎王遐春等，也刊刻不少图书，蔚为风气。

第二节　建阳刻书

　　宋代建阳刻书的繁荣　元代建阳刻书的发展　明代建阳刻书的鼎盛　清代建阳刻书业的衰亡

宋元时期福建刻书业之盛，首推建阳地区。建阳地处武夷山南麓，背据潭山，面临建水。从东汉建安十年（205）建县，距今已 1800 余年。历史悠久，山川秀丽，人文荟萃，地沃物丰。建阳刻书，萌芽于五代，繁荣于两宋，延续至清初，作为福建刻书业的典型代表，在中国古代出版史上，占据了极其重要的地位。

北宋时，建阳刻书业就已达到相当规模，其所刻印之书，世称"建本"。北宋时，建本就流行天下。据方勺《泊宅编》记载，在北宋元符、建中靖国年间（1098—1101），一般的科举士子就已熟知"建本"这一版本专有名词，并能以此纠正杭州州学教授在出题时使用版本的错误。

建本的产地以麻沙、崇化两坊最负盛名。两地书坊林立，热闹非常，又称"两坊""书林"。南宋祝穆《方舆胜览》云："麻沙、崇化两坊产书，号为图书之府。"历史上，麻沙的声名远在崇化之上。但实际上，被称为"麻沙本"的刻本中，有相当一部分是在崇化刻印的。由于麻沙、崇化两地相距甚近，刻书家之间交流频繁，故两坊刻本在内容、形式上都有许多共同之处，如果刻本未署明刻印地点，实不易区分。因此，藏书家往往以"麻沙本""建本"乃至"闽本"统称之。历史上，建阳许多私宅和书坊还喜用古建安郡名，将书堂命名为"建安某某堂"等，究其实，这些书堂大多位于建阳。[1]

到南宋，建阳刻书业进入繁荣时期。由于汴京沦陷，北宋四大刻书中心仅余三个，建阳仍是其中之一。南宋建阳刻书业繁荣的主要标志是刻书机构众多，刻印图书数量居全国之冠。据统计，宋代建阳的私家刻书机构，仅堂号可考者就有建安曾氏家塾、建安虞氏家塾、建安刘叔刚宅、建安王懋甫桂堂、陈彦甫家塾等20多家。

这些私家刻书机构大致可分为两种类型。第一种即通常所说的私宅、家塾刻书。代表人物有黄善夫、刘元起、蔡梦弼和魏仲举等。黄善夫，字宗仁，庆元年间（1195—1200）刻印《史记》一百三十卷，此书合集解、索隐、正义为一书，是为《史记》三家注的最早刊本（书影3）。傅增湘称"是书精雕初印，棱角峭厉，是建本之最精者"[2]。黄善夫还刻印《后汉书》《王状元集百家注分类东坡先生诗》等，均有原刻本存世。黄善夫本刻印精美，有"镌工精湛，有银钩铁画之观"[3]美誉，是宋代建刻的杰出代表，深受历代藏书

---

［1］ 方彦寿：《宋代"建本"地名考释》，《福建史志》1987年第6期。

［2］ 傅增湘：《藏园群书经眼录》卷三，北京：中华书局，1983年，第169页。

［3］ 张元济：《涵芬楼烬余书录》黄善夫刻本"王状元集百家注分类东坡先生诗"条，北京：商务印书馆，1951年。

家推重。刘元起，字之问，庆元间刻
《汉书》一百卷、《后汉书》一百二十卷，
目录后均有"建安刘元起刊于家塾之敬
室"牌记，有"雕镌精美，字体方峭，
纸墨明湛"[1] 之誉，是珍贵的宋刻善
本。蔡梦弼，字傅卿，号三峰樵隐，乾
道七年（1171）刻《史记集解索隐》，为
现存最早的《史记》集解和索隐合刻本，
被誉为"字画精朗，古香可爱，盖宋版
中之绝佳者"[2]。魏仲举，名怀忠，庆
元六年（1200）自编自刻《五百家注音
辩昌黎先生文集》四十卷《外集》十卷；
同年，又刻《五百家注音辩柳先生文集》
二十一卷《外集》二卷。清四库馆臣赞
其"椠锲精工，在宋版中亦称善本。今
流传五六百年，而纸墨如新，神明焕
发"[3]。朱彝尊《跋》亦云："盖宋椠之最精者。"[4]

书影 3：宋庆元间黄善夫刻本《史记》

南宋建阳私家刻书的另一类型，是以朱熹为代表的学者刻书。为传播理
学思想，朱熹曾在建阳刻印了许多图书。如乾道八年（1172），刻《论孟精
义》；[5] 乾道间，还刻有《程氏遗书》《程氏外书》《上蔡语录》《游氏妙旨》

[1] 傅增湘：《藏园群书经眼录》卷三，北京：中华书局，1983 年，第 195 页。

[2] 〔清〕杨绍和：《楹书隅录》卷二，《续修四库全书》第 926 册，上海：上海古籍
出版社，2002 年，第 592 页。

[3] 〔清〕永瑢等：《四库全书总目》卷一百五十，北京：中华书局，1965 年，第
1290 页。

[4] 〔清〕朱彝尊：《曝书亭集》卷五十二《跋五百家昌黎集注》，《四部丛刊》本，
上海：商务印书馆，1929 年。

[5] 〔宋〕朱熹：《晦庵先生朱文公文集》卷八十一《书语孟要义序后》，朱杰人、严
佐之、刘永翔主编《朱子全书》第 24 册，上海：上海古籍出版社、合肥：安徽教育出版
社，2002 年，第 3849 页。

《庭闻稿录》等书;[1] 淳熙十一年（1184），在武夷山编刻张栻《南轩集》。[2] 朱熹在建阳刻书，地点就在崇化书坊。[3] 与一般私宅刻书不同的是，这些学者刻印的图书多为自己的著作，在编辑、校勘、版式等方面体现出强烈的文士风格，为福建刻书业起到示范作用，提高了福建刻本的学术品位。

建阳坊刻是福建刻书业的主力。书坊刻书以盈利为主要目的，其刻本称为坊刻本。实力雄厚的书坊都拥有自己的书工、刻工、印刷工、装订工及营销人员，还聘请编、校、撰的专业人士，集编辑、刻印、销售于一身。其功能相当于现代的出版集团，集出版社、印刷厂和销售网络于一身。实力较弱的书坊经营业务以翻刻为主，相当于现代的小出版社。许多书坊还大量接受官、私委托刻书，省内外的许多刻书业务汇集于此，热闹非常，这也是建阳被称为刻书中心的重要原因。

据统计，宋代麻沙、崇化两地书坊有牌号可考的有余仁仲万卷堂、余彦国励贤堂、崇化书坊陈八郎宅、虞平斋务本堂、麻沙刘氏书坊等30多家。刻本包罗万象、门类众多，包括经史著作、文人别集、诗文选本、科举时文、启蒙读物，以及农、医日用类书等。值得注意的是，朱熹学派的著作数量可观。其原因一方面是宋代重科举，研经读史是士子求取功名的敲门砖。另一方面是因为闽北作为朱子理学的发祥地，这类著作拥有大量读者。

建阳余氏是古代福建最著名的刻书世家，从北宋至清初，经营六七百年，时间之长，刻书之多，影响之大，全国罕见。叶德辉《书林清话》评价说："夫宋刻书之盛，首推闽中，而闽中尤以建安为最，建安尤以余氏为最。"《清高宗实录》卷九百七十五载：乾隆皇帝读内府藏本《古列女传》《千家注杜诗》等书，见卷后有"建安余氏刊于勤有堂"字样，传谕访查余氏子孙刊书

---

[1]〔宋〕朱熹：《晦庵先生朱文公续集》卷二《答蔡季通》，朱杰人、严佐之、刘永翔主编《朱子全书》第25册，上海：上海古籍出版社、合肥：安徽教育出版社，2002年，第4696页。

[2]〔宋〕朱熹：《晦庵先生朱文公文集》卷五十八《答宋深之》，朱杰人、严佐之、刘永翔主编《朱子全书》第23册，上海：上海古籍出版社、合肥：安徽教育出版社，2002年，第2774页。

[3]方彦寿：《朱熹刻书事迹考》，《福建学刊》1995年第1期。

始于何时。余氏后人呈上族谱，内载祖上自北宋移居建阳，即以刊书为业，世代相传。可见余氏刻书传世之久。余氏堂号甚多，宋元时有万卷堂、双桂堂、明经堂、勤有堂等。明代，余姓书坊达30多家。余氏代表人物余仁仲，生平无考，文士，宋绍熙年间（1190—1194），以"余仁仲万卷堂""余仁仲家塾"名号刻书甚多。余仁仲态度严谨，精于校雠，所刻之书在当时就被誉为善本。所刊《九经》，受当时学者的高度评价："世所传《九经》本，以兴国于氏及建安余仁仲本为最善。"[1] 其他如林之奇的《尚书精义》，也得到林之奇之孙林耕的肯定："建安余氏刊本独得其真。"[2]《九经》今存《礼记注》、《春秋公羊经传解诂》（书影4）、《春秋穀梁经传》三种，其中《春秋公羊经传解诂》卷一末附"余氏刊于万卷堂"牌记。余氏

书影4：宋余仁仲刻本《春秋公羊经传解诂》

所刻之书，历代藏书家均视为珍宝，被誉为"字划端谨，楮墨精妙"[3]，"字画流美，纸墨精良，洵宋刻之上驷"[4]。

蔡氏亦为建阳刻书世家，代表人物有蔡琪、蔡子文、蔡梦弼等。一经堂主人蔡琪，字纯父，嘉定间（1208—1224）刻《汉书集注》一百卷、《后汉书注》九十卷。《汉书集注》刻本在宋代就被白鹭洲书院翻刻，也是清代杨氏海源阁"四经四史之斋"所藏的宋本"四史"之一，被誉为"笔画工整，纸墨古雅，洵宋刻之最佳者"[5]。傅增湘有诗赞曰："铁画银钩称妙绝，闽工传自

[1] 〔宋〕岳珂：《九经三传沿革例》，《知不足斋丛书》本。

[2] 〔清〕永瑢等：《四库全书总目》卷十一，北京：中华书局，1965年，第94页。

[3] 瞿镛编纂，瞿果行校点，瞿凤起覆校：《铁琴铜剑楼藏书目录》卷五，上海：上海古籍出版社，2000年，第134页。

[4] 冀淑英：《自庄严堪善本书目》，天津：天津古籍出版社，1985年，第110页。

[5] 〔清〕丁丙：《善本书室藏书志》卷六，清光绪二十七年（1901）钱塘丁氏刊本。

一经堂。"[1] 《中国版刻图录》亦云："初印精湛，纸墨如新，可称建本上乘。"[2]

下面按经、史、子、集分类，举例介绍宋代建阳坊刻本，以见当时盛概。

建阳坊刻经部有《周易注》《监本纂图重言重意互注点校毛诗》《附释音尚书注疏》等。建阳坊刻《九经》，是《九经》现存的最早刻本，傅增湘根据此书的避讳特征，定为南宋宁宗以前的刻本。此书刻工精细，精丽异常，在建本中甚为罕见。傅氏评价为"行密如樯，字细如发"，并称赞此本"结体方峭，笔锋犀锐，是闽工本色"。[3] 中国国家图书馆藏《童溪王先生易传》（书影5），为宋开禧元年（1205）建安刘日新宅三桂堂刻本，品相上佳，极具宋版书风采。

书影5：宋开禧元年建安刘日新宅三桂堂刻本《童溪王先生易传》

建本史部。我国史书如《史记》《汉书》《后汉书》等几部卷帙浩大的著作，今存多为南宋建阳刻本。建阳书坊还刻印有《晋书》《隋书》《新唐书》《唐鉴》《新五代史记》等史书，二十五史几乎都有刻本。仅司马光《资治通鉴》，就有"小字建本""南宋初建本""南宋前期建本""建本之至精者"等多种版式的刻本。[4]

建本子部的代表作有陈八郎书铺刻贾谊《新书》十卷，崇川余氏刻《新纂门目五臣音注扬子法言》十卷，麻沙仰高堂刻《纂图分门类题五臣注扬子法言》（牌记云："麻沙刘通判刻梓于仰高堂。"）十卷（书影6）等。

---

[1] 傅增湘：《双鉴楼藏书杂咏》，《藏园群书题记》，北京：中华书局，1983年，第1021页。

[2] 赵万里等编：《中国版刻图录》第1册，北京：文物出版社，1961年，第38页。

[3] 傅增湘：《藏园群书题记》卷一，北京：中华书局，1983年，第1—2页。

[4] 傅增湘：《藏园群书经眼录》卷三，北京：中华书局，1983年，第232页。

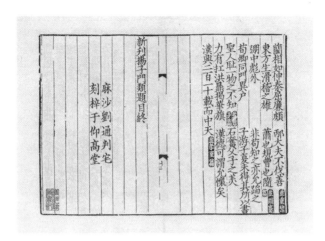

书影 6：宋麻沙刘通判仰高堂刻本《五臣注扬子法言》

集部有建安王懋甫桂堂刻《选青赋笺》十卷，所选皆宋人科举应试之作，为巾箱本；陈八郎刻《文选注》三十卷，序后有"建阳崇化书坊陈八郎宅善本"牌记；江仲达群玉堂刻《二十先生回澜文鉴》十五卷，选司马光、范仲淹、王安石、朱熹、吕祖谦等二十家之文。

元代，建阳仍是全国四大刻书中心（大都、平水、杭州、建阳）之一，以刻印书籍数量众多闻名天下。元代，建阳的书堂、书铺以及刻本的数量均超过宋代。在全国现存的元刻本中，建阳刻本几乎占了一半以上，且绝大多数为坊刻木。元代建阳坊刻以余氏勤有堂、刘氏日新堂、虞氏务本堂、叶氏广勤堂等最为著名。此外，新崛起的尚有郑、叶、詹、熊诸姓。概而言之，元代建阳共有 40 多家书堂，与上述诸家名肆一起，众星拱月，刻书业因之得到持续发展。

余志安勤有堂是元代建阳最著名的书堂。余志安，又名安定，字梀庄，从大德八年（1304）到至正五年（1345），41 年间刻书 30 多种。主要有：至大三年（1310）刻《分类补注李太白诗》二十五卷；皇庆元年（1312）刻《集千家注分类杜工部诗》二十五卷《文集》二卷；致和元年（1328）刻印《三辅黄图》（书影 7）；至顺三年（1332），刻唐长孙无忌《故唐律疏议》三十卷、元王元亮《纂例》十二卷等。余氏刻书态度严谨，刻印精良，历来负有盛名。

 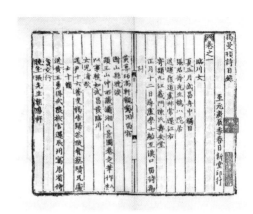

书影7：元余氏勤有堂刻本《三辅黄图》　　书影8：元至元六年日新堂刻本《揭曼硕诗集》

刘氏日新堂是元代另一著名书肆，从元至元辛巳（1281）到明嘉靖八年（1529），营业时间长达 249 年。日新堂主人刘锦文，字叔简，博学能文，著述颇丰，凡书板磨损，辄亲自校正刊补。主要刻本有：至元十八年（1281）刻《朱文公校昌黎先生集》四十卷《外集》十卷《遗文》一卷、泰定元年（1324）刻《新编事文类要启札青钱》前、后、续、别、外五集五十一卷，至元六年（1340）刻印《揭曼硕诗集》（书影8），至正十二年（1352）刻元刘瑾《诗集传通释》二十卷等20多种。

虞氏务本堂也是建阳名肆，主人虞平斋，子孙世守其业，前后百余年。务本堂以刊刻平话小说著称。元至治间（1321—1323），刻印《新刊全相平话武王伐纣书》《新刊全相平话乐毅图齐七国春秋后集》《新刊全相秦并六国平话》《新刊全相平话前汉书续集》和《至治新刊全相平话三国志》（书影9），通称"元至治刊平话五种"，是现存最早的讲史话本，

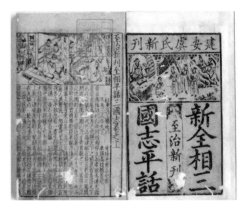

书影9：元建安虞氏刻本《三国志平话》

对后世章回小说影响甚大，在中国小说史、版画史上均占有重要地位。

叶氏广勤堂是元末新崛起的名肆之一。叶氏为建阳刻书著姓，"自元至明，刻书最夥"[1]。广勤堂以刻印医书为主，如天历三年（1330）刻有晋王叔和《新刊王氏脉经》十卷。

元代，建阳著名刻书家还有熊禾、刘君佐。熊禾（1247—1312），字去非，号退斋，又号勿轩，建阳人，宋咸淳十年（1274）进士，宋亡隐居不仕，元初著名理学家。熊禾是朱熹的再传弟子，在进行学术研究和教学活动的同时，也从事刻书活动。至元二十六年（1289），熊禾在武夷洪源书堂刻印宋胡方平《易学启蒙通释》；大德年间（1297—1307），又在建阳鳌峰书院刻印宋董鼎《孝经大义》；他还将朱熹所撰、由"考亭诸名儒参校订定墨本"的《仪礼经传通解》一书，刊行于建阳书坊。[2]刘君佐，字世英，号翠岩，刻书处名为"翠岩精舍"。刘氏本世居麻沙，主要经营家刻；宋末，刘君佐迁居崇化书林，改营坊刻。子孙世代经营，自元至明，前后150多年，刻书甚多。主要刻本有延祐元年（1314）刻程颐、朱熹《程朱二先生周易传义》、泰定丁卯（1327）刻苏天爵《国朝文类》，有翠岩精舍"小字本"胜于西湖书院"大字本"之誉。

元末，由于战乱，建阳刻书业一度毁于兵火。明朝建立后，采取一系列休养生息的措施，社会经济迅速得到恢复。洪武二十六年（1393），建阳刻书业即得到恢复。永乐至宣德年间（1403—1435），刘、熊等刻书世家又重新开始大规模刻书。

据统计，明代建阳书堂多达221家，以正德间（1506—1521）为界，前期58家，后期163家。其中刻本数量在50种以上的有刘氏安正堂、熊氏种德堂、郑氏宗文堂，40种以上的有刘氏乔山堂、余氏双峰堂和三台馆，30种以上的有刘氏慎独斋、余氏萃庆堂，20种以上的有余氏自新斋、陈氏积善堂、杨氏清白堂、建邑书林詹霖宇静观室、肖氏师俭堂，10种以上的有刘氏日新堂、余氏怡庆堂、杨氏清江堂、杨氏归仁斋、杨氏四知馆、陈氏存德堂、詹氏进贤堂、叶氏广勤堂等。仅以上所列20家书堂，其刻本数量已多达470余

---

[1]〔清〕叶德辉：《书林清话》卷四，北京：中华书局，1957年，第111页。

[2]〔元〕熊禾：《熊勿轩先生文集》卷四，《丛书集成初编》本，上海：商务印书馆，1936年，第56—57页。

种，加上其余各书堂，刻本数量当数以千计。[1]明代建阳书坊刻书之盛，于此可见。

明前期，建阳刻书仍以传统的经、史、类书和医书为主，著名的书堂有刘文寿翠岩精舍、刘氏日新堂、刘弘毅慎独斋、刘氏安正堂、熊宗立种德堂、叶景逵广勤堂、詹氏进德堂等。

刘文寿是翠岩精舍创始人刘君佐的五世孙，宣德、正统间（1426—1449）以"翠岩后人京兆刘文寿""刘氏翠岩精舍"之名刻书甚多。刘氏日新堂乃元代名肆，入明后子孙仍操旧业。刘氏慎独斋业主刘洪，字弘毅，精通文史，所刻多为经史书籍，大多卷帙浩繁，且校勘精审，质量上乘，在明代即负盛名。慎独斋刻本《十七史详节》，曾被《天禄琳琅书目后编》误列为宋版书，叶德辉据此评论道："其书之精镂，盖可知矣。"[2]刘氏安正堂是明代建阳刘氏刻书历史最长、数量最多的书坊，直到清康熙三十八年（1699）还在刻书，营业时间长达270年。知名的刻书家有刘宗器、刘仕中、刘双松等。

建阳熊氏世代业医，熊宗立医术高明，以编刻医书闻名，常自署"鳌峰熊宗立"，堂号有种德堂和中和堂。种德堂以刻印医书而闻名，正统至成化间（1436—1487）刻印医籍20多种。其中自编自刻医书甚多，著名的有成化三年（1467）刊《名方类证医书大全》二十四卷。

叶氏广勤堂入明后，由叶景逵继承家业，洪武十九年（1386）刻印元吴鼒《丹墀独对》二十卷；宣德四年（1429）刻印自编《选编省监新奇万宝诗山》二十八卷，雕镌精美，曾被藏书家误为宋版。

詹氏进德书堂亦称"进贤书堂"。知见的刻本有弘治五年（1492）刊《广韵》《大广益会玉篇》，为明刻精品。其后还刊有《新刊东垣十书》等30多种。詹氏牌记中央绘有人物图画，开后世书中配置插图版画之先河。

弘治十二年（1499），建阳书坊发生大火，"古今书板，荡为灰烬"[3]，但不久又恢复繁荣。正德、嘉靖（1506—1566）以后，建阳刻书业进入鼎盛时期，不论是书坊还是刻本的数量均多于明前期，并超过宋元刻书数量的总

---

[1] 方彦寿：《建阳刻书史》，北京：中国社会出版社，2003年，第367页。

[2] 〔清〕叶德辉：《郋园读书志》卷四，台北：明文书局，1990年，第370页。

[3] 〔清〕龙文彬：《明会要》卷二十六，北京：中华书局，1956年，第421页。

和。据明周弘祖《古今书刻》统计，福建刻本以建阳书坊刻印最多，达 366 种，占全省 78%。《（嘉靖）建阳县志》开列的书目，截至嘉靖二十四年（1545），已多达 451 种。这只是嘉靖间的不完全统计。而万历间（1573—1620），新开张的书肆成倍涌现，刻书数量远超上述数字。这一阶段是建阳刻书的极盛时期，连女子也参与刻书。据时人李维桢称："建阳故书肆，妇人女子咸工剞劂。"[1] 李氏系万历年间福建布政使，曾到过建阳书坊，所言当不虚。

这一时期建阳刻本的内容发生很大变化，从先前传统的经、史、文集刻本为主，转变为以通俗读物为主。其中，以通俗小说和戏曲的数量为最多，还有众多科技、医学、风水命相以及民间日用图书，表明了当时社会生活状况的变化。这一时期，城市经济进一步发展，市民阶层逐渐壮大，为小说、戏曲等市民文学作品的流行，提供了广泛的社会基础。万历间，建本通俗小说、戏曲大量锓版印行，出现了与以往截然不同的壮观局面，反映出强烈的时代特征。一般偶有一二种刻本的书坊，其刻本内容，不是小说、戏曲，就是日用类书，传统的经、史、文集刻本，至此退居次要地位。这表明，刻本内容的大众化、通俗化是明后期建阳坊刻的主要基调。这时期建阳著名的书坊有刘氏乔山堂和余氏双峰堂等众多书堂。

刘氏乔山堂，创办人刘大易，字龙田，经营有方，远近驰名。所刻书籍除通俗小说之外，以子部杂家为主，医书尤多。万历间（1573—1620）刊《新锓全像大字通俗演义三国志传》是《三国演义》的重要刻本之一；万历间刊《重刻元本题评音释西厢记》，亦为《西厢记》的重要刻本之一。值得注意的是，此书一反建本多上图下文的惯例，改为全页巨幅，使人物和主题更为突出，被郑振铎誉为"宋元版画之革命"[2]。

余氏双峰堂，亦称"潭阳余氏三台馆"。双峰堂主人余象斗是明代刻书家的杰出代表。余象斗，名文台，号仰止子、三台山人等，儒士，屡试不第，乃弃科举，以刻书为业，双峰堂、三台馆、文台馆等均为其书堂名号。余象

---

[1]〔明〕李维桢：《古今韵会举要序》，明余象斗刻本。

[2] 郑振铎：《中国版画史序》，《西谛书话》下册，北京：生活·读书·新知三联书店，1983 年，第 496 页。

斗是刻书家兼通俗小说家，三台馆刻有小说十余种，有些就是余象斗自编的。他在万历十六年（1588）至崇祯十年（1637）50 年间，刻书凡 50 多种，内容以通俗小说和民间通俗读物为主。其中通俗小说著名的有万历二十年刊罗贯中《新刻按鉴全像批评三国志传》二十卷、万历二十三年刻《京本增补校正全像忠义水浒志传评林》二十五卷等。余象斗刻书有两个鲜明特点。一是所编图书往往假托名人，如太史李廷机，状元焦竑、翁正春等人。二是注重自身宣传，往往将"仰止子""三台馆"等名号，甚至是自己的画像，刻印到图书之中。如万历二十六年刊《三台馆仰止子考古详订遵韵海篇正宗》一书，卷首就有《三台山人余仰止影图》。余象斗刻书品种多，数量大，可谓集历代建阳坊刻之大成，既有雕镌精美的上乘之作，也不乏胡编乱凑、粗制滥造之下品。因此历来对余象斗刻书贬褒不一，但研究中国雕版印刷史和中国小说史的人，几乎没有不提及他的。余象斗堪称建阳刻书史上的代表人物。

刻书业的繁荣促进了刻书技术的改进，在雕版印刷繁荣的同时，也出现了活字印刷。就全国而言，早在北宋时活字印刷就已发明，宋末元初开始用于印书，明代逐渐流行，木活字、铜活字相继出现。活字印刷在福建出现是在明代，嘉靖三十年（1551），建阳书坊刻印《通书类聚克择大全》，版心镌有"芝城铜板活字印行"字样。建瓯因有芝山而别称芝城。稍后，闽人游榕也制造铜活字。万历间（1573—1620）在无锡刊印的《太平御览》，版心有"闽游氏仝板"字样，"仝板"即铜板。

宋明时期，建本图书质量参差不齐，历来颇遭非议。南宋叶梦得认为，"今天下印书，以杭州为上，蜀本次之，福建最下"[1]。明人谢肇淛云："闽建阳有书坊，出书最多，而板纸俱最滥恶，盖徒为射利计，非以传世也。"[2]《四库全书总目》卷一百三十五云："其时麻沙书坊，刊本最多。大抵出自乡塾陋儒，剿袭陈因，多无足取。"麻沙本的口碑似乎不佳，不过也不能一概而论。南宋人岳珂，就称赞建安余氏万卷堂刻本为善本。岳氏《九经三传沿革例》云："世所传本，互有得失，难于取正，前辈谓兴国于氏及建安余氏本为

---

[1]〔宋〕叶梦得撰、宇文绍奕考异：《石林燕语》卷八，侯忠义点校，北京：中华书局，1984 年，第 116 页。

[2]〔明〕谢肇淛：《五杂组》卷十三，北京：中华书局，1959 年，第 381 页。

最善。"事实上，现存宋麻沙版《九经》和《汉书》，都是精校精刻的佳品。今天所能见到的宋元善本，也以麻沙版为多。平心而论，宋明时期，麻沙刻书数量之多、售价之廉，均居全国之首，但同时编印粗滥、质量低劣，在全国也最突出。[1]

入清以后，建阳刻书业逐渐衰亡，坊刻的重心由建阳向四堡、福州、泉州等地分散转移，福建刻书业的格局发生了很大变化。

清初，福建长期遭受战乱，直接导致建阳刻书业的迅速衰落。康熙十三年（1674），耿精忠叛乱，建阳刻书业经历了前所未有的浩劫，宋明以来数百年积累的书板毁于战火，百姓伤亡数以万计，刻书家和工匠纷纷外逃，书坊倒闭，书市一蹶不振，从出版、印刷到发行的产业链遭到严重破坏，出现了难以愈合的断裂。雍正、乾隆年间（1723—1795），建阳刻书业基本已奄奄一息。至道光年间（1821—1850），建阳书坊更至荡然无存。浙江文人施鸿保在《闽杂记》中描述道，麻沙"今则市屋数百家，皆江西商贩鬻茶叶，余亦日用杂物，无一书坊也"。

导致建阳刻书业走向衰落的内在原因，在于其本身的竞争劣势。明中叶以后，江浙一带经济富庶，人文鼎盛，特别是南京，为明朝陪都，官刻发达，带动江浙刻书业迅速崛起。如常熟巨贾毛晋，变卖田产，筑汲古阁，所刻图书均校勘精审，雕印精良，行销各地，在全国极有影响。而建阳地处闽北山区，交通不便，不利图书外销；建本图书质量良莠不齐，在同行业竞争中，明显处于劣势。面对激烈竞争，明代的建阳书家另辟蹊径，迎合大众读者需求，刻印大量通俗小说和日用类书，故有明一代，建阳书坊尚能维持昔日辉煌。然而到了清初，由于经济基础薄弱，建阳书坊根本无法与江浙一带的大户相匹敌。时人王士禛云："近则金陵、苏、杭书坊刻板盛行，建本不复过岭。"[2] 可见此时建阳刻书业的衰落已成为定局。

建阳刻书业的衰落，也可看作是福建文化重心由山林向都市转移的必然

---

[1] 李瑞良：《福建古代刻书业》，王耀华主编《福建文化概览》，福州：福建教育出版社，1994年，第575页。

[2]〔清〕王士禛：《居易录》卷十四，《景印文渊阁四库全书》第869册，台北：台湾商务印书馆，1986年，第480页。

结果。宋代，闽北一带书院林立，学人辈出，建阳刻书业受其滋养，故而繁盛。至清代，福建书院文化的重心不断向都市转移。清代，福州新建书院 36 所，比闽北延平、邵武、建宁三府新创书院的总和还多出 3 所。[1] 福建省级四大书院——鳌峰、凤池、正谊和致用书院，均集中于省城福州。这说明，清代福州已然成为福建全省的文化中心。而到清初，在建阳已很难找到学者兼刻书家式的人物。文化与教育的衰落，必然给刻书业带来不利影响。伴随文化重心的转移，刻书中心也从建阳向全省各地转移。大体情形为：官刻和私刻主要向省城福州转移；坊刻，清中叶以前主要转向四堡，清中叶以后，则转向福州和泉州等地。

第三节　清代坊刻

异军突起的四堡刻书　四堡刻书的规模和特点　最后的辉煌：晚清的坊刻

清代，四堡书坊是福建坊刻的一支重要力量。当时建阳刻书衰落，地处闽西的四堡书坊却异军突起，并取而代之，发展为与北京、扬州、杭州齐名的四大雕版印刷基地之一，时至今日，其遗迹仍保存相对完整，堪称奇观。四堡旧属长汀，今属连城，位于闽西连城、长汀、清流、宁化四县交界处，因有"四县共靠"之便，故名"四堡"。四堡乡的居民多为邹、马两姓。清代，四堡刻书业十分兴盛，书坊鳞次栉比，印板汗牛充栋。关于四堡刻书的基本情况，清人杨澜记述称："长汀四堡乡，皆以书籍为业，家有藏版，岁一刷印，贩行远近。虽未必及建安之盛行，而经生应用典籍以及课艺应试之文，一一皆备。城市有店，乡以肩担，不但便于艺林，抑且家为恒产。"[2]

四堡刻书的兴起，有一系列有利条件。首先是建阳刻书在清初兵燹之后走向衰败，留下大量的市场空间，给四堡刻书业的发展带来极好机遇。四堡

---

[1] 方彦寿：《闽学与福州书院考述》，载福建省炎黄文化研究会、中共福州市委宣传部编《闽都文化研究》（上），福州：海峡文艺出版社，2006 年，第 195 页。

[2]〔清〕杨澜：《临汀汇考》卷四"物产考"，清光绪四年（1878）刻本。

地处深山，盛产各种竹木，刻书所需木板、纸张、松烟等可就地取材。长汀、连城都是造纸之乡，特别是当地著名的连史纸，纸白如玉，着墨鲜明，素有"寿纸千年"之美称，堪称印书之佳品。四堡在历史上是文化之乡，历代文人辈出，著名者有宋代状元邹应龙、明代都察院左都御史马驯等。四堡乡人重视儒学传统，强调文化教育，为刻书业的繁荣奠定了文化基础，创造了良好氛围。四堡地处山区，人多地少，读书人多，但科举仕途极窄，多数人因"业儒不就"转而从事刻书业。[1] 这些落第文人为刻书业提供了充裕的人力，且极大地提高了图书质量，无疑促进了四堡刻书业的发展。此外，四堡书坊业主大多是售书出身，深谙经营之道，因此十分注意根据市场需求，认真选择图书的品种和版本，以满足不同层次读者的需求。四堡书坊还建立了销售网络，书商遍布江南，各地市场信息能及时反馈，使所刻之书适销对路。基于上述机缘，清代四堡刻书业蓬勃兴起。

四堡刻书业大体上经历了三个发展阶段。明末至清初雍正年间，是兴起时期；乾隆至咸丰年间，为兴盛时期；咸丰至民国初年，是衰落时期。咸丰年间的兵燹，对四堡书坊破坏极大，许多刻书大户房屋被焚，书板、工具、原料损毁严重。其后，四堡刻书业遂走向衰落。

四堡刻书，可追溯到明代的邹学圣（1523—1608）。学圣，字宗道，号清泉，曾任杭州仓大使，晚年辞官，把苏杭的印刷术带回故乡，"列书肆以镌经史"，开启四堡刻书之先河。随后，邹震孟、邹希孟、邹葆初等人继承其事业，进一步扩大了刻书的规模。从现存的四堡版古籍和雕版看，有确凿依据的均为清代遗物。一般认为，四堡书坊起于邹葆初。据四堡《范阳邹氏族谱》记载：邹葆初壮年时在广东兴宁经商，"颇获利，遂娶妻育子，因居其地，刊刻经书出售。至康熙二十年（1681）方搬回本里……仍卖书治生。闽汀四堡书坊，实公所开创也"。在他的带动下，四堡从事刻书业者越来越多。据统计，清雍正（1723—1735）之前，四堡有大书坊十余家，主要为邹姓与马姓

---

[1] 落第文人走投无路，卷入这个行业，纯属无奈，如当地《马氏下祠谱》称："顾以家业寒素，无力卒儒业，思弃而为贾，则语人曰：吾辈务什，一旦与市井侩贩伍，如面目可憎何！吾甚厌鄙之。计足以谋生而仍得以亲缙绅先生之言论风采，俾得熏育以成其德者，惟贾书之业。"反映的正是这种心态。

人所经营。这些书坊世代相传，如邹葆初崇德堂，从 15 世一直延续到 21 世，所刊《元亨疗牛集》残板至今尚存。又如马权亨创办经纶堂，其子马定邦和马定策又分别创办文萃楼和湘山堂，其孙马烈和马恕创办务本堂和同文堂，曾孙马履恭创办鹤山堂。

乾嘉年间（1736—1820），四堡刻书进入全盛时期。兴盛时期之四堡刻书业的规模和特点，体现在四个方面：一是坊刻堂铺数量多，规模大；二是刻书品种多，印量大；三是各地分店多，发行广；四是批销有序，族规严格。全盛时期，四堡有书坊 73 家，其中邹氏上祠 22 家、下祠 31 家，马氏下祠 20 家。这些书坊规模之大，可从当年业主的财产分关（分家）看出。例如，务本堂业主马烈的 6 个儿子，在乾隆三十八年（1773）分关时，除各得田园、房屋之外，又各得书板 10 多副，共计 87 副（种），如每种以 100 片计，就有8700 多片。道光十九年（1839），在兹堂业主马萃仲为 6 个儿子分关，共分配书板 107 副。此类分关文书目前已发现 6 件，共记载书板名称 356 副，共有书板约 35600 片。整个清代，四堡共有延续三代的书坊 67 家，是上述有据可查者的 11 倍，那么约略估计，四堡坊刻雕板总量当在 40 万片以上，数量相当可观。

四堡书坊所刻之书，种类繁多，琳琅满目。诸凡经史著作、启蒙读物、医学养生、卜筮星算、小说戏曲、生活日用，各类书籍无所不有。此外，还刊印大量诗文小说，甚至还有如《金瓶梅》这样的"禁书"。四堡所刻书籍，字形秀丽，纸质优良，装帧考究，深受读者喜爱，销路广畅。但就总体而言，四堡刻书商业气息浓厚，以科举用书、童蒙读物、农医日杂为主，文化品位不高，相对缺乏长期流传的价值。其图书质量也如建本图书一样，学者颇有微词，如时人云："目今坊间行售，只取价廉易脱，如汀郡版尤错误不可胜指，若业师稍不加意，坏事非小。"[1]

四堡的书坊均为世代相传的家庭作坊，祖孙几代同居共业，男女老少一齐上阵。这些书坊分工严密，从版面设计、书写校对、雕刻印版、装订分册、贴签包装，到运输、贩卖各个环节，均有专人负责，形成完整的产销体系。四堡书坊所用的书板，大部分在当地刊刻。刻版工匠有些从外地聘请，大部

---

[1]〔清〕黄俊苑：《止斋遗书》卷十三，清光绪元年（1875）福州刻本。

分为当地的专业刻工，有些书坊的业主本人就是刊刻行家，所以新书一旦定稿，即能付印。书板刻成后，印刷装订多在自家厅堂进行，效率很高。规模较大的书坊，往往另建书房，既可刻印书籍，又可贮存书板。

四堡刻书让我们看到其鲜明的家族特性，同时也向我们展示了雕版印刷业内部古老的运作管理方式。为保证书坊业务的有序进行，各家族制订了许多规矩，如邹、马两族曾共同商定"岁一刷新"和"藏版所有"两项重要行规。所谓"岁一刷新"，指正月之前，各书坊须将翌年出版的所有图书的目录刷印出清样，贴在各自书坊的门墙上，以便在正月初一互相串门时能了解各坊的出书计划，如遇重复，可以协商解决。此举旨在对开刻新板进行限制，避免族人之间的恶性竞争。所谓"藏版所有"，即明确各坊对已有书板的所有权，外人不得私自刻印，类似现代的版权保护。如有书商想印旧版书，只能向书板所有者租借旧板。以租借的书板印书，必须使用该书板所有者的堂号、封面及装订办法，不得另有标记，这样就将书板所有者与使用者清楚地区别开来，有效地保护了书板所有者的利益。如光绪十年（1884）重印《对联大全》，封面上标明："翠文堂藏版，文澜阁兑。"在这一行规制约下，如果有人要开设新书坊，就必须开刻新的书籍。因此，四堡有人专门编撰书稿，提供新书，供书坊刊刻，促进了当地编撰事业的发展。还有一些书商为了免受行规限制，就到外地开设书坊，使得四堡刻书业不断向外拓展。

四堡刻书继承了建阳刻书的三个传统。一是家族刻书，二是刊刻普及读物，三是自编自刻，自办发行。可以说，四堡书坊几乎就是建阳刻书业在清代的延续。但是，四堡书坊还是丢掉了建阳书坊的一个重要传统，即接受官、私方委托刻书的传统。总体而言，四堡刻书以翻刻为主，原创性的东西不多，因此，四堡很难称为清代福建的刻书中心，但仍是一支重要的刻书力量。

经历乾嘉的全盛期后，四堡刻书逐渐走向衰落。《邹氏族谱》称，其刻书业"至咸同以后乃不振，间有起家者，多以节啬积赢而致富，然亦不及前人也"。清朝晚期，中国政局动荡不安。咸丰七年（1857）以后，太平军转战闽赣一带，并一度占据四堡，这对当地刻书业是一个很大的打击。此后，福建刻书的重心逐渐向省城福州集中。到咸丰、同治、光绪年间（1851—1908），福州刻书业形成官、私、坊刻全面发展的局面。此举既为福建古代刻书事业点亮了最后的辉煌，也为近代福建出版业主要集中在省城福州奠定了基础。

晚清，福州的坊刻主要集中在南后街。南后街地处三坊七巷中心，人文荟萃，文化发达。刻书名家有吴玉田、陈文鸣、陈聚旺、林士灿、施志宝、王友士、陈金鸣等，其中以吴玉田名气最大，刊刻图书数量多，影响大，上至达官显宦，下至市井细民都乐于委其刻版。[1]与四堡书坊不同的是，福州坊刻大量接受官、私方委托刻书。如嘉庆年间（1796—1820），福州吴大擀为福鼎王遐春刻印《王氏汇刊唐人集》。咸丰年间（1851—1861），陈仁权承刻长乐梁章钜《东南峤外诗话》、侯官林则徐《林文忠公政书》。同治年间（1862—1874），官府刻印《重纂福建通志》二百七十八卷，主事者侯官杨浚召集"匠首八人"承刻这部志书，即上文所言的吴玉田、陈文鸣等八位名家。[2]光绪间（1875—1908），林士灿承刻郭柏苍编撰《全闽明诗传》《郭氏丛刻》。光绪十年（1884），王友士承刻《福安县志》《莆阳文辑》《国朝莆阳诗辑》等。光绪二十五年，林纾翻译法国作家小仲马《巴黎茶花女遗事》由吴玉田刻坊刊行，此书乃我国翻译出版的首部域外小说，印出后洛阳纸贵，风靡一时，影响深远。

清代泉州坊刻也有可书之处。当时，泉州书坊主要聚集于涂门外的后坂、田庵、淮口三个村。后坂为施氏聚居地，田庵居民以洪姓为主。二村施、洪族人多以刻书为业，父传子继，相沿成习，逐渐发展成为世业。因此，清代泉州所刊图书多出自施、洪二姓之手。如乾隆二十六年（1761），施俊章刻黄任《鼓山志》；乾隆二十八年，施高爵刻《泉州府志》；道光十年（1830），洪文品刻汪远涵《建阳诗钞》；道光二十六年，洪文畅刻《四书补注附考备旨》；道光二十八年，台湾施钰的《台湾别录》，由其子婿刊行于泉州施唐培刻坊；同治五年（1866），泉州涂门名匠也参加了福州正谊书局本《正谊堂全书》的刊刻。[3]

1840年鸦片战争以后，随着近代西方先进印刷术的传入，中国传统的雕版印刷业辉煌不再，逐渐退出了历史舞台。

---

[1] 谢水顺、李珽：《福建古代刻书》，福州：福建人民出版社，1997年，第19页。

[2] 李瑞良：《福建出版史话》，厦门：鹭江出版社，1997年，第221页。

[3] 郭白阳：《竹间续话》卷四，福州：海风出版社，2001年，第80页。

第四节　闽刻的版式特点与历史贡献

闽刻的版式和特点　对建阳坊刻的评价　福建刻书的传播与影响　福建刻书业的历史贡献

福建刻书源远流长，由宋迄清，历久不衰，其刻书规模之大，刻本数量之众，流传之广，以及古籍善本存世之多，均居全国首位。在漫长的演进过程中，福建刻本在封面、版式、字体、插图等方面，逐渐形成鲜明特色，为中国的出版事业和文化发展做出了杰出贡献。

闽刻的版式独具特色。我国宋以前的书籍，封面只有包纸，没有书名，更不署作者及出版机构之名，书名通常出现在卷端或版心。最早使用封面的，是南宋学者朱熹。宋淳熙十四年（1187），朱熹在武夷精舍编纂《小学》，写信给刻印此书的建阳蔡元定说："封面只作'武夷精舍小学之书'可也。"[1]这是迄今可考的"封面"一词的最早出处。

建阳书坊首创集书名、作家、刻书机构和刊刻时间于一体的封面，其后各地竞相仿效，并沿用至今。世界上保存至今的最早的图书封面是元至元三十一年（1294）建安书堂刻印的《新全相三国志故事》。封面绘"三顾茅庐图"，上为横书"建安书堂"，中有"甲午新刊"，上、下有花鱼尾。此后，又有建安虞氏刻印"全相平话五种"，封面图案和版式与建安书堂本极其相似。延祐元年（1314），刘氏翠岩精舍刻印《程朱二先生周易传义》，封面印有作者程颐、朱熹之名。至正十六年（1356），刘氏翠岩精舍刻印《新刊足注明本广韵》，封面横书"翠岩精舍"为刻印机构，左边竖排"至正丙申仲夏绣梓印行"署明出版时间，右边竖排"五音四声切韵图谱详明"是编纂体例，封面已兼有广告宣传之用。

与各地刻本相同，建本的版式也由版框、界行、版心、鱼尾、天头、地

---

[1]〔宋〕朱熹：《晦庵先生朱文公续集》卷二《答蔡季通》，朱杰人、严佐之、刘永翔主编《朱子全书》第 25 册，上海：上海古籍出版社，合肥：安徽教育出版社，2002 年，第 4702 页。

脚等部分组成，但同中有异，显示其独有风格。如外地刻本多为白口，为便于折叠，而宋代建阳书坊创造性地在书口印有细窄黑线，称小黑口。

书耳，也称"耳子"，指版框外上端的小方格，在内刻简化篇名或书名，方便读者查阅，是建本的又一创新。如宋麻沙刘氏仰高堂刻本《老子道德经》，右上端小方框就是书耳，框内的"无用"二字（书影10），即简化的篇名。

行款，又称行格。行款的疏密，与刻书者的财力有关。官刻资金充裕，行款多在十行以下。私刻和坊刻限于财力，行格较密，多在十行以上。宋刻本的行格大多较为宽大，如余仁仲刻《九经》、黄善夫刊《史记》，行格多在十一、二行，罕有超过十二行者。这与明代的建本，尤其是行格紧的

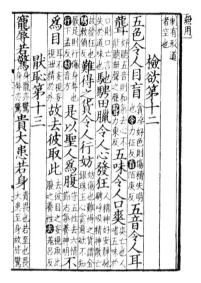

书影10：宋麻沙刘氏仰高堂刻本
《老子道德经》

通俗读物，形成鲜明对比。如刘龙田、余象斗刻本《三国演义》《西厢记》等，行格多在十五、六行，从而将建本那种密行细字的特点演绎到了极致。

为强调刻本的版权，建本大部分都刻有牌记。牌记，又称书牌、刊记、木记等，多出现于书名页、序文、卷末或目录之后，主要记录刻书时间、地点和书坊主姓名、堂号等。牌记形状不一，有长方形、碑形、香炉形、钟形、炉形、亚字形等，或无边框而随行书写。一般而言，早期的牌记内容较为简单，元明时期，各种形体的牌记逐渐增多。明后期，时兴上荷叶、下莲花的龛式牌记。形式多样的牌记，除了标记版权外，也为图书的艺术装帧和广告宣传提供了空间。

由于书工的书法造诣与师承对象的不同，建本采用的字体是多种多样的。如有仿褚遂良体的黄三八郎刻本《钜宋广韵》，有仿宋徽宗瘦金体的南宋建阳刻本《周易注》《晋书》，有仿欧阳询体的"汤注陶诗"本等。但总体而言，宋代建本书体多似颜（真卿）体和柳（公权）体，如宋刻本《周礼》《礼记》

及黄善夫刻印《史记》《后汉书》等，其书体的间架笔势和笔意，均在颜、柳之间。其特点是结构方正，笔画严谨，锋棱峻峭，瘦劲有力。南宋著名诗人杨万里有诗赞建本《东坡集》云："富沙枣木新雕文，传刻疏瘦不失真。"[1]形象道出了这个时期建本书体的主要特征。我国元刻本的字体多仿赵（孟頫）体。与各地不同，元中叶之前，建本的书体仍沿宋朝遗风，以颜、柳为主，到了元中叶，才开始使用赵体。这主要是由于南北地域差别造成的时间差。

从元代书坊刻印通俗读物开始，建本大量使用简体字，许多简体字至今通行。如在建本小说《平话五种》、类书《古今翰墨大全》及元曲选集《乐府新编阳春白雪》等，使用的简体字或俗字最多，甚至出现了同音假借的现象，大体以笔画简单的字代替笔画复杂的字，以图省工省事。

为正文配附版画插图是历代建本的一个重要特点。其主要特征是上图下文，以图辅文，图文并茂。历史上最早将儒家经典配上插图，使文字古奥的典籍通俗易懂，方便读者阅读的，就是南宋建阳书坊。如我国现存最早的插图本《周礼》，即南宋建阳刻本，有图36幅，其中《天子玉路图》，描绘的是周天子乘"玉路"（"路"通"辂"）出行，前呼后拥的情景，线条流畅，形象生动，是一部体现中国宋代版画艺术和雕版印刷水平的代表作。朱熹在建阳讲学时，可能曾经见过此书，他说："书坊印得《六经》，前有纂图子，也略可观。如车图虽

书影11：元刻本《事林广记》
"夫子杏坛之图"

不甚详，然大概也是。"[2]又如现存最早的插图本日用百科全书——《事林广记》，此书配有多幅插图，画面洗练，构图灵巧，其中有《夫子杏坛之图》（书影11），表现的是孔子率门下弟子"冠者五六人，童子六七人，浴乎沂，风乎舞雩，咏而归"的生动情景。

[1] 〔宋〕杨万里：《诚斋集》卷十六《谢福建茶使吴德华送东坡新集》，《景印文渊阁四库全书》第1160册，台北：台湾商务印书馆，1986年，第168页。

[2] 〔宋〕黎靖德编：《朱子语类》卷一百三十八，王星贤点校，北京：中华书局，1986年，第3277页。

　　明代建本的版画插图更趋成熟，插图的范围扩展到医书、小说、类书等通俗读物，到万历、崇祯间，几乎无书不插图。在版式上，也突破了早期上图下文的单一格式，发展出全页巨幅、上评中图下文、文中嵌图、合页连图、月光版图等多种版式。在版画技艺上，也有了巨大的进步，形成古朴厚茂的独特风格，与徽派、金陵画派鼎足而立，人称"建安画派"。

　　建本还首创句读。我国古书原无标点，从宋代建阳刻本开始，出现了现代标点的萌芽——句读，如余仁仲刊本《春秋公羊经传解诂》和《春秋穀梁传》，每句都有句读。岳珂《九经三传沿革例》云："监、蜀诸本，皆无句读，惟建监本始仿馆阁校书式，从旁加圈点，开卷了然，于学者为便。"图书标注句读，便于阅读，有利于文化的普及与传播。

　　对闽刻的评价，多见仁见智。有些人对构成闽本主体的建阳刻本评价不高，"建本""麻沙本"在某些场合几乎成为恶劣版本的代名词。南宋叶梦得《石林燕语》卷八称："今天下印书，以杭州为上，蜀本次之，福建最下。"明谢肇淛《五杂组》卷十三云："闽建阳有书坊，出书最多，而板纸俱最滥恶，盖徒为射利计，非以传世也。"《四库全书总目》卷一百三十五亦云："其时麻沙书坊，刊本最多。大抵出自乡塾陋儒，剽袭陈因，多无足取。"看起来，麻沙本的口碑似乎不佳。必须承认，宋明时期，建本图书的质量参差不齐，一些本子确实粗制滥造，这些批评自有道理。不过，也不能一概而论。南宋人岳珂，就称赞建安余氏万卷堂刻本为善本。岳氏《九经三传沿革例》云："世所传本，互有得失，难于取正，前辈谓兴国于氏及建安余氏本为最善。"事实上，现存宋麻沙版《九经》和《汉书》，都是校刻精良的上品。今天所能见到的宋元善本，也不乏麻沙版。概而观之，宋明时期，麻沙刻书数量之多，售价之廉，均居全国之首，但同时编印粗滥、质量低劣，在全国也最突出。[1]

　　还要注意到，与官刻、私刻不同的是，坊刻必须盈利，才能生存、发展。因此，对建阳书坊追求正当利益的合理性，也要予以足够的理解。在中国出版史上，福建刻书的历史贡献是不容抹煞的。

　　首先，以服务对象而言，官刻、家刻主要服务于士大夫，很少考虑普通

---

　　[1] 李瑞良：《福建古代刻书业》，王耀华主编《福建文化概览》，福州：福建教育出版社，1994年，第575页。

百姓的需求，故刊刻内容多以经史著作为主，且多不计成本，制作精良。而坊刻为了生存，一是大量刻印适合平民阶层阅读的通俗读物，以扩大销量；二是改进版式和字体，于是产生了建本中典型的密行细字的版式，力求在较少的版面中容纳更多内容，从而降低图书成本和销售价格，形成薄利多销的竞争态势。宋明时期建刻的这些特点，最主要的贡献在于平抑了图书高企的价格，使平民读者也能买得起书，从而促进了文化的普及和交流。

其次，书坊的利益追求，促使宋明时期的图书市场结构出现裂变，图书商品的产、供、销专业分工得以初步形成。[1] 南宋偏安一隅的局面，造成闽、浙、蜀三大刻书中心均位于南方。元朝的统一，使图书市场向北拓展，从而造成了图书市场产、销的分离。因此，元代有建安窦桂芳在大都设肆；明代有建阳叶贵、熊振宇、肖腾鸿等设肆南京，熊世琦、吴世良等鬻书广州；清代有四堡书商在东南各省开设书店之举。

与此类似，建阳书坊在接受官、私方委托刻书时，为追求合理利益，促使图书市场上出现出版者与印刷者的裂变与分离。这一裂变与产、销的裂变组合在一起，使我国自古以来以坊刻为主体的出版业集出版、印刷与销售于一身的三元结构方式，至此分离出三个既相互联系又各自独立的行业。这标志着中国古代图书市场出现了图书商品的产、供、销的专业分工，无疑是社会的一大进步。

与官、私刻书相比，坊刻最突出的贡献在于保存和传播通俗文学作品，如宋元戏曲、元明小说等方面。基于历史偏见，官、私方基本不刻印此类图书，以致我们今天所能见到的戏曲、小说刻本，绝大多数都是坊刻本。这种现象产生的动因，正是历史上备受诟病的"书坊射利"的驱使。建阳书坊既满足了市场需求，也获得了利润，而在保存和传播通俗文学方面，却又取得了比其他方面更加突出的成就。[2]

福建刻书业以其悠久历史和辉煌成就，在中国的出版史和文化史上做出

---

[1] 方彦寿：《宋明时期的图书贸易与书商的利益追求》，韩琦、（意）米盖拉编《中国和欧洲——印刷术与书籍史》，北京：商务印书馆，2008 年。

[2] 方彦寿：《宋明时期的图书贸易与书商的利益追求》，韩琦、（意）米盖拉编《中国和欧洲——印刷术与书籍史》，北京：商务印书馆，2008 年。

巨大贡献。就地域文化而言，建本图书对促进福建文化教育事业的繁荣发展起到重要作用，产生巨大影响。这种影响，又由于图书自身的传播力量，而遍及全国，走向世界。

北宋以降，福建刻书业造就了一大批优秀的刻书家和刻工，在编纂、刊刻、印刷、装帧等方面技艺精湛，形成了自己的风格，达到当时全国的先进水平，引领刻书业的发展潮流。在图书技艺的传播方面，不仅在福建，而且在全国，甚至在海外均产生了广泛影响。

福建版刻技艺的影响，突出体现在福建刻书家和刻工到外地，甚至远赴海外刻书的诸多事例中。宋明以降，建阳的刻书世家余氏、刘氏以及清代四堡的一些刻书家，都有到外省刻书的事例。特别是元末明初，福州的陈孟才、陈伯寿和莆田的俞良甫等，应来华日僧之聘，东渡扶桑，传播刻书技艺。其中最著名的是俞良甫，在日本刊刻了十几种古籍，人称"俞良甫版"。其中《新刊五百家注音辩昌黎先生文集》（《新刊五百家注音辩唐柳先生文集》）（书影 12），经俞良甫翻刻后，大为流行，被日本人称为"儒书"。日本著名的"五山版"，其刻工也大多是侨寓日本的福建人。

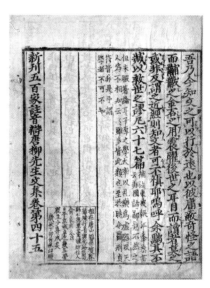

书影 12：五山版
《新刊五百家注音辩唐柳先生文集》

在中日文化交流中，福建刻工做出了重要贡献。

福建刻书业的繁荣，促使大批建本图书向全国各地传播。建本图书流通广泛，畅销大江南北。朱熹云："建阳版本书籍行四方者，无远不至。"[1]建本的传播方式有以下几种：一是定期的图书集市。《（嘉靖）建阳县志》卷三载："书市在崇化里，比屋皆鬻书籍，天下客商，贩者如织，每月以一、六日

---

[1]〔宋〕朱熹：《晦庵先生朱文公文集》卷七十八《建宁府建阳县学藏书记》，朱杰人、严佐之、刘永翔主编《朱子全书》第 24 册，上海：上海古籍出版社、合肥：安徽教育出版社，2002 年，第 3745 页。

集。"这种在乡野中以图书为主要交易对象的文化集市，在中国历史上是非常罕见的。

二是各地书商、读者的主动求购。由于建阳刊刻的图书品种多，名气大，从而吸引了来自全国各地的书商。"西江估客建阳来，不载兰花与药材。点缀溪山真不俗，麻沙村里贩书回。"[1]这是康熙年间诗人查慎行的诗句，体现了各地客商往来建阳贩书的盛况。各地"估客"到福建购书，早在宋代就已经开始。朱熹在建阳时，就有一些学者如江西的周纯仁等，通过他来购买建本图书。[2]江西陆九渊的象山书院缺书，也派门人彭世昌专程赴建阳找朱熹帮助购书。[3]刘克庄任建阳知县时，其家乡莆田的藏书家方子默给钱10万，委托他代购建阳刻本。[4]据施鸿保《闽杂记》载："明宣德四年，衍圣公孔彦缙以请市福建麻沙板书籍咨礼部尚书胡濙，奏闻许之。"

建本图书还通过对外贸易，流传海外。元初学者熊禾在为建阳同文书院撰写的《上梁文》中称："书籍高丽日本通""万里车书通上国"。[5]据赵汝适《诸蕃志》记载，由泉州赴新罗（高丽）的海船在途经四明（今宁波）时，"商舶用五色缬绢及建本文字博易"，即以丝织品和建本图书交换高丽人参等各种药材。随着朱子学的东传，建版闽学著作亦漂洋过海，流传朝鲜半岛。高丽忠烈王十五年（1289），高丽使臣安珦从元大都携归一批朱子学著作，如《四书集注》《朱文公文集》《朱子语类》等，在高丽讲授朱子学，安珦因而成为将朱子学传入朝鲜半岛的第一人。明代，流传到朝鲜半岛的建本小说数量甚多，如《剪灯新话》《三国志通俗演义》《南北宋志传》和《包龙图判百家公案》等。有韩国学者认为，建本小说与韩国古典小说的发展有极密切的关

［1］〔清〕查慎行：《敬业堂诗集》卷四十四《建溪棹歌词十二章》其四，周劭标点，上海：上海古籍出版社，1986年，第1300页。

［2］〔宋〕朱熹：《晦庵先生朱文公文集》卷六十《答周纯仁》，朱杰人、严佐之、刘永翔主编《朱子全书》第23册，上海：上海古籍出版社、合肥：安徽教育出版社，2002年，第2871页。

［3］〔清〕黄宗羲原著、全祖望补修：《宋元学案》卷七十七《槐堂诸儒学案》，陈金生、梁运华点校，北京：中华书局，2007年，第2575页。

［4］〔宋〕刘克庄：《后村先生大全集》卷一百四十八《方子默墓志铭》，《四部丛刊》本，上海：商务印书馆，1929年。

［5］〔清〕李再灏等：《（道光）建阳县志》卷五《学校志》，清道光刊本。

系，且产生了深远的影响。[1]

建本图书流传日本，大约始于南宋中叶。嘉定四年（1211），日僧俊芿回国时，除经卷外，还带回一批"四书及有关宋学的书"[2]，其中有朱熹《四书集注》的初刻本。嘉定十年，侨居泉州的日僧庆政上人归国，带回福州版《大藏经》及大批建本图书。[3] 日本江户时代（1603—1867），建本《水浒传》《三国志演义》《二刻英雄谱》《有夏志传》《西游记》《英烈传》《百家公案》等一大批小说、戏曲刻本在日本大为流行。

明嘉靖、万历以后，建本图书开始经由各国传教士传至西欧，其数量虽不及东南亚各国，然今存者多罕见惊人之秘籍，甚至有在中国大陆早已失传的孤本。如巴黎国立图书馆藏余象斗双峰堂刻本《全相插增田庆王虎忠义水浒全传》、西班牙爱思哥利亚修道院藏叶逢春刻本《三国志传》、西班牙圣劳宁佐图书馆藏詹氏进贤堂刻本《风月锦囊》等。

建阳刻书技术及建本图书的流传，为中华文化的传播与中西文化的交流做出重要贡献。

福建刻书对中国文化史的贡献，首先突出表现在建本的大量流传与广泛传播，在普及教育方面做出的贡献。从宋代开始，福建科举文化高度发达，其中一个重要原因就是刻书业的繁荣。在科举制度下，科考应试之书市场需求巨大，畅销易售，编刻此类书籍一直是福建刻书业的重点。宋人岳珂《愧郯录》云："自国家取士场屋，世以决科之学为先。故凡编类条目、撮载纲要之书，稍可以便检阅者，今充栋汗牛矣。建阳书肆，方日辑月刊，时异而岁不同，以冀速售。"刊印科举用书利润丰厚，推动了建阳刻书业的繁荣。值得注意的是，宋明时期是福建刻书业的繁盛时期，同时也是福建科举的鼎盛时期。科举用书，特别是经史典籍的大量刊行，无疑促进了福建科举文化的发展。这也为人才的培养提供良好的文化环境，对文化的积累也产生深远影响。

---

[1]（韩）闵宽东：《中国古典小说在韩国之传播·自序》，上海：学林出版社，1998年，第10页。

[2]（日）木宫泰彦：《日中文化交流史》，胡锡年译，北京：商务印书馆，1980年，第353页。

[3]（日）木宫泰彦：《日中文化交流史》，胡锡年译，北京：商务印书馆，1980年，第348页。

福建刻书和科举二者互相促进，同步发展，形成了文化史上的壮观景象。

刻书业的繁荣，对闽学的形成和发展也起了重要的促进作用。福建地处偏僻，在宋代竟然出现学者如林、人才辈出的现象，闽北更成为道学的中心，这主要和福建出版业的兴盛有关。[1] 由宋至清，理学著作一直是福建刻书的重点，传世刻本众多。在理学传播史上，福建创造出许多项最早纪录。诸如我国最早的哲学文选，是朱熹于淳熙二年（1175）在建阳编刻的《近思录》；《四书》学的奠基之作——朱熹的《四书集注》，曾多次在福建刻印；我国最早的学术思想史专著《伊洛渊源录》，由朱熹编刻于乾道九年（1173）；南宋嘉熙二年（1238）福建转运司发布榜文，禁止各地书坊翻刻朱子门人祝穆的《方舆胜览》，这是世界最早的版权文告，等等。闽学著作的大量刊行与传播，促进了闽学的发展。

刻书业的繁荣导致藏书事业的兴盛，这在福建尤其明显。福建最早见于记载的藏书家应推五代闽县（治所在今福建省福州市）的林鼎和浦城的杨徽之。宋代，见于记载的福建藏书家有 20 多人，藏书多在万卷以上。宋明时期，福建刻书业最发达的地区，一是建阳、建瓯，二是福州，三是莆田，而藏书家也以这三个地区为多。由此可见，刻书业对书籍的流通和收藏起了重要的促进作用。

刻书业对编纂事业具有直接影响。福建古代刻书和文人学者的著述活动也是密切结合、互相促进的。特别是建阳书坊，为福建学者著作的刊印和传播做出了很大贡献。在《（嘉靖）建阳县志》所载的书坊书目中，朱熹的著作就有 10 多种，包括《四书集注》《周易本义》《近思录》《朱子大全》等重要著作。朱熹弟子及后学蔡元定、真德秀、祝穆等人也都通过建阳书坊刊刻著述。据统计，《四库全书总目》著录的清代以前闽人著作共 639 种（唐五代 13 种，宋 313 种，明 313 种），其中大多数是在福建刊行的。[2] 福建刻书业大量刊印地方文献，弘扬乡邦文化，其意义和影响都非常重大。

---

[1] （日）清水茂：《印刷术的普及与宋代的学问》，《清水茂汉学论集》，蔡毅译，北京：中华书局，2003 年，第 96 页。

[2] 李瑞良：《福建古代刻书业》，王耀华主编《福建文化概览》，福州：福建教育出版社，1994 年，第 579 页。

尤具历史价值与全国性意义的是，我国许多重要典籍均赖建阳刻本得以传世。故福建刻书对中国传统文化的贡献，还可从其所刊刻的史学、文学、科技等方面图书在中国文化史上之地位来认识。

历史上，福建刻印的史学著作种类繁多，内容丰富。二十五史几乎都有刻本，其中，现存最早的《史记》单注本（裴骃《集解》本）、两家注本（裴注与司马贞《索隐》合刻本）和三家注本（裴注、司马贞注与张守节《正义》合刻本），均出自建阳书坊。

古典文学中，从先秦文学到明清小说，举凡《诗经》《楚辞》、唐诗、宋词、元曲、明清小说和戏曲，建本图书都应有尽有。著名文学家如陶渊明、王维、李白、杜甫、白居易、韩愈、柳宗元、王安石、苏轼、黄庭坚等人的诗文别集，福建均有刻印，有的还不止一版。

值得注意的是，明代福建刻书家对通俗小说的创作和出版做出了很大贡献。明代，建阳书坊刊刻的小说、戏曲数量之多，居全国之冠。孙楷第《中国通俗小说书目》收录明代建阳书坊刊刻的通俗小说达 30 多种，位居全国第一。建阳许多书坊主人在翻印名著的同时，也自编自刻通俗小说，出现了熊大木、余邵鱼、余象斗等一批书坊小说家。熊大木的《北宋志传》是历史上最早描写杨家将故事的长篇小说，其《大宋中兴通俗演义》，则是最早描写岳飞事迹的小说，至今还存有建阳书林清白堂刻本。历史上最早的短篇公案小说集，是万历二十二年（1594）建阳朱仁斋与耕堂刻本《全相百家公案全传》。熊龙峰于万历年间刊刻的《天妃出身济世传》，则是最早描写妈祖故事的长篇小说，对研究妈祖信仰的起源和形成，具有重要参考价值。[1]

福建古代还出版许多科技类著作。如农业方面，有我国现存最早的荔枝专著——宋蔡襄《荔枝谱》；我国现存最早的植物学辞典——宋麻沙本《全芳备祖》；现存最早的地域性水产志——明屠本畯《闽中海错疏》；我国最早传播甘薯种植技术的农书——清陈世元《金薯传习录》。天文学方面，有北宋苏颂的《新仪象法要》。军事学方面，有我国第一部兵书总集——北宋曾公亮的《武经总要》。世界现存最早的法医学专著——宋慈的《洗冤集录》，元、明两

---

[1] 方彦寿：《最早描写妈祖故事的长篇小说——〈天妃出身济世传〉的建本》，台中《台湾源流》1999 年第 17 辑。

代都有建阳书坊刻本问世。

　　中医典籍是我国传统医学的瑰宝，福建刻本的数量尤多。如《伤寒论》现存最早的注解本有元至正二十五年（1365）建阳西园余氏刻本。现存最早的国家药局方书《太平惠民和剂局方》，元刻本共有四种，其中三种为建阳刻本。对刻印医经典籍贡献最大的是明代刻书家熊宗立。熊氏于成化三年（1467）刻印的《新编名方类证医书大全》二十四卷，是一部中医临床医方的类编。此书是日本翻刻的第一部中医典籍，对日本汉医的发展有重要影响，被誉为"医家至宝"。他的另一部代表性刻本《勿听子俗解八十一难经》，在日本也有很大影响。

　　（原载卢美松主编：《中国地域文化通览·福建卷》，北京：中华书局，2013 年）

建阳古代刻书通考

建阳地处武夷山南麓，背据潭山，面临建水。这里历史悠久，山川秀丽，人文荟萃，地沃物丰。远在四千年前的新石器时代，古越族先民就在这块土地上繁衍生息。汉武帝时，闽越王余善筑大潭城以拒汉。东汉建安十年（205），孙策遣贺齐讨上饶，分上饶地及建安之桐乡地置建平县（治所在今福建省南平市建阳区），此为建阳建县之始。西晋太康元年（280）更名为建阳县。西晋末年的永嘉之乱和隋唐五代时期，中原人口大举南迁入闽，促使建阳经济、文化得到很大发展，为福建刻书业在两宋时期的繁荣奠定了丰厚基础。

一、建阳刻书业萌芽于五代

福建刻书业萌芽于五代，繁荣于两宋，延续于元、明和清代。其中，建阳刻书业作为福建刻书业的典型代表，无论是在中国图书发展史，还是在古代出版史上，都占据了极其重要的地位。

建阳刻书始于何时？对此，通常有唐、五代、北宋三种说法。

唐代说以清彭元瑞《天禄琳琅书目续编》、叶德辉《书林清话》、孙毓修《中国雕版源流考》诸书所载而流行一时，但缺乏确凿的史料证明，此说现已被学者所推翻。[1]

五代说则滥觞于朱维幹《福建史稿》。他在此书中据闽王王审知曾为徐寅刻印《钓矶文集》一书，推论说"麻沙印刷业可能在这个时候萌芽"。[2] 从

---

［1］ 肖东发：《建阳余氏刻书考略》（上），《文献》1984 年第 21 期。

［2］ 朱维幹：《福建史稿》上册，福州：福建教育出版社，1985 年，第 157 页。

徐寅诗"拙赋偏闻镌印卖，恶诗亲见画图呈"[1]来看，此诗有两处颇值得玩味。一是人物，即刻印徐赋的人。徐诗所言，显然不是指王审知。"拙赋"，是自谦之词，"偏闻"则毫无恭敬之意，用于闽王的身上，显然不合适。再说，闽王刻书，不可能是为了"卖"，所以，这个"镌印卖"者，应当另有其人，而且是社会地位极为一般的普通人。印书而卖之，是为了养家糊口。这表明五代时的福建民间，不但有人开始刻书，而且已经有人以此为业，印卖书籍了。二是地点，仅据此诗句，很难说徐寅的赋就在福州刻印，也有可能就在徐的老家莆田刻印，或者在文风颇为鼎盛的建阳刻印。当然，以此诗句作为福建刻书业萌芽于五代的证据，则大致不会错的，而以北宋作为建阳刻书业的起始则似嫌太晚。因为，建阳刻书业在北宋就已经相当发达了，尽管年代久远，今见于著录的刻本尚有宋嘉祐二年（1057）建邑王氏世翰堂刻印的《史记索隐》，治平丙午（1066）蔡子文东塾之敬室刻本《邵子击壤集》。北宋末，则有宣和甲辰（1124）建阳刘麟刻本《元氏长庆集》；建阳游酢、崇安胡安国刻印《二程集》等。此外，据北宋方勺（1066—?）《泊宅编》卷上载：

> 符建间，有杭州学教授出《易》题，误写"坤为釜"作"金"字。一学生知其非，佯为未喻，怀经上请，教授因立义以酬之。生徐曰："先生所读恐是建本，据此监本乃是'釜'字。"教授大惭，鸣鼓自罚二直。

在下文中，作者特地点明这位杭州教授乃"不久遂历清要，官至八座，近方殂谢"的"姚祐尚书也"。说明这一段掌故并非文人酒后茶余以资闲谈的杜撰，而是有名有姓，可供查考的史实。按，这段掌故中的主人公姚祐，字伯受，浙江长兴人，《宋史》有传。元丰进士。徽宗初，除右正言，进殿中监，迁工部尚书。对这段掌故，古今学者多作为建本校勘不严的根据，殊不知，这里尚有一条重要的信息被人们所忽视，即在北宋元符、建中靖国年间（1098—1101），一般的科举士子就已经熟知了建本或麻沙本等版本专有名词。

---

[1] 〔唐〕徐寅：《徐正字诗赋》卷二《自咏十韵》，《景印文渊阁四库全书》第1084册，台北：台湾商务印书馆，1986年，第322页。

这种专有名词的出现，必然是建本或麻沙本大量镂板问世、销售四方，并经人们频繁地接触后约定俗成的结果，而在刻书初期，显然是不可能产生的。

据此可知，建阳刻书业在北宋时就已经相当发达，它的时间上限不可能是北宋，因为任何事物都有一个发生、发展的过程，建阳刻书业也不可能例外，也有它的萌芽发生期和发展期。这个萌芽发生期当在五代，而两宋则是它的发展乃至繁荣的时期。[1]

二、建阳刻书业繁荣于两宋的历史背景

建阳刻书业之所以繁荣于两宋，是当时政治、经济、文化、地理交通等方面交错和相互作用的结果。正如恩格斯所言，"最终的结果总是从许多单个的意志的相互冲突中产生出来的"[2]。

1. 经济的迅猛发展，为建刻的繁荣提供了巨大的资源优势

宋王朝的建立结束了唐末五季分裂割据的局面。但有宋三百多年间，始终存在尖锐的民族矛盾。北宋有契丹、西夏的骚扰，南宋有女真、蒙古的入侵。由于民族战争的战场，均在北方、中原一带摆开，而南方则相对稳定，故两宋南方的经济发展，远比北方迅速。靖康之难后，因出现了中国历史上第二次人口大迁移，从魏晋南北朝开始的经济、文化重心南移至此最后完成。南方各省的经济、文化得到空前发展，闽浙一带不但成为宋经济文化中心，随着宋都的南移，还成为政治中心。这便是宋代三大刻书中心均分布在南方——闽浙在东南，川蜀在西南，而北方、中原一带反而只有一些难以产生规模经营的零散刻书户，在政治、经济、文化、地理诸方面的综合性的因素。

北宋中期，福建就已被称为"今之沃壤"；南宋初，被誉为"东南全盛之邦"。闽北一带垦山陇为田，耕种面积进一步扩大。水利建设也取得巨大成就，境内陂坝林立。优良品种占城稻得以推广，产量大为提高。经济作物建茶、建莲，手工织物建锦被列为贡品。矿冶业、陶瓷业在国内占有重要地位。宋初即在建州（治所在今福建省建瓯市）设铸造钱币的丰国监。闽北能生产

---

[1] 方彦寿：《建阳刻书史略》，建阳市博物馆铅印本，1994年，第3页。

[2] 《马克思恩格斯全集》第37卷，北京：人民出版社，1972年，第461页。

的矿产有铁、铜、铅、银等。建窑以黑釉闻名，所产兔毫盏是斗茶者喜好的茶具，风靡全国，远销海外。与雕版印刷密切相关的造纸业更为发达。闽北三府州延平、邵武、建州皆产纸。竹纸的生产以建阳最盛，名为"书籍纸"，又有"建阳扣"之称。"凡篁竹、麻竹、绵竹、赤枧竹，其竹穰皆厚，择其幼稚者，制上等、中等（纸）。"[1] "宋元麻沙板书，皆用此纸二百年。"[2] 印书所需的纸、墨、笔等，构成了建阳刻书业的一大优势。宋代建本墨色浓厚，纸坚字朗，除了境内造纸工业发达外，印书所需的笔墨也是境内自产。《（嘉靖）建宁府志·物产志》中记载，"墨、书籍纸俱建阳产"。《（弘治）八闽通志》载："墨出欧宁、建阳。"而这两地，恰恰是宋代闽北刻书最多的地方。与瓯宁仅隔一里地，同为建宁府附廓之城的建安县（治所在今福建省建瓯市），则是以产笔知名于世。宋代该县有名蔡藻者"以笔名家"，[3] 善制羊毫笔，为建阳书工所采用。

两宋福建特别是闽北的社会经济的发展达到前所未有的水平，这就为建本图书的雕版印刷提供了充裕的物质条件和强劲的购买力。而闽北境内丰富的物产，则为建阳的刻书业提供了巨大的资源优势。

2. 文化的长足进步，为建刻的发展提供了良好的文化氛围

宋代统治者有鉴于唐末五季武臣乱政的教训，奉行的是重文抑武的基本国策。科举制度以文章取士，各阶层为求取功名而研经读史蔚然成风，促使两宋闽北的文化事业也出现了前所未有的局面。

文学方面，杨亿创"西昆体"，时人竞相效仿。柳永开"婉约词派"先河。建阳黄升，雅于歌咏，精于填词，所编《花庵词选》首开词作评点先例，见解精辟，去取精审。严羽的《沧浪诗话》以理论色彩见长。建阳魏庆之的《诗人玉屑》、蔡梦弼的《草堂诗话》等均不失为研究古典诗歌的重要参考。

史学方面，黄伯思是著名的文献学家，于图书整理、校勘均有所长。袁枢的《通鉴纪事本末》有"文省于纪传，事豁于编年"之誉。熊克的《中兴

---

[1] 〔清〕郭柏苍：《闽产录异》卷一，长沙：岳麓书社，1986年，第20页。

[2] 〔清〕郭柏苍：《闽产录异》卷一，长沙：岳麓书社，1986年，第21页。

[3] 〔宋〕朱熹：《晦庵先生朱文公文集》卷七十六《赠笔工蔡藻》，《四部丛刊》本，上海：商务印书馆，1929年。

小纪》，可补正史之载缺。

艺术上，浦城章友直以篆书知名，北宋仁宗时，为太学篆书《二体石经》。建阳僧惠崇能诗善画。阮逸、蔡元定则分别是北宋与南宋建阳两位精通音律的学者。

在文化方面，对建阳刻书业影响最为深刻的是闽学。闽学指的是以朱熹为代表的，包括其弟子在内的南宋理学思想学派，以及元明以降福建理学家对其思想的发展。北宋末，将乐杨时、建阳游酢同为程门高弟，闽学先驱。后经朱熹集其大成，程朱理学从此成为中国封建社会后期占统治地位的儒家思想学说。闽学人物对建阳刻书业的影响，较上述几个方面都要直接和明显。这是因为建阳乃考亭故居，朱熹长期生活在闽北，其师友门人中建阳、浦城、武夷山一带的人甚多，他们多在这一带结庐讲学。尤其是朱熹一生中有五十多年在武夷山、建阳著书立说、兴建书院、广招弟子，在闽北形成了一个具有庞大阵容的"考亭学派"，对建阳的刻书业起到了极大的推动作用。

这种作用主要表现在闽北书院文化对建阳刻书业的影响上。两宋时期，闽北一带已出现了书院林立、讲帷相望的盛况。仅在建阳，朱熹及其师友门人就兴建了寒泉精舍、云谷书院、考亭书院、西山书院、庐峰书院、云庄书院、溪山书院、环峰精舍、潭溪精舍等十几所书院。加上朱熹及其门人在闽北其他地方创建的书院那就更多了。这些书院遍布闽北山区，像一颗颗珍珠闪耀着文化之光，由此吸引了全国各地的莘莘学子负笈前来求学。建阳因此被誉为"小邹鲁"，武夷山被称为"道南理窟"。

众所周知，创办书院当然少不了要用书，教育和出版的关系，其密切程度是自不待言的。诸多资料表明，书院的生员往往就是书坊刻本的读者。同时，他们为了发布自己的研究成果，其书稿往往就近在建阳书坊刻印，因此，他们也就成了书坊的作者。而书坊的刻书家为了他们的书籍畅销，往往又与当地的文人合作。因此，书院的生员往往又是书坊聘请的编辑。这种书院与书坊之间的密切关系，使得建阳麻沙、崇化地处深山、交通不便的劣势，由于处于众多的书院群落的包围之中，反而成了优势。这是建阳的刻书业所以能在宋代繁荣的极其重要的原因。[1]

综上所述，两宋福建特别是闽北文化事业的繁荣，为建阳的雕版印刷业的兴盛提供了良好的文化环境和充分的文化养料。它的繁荣，既是文化发展推动的结果，又适应了文化事业发展的需要。

3. 人口的增长为刻书业提供了各方面人才

人口是与各项社会事业发展密切相关的要素之一，刻书业自然也不例外。两宋福建的人口增长迅速，促使这种增长的要素有二。一是北宋与辽，南宋与金的对垒，战祸频仍，而相对稳定的南方成了躲避战乱的大后方，特别是靖康之难后，宋室南迁，北方人民由此纷纷入闽。二是两宋时期福建社会经济的飞速发展，社会稳定，经济富庶，促使人口繁衍迅速，以几何级递增。

唐高祖武德四年（621），建阳被列为全国七个上县之一，人口为 6000 户以上。到了北宋崇宁间（1102—1106），人口增至 41220 户、100648 人，[2]增长率近六倍。由于史志缺载，地方志上宋代建阳的人口数字仅此一见，使我们难以进行两宋时期建阳人口的动态比较。朱维幹先生的《福建史稿》列有宋代福建路户口递次增加的数字，颇有助于说明这一问题。

宋初，福建全路人口户数只有 467815 户，到崇宁元年（1102），人口户数发展到了 1599214。约 140 年间，福建人口增长了约 2.4 倍。南宋诗人陆游在《邵武县兴造记》中说："自高宗皇帝至今天子，历四圣，宽赋薄征，休养元元，岁且屡丰，公饶私余，生齿繁滋。考之《九域图》，郡户八万七千九百有奇，今增五万四千二百有奇，为户十四万二千一百有奇，可谓盛矣！而邵武一邑，独当户五万六千四百有奇，为郡境十之四。"[3] 陆游在此说的虽是南宋时邵武的人口增长情况，但建阳与邵武为紧邻，且同为闽北的大县，其人口增长速度当不低于邵武。

人口的增长在某种情况下，是社会经济发展的动力，它促进了闽北山区

---

[1] 参方彦寿：《闽学人物对建刻发展的影响》，《福建论坛（人文社会科学版）》1988 年第 2 期。

[2] 〔明〕夏玉麟、汪佃：《（嘉靖）建宁府志》卷十三《赋役志·户口》，《天一阁藏明代方志选刊》本，上海：上海古籍书店，1964 年。

[3] 〔宋〕陆游：《渭南文集》卷二十，《陆放翁全集》，北京：中国书店，1986 年，第 116 页。

的开发。当有限的田地不足以养活日益增长的人口时，犹如沿海的围海造田一样，山区农民则"垦山陇为田，层起如阶级"，使荒瘠的山地得到充分的开发和利用，从而使社会经济得到进一步的发展。闽北在五代两宋以后，垦山陇为梯田之风经久不衰。建阳县境西南、西北一带梯田最高者达海拔 1000 米左右，而武夷山风景区的最高峰不过 717 米。由此可知，人口的增长与农田的开发及增长在一段时期内是成正比的同步发展的。

人口的增长在另一种情况下，又是社会经济发展的一种阻力，这与福建山多平地少的地理环境有密切的关系。据统计，宋代全国的人口已达到一亿四百多万，比汉唐时期人口的最高额增加了一倍多。而建阳的人口增长速度，上文说过，北宋崇宁比唐初超出近六倍，这就远远高于全国平均增长速度。由于人口超过生产力增长速度，民众赖以生存的最低生活资料难以保障。《宋史·食货志》载："福建地狭人稠，无以赡养，生子多不举。"这里的"举"是培育、哺育的意思。生子不育，乃至弃婴、溺婴、杀子，是宋代流行于南方各省的一种恶习，其中尤以福建为盛行。而伴随着地狭人贫的，又是封建统治者强加给广大劳动人民的人口税——丁赋。按宋代的簿籍制度，二十至五十九岁的男子为丁，需承担各种丁税和差役。由此可见，封建统治者的残酷压榨也是生子不育的重要原因。

朱熹的父亲朱松曾写过一篇《戒杀子文》，里面记载说："闽人不喜多子，以杀为常，……虽有法而不胜。"[1] 朱熹在建阳，还将此文刻印于书坊，请人"张之通途要津"[2]，以正风俗。

残酷的现实使宋代福建境内的农民起义连绵不断，迫使统治者做出某种让步。如建炎、绍兴间，震惊全国的建州范汝为农民起义，虽然最后被统治者残酷镇压，但官府不得不采取一些缓和阶级矛盾的措施。如于绍兴元年（1131）三月，"减建、剑州银半分。令福建转运司兑籴米二万斛，充赈

---

[1] 〔宋〕朱松：《韦斋集》卷十，《四部丛刊续编》本，上海：商务印书馆，1934 年。

[2] 〔宋〕朱熹：《晦庵先生朱文公文集》卷四十《答何叔京》，《四部丛刊》本，上海：商务印书馆，1929 年。

济"[1]。同年六月，"蠲建、剑、汀州和邵武军租"，[2] 即蠲免田赋。

当社会矛盾未曾激化到剑拔弩张的程度时，"地狭人贫"，田少人多作为社会经济发展的桎梏，就产生了宋代福建社会除了起义、生子不育之外的第三种现象，这就是大批的劳动者不得不从"日出而作，日落而息"的土地上走出来，逐渐转为从事其他生产部门的劳动，从而成为手工业的生产者。而刻书业，从书写、刻版、印刷，到装订成册都需要人力，正是一个可以容纳大批手工业劳动者的行业。"以刀为锄，以版为田"的刀锥生涯和笔墨耕耘，并非仅仅是文人杜撰的轻巧比喻，其根源正在于古代建阳书坊的许许多多的书工、刻工、印工和装订工人，本来就是在田野上辛勤耕耘的农夫！

另一方面，与刻书业相关的行业，如刻书需要木板，于是就有伐木和锯板工；需纸，就有了造纸工人；需要笔、墨，就有了制笔和制墨工；需要发行，于是就有了长、短途运输工人和书商。于是，人口优势在这个行业的发展中就显示出极其重要的作用。这便是刻书业为什么会在两宋的建阳崛起并走向繁荣，在人口方面的重要原因。

此外，人口的增长也为建阳的刻书业提供了大批文化人。其中包括写书、编书的作者，收藏珍本、异本，嗜书如命的藏书家，以及穷窗苦读以谋求锦绣前程的学子。于是，两宋福建的文化事业也就势不可遏地蓬勃发展起来了。

三、宋代建阳刻书业的繁荣

宋代是建阳刻书业繁荣、兴盛的时期。其主要标志是刻书机构众多；官刻、家刻、坊刻三大系统已经形成；刻书地点分布广泛；刻印图书数量居全国之冠，是全国三大刻书中心（蜀、浙、闽）之一。

祝穆在《方舆胜览》一书中将建版书籍列为建阳的土产，列在建茶、建盏之前，并说"麻沙、崇化两坊产书，号为图书之府"。麻沙在永忠里，距县

---

[1]〔宋〕李心传：《建炎以来系年要录》卷四十三，上海：上海古籍出版社，1992年，第599页。

[2]〔明〕黄仲昭：《（弘治）八闽通志》卷八十五，《北京图书馆古籍珍本丛刊》本，北京：书目文献出版社，1988年。

城约四十公里。崇化即崇化里书林，古驿道距麻沙仅五公里。《（嘉靖）建阳县志》称："书市在崇化里，比屋皆鬻书籍，天下客商贩者如织，每月以一、六日集。"这种以书籍为主要交易对象的文化集市，无论是在中国文化史上还是经济发展史上，都是极为罕见的。此外，据《方舆胜览》一书卷末《福建转运司录白》称"榜下麻沙、书坊、长平、熊屯刊书处"云云，则建阳禾平里的长平、崇泰里的熊屯两地也是书肆的聚集地。

宋代建阳刻书的规模和数量，大约麻沙和崇化不分轩轾，熊屯、长平两地刻书不多。由于麻沙刻本多署麻沙某宅、某堂刻印，如"麻沙镇水南刘仲吉宅""麻沙镇南斋虞千里"等，以及宋元以降的藏书家，著录建阳刻本时，多题"麻沙坊刻本""宋麻沙刻本""麻沙小字本""麻沙刊巾箱本"等，因此，麻沙刻书的声名，历史上在崇化坊之上。实际上，被称为"麻沙本"的刻本中，有相当一部分是在崇化刻印的。由于麻沙、崇化两地相距甚近，刻书家之间相互交流比较容易，故两坊刻本在内容、形式上都有许多共同之处，若刻本无明确署明刻印地点，实不易区分。因此，历史上的藏书家往往以"麻沙本""建本"以至"闽本"统称之。历史上，建阳许多书坊还喜用古建安郡名，也有以建宁府书坊自称者，沿至明清，有些藏书家甚至把福州、闽南一带的某些刻本也称为"建本"。这表明，建阳刻书业代表了福建刻书业的主流。

（一）蔚为风气的官府刻书

建阳刻书的特点是以坊刻为主，官刻不是刻书业的主流。由于宋代闽北文风鼎盛，书院林立，研经读史蔚然成风。私家、书坊刻书作坊数以千计，流风所及，府、县官员均喜刻书。他们或将祖上的遗文刻印成集，或将地方名贤的著作付之梨枣。其中刻书较多的是建宁府的官员们。

建宁府，宋绍兴三十一年（1161）以前称建州，绍兴三十二年改为建宁府，下辖建安、瓯宁、建阳、崇安、浦城等县。建宁府的刻书地点何在？通常谈印刷史、版刻史的论著多不加考证。实际上，府城官方刻书并不在建宁，而是在建阳。这类书籍通常由官方出刻印经费，而交给书坊刻印出版。建宁府之外，还有福建路驻守在建宁的派出机构也有类似的情况。如绍兴七年

（1137）晁谦之任福建转运判官，当时转运司设在建州。[1]他于这一年刻印其兄晁补之《济北晁先生鸡肋集》七十卷，即在建阳开雕付梓。咸淳三年（1267）建宁知府吴坚与刘震孙刻印祝穆《方舆胜览》，也委托建阳张金瓯刻印。宋周煇《清波杂志》卷四载：

> 淳熙间，亲党许仲启官麻沙，得《北苑修贡录》，序以刊行。

许仲启是提举茶事的转运司官员，生产贡茶的北苑在府治所在地建安，当然不可能在麻沙任职，但他的书却在麻沙刻印。周煇把两件事糅在一块说，虽然说错了，但却无意中透露了府治刻书多放在建阳刻印的一点信息。

宋代建阳官刻本有漕司本、知府本、府学（郡斋、郡庠）本、县学（县斋）本、书院本之别。如漕司本有黄伯思《东观余论》十卷，绍兴十七年（1147）建安漕司刻印。漕司，即转运司，是掌财赋谷物转运事务的官方机构。知府刻本有《皇朝大诏令》二百四十卷，嘉定三年（1210）建宁知府李大异刻印。

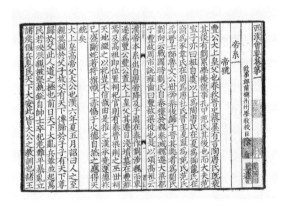

书影1：宋嘉定建宁郡斋刻本《西汉会要》

府学刻本有汉戴德《大戴礼记》十三卷，淳熙二年（1175）建宁府学刻印。宋徐天麟《西汉会要》七十卷（书影1），嘉定间（1208—1224）建宁郡斋刻印。县学刻本有朱鉴《晦庵先生朱文公易说》二十三卷，淳祐十二年（1252）建阳县斋刻印。

官府刻书的内容侧重于经、史、先贤文集等，但具体刻印什么书，最终还是根据地方长官的旨意和喜好而定，带有很大的偶然性。从现存与著录看，比较突出的现象有两个。

---

[1] 陈衍等：《（民国）福建通志·职官志》卷四："福建转运司，……初置建州，建炎二年发建寇故移司，绍兴二年复还，三年又移福州，寻复旧。"1938年刊本。

一是名贤后裔刻印祖、父辈的著作。如建安漕司本《东观余论》，由黄伯思之子黄訒主持刻印。淳熙间（1174—1189）建宁府刻印《东坡别集》四十六卷，为东坡曾孙苏峤任知府时刻于任上。嘉定十六年（1223）建宁府刻印洪迈《容斋随笔》五集共七十四卷。洪迈（1123—1202），字景卢，号容斋，江西鄱阳人。淳熙间继苏峤之后任建宁知府。嘉定间，其侄孙洪伋亦任此职，刻印此书于任上。

二是后学刻印先贤著作。如嘉熙三年（1239）金华王埜任建宁知府，刻印唐李频《梨岳诗集》一卷，另有《附录》一卷。李频（818—876），字德新，浙江建德人，唐咸通间任建州刺史，有惠政。后人在建州建梨岳庙祀之。绍定五年（1232）建宁知府陈韡刻印朱熹《论语详说》八卷，真德秀为序。嘉熙三年（1239）建安书院刻印《晦庵先生文集》。建安书院乃王埜任建宁知府时所建。王埜也是真德秀的门人，其父王介，则是朱熹的门人，故王埜对表彰朱学，不遗余力。王埜之后，金坛人王遂于淳祐三年（1243）任建宁知府，五年（1245）也在建安书院刻印朱熹《续集》十卷，并将王埜刻本旧版与此《续集》合印。

官府刻书，由于资金雄厚，不惜工本，故刻印质量较佳。如建宁知府吴革在咸淳元年（1265）刻印的《周易本义》，为半页六行；建宁知府吴坚于咸淳三年（1267）刻印的《方舆胜览》为半页七行，堪称字大行疏，加上刻印俱精，成为宋刻本中的上品。

（二）双峰并峙的私家刻书

私家刻书是指由私宅、家塾或个人出资刻印图书，其刻本称为家刻本或家塾本。私家刻书与官府刻书的区别主要在资金来源不同，与书坊刻书的区别则在于盈利与非盈利上。但建阳的私家刻书，从其刻本牌记的内容看，往往带有商业广告的性质，有的也以销售、盈利为目的。因此，私家刻书与书坊刻书不易区分，有时容易混淆。

北宋时期，建阳的私家刻书有建邑王氏世翰堂，嘉祐二年（1057）刻印《史记索隐》三十卷；建安蔡子文东塾之敬室，治平丙午（1066）刻印邵雍《康节先生击壤集》十五卷，分内、外集；建安刘麟，宣和甲辰（1124）刻印唐元稹《元氏长庆集》六十卷。这只是历经数百年后，由清代藏书家保存的宋刻本中偶见著录的几种北宋私家刻本。

南宋时期，建阳的私家刻书极其繁盛，知名的刻书家有三十多家。建阳的刻书家们在其宅名、堂号前多喜用"建安"之名，此乃沿用古建安郡名，因三国吴景帝永安年间（258—264）至隋朝，建阳县隶属于建安郡之故，不是指建安县。

南宋建阳的私家刻书，大致可分为两种类型。第一种类型即通常所说的私宅、家塾刻书。判定其为私家刻书的根据是以其刻书牌记上"往往以某某家塾、某堂、某斋、某宅、某府等为标记"[1]。如麻沙镇水南刘仲吉宅、建安刘日新宅、建安陈彦甫家塾等。不过，这种判定方法并不严密，往往容易与坊刻混淆。如刻书名家余仁仲万卷堂通常列为坊刻，但其刻《春秋公羊解诂》又署"余仁仲刊于家塾"，就是一个很典型的例子。但是在对古代刻书家内部生产组织情况缺乏记载、一无所知的情况下，这条界限仍不失为一种有效而简便的方法。

另外一种类型则为学者刻书。如游酢、胡安国、朱熹及其门人蔡元定、俞闻中、祝穆、刘爚、刘炳等，这些闽学者之外，则还有熊克、吴炎、余允文、黄升等。这些学者刻书与一般私宅刻书家不同的地方在于他们刻印的图书多为自己的著作，在编辑、校勘、版式等图书技术处理上往往体现出一种学者风范，对建阳整个刻书业而言，起到了示范作用，也提高了建阳刻本的学术层次。假如说，我们把第一种类型的私家刻书称为"家塾型私家刻书"的话，那么这些学者刻书，我们不妨称之为"学者型私家刻书"。宋代的学者型私家刻书与家塾型私家刻书一起，犹如双峰并峙，构成了建阳刻书史上的一大景观。

学者型私家刻书主要以朱熹学派的人物为代表。在朱熹之前，则有闽学先驱者建阳游酢和崇安胡安国刻印《河南程氏遗书》。此后，朱熹在建阳、武夷结庐讲学，以及晚年定居建阳考亭期间，曾刻印了不少书籍。在他的影响下，其门人也多有刻书。

---

[1] 刘国钧著，郑如斯订补：《中国书史简编》，北京：书目文献出版社，1982年，第67页。

朱熹在建阳自编自刻的图书主要有乾道八年（1172）刻印的《论孟精义》，以及在此前后刻印的《程氏遗书》《程氏外书》《上蔡语录》《游氏妙旨》《庭闻稿录》等。淳熙二年（1175）还刻印了与吕祖谦合编的《近思录》一书。淳熙十一年编刻张栻《南轩集》四十四卷。顾志兴先生《浙江出版史研究——中唐五代两宋时期》一书认为，据"朱熹年谱：淳熙十年癸卯春正月，朱熹差主管台州崇道观，次年办浙学，疑此《南轩先生文集》即刻印于此时"。按，宋代的宫观官，是一种根本无需到任的闲职，朱熹主管台州崇道观，是在其任浙东提举，弹劾唐仲友受挫，于淳熙九年九月离任之后。这年十一月请祠，次年一月得此虚职。从这时起，一直到淳熙十二年二月祠满，朱熹始终在武夷山。闽学史上著名的武夷精舍，就创建于这一时期，因此《南轩集》刻本应为朱熹在福建的刻本，刻印地点在建阳。顾先生文中所引的"次年办浙学"，实乃"辨浙学"——与以吕祖俭、叶适、陈亮等人为代表的浙东学派开展论辩之误。

朱熹在刻书过程中，其门人蔡元定、蔡渊、林择之等在编书、校书、刻书等方面起了很大作用。日常事务则主要交由其婿刘学古、季子朱在打点。林择之担任部分发行工作。对朱熹从事刻书，其友人张栻认为此举不妥。他写信劝阻朱熹说："比闻刊小书版以自助，……虽是自家心安，不恤它说。要是于事理，终有未顺耳。"[1] 其时，朱熹正处于贫困交加之际，他在给林择之的信中说："又此数时，艰窘不可言。……百事节省，尚无以给旦暮。"因此，他请林择之刻本售出后，尽快将"文字钱"带来，"千万早示一数于建宁城下"，[2] 其经济上入不敷出、捉襟见肘的窘况于此可见。因此，朱熹刻书，实际上也可以说是迫不得已之举。

朱熹在建阳长期从事教学、著述和刻书，除了在学术思想上给门人以重大影响外，许多门人也像朱熹那样，在从事学术研究的同时，也从事刻书。如蔡元定曾刻印朱熹的《中庸章句》《诗集传》二书。在《晦庵先生朱文公续

---

[1]〔宋〕张栻：《南轩集》卷二十一《答朱元晦秘书》，《景印文渊阁四库全书》第1167册，台北：台湾商务印书馆，1986年，第599页。

[2]〔宋〕朱熹：《晦庵先生朱文公别集》卷六《与林择之》书七，《四部丛刊》本，上海：商务印书馆，1929年。

集》所收录写给蔡元定的书信中，多次提到刻书之事，其中对版本的修定、错字的校勘均有详细的指示。蔡元定长子蔡渊，受朱熹的委托，刻印《周易参同契考异》。建阳刘炳则为朱熹刻印了《龟山别录》。刘炳兄长刘爚在朱熹逝世后为之重刻了《四书集注》。朱熹的学生和表侄祝穆，晚年定居建阳麻沙水南，编成《方舆胜览》一书，自刻于嘉熙三年（1239）。该书丰富而有条理，印行之后，被书坊竞相翻刻。祝氏借助当时政府的力量，颁布了具有法律效力的文告，这是我国也是世界上现存最早的有明确年代可考的版权文告。

除以上闽学者刻书外，还有其他一些学者也刻印了不少图书。如建阳熊克刻印《宣和北苑贡茶录》；书林余氏中的学者余允文则刻印了朱熹的《论语集注》；花庵词客黄升于淳祐己酉（1249）自编自刻了《中兴以来绝妙词选》；邵武吴炎在建阳刻印《东莱标注老泉先生文集》；邵武俞闻中在建阳书坊刻印丛书之祖《儒学警悟》，等等。

学者型刻书家，上可承官府刻书，下可联书坊刻书，是联接、维系建阳整个刻书业的桥梁。如淳熙间（1174—1189）朱熹在建阳，就曾委托当时任职于建宁的福建转运司提举郑伯熊刻印《古今家祭礼》；委托建宁知府傅自得为之刻印《弟子职》《女诫》《温公杂仪》等书。他委托建阳书坊刻印的图书则有《洪韵》《近思录》等。他在《答黄商伯》书中说：“《洪韵》当已抄毕，幸早示，乃此间付之书坊镂板，甚不费力。”[1]《答巩仲至》书中说：“此间匠者工于剪贴，若只就此订正，将来便可上板，不须再写，又生一重脱误，亦省事也。”[2]

除以上学者刻书之外，南宋时期，建阳以私宅、家塾等面目出现的私家刻书还有东阳崇川余四十三郎宅、麻沙水南刘仲吉宅、麻沙刘仕隆宅、麻沙刘将仕宅、刘元起家塾、刘日新家塾之敬室、建安虞氏家塾、建安魏仲举家塾等二十一家。宋代建阳私家刻书的数量，多则三、四种，少则一、二种，内容主要以正经正史为主，子部、集部书间或有之。

---

[1]〔宋〕朱熹：《晦庵先生朱文公别集》卷六，《四部丛刊》本，上海：商务印书馆，1929 年。

[2]〔宋〕朱熹：《晦庵先生朱文公文集》卷六十四，《四部丛刊》本，上海：商务印书馆，1929 年。

　　如刻印经部书的有，建安刘日新宅，开禧元年（1205）刻印宋王宗传《童溪王先生易传》三十卷，今存残帙二十二卷。刘叔刚宅刻印宋曾糇《大易粹言》七十卷，又刻《附释音礼记注疏》六十三卷。建安魏县尉宅刻印《附释文尚书注疏》二十卷，有"字体方整峭厉纸墨均胜，是闽中精刻"[1]的评价（书影2）。麻沙刘仕隆宅，刻印《广韵》五卷，日本有存本。

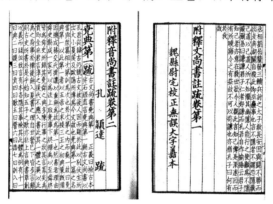

书影2：宋建安魏县尉宅刻本《附释文（音）尚书注疏》

　　刻印史部书的有，麻沙镇水南刘仲吉宅，绍兴庚辰（1160）刻印欧阳修《新唐书》二百二十五卷。麻沙镇南斋虞千里，乾道五年（1169）刻印宋王令《十七史蒙求》十六卷，现存清康熙间程氏仿刻本。建阳钱塘王叔边家，刻印《前汉书》《后汉书》各一百二十卷，建安魏仲立宅刻印《新唐书》二百五十五卷，"是建本之至精者"[2]。

　　刻印子部书的有，东阳崇川余四十三郎宅，绍兴十七年（1147）刻印唐徐坚《新雕初学记》三十卷，序后有牌记，日本宫内厅书陵部存。东阳是建阳别称，崇川即崇化，余四十三郎是建阳余氏中年代较早的刻书家。建安余恭礼宅，嘉定丙子（1216）刻印宋刘信甫《活人事证方》二十卷。建安刘通判宅仰高堂，刻印《音注老子道德经》二卷。麻沙镇虞叔异宅刻印宋张师正《括异志》十卷，为宋代罕见的文言小说刻本，现存明正德影抄本，《四部丛刊续编》本即据此影印。

　　[1]　傅增湘：《藏园群书经眼录》卷一，北京：中华书局，1983年，第28页。
　　[2]　傅增湘：《藏园群书经眼录》卷三，北京：中华书局，1983年，第217页。

刻印集部书的有，建安陈彦甫家塾，庆元丙辰（1196）刻印宋叶菜《圣宋名贤四六丛珠》一百卷。麻沙刘将仕宅，刻印吕祖谦辑《皇朝文鉴》一百五十卷。建安魏忠卿家塾，刻印《王状元集百家注分类东坡先生诗》二十五卷。麻沙刘仲吉宅，刻印黄庭坚《类编增广黄先生大全文集》五十卷。

宋代建阳私家刻书，可以刘氏为其典型代表。刘氏刻书，宋代主要集中在麻沙。刘氏乃建州望族，家族中崇安东族刘子翚、刘勉之均为朱熹的老师，西族南派建阳崇泰里的刘爚、刘炳及北派麻沙的刘崇之等是朱熹门人。在宋代，以忠义显者还有所谓"刘氏五忠"，地位颇为显赫。因此，宋代麻沙刘氏刻印书籍，多以家塾、私宅的面目出现；刻本内容，则以经、史为主，这是宋代程朱理学处于上升期，并趋于成熟，思想活跃，学派众多在刻书业的曲折反映。

宋代建阳私家刻书中，著名的刻书家还有以刻印《史记》《汉书》《后汉书》而知名的黄善夫家塾；刻印两《汉书》的刘元起家塾；刻印《史记集解索引》的蔡梦弼家塾（书影3）；刻印《五百家注音辩昌黎先生文集》等刻本的魏仲举家塾。

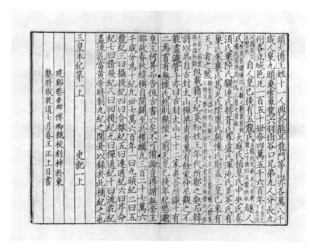

书影3：宋建安蔡梦弼刻本《史记》

（三）方兴未艾的书坊刻书

书坊刻书指的是书肆、书铺、书堂等以盈利为主要目的的书商刻书，其刻本称为坊刻本。坊刻是建阳刻书业的主力，有的书坊还拥有自己的书工、刻工、印刷和装订工匠，并聘请编、校、撰人。有的书坊主人则自编自刻，集编辑、刻印、销售于一身，相当于现代的出版社和书店；有的书坊则接受委托印书，相当于今天的印刷厂。书坊刻书的特点是受经济规律的驱使，以刻印畅销书为主，编撰名目新颖善变，刻印速度快捷迅猛，行销范围无远不至。因此，书坊之间互相抄袭、改头换面重新印刷，以致偷工减料的现象时有发生。

宋代，建阳的书堂有余仁仲万卷堂、余彦国励贤堂、蔡琪一经堂、崇化书坊陈八郎宅、建宁府黄三八郎书铺等三十余家。刻本内容四部俱备，其中又以经、史、子部儒家、医家、类书和文人别集为主。传统的经学著作和子部儒家类中，又以朱熹学派人物的著作居多。其原因，一方面是宋代重科举，研经读史是士子求取功名、决胜科场的敲门砖；另一方面是南宋理学大昌，建阳是考亭故居，学者众多，这类书拥有考亭学派的大批读者。

以下据现存与著录，以传统的经、史、子、集分类法将宋代建阳书坊刻本举例介绍如下，以见宋代书坊刻书之一斑。

如刻印经部书的有，麻沙刘氏书坊，淳熙间刻印宋夏僎《尚书详解》十六卷。原本久佚，清乾隆间修《四库全书》，据此刻本的抄本，删去重言重意后，重加厘订为二十六卷。建阳钱塘王朋甫刻印孔安国《尚书》十三卷，题陈应行点校，卷首刻图十九幅。刻书名家余仁仲万卷堂刻印《九经》，刻本质量得到宋岳珂的高度评价。余氏《九经》中，今存《春秋公羊经传解诂》《礼记注》《春秋穀梁经传》三种。《春秋公羊经传解诂》十二卷，汉何休撰，唐陆德明音义，绍熙二年（1191）刻本。序后有余氏刻书题识六行："《公羊》《穀梁》二书，书肆苦无善本。谨以家藏监本及江浙诸处官本参校，颇加厘正，惟是陆氏释音字或正文字不同……众皆不敢以臆见更定，姑两存之，以候知者。"表明余仁仲刻书的态度极为严肃认真，除广择底本外，遇诸本不同之处，以"两存"的方式刻印，供学人参考，而不是自以为是地胡乱更改。故余氏刻本，在当时就被人誉为善本。

刻印史部书的有，毕万裔富学堂刻印李焘《李侍郎经进六朝通鉴博议》（书影4）十卷。毕万裔，原名魏齐贤，因魏氏之祖于春秋时有毕万者封地于魏而得姓。宋代建阳一家不知名的书坊刻印了《三国志注》六十五卷，栏外有"耳子"记篇名。此外，南宋建阳书坊还刻印了《晋书》《隋书》《新唐书》《唐鉴》《新五代史记》等。仅司马光的《资治通鉴》建阳书坊就有"小字建本""南宋初建本""南宋前期建本""建本中之至精者"[1]等多种版式不同的刻本。

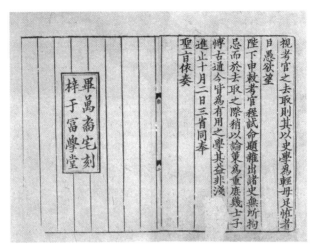

书影 4：宋毕万裔富学堂刻本《李侍郎经进六朝通鉴博议》

刻印子部书的有，建安庆有书堂，景定辛酉（1261）刻印《伤寒明理论》三卷《方论》一卷。建安刘德亨，刻印宋谢维新《古今合璧事类备要》四百一十六卷。余彦国励贤堂，刻印宋刘信甫校正《新编类要图注本草》四十二卷《序例》五卷。陈八郎书铺，刻印汉贾谊《新书》十卷。崇川余氏刻印《新纂门目五臣音注扬子法言》十卷，序后有"谨将监本写作大字刊行，校正无误，专用上等好纸印造，与他本不同。收书贤士幸详鉴焉，崇川余氏家藏"牌记。

刻印集部书的有，建安余腾夫刻印宋张耒《永嘉先生标注张文潜集》十卷。建安王懋甫桂堂，刻印《选青赋笺》十卷，所选皆宋人科举应试之作，为巾箱本。蔡子文行之刻印《吕氏家塾增注三苏文选》二十七卷，题吕祖谦选，选文以策论史论为主，以备士子贴括之用。陈八郎刻印梁肖统辑、唐吕

---

[1] 傅增湘：《藏园群书经眼录》卷三，北京：中华书局，1983 年，第 231—232 页。

延济等注《文选注》三十卷，序后有"建阳崇化书坊陈八郎宅善本"牌记。江仲达群玉堂刻印《二十先生回澜文鉴》十五卷《后集》八卷，选司马光、范仲淹、王安石、朱熹、吕祖谦等二十家之文。

（四）宋代建阳刻书的特点

1. 官刻、家刻、坊刻三大系统已经形成，就刻书数量和规模而言，占主体的是坊刻，私家刻书也占了很大比例。元明两代，家刻渐微，坊刻则超过宋代。宋代的官刻、家刻与坊刻有极为密切的联系，刻本多直接交付书坊刻印。

2. 刻本内容四部俱备，其中又以经、史、子部儒家类、医学、类书和文人别集居多，传统的经学著作和子部儒家类中，又以朱熹学派人物的著作居多。其原因，一方面是宋代重科举，经部书是士子求取功名、决胜场屋的必读书；另一方面是南宋理学大昌，建阳乃考亭故居，学者众多，这类书拥有考亭学派的大量读者。

3. 宋代建本大部分字体多似柳体。如余仁仲刻《礼记》《春秋公羊经传解诂》等；有的似宋徽宗瘦金体，如南宋初建阳刻《周易注》《晋书》，王叔边刻印《后汉书》等；间或也有褚遂良体，如黄三八郎刻印《钜宋广韵》（书影5）。其总的特点是结构方正，笔划严谨，锋棱峻峭，瘦劲有力。建阳的书工，主要使用羊毫笔。宋代，

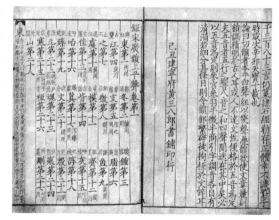

书影5：宋黄三八郎刻本《钜宋广韵》

建安有笔工蔡藻善于制笔，朱熹有《赠笔工蔡藻》[1]、《跋蔡藻笔后》二文，称蔡藻"以笔名家，其用羊毫者尤劲健，予是以悦之。藻若去此而游于都市，

---

[1]〔宋〕朱熹：《晦庵先生朱文公文集》卷七十六，《四部丛刊》本，上海：商务印书馆，1929年。

盖将与曹忠辈争先"[1]；"蔡藻造笔能书者识之，……所制'枣心样'，喜其老而益精"。建阳书工以此"劲健"的羊毫，故能写出锋棱峻峭、瘦劲有力的书体。

4. 宋代建本绝大部分用竹纸印刷，元明因之。现存于中国国家图书馆的宋乾道七年（1171）蔡梦弼刻《史记集解索隐》、元至元六年（1269）郑氏积诚堂刻印《事林广记》、元天历三年（1330）叶氏广勤堂刻《王氏脉经》、元至顺三年（1332）余氏勤有堂刻《唐律疏议》等，经专家鉴定，用的都是竹纸。朱熹初印《楚辞辩证》一书，也是以"小竹纸"印刷。[2]

5. 版式上，以半页十行本居多。官府刻书，由于资金雄厚，不惜工本，多字大行疏，刻本多在十行或十行以下。私家、书坊刻书，限于财力，多密行细字，刻本多在十行或十行以上。当然，情况也有例外，如建宁郡斋刻《东汉会要》《西汉会要》为十一行，而蔡琪刻《汉书》《后汉书》，以私家之力，却是半页八行，刻本质量为宋白鹭洲书院本所不及。形式上，建本的另一种特点是多左右双边，细黑口。《中国版刻图录》著录的29种建阳宋代刻本中，左右双边和细黑口的刻本为20种，其余9种为白口和四周双边。台北故宫博物院编印的《宋版书特展目录》，列福建刻本15种，其中黑口本为13种；浙江地区19种，黑口本才2种；四川地区5种全是白口。可推知黑口是宋代建阳书坊的创造并广泛使用，细黑口本的使用使书页有了准确的中线，便于折叠、装订，这是建阳书坊刻工和装订工在实践中的创造。

在边线外左上角刻"耳子"，耳内刻篇名或小题，这是宋代建本形式中的又一特点。如黄善夫刻《史记》、《后汉书》（书影6）、刘元起刻《汉书》、蔡梦弼刻《杜工部草堂诗笺》以及建阳刻印的《监本纂图重言重意互注毛诗》，均有耳子。由于耳子内刻有篇名或小题，为读者查阅提供了方便。

---

[1]〔宋〕朱熹：《晦庵先生朱文公文集》卷八十四，《四部丛刊》本，上海：商务印书馆，1929年。

[2]〔宋〕朱熹：《晦庵先生朱文公文集》卷六十四《答巩仲至》，《四部丛刊》本，上海：商务印书馆，1929年。

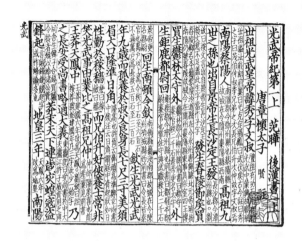

书影6：宋建安黄善夫刻本《后汉书》，左上角有耳记篇名

　　建本的另一特点是上图下文，以图辅文。建本中率先使用插图的，是建阳书坊中具有创新意识的刻书家。这种上图下文的形式一直保持到明末清初，成为建本版画的主要形式和特征。朱熹在建阳，对书坊的插图本，也颇为赞赏。他说："书坊印得《六经》，前有篆图子，也略可观。"[1] 宋代建阳书坊中，以"篆图互注"标题的《尚书》《周礼》《毛诗》《礼记》诸经，以及《荀子》《老子道德经》《庄子南华经》《扬子法言》诸子，均有版画插图。版画插图的出现，增强了图书的通俗性、趣味性，能帮助读者增强理解和记忆，因此受到广大读者的欢迎，也具有了强大的生命力。到明代，建本几乎发展到无书不插图的地步。在版刻技艺上，也有了巨大的进步。

　　6. 在编辑体例上，宋代建本多以类编、集注、重言重意等方式，并往往以此冠以书名，号召读者。

　　所谓类编，即以类编辑，将图书内容分门别类地重新编排。除了大量刻印综合性的类书之外，对一些非综合性的专门图书，往往也以"类编""类注"为名目编印。由于分类编排，便于读者查阅，在当时也是畅销书，受到读者欢迎。但由于缺乏编辑眼光，水平参差不齐，其中一些较差的图书也由

　　[1]〔宋〕黎靖德编：《朱子语类》卷一百八十三，王星贤点校，北京：中华书局，1986年，第3277页。

此受到后代学者的指责。从文献学的角度来看，这些书也保存了一些佚书的部分篇章，在今天而言，仍是珍贵的历史资料。

所谓集注，即把诸家不同的注释汇集在一起，编刻印行，便于读者能同时阅读到各家的注释，进行比较。宋以前的经史，多为白文无注本，注文与本文往往分开印刷，不便检阅。到了宋代，才出现了汇注本。如黄善夫刻《史记》，将集解、索隐、正义合为一书。余仁仲刻《礼记》，将陆德明的音义合刻于书中。发展到后来，就有了以"百家注"相号召的，如建阳有多家刻印的《王状元集百家注分类东坡先生诗》《王状元集百家注编年杜陵诗史》；以"五百家"相号召的，如魏仲举编刻的《五百家注音辩昌黎先生文集》《五百家注音辩柳先生文集》、魏齐贤的《圣宋名贤五百家播芳大全文粹》（书影7）；更有以"千家"相号召的，如《黄氏补千家集注杜工部诗史》。这些刻本，虽然注家不一定就能达到书名所标榜的数量，且其中的编者，也有拉名人做广告的嫌疑，但确以赅博著称，故在当时往往也是畅销书，在后世也能得到学者的认可。清朱彝尊就说："当时刊书者知以博学详说为要务，今则守一家之说，以为兔园册。其智出麻沙里刊书者之下矣。"[1]

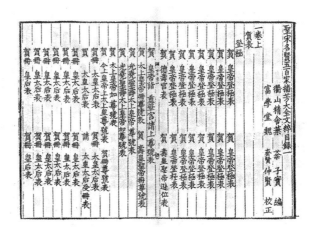

书影 7：宋魏齐贤刻本《圣宋名贤五百家播芳大全文粹》

---

[1]〔清〕朱彝尊：《曝书亭集》卷五十二《跋王百家昌黎集注》，《四部丛刊》本，上海：商务印书馆，1929 年。

所谓重言重意，重言是把同一书中重复出现的词句，以"重言"标出，并注明出现次数；重意则是把意思相同的词句以"重意"标出，用以提醒读者注意上下文之间的联系，加深理解和记忆。以"重言重意"为题的刻本，宋代建阳书坊刻印甚多，上文在介绍刻本时，已多有提到，此不例举。

四、元代建阳刻书持续发展

元王朝的建立，虽然使政治重心重新北移，但对已有数百年刻书历史的建阳来说，并未产生太大影响。有元一代，建阳仍是全国四大刻书中心（大都、平水、杭州、建阳）之一，刻印书籍仍以数量多而闻名天下。这与元朝统治者推行汉法、重视文治、尊经崇儒、奖励农桑等一系列政策有密切的关系。

宋代盛行的书院讲学活动，在元代也沿袭了下来。元代著名的理学家、朱熹学派在南方的传人吴澄、金履祥、许谦、胡一桂、陈普等人都在书院讲学和著书立说，而且他们都到过建阳，其著作也多在建阳刻版印行。其中对建阳刻书业有重大影响的是熊禾。

熊禾（1247—1312），字去非，号勿轩，又号退斋，建阳人。他是朱熹高弟辅广的再传弟子，宋咸淳十年（1274）进士，授汀州司户参军。入元不仕。与母族至亲刘应李隐居武夷山中，建洪源书堂授徒讲学达十二年之久。之后，又在建阳梓里修复鳌峰书院。熊禾在从事理学研究和教学实践中，也从事刻书，并对建阳书坊的刻书业极为赞赏。这是他不同于传统的知识分子之处，尤为可贵。因此，其后裔中许多人均从事刻书业，有的还成为刻书名家。可以说，元代在朝和隐居山林在野的理学家们利用元统治者尊经崇儒的基本国策，把朱熹理学推向一个至高无上的社会地位。而建阳又是考亭故居，刻书家们也多为理学名贤的后裔，在政治上沾了光，宋代积累了几百年的刻书之业，在宋末元初兵火交加、抢攘离乱之际没有受到根本的破坏，社会一旦稳定，很快就恢复并发展起来。

（一）寥若晨星的官府刻书

元代，建阳的官刻本远不能与宋代相比，这与元代歧视汉人、官府的主要职务均由蒙古人担任、而蒙古官员对汉文化终究还是有一定隔膜有关。由于建阳是全国刻书中心，省内外的地方官却多有委托建阳书坊刻印书籍。这类书由于资金均出于官帑，其本质上仍为官刻本。主要有：

元至治间（1321—1323）刻印《元典章》。此书全称《大元圣政国朝典章》，前集六十卷，新集不分卷，是仿照《唐六典》编纂的元代律令格例及司法判案等方面的资料汇编。由元代福建地方官抄录汇集，而后刻印于建阳书坊。此刻本原故宫博物院有收藏，解放前夕被携往台湾，现已影印出版，是研究元代史的重要参考资料。

天历二年（1329）刻印元胡炳文撰《四书通》二十六卷，浙江儒学委托崇化书林余志安勤有堂刻印（书影8）。张存中跋云"泰定三年，存中奉浙江儒学提举志行杨先生命，以胡先生《四书通》能删《纂疏》《集成》之未删，能发《纂疏》《集成》之所未发，大有功于朱子。委命赍付建宁路建阳县书坊刊印，志安余君命工绣梓，度越三稔始克就"云云。浙江杭州也是全国的刻书中心，按照学术界通常的说法，浙本质量要比建本好，但浙江儒学的书却要发往建阳刻印，表明建阳乃理学的大本营，这种阐发朱子学的著作放在建阳刻印，比在其他地方更有意义。

书影8：元天历二年余志安刻本《四书通》

至正元年（1341）刻印虞集《道园学古录》五十卷，闽宪斡克庄委托朱熹五世孙朱炘刻印于建阳。炘，字光明，承务郎，官福建行省都事。

宋嘉熙间，宋理宗表彰朱学。王埜任建宁知府，重兴书院，拨给官帑、学田。此后，建宁府的书院从私学逐渐纳入官学的轨道。到了宋末元初，书院的山长就是学官。这时的书院，就比较接近官办儒学了。因此，书院刻书，通常纳入官刻范畴。

元代，建阳的书院刻本主要有，至正癸巳（1353）熊氏鳌峰书院刻印熊禾《勿轩易学启蒙图传通义》七卷，由熊禾曾孙熊坑刻印于书院。刘应李化龙书院刻印刘燫《云庄刘文简公文集》十二卷。刘应李是朱熹门人刘炳的曾孙，入元不仕，与熊禾在武夷洪源书堂讲学十二年，归建书院于崇泰里后山，刻印此集于其中。

此外，建阳云庄书院刻印《新编古今事文类聚》六集二百二十一卷。府城所在地的建安书院也于至正十一年（1351）刻印元赵居信《蜀汉本末》；宋代建阳学者蔡沈建于武夷九曲的南山书院，入元后于至正二十六年刻印宋陈彭年《广韵》五卷。

至正五年（1345），建宁路官医提领陈志刻印《世医得效方》十九卷《孙真人养生书》一卷，这是元代建宁路官府刻本中唯一出现官衔和主持人姓名的刻本。上文在介绍宋代官刻本时，建宁知府、建阳知县刻本屡见不鲜。到元代，建宁路总管刻本竟无一种，这是蒙古族官员对汉文化的隔膜在建阳刻书业的直接反映。

（二）转入低谷的私家刻书

元代建阳的私家刻书，不如宋代之盛。主要原因是宋代偶有刻书的私家、家塾入元后，其子孙有的不再刻书，有的转为坊刻。如宋代私家刻书较多的麻沙刘氏，元、亨、利、贞四房中，贞房一支迁到崇化，成为坊刻主力，其余几房刻书数量较少。因此，从总体而言，元代建阳私家刻书由宋代的繁荣而转入低谷。

元代建阳私家刻书主要有，熊敬，熊禾的族兄，大德九年（1305）刻印元董鼎《孝经大义》一卷。熊禾，刻印朱熹《仪礼经传通解》，所据乃"考亭诸名儒参校订定墨本"，熊氏又"于所补《仪礼》各卷篇目之下，参以历代沿革之制，及关洛以来诸儒折衷之说"。[1] 此书编好后，交给建阳书坊刻印。熊禾自撰疏云："拟就书坊版行，以便流布。"[2] 蒋易，字师文，号桔山真逸，顺帝至元五年（1339）刻印唐诗选《极玄集》上下二卷，为宋姜夔评点本，明崇祯间毛氏汲古阁《唐人选唐诗》本即据此刻印。刘君佐（约 1250—1328），元代建阳著名刻书家，字世英，号翠岩，其刻书处即以"翠岩精舍"命名。刘君佐是建阳刘氏入闽始祖唐刘翱的十四世孙，宋咸淳六年（1270）进士，曾任南恩（治所在今广东省阳江市）通判，入元不仕。刘氏本世居麻沙，宋末刘君佐迁居崇化书林，结束了建阳刘氏此前主要以家刻为主的局面，其子孙后遂成为与建阳余氏不相上下的坊刻主力。

刘君佐翠岩精舍的主要刻本有，延祐元年（1314）刻印程颐、朱熹《程朱二先生周易传义》二十四卷、泰定丁卯（1327）刻印苏天爵《国朝文类》七十卷，小字本，有翠岩精舍"小字本"胜于西湖书院"大字本"之誉。同年又刻印胡一桂《诗集传附录纂疏》二十卷。

建安郑明德宅，天历元年（1328）刻印陈澔《礼记集说》十六卷，为此书第一刻本。建安傅子安宅，顺帝至元二年（1336）刻印朱熹《楚辞集注》八卷《辩证》二卷《后语》六卷。

（三）众星拱月的书坊刻书

元代，建阳的书堂、书铺，以及刻本的数量均超过宋代。在全国现存的元刻本中，建阳刻本几乎占了一半以上，而建阳刻本，又绝大多数为坊刻本。据《（弘治）八闽通志》，元代麻沙书坊曾遭火焚。"今书籍之行四方者，皆崇化书坊所刻者"，因此，元季书堂多集中在崇化。元代建阳书坊，仍以余、刘、虞、陈诸姓最为著名。此外，新崛起的尚有郑、叶、詹、熊诸姓。概言之，围绕着余氏勤有堂、刘氏日新堂、建安虞氏、叶氏广勤堂等几个著名的书堂，元代建阳出现了共约四十家书堂，刻印了许多图书，与上述诸家名肆一起，众星拱月，使元代建阳刻书业得到持续稳定的发展。

---

[1] 〔元〕熊禾：《刊仪礼经传通解疏》，《熊勿轩先生文集》卷四，《丛书集成初编》本，上海：商务印书馆，1939 年，第 56 页。

[2] 〔元〕熊禾：《刊仪礼经传通解疏》，《熊勿轩先生文集》卷四，《丛书集成初编》本，上海：商务印书馆，1939 年，第 57 页。

余志安勤有堂是元代建阳书坊中最负盛名的书堂。约从大德八年（1304）刻印《太平惠民和剂局方》开始，到至正五年（1345）刻印元陈师凯《书蔡氏传旁通》为止，凡四十一年间，刻书三十余种。主要刻本有：

至大三年（1310）刻印李白《分类补注李太白诗》二十五卷，目录后有"建安余氏勤有堂刊"篆书牌记。皇庆元年（1312）刻印杜甫《集千家注分类杜工部诗》二十五卷《文集》二卷《年谱》一卷，分杜诗为七十二门，集韩愈、元稹、黄鹤、蔡梦弼等一百五十六家注。延祐五年（1318）刻印元董鼎《书集传辑录纂注》六卷，卷末有"男真卿编校，侄济卿、登卿同校，建安余志安刊行"三行。叶长青《闽本考·总考》据此称"诸余有真卿、济卿、登卿等"[1]，似乎余氏刻书家中尚有余真卿等人。此书乃鄱阳学者董真卿将其父董鼎之作委付余氏刻印，文中的"男""侄"系对作者而言，不是对梓者而言。余志安有二子，长名资，考亭书院学生，次名赟，并无真卿诸人。叶氏大误，需作更正，以免以讹传讹。

余氏勤有堂刻印的《古列女传》一书，原本已不存，现存清道光间扬州阮氏文选楼仿刻本。目录后有"建安余氏"牌记，文中或称"静庵余氏模刻"，或称"余氏勤有堂刊"。全书一百二十三则，图也是一百二十三幅，上图下文。此图相传为晋朝大画家顾恺之所绘，为现存较早的有精美版画插图的刻本。清阮元《宋本附图列女传跋》云：

> 此图当分别观之。余尝见唐人临顾恺之《列女传图》长卷，其中衣冠人物与此图皆同。若卫灵公所坐之低屏，漆室女所倚之木柱，顾图中皆有之，绝相似，否则谁能画柱为枯株之形也？观其宫室树石，如《孟母图》中"书院"之类，或有宋人所增。然即此尚可见宋屋之形。至于人物镫扇之类，定为晋人之笔无疑。且恐晋人尚本于汉屏风也。[2]

叶德辉则认为，"扬州阮氏文选楼模刻宋余氏勤有堂本。谓其图画出自晋顾恺

---

[1] 叶长青：《闽本考》，《图书馆学季刊》1927 年第 1 期。

[2]〔清〕阮元：《揅经室三集》卷五，《揅经室集》，邓经元点校，北京：中华书局，1993 年，第 695 页。

之，画甚古拙，但《孟母图》屋舍上题'书院'二字，则可断其出自坊估之手。其云顾画者，不足信也。""建安余氏至元时犹存，观其字体似元时所刻。"因此，他认为，"余氏盖出于北宋摹刻本，北宋出于唐摹顾虎头本"。[1]叶德辉根据此刻本的字体，以及晋代不可能有"书院"等破绽，实际上已否定了余氏此刻本刻于北宋，而定其为元代刻本。尽管如此，他还是肯定此图"虽不尽出于顾氏，其古朴之致，固非俗工所能，宜其为前人所推重也"[2]。但也有人认为此刻本为宋嘉祐八年（1063）刻本，故清徐康《前尘梦影录》称"绣像书籍以来，以宋椠《列女传》为最精"。其原因，不外为本书前有嘉祐八年王回序。但综观余氏勤有堂刻本，除此本外，其余全为元大德八年（1304）以后的刻本。从宋嘉祐八年到元大德八年，中间相隔 241 年无任何刻本，实在不可思议。因此笔者认为叶德辉的观点是正确的，此《列女传》应为元代刻本。

刘锦文日新堂是元代另一著名书肆，从至元辛巳（1281）到明嘉靖八年（1529），营业时间长达 248 年，延续了好几代人。刘氏日新堂刻本，有时作"京兆日新堂"，源于刘氏唐代始祖刘翱系陕西京兆人；又有"书林三峰刘氏日新堂"，三峰为山名，在崇政、崇化里之间，为崇化案山。刘氏日新堂主要刻本有，至元十八年（1281）刻印《朱文公校昌黎先生集》四十卷《外集》十卷《遗文》一卷。泰定元年（1324）刻印《新编事文类要启札青钱》五十一卷，分前、后、续、别各十卷，外集十一卷。至正二年（1342），刻印元倪士毅《四书辑释大成》三十六卷。数年后，此书又由倪士毅加以重修，订为二十卷，仍交刘锦文改刻。至正三年，刻印元赵汸《春秋金锁匙》一卷。至正八年，刻印元汪克宽《春秋胡氏传纂疏》三十六卷。汪克宽、倪士毅、赵汸三人均为元末理学家，时称"新安三有道"。他们的著作都交给刘锦文刊行，倪士毅《重订四书辑释》二十卷本有《与刘叔简书》，述其改刻之意；汪克宽《环谷集》中有《答刘叔简启》，商议刻书之事，表明在元末建阳刻书业中，刘锦文（叔简）的质量是最好的，得到作者的信赖，纷纷把书稿交给他出版。

---

[1]〔清〕叶德辉：《郋园读书志》卷五，台北：明文书局，1990 年，第 483、485 页。
[2]〔清〕叶德辉：《郋园读书志》卷五，台北：明文书局，1990 年，第 487 页。

元至治间（1321—1323）建安虞氏刻印的《新刊全相平话武王伐纣书》三卷、《新刊全相平话乐毅图齐七国春秋后集》三卷、《新刊全相秦并六国平话》三卷、《新刊全相平话前汉书续集》三卷、《至治新刊全相平话三国志》三卷，被统称为"元至治刊平话五种"，是现存最早的讲史话本。全书上图下文，连环画式。图占版面半页约三分之一，每一全页一图，每图均有小标题，主要人物标出人名，计228幅图，是一部现存最完整，也是较早的版面巨帙，在中国小说史、版画史上均占据了重要地位。

叶日增广勤堂是元末新崛起的名肆之一，其刻书地点在崇化。他的某些刻本又题"三峰书舍"，三峰即崇化坊案山。叶氏于天历三年（1330）刻印晋王叔和《新刊王氏脉经》十卷，《四部丛刊》本即据此影印。他还得了余志安勤有堂的许多板片，将余氏牌记剜去，别刻"广勤堂新刊"。今存至正二十二年（1362）刻印的广勤堂《集千家注分类杜工部诗》，即为原勤有堂刻板，叶氏得其板片后，剜去勤有堂牌记，另增"三峰书舍""广勤堂"牌记，改头换面，印行发售。明正统时，叶氏书板又归金台汪谅，汪氏得此板片，亦故伎重施，改换牌记印行。

（四）元代建阳刻书的特点

1. 内容上，经、史、文人别集之外，供市民阶层阅读的医书、通俗类书较宋代更多。尤其是日用类书，由于甚为畅销，刻印者比比皆是，几乎所有的书坊，均有一、二种类书刻本。其中《事林广记》《联新事备诗学大成》等书一再翻刻。甚至连考亭学派人物刘应李也编辑刊行了《翰墨全书》，起到了推波助澜的作用。与传统偏见不同，这类书得到考亭学派人物如熊禾的赞赏，他在《翰墨全书序》中说"书坊之书，遍行天下，凡平日交际应用之书，悉以启札名，其亦文体之变乎"？此外，还出现了小说，主要是讲史类话本，如《三分事略》、"全相平话五种"等。考亭学派人物的著作，朱熹及其门人的著作之外，续传弟子的著作也大量刊行。

2. 元代刻书的字体，就全国而言，多仿赵孟𫖯体，字体圆活，秀媚柔软。但元初直到元中叶，建阳书坊的书体仍沿宋朝遗风，以颜、柳为主。如元至治"全相平话五种"，笔意即在颜、柳之间，到了元中叶，才大量使用赵孟𫖯体。这主要是由于南北地域差别造成的时间差，北风南渐，需要一个过程，如刘氏日新堂刻印的《揭曼硕诗集》，即仿赵体。此外，建阳书坊一些善于创造的书坊，间或也有行书上版。如顺帝至元六年（1340）刘氏日新堂刊行虞集《伯生诗续编》，元末建阳书坊刻印《朝野新声太平乐府》等，写刻精雅，别具一格。

3. 坊刻多用简体字或俗字。这种现象，尤以类书、小说刻本为常见。甚至出现了假借同音的现象，大抵以笔画简单的字代替笔画复杂的字，以图省工省时。

4. 版式早期沿袭宋本，字大行疏，多左右双边，中期行格趋密，出现四周双边，版心多大黑口，双鱼尾。《中国版刻图录》著录 16 种元代建本，全部是大黑口，其中 11 种为左右双边，5 种为四周双边；台湾《"中央图书馆"金元本图录》著录 22 种闽本，其中有 18 种黑口，表明元代建本中，黑口本是主流。

5. 自宋淳熙十四年（1187）朱熹刻印《小学》六卷，首次使用封面以来，元代建本中开始大量使用封面（书名页）。据傅增湘先生《藏园群书经眼录》记载，元延祐元年（1314）刘氏翠岩精舍刻印《程朱二先生周易传义》一书，有了"原封面"。张秀民先生《中国印刷史》则记载，至正十六年（1356）刘氏翠岩精舍刻印《广韵》，有"翠岩精舍校正无误、新刊足注明本广韵"的封面（书影9）。元代带封面的建本，尚有云衢张氏集义书堂至治三年（1323）刻印《续宋编年资治通鉴》、余氏勤德堂刻《十八史略》《广韵》《礼部韵略》、建安博文堂刻《礼部韵略》、建安玉融堂刻《增广事类氏族大全》诸书，表明元代建阳书坊有封面的刻本，已是较普遍的现象。

元代，建阳刻本中还出现了带图的封面，这是将版画刻印在封面上的首创。主要刻本有

书影 9：元至正十六年刘氏翠岩精舍刻本《新刊足注明本广韵》

建安书堂刻印的《三分事略》，封面中绘"三顾茅庐图"；虞氏刻印的"全相平话五种"，每一种均有带插图的封面，版式均为上图下文式。封面及其带图封面的出现，以醒目的书题、明艳的图画吸引了读者，既给读者提供了选购图书的方便，也为书坊的书籍扩大了销路。这在出版史上，是一个创新。这种创新，是带有强烈的商品经济意识和竞争意识的建阳刻书家们在图书设计上的突破，影响深远，一直沿用至今。

五、明代建阳刻书业的鼎盛

元代中后期，日趋腐败的元王朝终于被风起云涌的农民起义浪潮所推翻，朱元璋在元末的废墟上建立起朱明王朝。此后，朱元璋在政治、军事、经济等方面对元代遗留下来的制度进行大刀阔斧的革新，在经济上采取了一系列休养生息的措施，使社会经济在明初洪武年间就很快得到恢复和发展，曾一度毁于兵火的刻书业也很快得到复苏。如元至正二十三年（1363）建阳书市曾遭兵火之灾，这一年，刻印于建阳刘氏书肆的元程钜夫《楚国文宪公雪楼程先生文集》仅成前十卷即遭"兵燹板毁"[1]的命运。三十年后，即洪武二十六年（1393）刻书业即得到恢复，此书三十卷本得以完整地刻印于书市朱自达与耕堂。永乐、宣德间（1403—1435）刘、熊刻书世家也开始了大规模的刻书。

由于朱明王朝与朱熹是"本家"，出于其思想统治上的需要，明初较前朝更为大力提倡程朱理学。明初设太学，诸生只准学习四书五经，讲学、科举考试均以朱子之学为正宗。明英宗以前的历代皇帝，除了对宋代理学诸子进加官爵、建庙祀奉外，对其后代也是优免有加，诏免圣贤子孙徭役。为了取得这种优惠待遇，建阳的刻书世家也往往以名贤后裔自居。[2]因此，明前期建阳刻印的图书多以宋元理学诸子的著作为主，从中也可看出社会风尚对建

---

[1]〔清〕瞿镛：《铁琴铜剑楼藏书目录》卷二十二，江苏广陵古籍刻印社 1985 年影印本。

[2]参见方彦寿《建阳刘氏刻书考（下）》中有关"欲附其族"的论述，载《文献》1988 年第 3 期。

阳刻书业的影响。

（一）追随时尚的府、县官员——官府刻书

明代，建阳的官刻、家刻、坊刻的刻书数量均远超前代。从中央政府的各个部门，如秘书监、国子监、都察院，以及各藩府均热衷于刻书，而各级地方政府部门，如布政司、按察院、各府县的刻书机构较中央机关、藩府更盛。流风所及，作为处于全国刻书业领先地位的建宁府和建阳县的地方长官，自然追随此道了。因此，建宁府和建阳县几乎每一任知府、知县均有主持刻书。

明代建宁府的官方刻书，其地点与宋元时期一样，均在建阳。明代著名书画家、文学家徐渭于嘉靖四十一年（1562）作为浙闽总督胡宗宪的幕僚，曾入闽参加抗倭，多次到过建阳、武夷山一带。他在一篇代人捉刀而写，题为《送通府王公序》的文章中说：

> 今夫建宁，非清旷之所，高明之奥，而文采之区乎？其名山巨溪，则有武夷九曲……其大贤鸿儒，则有朱、蔡、游、胡、魏、真之辈，其他支裔，不可胜数，……其图籍书记，辐辏错出，坊市以千计，富家大贾所不能聚，而敏记捷视之人穷年累月所不能周也。故凡官建宁者，清心怡神，则必入武夷九曲；访古问道，则必寻朱、蔡诸贤之里，而拜揖徘徊于其间，至于观览者，亦必求之于建阳之肆，盈箧笥而后已，以为是清旷且高明而文采，与声利荣华远也。[1]

徐渭在此文中将武夷名胜景观与朱熹闽学、建阳书肆等人文景观相提并论，认为"凡官建宁者"，必求之于建阳书肆，这只是从购访图书而言，实际上，可以这么说，有明一代，凡官建宁者，必刻书于建阳书肆。而一些"官建宁者"的上司，如福建巡抚、巡按等也每在建阳刻书。已知者即有成化十年（1474）张瑄以右副都御史巡抚福建，在建阳书坊刻印《周礼集说》十一卷《纲领》一卷，另附宋俞廷椿《复古编》一卷。成化十八年，巡按张世用将宋

---

[1]〔明〕徐渭：《徐文长三集》卷十九，《徐渭集》，北京：中华书局，1983年，第525页。

章樵注《古文苑》三十一卷，"发诸建阳书肆寿梓"[1]。御史曾佩，嘉靖间刻印李默编《紫阳文公年谱》。嘉靖三十九年（1560），宗臣任福建提学副使，将明沈霱《沈山人诗》六卷，刻梓于麻沙，今存万历四十一年（1613）王百祥修补印本。

从刻本内容看，官府刻书仍以经、史、子部儒家和先贤文集为主。如刻印经部书的有，嘉靖三十一年（1552）建宁府刻印元陈澔《礼记集说》三十卷；三十五年（1556）建宁知府程秀民刻印《春秋四传》二十八卷；嘉靖末建宁知府杨一鹗刻印宋蔡沈《书经集注》六卷等。

刻印史部书的有，正德十三年（1518）建宁府活字印刷《史记大全》一百三十卷，这是建本中最早的活字印本，原印本今已不存，所存者多为十六年（1521）建阳刘氏慎独斋改刻本。嘉靖十六年（1537）李元阳刻印宋倪思《班马异同》三十卷。李元阳是嘉靖间福建巡按，曾刻印《十三经注疏》等书多种，此书乃李氏委付嘉靖间麻沙书版的监校官汪佃刻印于建阳书坊。嘉靖十七年建阳知县李东光则刻印了李默《建宁人物传》四卷。

刻印先贤文集的有，洪武末年（1398），建宁知府芮麟刻印元吴海《闻过斋集》八卷。吴海是元代闽县（治所在今福建省福州市）人，朱熹学派在元朝福建学系的代表人物，此书可称为明前期官方刻印朱子学著作的代表性刻本。正德十五年（1520）建宁知府刻印真德秀《西山先生真文公文集》五十五卷。

以上所例举的只是明代建阳官府刻本中很少的一部分，但已约略可知，明代建阳官方刻印书籍数量虽多，但从内容看，仍以经、史和理学名人的著作为主。明中叶程朱之学渐微，市民文学兴起，对官府刻书并未产生太大影响，这与官方刻书比较正统有关。所谓正统，这里是就建阳官方刻书的总体趋势而言，但情况往往有例外，其中，明宣德年间（1426—1435）的张光启最值得一提。

张光启，江西南城人，明宣德间任建阳知县。据建阳杨氏清江书堂明正德六年（1511）刻印的《剪灯新话》，卷末题"建阳县知县张光启校正"，《剪

---

[1] 潘承弼、顾廷龙：《明代版本图录初编》卷一，上海：开明书店，1941年，第34页。

灯余话》题"上杭县知县盱江张光启校刊，建阳县县丞何景春同校绣行"，[1]
则正德六年杨氏清江堂刻本是根据七十年前即明宣德间张光启、何景春刻本
重刊。据《（嘉靖）建阳县志》，何景春于宣德三年（1428）任建阳县丞，正
统间（1436—1449）升知县，可知张、何刻本刻印于明宣德间，《剪灯余话》
的刻印则在张光启去任调离上杭县之时。张光启、何景春的刻本是现今可考
的《剪灯新话》《剪灯余话》的最早刻本，也是到目前为止未见于任何小说书
目著录的刻本。

由于瞿佑和李昌祺在二书中歌颂男女之间的爱情，尤其对女子主动追求
爱情的行为持赞赏和肯定的态度，具有较强烈的反封建礼教的精神，因此，
刊行之后流行甚广，受到不同层次读者的欢迎，也引起了封建统治者的不满。
在张、何刻印二书之后不久，明正统间即遭到了禁毁。据史载，明正统七年
（1442），国子监祭酒李时勉上言："近年有俗儒，假托怪异之事，饰以无根之
言，如《剪灯新话》之类，不惟市井轻浮之徒争相诵习，至于经生儒士，多
舍正学不讲，日夜记意，以资谈论。若不严禁，恐邪说异端日新月盛，惑乱
人心，实非细故。"因此，他请求明英宗下令——"凡遇此等书籍，即令焚
毁。有印卖及藏习者，问罪如律，庶俾人知正道不为邪妄所惑。"[2]

这次禁毁小说的目的，是为了维护儒家正统学说在思想界的统治，制止
意识形态领域中异端思想的萌芽。但对书坊而言，这类小说则正好是极受读
者欢迎的畅销书。这次禁毁小说的结果是，在明前期的一百多年中，建阳竟
无一部小说刻本流传下来。从元至治建安虞氏刻印"全相平话五种"开始，
一直到明中叶，建本小说的刻印出现了长时期的断层，而此明宣德间建阳知
县刻本，就是在这一百多年的断层中硕果仅存的记录，实在难能可贵。此后，
一直到明正德六年（1511），才出现了建阳杨氏清江书堂翻刻本（书影 10），
接着就有了嘉靖、万历间的大盛。统治者以禁毁《剪灯新话》开明代禁毁小
说之先，而建阳书坊则以刻印《剪灯新话》拉开建本小说繁荣的序幕，二者

---

[1] 张元济：《涵芬楼烬余书录·子部》，上海：商务印书馆，1951 年；傅增湘：《藏
园群书经眼录》卷十九，北京：中华书局，1983 年。

[2]《明英宗实录》卷九十，台湾"中央"研究院历史语言研究所校印，1963 年，第
1813 页。

可谓针锋相对！而在此禁毁小说的波澜中，官方点名要予以禁毁的小说，最早竟然是由建阳知县主持刻印的，实在是令人不可思议，仅以此而言，张光启也可以说是建阳的冯梦龙。

（二）学者刻书与私家刻书的合流——闽学诸子后裔的刻书

明代，建阳私家刻书的规模远不如宋代，也不能与明代坊刻的规模相比，刻本内容也多局限在宋元理学人物的后裔刻印其祖辈的文集或有关著作上。以刻书资金所自与刻书目的而言，这些后裔刻书自应属于私家刻书的范畴；以身份而论，这些后裔在地方上俨然是宋元闽学诸子在明代的继承人。因此，在本质上，闽学诸子的后裔刻书，实际上是宋元时期学者刻书与家塾刻书的合流与延续。明代建阳私家刻书主要有以下几家。

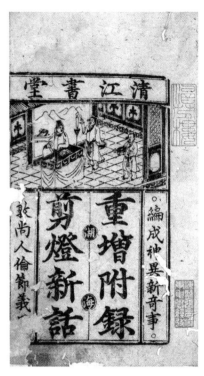

书影 10：明正德六年杨氏清江堂刻本《新增补相剪灯新话大全》

刘文，字尚敏，朱熹门人刘炳的九世孙，永乐壬寅（1422）刻印刘炳《四书问目》不分卷。熊斌，字文质，熊禾六世孙，成化三年（1467）刻印熊禾《熊勿轩先生文集》八卷。朱洄，字宗信，朱熹八世孙，正统十三年（1448）刻印《朱文公年谱》。朱世泽，字仲德，号斌孔，朱熹十三世孙，万历十七年（1589）编、刻《考亭志》十卷。蔡有鹍，字冲扬，号翼轩，蔡元定十五世孙，万历间刻印《蔡氏全书》，为今存《蔡氏九儒书》祖本。刘有光，字德辉，号耀吾，麻沙人，朱熹门人刘崇之后人，万历丙午（1606）编、刻《刘氏忠贤传》，为今存《刘氏忠贤传》所本。刘光启，有光族人，崇祯辛未（1631）刻印记载宋刘纯事迹的《忠烈公源流传》，也是今存《刘氏忠贤传》祖本之一。熊之璋，字玉孺，号顽石，熊禾后裔，隆武二年（1646）刻印《重刊熊勿轩先生集》四卷附一卷。《中国版刻图录》称"时唐王朱聿键立于福州，称监国，隆武刻书，传世甚罕，此为仅见之本"。

除建阳的私家刻书之外，邻县的私家刻书与建阳也有一定关系，如建安（治所在今福建省建瓯市）杨允宽刻印杨荣的文集，明王瓒序云："公集曰《两京类稿》，曰《玉堂选稿》者，公冢子允宽符卿梓行已久，板藏书坊……"此书坊，指的就是建阳崇化书坊。

（三）蓬勃发展并走向鼎盛——书坊刻书

明代建阳的书坊刻书，以正德间（1506—1521）为界，大致可分前后两个时期。明前期，刻书较多的有刘文寿翠岩精舍、刘氏日新堂、刘弘毅慎独斋、刘宗器安正堂、熊宗立种德堂、叶景逵广勤堂、郑氏宗文堂、杨氏清江堂、詹氏进德堂等，刻本内容仍以传统的经、史、类书、医书为主。

这一时期，全国的科举应试之书，多出自建阳书坊，书坊承担了代官方刻书的任务。宋代朱熹在建阳书坊刻书时所建的刻书作坊，即后来被称为同文书院的地方，元明时期官方几经重修，明代成了官方收藏官板之处。洪武二十四年（1391）六月，明太祖下诏，命礼部颁书籍于北方学校，"上谕之曰：农夫舍耒耜则无以为耕，匠氏舍斤斧则无以为业，士子舍经籍则无以为学。朕常念北方学校缺少书籍，士子有志于学者往往病无书读。向尝颁与五经四书，其他子史诸书未曾赐予。宜于国子监印颁，有未备者遣人往福建购与之"[1]。成化二十三年（1487），文渊阁学士邱浚进呈《大学衍义补》一书，孝宗命抄写副本，下福建书坊印行。[2]

弘治十二年（1499）十二月，建阳书坊遭受了一场大火，"古今书板，皆成灰烬"。但这场大火，并不像《竹间十日话》所说"自此麻沙之书遂绝"，而是在短短几年内就得到复兴。

刘剡是明初崇化坊的刻书名家，他是元刘君佐的玄孙，平生致力于编书、校书、刻书。"凡书坊刊行书籍，多剡校正"[3]，编有《宋元通鉴全编》《增

[1]《明太祖实录》卷二〇九，台湾"中央"研究院历史语言研究所校印，1963年，第3122页。

[2]《明孝宗实录》卷七，台湾"中央"研究院历史语言研究所校印，1963年，第135页。

[3]〔明〕冯继科等：《（嘉靖）建阳县志》卷十一《列传》，上海：上海古籍书店，1962年，叶4A。

修附注资治通鉴节要续编》《四书通义》等，均有刻本传世。正统庚申（1440）刻印元朱公迁《诗经疏义会通》二十卷。熊宗立曾从其学习校刊书籍。

刘文寿是刘君佐的五世孙，宣德、正统间以"翠岩后人京兆刘文寿""刘氏翠岩精舍"之名刻书甚多。刘氏日新堂乃元代名肆，入明后子孙仍操旧业，刻书家名、字、号均失考。刘氏安正堂从宣德四年（1429）刻印《四明先生续资治通鉴节要》起，一直到清康熙三十八年（1699）还有刻书，营业时间长达270年，知名的刻书家有刘宗器、刘仕中、刘双松、刘莲台等。其中刘宗器为明前期的刻书家，其余均在明后期刻书。叶德辉《郋园读书志》卷六中著录安正堂刻本《新刊河间刘守真伤寒直格论方》一书说："安正堂为明书坊刘宗器牌名，当时刻书甚多，立堂最久。而此书则未经藏书家著录，宜乎《四库全书》仅见坊行窜乱之本，未见此原本也。"

熊宗立种德堂是一家以刻印医书为其专业的名肆，他从正统丁巳（1437）至成化甲午（1474）间刻印医籍约二十种。其刻书，多自编自刻，将编辑、刻印、发行结合在一起，所编医籍，多以类编、注释、补遗等形式刊行，较注意图书的通俗性和形式的多样化。

叶氏广勤堂入明后，由叶景逵继承家业，洪武十九年（1386）刻印元吴黼《丹墀独对》二十卷。宣德四年（1429）刻印自编《选编省监新奇万宝诗山》三十八卷，巾箱本，密行细字，雕镂精美，曾被藏书家误为宋版。

刘洪，亦作宏毅，名洪，号木石山人。从弘治戊午（1498）至嘉靖十三年（1534）刻书三十多种。从时间上看，刘宏毅刻书在明中叶；从刻本内容、风格而言，更接近明前期建本的特点，而与后期有所不同。叶德辉评价刘氏刻本说："明时坊估，以建阳刘洪慎独斋刻书为最多，且皆长编巨集，故自来藏书家如范氏天一阁、孙星衍平津馆，其目录皆有刘所刻书。而《天禄琳琅书目后编》竟以所刻《十七史详节》误列宋版，则其书之精镂盖可知矣。"[1]

明正德、嘉靖以后，建阳的刻书业比明前期更为鼎盛，无论是书坊，还是刻本的数量均比明前期多，并超过宋元刻书数量的总和。据周弘祖《古今书刻》统计，明代刻书数量较多的有南京国子监278种，南直隶451种，江

---

[1]〔清〕叶德辉：《郋园读书志》卷四，台北：明文书局，1990年，第369—370页。

西 327 种，浙江 173 种，福建最多，达 477 种。福建刻本中，又以建阳书坊刻印最多，达 367 种。《（嘉靖）建阳县志》载《书坊书目》多达 382 种，这只是嘉靖间的不完全统计，嘉靖至万历期间，新开张的书肆成倍涌现，刻书数量远远超上述数字。

明后期，建阳书坊刻印书籍数量较多的有余象斗双峰堂、三台馆，余彰德、余泗泉萃庆堂，刘龙田乔山堂，刘双松、刘莲台安正堂，熊冲宇种德堂，熊云滨宏远堂，杨氏归仁斋，杨氏清白堂，肖腾鸿、肖少衢师俭堂，郑世豪、郑世魁、郑世容宗文堂以及詹氏的众多书堂。

除以上所举著名书堂外，明代建阳还有相当多的书堂无法一一介绍：张秀民先生《中国印刷史》列举明代建阳书坊 84 家，李致忠先生《历代刻书考述》列举明代建阳书坊近 60 家。两位先生治学严谨，没有把握的一些书坊均作为存疑暂不列入，笔者据二位先生所列，结合己知，计算出明后期建阳书堂，余姓最多，为 33 家，其余各姓依次为熊姓 22 家，刘姓、詹姓各 14 家，叶、杨、郑三姓均 13 家，陈姓 10 家，其余诸姓及姓氏缺考者 31 家，共 163 家。加上明前期的书堂，明代建阳书堂超过 200 家。其中刻本数量达 50 种以上的有刘氏安正堂、熊氏种德堂、郑氏宗文堂；达 40 种以上的有刘氏乔山堂、余氏双峰堂和三台馆；达 30 种以上有的刘氏慎独斋、余氏萃庆堂；达 20 种以上的有余氏自新斋、陈氏积善堂、肖氏师俭堂；达 10 种以上有的刘氏日新堂、余氏怡庆堂、熊氏宏远堂、杨氏清江堂、杨氏归仁斋、杨氏四知馆、张氏新贤堂、陈氏存德堂、詹氏进贤堂、叶氏广勤堂等。其余的书堂刻本数量多则八、九种，少则一、二种不等。仅以上所列 20 家书堂，刻本数量已超 400 种，加上其余 180 多家书堂，平均每家以 5 种计，就多达 900 种，明代建阳书坊刻书之盛，于此可见。

明中叶以后，社会形势发生了重大变化，建阳书坊四书五经一类的书刻印量大为减少，代之而起的是小说、戏曲等通俗读物的繁荣。这一时期，社会政治趋于腐败，社会矛盾加剧，土地兼并愈演愈烈，大批农民破产流亡市镇、成为廉价的手工业劳动者，促使城市经济进一步得到发展，资本主义商品经济开始萌芽。市民阶层的逐渐壮大，为小说、戏曲等市民文学作品大量产生并刊板流行，提供了广泛的社会基础。李贽的带有强烈的思想解放和人文主义色彩的异端哲学，恰恰是资本主义萌芽在意识形态领域里的反映，正好适应了这种分崩离析的局面。由于统治者逮捕李贽，禁毁其著作，更从反面激起人们的好奇心和逆反心理。有鉴于此，建阳的许多书坊在刻印小说、戏曲中往往以"李卓吾先生批评""李卓吾先生评点"为书题号召读者。这表明，即使是素有"闽邦邹鲁"之誉的建阳，同样也免不了商品经济的冲击，从而在所编所刻的书籍内容中反映出来。

此外，由于明统治者推行文字狱，建阳刻印的《剪灯新话》《英烈传》《水浒传》等都在禁毁之列，这对刻书业而言，不能不是一个阻碍。但这种阻碍，由于明末明王朝自身尚处于风雨飘摇之中，统治者自顾不暇，官方刻书管理机构渐趋懈怠，因此，万历间建本的通俗小说、戏曲得以大量镂版印行，出现了与建阳历代刻书截然不同的壮观局面。一般偶有一、二种刻本的书坊，其刻本内容，不是小说、戏曲，就是日用类书。传统的经、史、文集刻本，至此已退居次要地位，这表明，刻本内容的大众化、通俗化是明代建阳书坊刻本的主要基调。

（四）明代建阳刻书的特点

1. 刻书机构众多，官刻、坊刻数量均远超前代。

2. 刻本内容广泛，经史子集四部俱备。其中医书、类书、小说、戏曲以及日用通俗书籍刻本尤多，数量远远超过前代。内容趋向通俗化、大众化，这是明代建本的特点之一。明代建阳众多的书坊在选择刻本内容上也出现了各自的特点，如熊宗立种德堂、刘氏乔山堂以刻印医籍为主，刘弘毅慎独斋以刊行史部、集部书为主，熊氏忠正堂、余氏双峰堂以刻梓小说为主，萧氏师俭堂以雕印戏曲为主，熊冲宇种德堂以刊刻童蒙教育和民间日用书为主，刻书趋向专业化是明代书坊刻书的又一显著特点。

3. 明代的建阳书坊多集编校、刻印、销售于一身，形成较宋元时期更为普遍的现象。其中最为突出的是刘剡编刻的《通鉴续编》，熊宗立编刻的医籍，熊大木、余邵鱼、余象斗编刻的小说等。这些将编、刻、售结合在一起的书坊，大大地增强了自身的竞争能力，他们能够根据市场的需要，迅速地编刻适销对路的图书，从而以自身的能量推动着刻书业向前发展。

4. 版式上，明前期沿袭元代遗风，字体仍为赵孟頫体，版心仍为大黑口。明中后期的版式、字体出现了与前期截然不同的风格，字体由赵体一变而为仿宋体，字体平直方正，书口由大黑口变为白口。《中国版刻图录》收录明嘉靖以前的建阳刻本八种均为黑口本，嘉靖以后的四种则均为白口本。万历以后，字体由方变长，字划横轻竖重。到崇祯间建阳知县黄国琦刻印《册府元龟》时，字体已发展为典型的匠体字。明后期，版式、字体出现仿宋的原因，与嘉靖间官府严令书坊要照官本原式翻刻有关，一些书坊为避免麻烦，往往依样画葫芦刻印书籍。此外，文坛上"前后七子"的文学复古运动也在出版界引起强烈的反响，从而刻本的版式也出现了全面仿古的现象。版式上的仿古，对建阳而言，本应仿宋建本的细黑口而不是白口，但因为全国的刻本多为白口，建阳书坊也就跟随潮流了。

5. 明代建阳刻本的版画插图发展到了成熟期。明万历间的刻本，几乎无书不插图，其中余象斗、萧腾鸿刻印的小说、戏曲刻本最为典型。郑振铎先生《西谛书话》评论余象斗时说："他所刻的书，有一个特点，那就是继承了宋、元以来建安版书籍的形式，特别着眼于'插图'，就象现在印行的'连环图画'似的，上层是插图，下层是文字，图文并茂，使读者阅之，兴趣倍增。"其实，这不光是余象斗的特点，也是明代整个建阳刻书业的特点。

明代建阳刻本的版画插图，突破了早期插图上图下文的单一格式，出现了全页巨幅，上评中图下文等多种格式，使建刻版画出现了争奇斗艳的局面，形成了与徽派、金陵画派鼎足而立之势，被称为"建安画派"。

六、清代建阳刻书的衰亡

建阳的刻书业，从明万历间的鼎盛期，发展到天启、崇祯间，已经逐渐走向衰落。到清代，宋以来的全国刻书中心的地位已不复存在。从清初到清末约250年间，建阳刻印的图书种类，今可考者，不过寥寥三十余种而已。道光十二年（1832）修《建阳县志》，尚在本县募工刻印，到民初重修县志，则已要到邻县建瓯芝新印刷厂印刷。最有说服力的是，建阳余、熊、黄等有过辉煌的刻书历史的家族，清同治以后修纂家谱，竟多由"江右抚金""豫章进贤"等外地的谱师摆印。这表明，到清末，建阳的刻书业是彻底衰亡了。

郑振铎先生说："我曾到过建阳（即建安），那里是什么也没有了。书店早已歇业——可能在清初，至迟在清代中叶，就不见有建版的书了——要找一本明代建版的书，难如登天，更不用说什么宋、元时代的建版书了。只剩下夕阳斜照在群山上，证明那里曾经是'盛极三朝'（宋、元、明）的一个出版中心而已。"[1]

（一）清代建阳刻书业衰落的原因

首先，清初福建遭受了长期的战乱，使生产力遭到了极大的破坏，给建阳书林带来了空前的灾难，书坊纷纷倒闭。

顺治元年（1644），满族统治者以少数民族入主中原，建立起中国封建社会的最后一个王朝。清军入关后，实行残酷的民族歧视和压迫政策，激起各地人民的强烈反抗。1645年，南明弘光政权始建即灭，唐王朱聿键在福州建隆武政权，也于次年被清兵击败。与东南沿海郑成功、张煌言的抗清斗争相呼应，闽北人民也进行了长达数年的英勇斗争，以抵抗清军的压迫。顺治四年（1647），建阳赖逢吉领导农民军占领建阳县城，执清知县吴鼎，夺其印。顺治九年，农民军陈德容率部围攻建阳城，杀守将高虎，焚朝天、童游二桥，连续三日，清军方解围。到了康熙十三年（1674），清军入关后被封为靖南王的耿精忠在福建叛乱，又把刚刚摆脱长期战乱的闽北人民投入血泊之中。

战乱，破坏了原有的经济、文化，书坊倒闭，刻书家、刻工纷纷外逃。战乱，使桥梁被焚，道路阻塞，崇安分水关闽赣商旅之路，长期杳无人烟。昔日繁华的图书之府成了与外界失去联系的穷乡僻壤、远山恶水，给所剩无几的书肆造成销售的困难。

其次，清代建阳刻书业在刻本质量、经营条件上无法与外地刻书业竞争。战乱给建阳刻书业的打击毕竟不是毁灭性的。宋末元初、元末明初的朝代更替，同样兵火连绵，历史上闽北一带屡起屡落的农民起义也曾造成类似的影响。风暴过后，建阳的刻书业很快就得到恢复和发展。何以清初的战乱使建刻一蹶不振？这应当从文化的角度来寻找原因。

从本质上来说，刻书既是经济事业，更是文化事业。而清代的建阳，其

---

[1] 郑振铎：《西谛书话·漫步书林》，北京：生活·读书·新知三联书店，1983年，第669页。

文化环境与外地相比已毫无优势可言。考亭学派遗留下来的几个书院几成纪念遗物，但见香火不断，哪闻琅琅书声！闽学人物在清代建阳的后人中，无一能称得上是硕学鸿儒。当江浙一带的学者大量购藏宋、元、明建本，并进行著录、互勘、翻刻的时候，建阳乃至福建的一些学者竟不知何为版本，如何著录。《（康熙）建阳县志》列有"梓书"目录，不记卷数，不记著者，更不记刻印者，几乎是《（万历）建阳县志》"梓书"目录的照搬照抄，使人误以为康熙间建阳也刻印了这些书籍，实在是贻误后人！历代府志、省志对此也是付之阙如。一直到民国间，陈衍修省志，才列《版本志》，但也只是在极为有限的几本书目中照搬照抄，难以反映建阳刻书业的全貌。

就刻书家而言，明代的建阳刻书家中已是墨守成规者多，积极进取者少，竞争意识极为淡薄。这一点，集中地表现在对先进的印刷工艺探求、吸收和运用上。当明中后期浙江湖州、安徽歙县、江苏南京等地的刻书家们在广泛使用饾版、拱花、套印等先进印刷技术时，建阳的刻书家们在此却表现出异乎寻常的钝感。在明中后期的众多建本中，这些先进的印刷工艺一概被拒之门外，不予采用。一位采用了铜活字印刷图书的游榕，不知是何原因，却流落他乡，在无锡、常熟一带摆印图书。

而在仿冒盗版、伪托名人、改窜删节上，明后期建阳刻书家的思维却表现出异乎寻常的敏捷。李贽、钟惺、陈继儒、李廷机等人都成了被建本伪托的对象。在出版史上知名度颇高的余象斗，在万历二十八至三十八年（1600—1610）的短短十年中，三次刻印《古本历史大方鉴补》，三次变换作者之名，[1] 手段可谓登峰造极。至于使用随意改窜删节他人作品，以缩减篇幅的不正当经营手段，以达到"一部只货半部之价，人争购之"[2] 的目的等现象，则频频见诸明后期的建本中，受到胡应麟、郎瑛等人的指责。

以文化素质而言，明代的建阳刻书家已是差强人意，到了清代，更是素质低下。清初福建巡抚张伯行，曾到建阳搜访游酢、朱熹、熊禾等先贤遗书，游酢后裔在刻印游酢《鹰山先生集》时，竟将张伯行之名误作"张百行"，编校者水平之低，于此可知。以致是否有选择善本校勘都成了问题，这还是署

---

［1］ 王重民：《中国善本书提要》，上海：上海古籍出版社，1983 年，第 102 页。

［2］〔明〕郎瑛：《七修类稿》卷下《书册》，上海：广益书局，1936 年，第 153 页。

名为"鹰山书院藏板"的刻本。就坊刻而言，刻书世家刘氏，其后裔在清代刻印族谱，刘剡小传中"不干仕进"竟误作"不干石进"。明代刻书家刘克常名基误作"墓"，下居然还注小字："旧谱作墓，今校"，实在让人贻笑大方。乾隆皇帝派人调查余氏刻书的情况，余氏后人竟不知余仁仲、余志安等为何人，而将一个并未从事刻书的余文兴作为书林之祖。

总之，清代建阳学人中，不再有朱熹、蔡元定、祝穆、熊禾；刻书家中，不再有余仁仲、黄善夫、蔡梦弼、余志安、刘君佐、刘锦文、刘剡、熊宗立、熊大木、余象斗；历任知府、知县中，不再有张文麟、张光启、李东光，建阳刻书业的衰亡，已是不可避免的了。文化素质的衰退，这是建刻在清代衰亡的最本质的内在原因。

（二）刻书中心的遗响余音——清代建阳的书院、私家、书坊刻本

从清初到清末的二百多年间，建阳零零星星地还有一些刻本流传下来，官方除了刻印了康熙、道光朝两部县志外，已无其他刻本。书院、家刻、坊刻都只是偶有刻本，不成规模，难以形成行业特点。

其中书院刻本有康熙五年（1666）同文书院刻印唐李贺《昌谷集注》四卷《外集》一卷，清姚文燮注。雍正七年（1729）考亭书院刻印朱松《韦斋集》十二卷《年谱》一卷、朱槔《玉澜集》一卷，次年又刻《朱子文集大全类编》一百一十卷，乾隆十五年（1750）曾据此刻版重印。雍正十一年庐峰书院刻印《蔡氏九儒书》九卷首一卷，光绪十二年（1886）又重刻此书，建阳县博物馆（今福建省南平市建阳区博物馆）现存光绪刻版片338片。乾隆七年（1742）鹰山书院刻游酢《游鹰山先生集》十卷，道光二十一年（1841）、同治三年（1864）又经重修重印；乾隆十一年、三十七年两次重刻，则为八卷本。道光二十年考亭书院又刻印《朱子文集大全类编》一百一十卷。建阳历代书院刻本，多以刻印书院创建者的文集为主，清代也不例外。

私家刻书有顺治五年（1648）熊志学刻印熊明遇《格致草》二卷、熊人霖《地纬》二卷，合称《函宇通》。熊明遇乃明末工部尚书，与建阳熊氏乃同族。清初与其子人霖避地入闽，在建阳崇泰里熊屯寓居五载，将此书交宗亲熊志学刻印。康熙三十四年（1695）潘耒遂初堂于建阳刻顾炎武《日知录》三十二卷。潘耒，字次耕，号稼堂，江苏苏州人，顾炎武学生。此本乃潘氏委托建阳县丞葛受箕刻印于建阳。道光十年（1830）江远涵编选、刻印《建阳历代诗抄》二卷附外编，为建阳历代诗人的作品选。光绪二年（1876）潭阳徐氏刻徐经《雅歌堂全集》五种四十二卷。

清代书坊刻书，以刻书家而言，仍以余氏最多，知名者有六家；以内容而言，除沿袭明末遗风，刻印小说、戏曲，形式上也有版面插图外，其余刻本，数量较少，书坊刻印什么，似乎带有某种偶然性，均不成鲜明的特点。

主要刻本有：清初余元熹、张运泰编选、刻印《汉魏名文乘》六十一种，这是一部丛书，选汉魏六十一家文集。清初余郁生永庆堂刻印天花藏主人撰《精绣通俗全像梁武帝西来演义》十卷。清初余公仁刻印《增补批点图像燕居笔记》，巾箱本，有图二十七幅，题冯梦龙编。清初潭阳天瑞堂刻印方以智《药地炮庄》九卷《总论》二卷。顺治间古潭书肆广平堂刻印戏曲选集《昆弋雅调》四卷，卷首冠图，单面圆式，版式在建本中颇为奇特。康熙十四年（1675）潭水余明刻印游艺《天经或问》三卷。康熙二十二年熊俊卿刻印族人熊山鹰编《历理通书》三十一卷。康熙三十八年刘氏安正堂刻印明皇甫中《明医指掌》十卷附《诊家枢要》。

清代建阳书坊刻本，可考者不会超过三十种，还不如明代一家普通的书坊刻书数量。因此，我们说，作为代表建阳刻书业主流的书坊刻书到清代中叶，确确实实已经衰亡了。

七、建阳刻书业的贡献

（一）前人对建本的评价

对建阳古代刻书业，应如何评价？长期以来，贬褒不一，而以贬者略占上风。提到福建刻书，论者颇多微词，建本、麻沙本几乎成了恶劣版本的代名词。宋方勺《泊宅编》、叶梦得《石林燕语》、陆游《老学庵笔记》、朱彧《萍州可谈》均大同小异地记载了麻沙本"乾为金，坤又为金"的一段掌故。这是通过监本与建本的比较，对建本校勘不精、差讹时见的批评。

叶梦得在《石林燕语）中还将建本与浙本、蜀本比较后，对建本作出了质量"最下"的评价。同时，他还认为，"蜀与福建多以柔木刻之，取其易成而速售，故不能工。福建本几遍天下，正以其易成故也"。这是对建本质量的总体评价。

清乾隆间修《四库全书》，馆臣认为："宋自神宗罢诗赋，用策论取士，以博综古今，参考典制相尚，而又苦其浩瀚，不可猝穷，于是类事之家，往往排比联贯，荟粹成书，以供场屋采掇之用。其时麻沙书坊刊本最多，大抵出自乡塾陋儒，剿袭陈因，多无足取。"[1] 这是对建刻的类书以及通俗读物在编辑乃至内容方面的全面否定。

综观前人对建本的评价，主要存在以下几个方面的问题。

一是以偏概全。

要对建本做一总体的全面评价，就首先必须对建本的概念做一明确的界定。不能一说到建本，就想起麻沙陋刻，进而在质量上全面否定之。这对建本来说，是很不公正，也是有悖于历史事实的。

建本，指的应是古代以建阳雕版印刷的图书为主要代表的，包括官府、私宅、书坊以及外地官员、学者在建阳书坊刻印的古籍刻本。它既包括"乾为金，坤又为金"校勘不精的所谓"麻沙本"，也包括韩元吉、郑伯熊、汤汉、吴革、王埜等一大批官员，游酢、朱熹、蔡元定、吴炎、祝穆、熊禾等一大批学者，黄善夫、刘叔刚、蔡梦弼等一大批家塾在建阳所刻印的图书。建阳书坊刻印的图书可以、也应该是建本的主要代表，但不是唯一的代表，这应该是建阳古代出版史上的最基本历史事实。在此基础上，对建本进行评价，我们就会发现，建本中既有一些麻沙陋刻，也有许多善本佳刊，本着实事求是的科学态度，好处说好，坏处说坏，而不应一概否定。

再说，"印板文字，讹舛为常。盖校书如扫尘，旋扫旋生"，[2] 这是前人对校勘书籍之难的甘苦之言。雕版印刷，乃手工操作，从书稿、校对、书写、刻板，每一环节都有出错的可能。校勘不精，出现差讹，各地版本均在所难免，并非麻沙本的专利。且麻沙（事实上，其中有许多是崇化坊刻印的图书）

---

[1]〔清〕永瑢等：《四库全书总目》卷一百三十五"源流至论"条，北京：中华书局，1965年，第1151页。

[2]〔宋〕周辉：《清波杂志》卷八，《景印文渊阁四库全书》第1039册，台北：台湾商务印书馆，1986年，第57页。

刻印的图书，也有许多质量颇值得称道的善本。对此，应有一个全面的认识，不应攻其一点，不及其余。

何况，阅读古书，从来都存在着版本校勘方面的问题。校雠学作为一项专门学问，并非仅对建本而设，其他版本在使用中也要注意校雠，"善读者当择而取之"，[1] 校而读之、用之。宋王应麟《困学纪闻》卷十通过对监本、建本《荀子》的比较，举出《劝学篇》中在文字上有数条建本反而胜过监本之处，如今人习以为常的"青取之于蓝"一语即沿袭了宋监本的错误，建本则作"青出之蓝"，王应麟因此提出了"监本未必是，建本未必非"的著名论断。

理学家朱熹长期生活在建阳，并且在建阳书坊主持过刻书，对建本的优劣，也最有发言权。他曾对他的学生郑可学说："向到临安，或云建本误，宜用浙本。后来观之，不如用建本。"[2] 这是朱熹在实际使用中，对建本与浙本相比较后得出的切身体会。这个结论，与叶梦得所说而为学界普遍认同的"以杭州为上，蜀本次之，福建最下"的结论完全不同。

二是以讹传讹。

前人攻击建本"多以柔木为之"，传至今日，衍变为"宋福建建阳县之麻沙镇，产榕树，质颇松，麻沙人取以刻书，世称麻沙本"[3]。宋梁克家《三山志》云："榕，州以南为多，至剑（州）则无。"清郭柏苍《闽产录异》称："谚云'榕不过剑'，离延平四十里之沙溪口，有二榕，旋死旋生。"今天生活在闽北的也无人不知，闽北并不产榕，所谓"以柔木为之"，实在是想当然的不实之词。

建阳刻书，也多用枣木、梨木。前人说到刻书，多以"殃梨祸枣"形容，建阳刻书亦然，并非所谓"柔木"。我们不妨以元余志安刻本《集千家注分类杜工部诗》为例，从余氏始刻此板的皇庆元年（1312），到至正二十二年（1362）叶氏广勤堂重印，再到明正统间（1436—1449）金台汪谅购得，凡数

---

[1]〔清〕钱大昕：《十驾斋养新录》卷十九《宋椠本》，上海：上海书店，1983年，第439页。

[2]〔宋〕黎靖德编：《朱子语类》卷十三，王星贤点校，北京：中华书局，1986年，第239页。

[3] 中华书局1947年《辞海》合订本，第1552页；1989年版《辞海》缩印本，第2314页，所载与此略同。

易其主，其间至少已超 120 年，假如是柔木所刻，板片早已变形、字迹早已漶漫，焉能一再重印？

（二）建阳刻书业的贡献

书籍是人类进步的阶梯，由于构成书本的基本材料——纸张的脆弱性，书籍是极不易保存的，如果没有一代代刻书家不断地刻版印刷和藏书家的悉心收藏，保留至今的古籍，数量上将会大打折扣，中华文明史也将会因之黯然失色。

建阳历代刻书家在保存、继承和传播我国优秀的文化遗产方面，做出了巨大的贡献。在长达八九百年的漫长岁月中，余氏、刘氏、黄氏、蔡氏、虞氏、熊氏、叶氏、陈氏、杨氏、郑氏、詹氏等众多的刻书大族，他们父传子、子传孙，世世代代，以刀为锄，耕耘书板。朝代更替，江山易姓，兵祸火灾，官府禁毁，都没能动摇他们的决心，始终坚持在刀锥里讨生活，在刻板中写华章。在中国的印刷出版史、图书发展史上写下了极其辉煌的一页！

在浩如烟海的古典文献中，建阳刻本有甚多为人称道的善本佳刊，在印行当时就享有较高的声誉。余仁仲刻《九经》，宋岳珂《九经三传沿革例》称"兴国于氏及建安余氏本为最善"。其中《春秋公羊经传解诂》一书，有"开卷展读，楮墨精妙，神采焕然"[1]之誉。

此外，黄善夫、刘元起、蔡梦弼、刘叔刚、余志安、刘君佐、刘锦文、熊宗立、刘弘毅等著名刻书家，都留下了许多为人称道的古籍善本。明中叶以后，小说、戏曲刻本大兴，仅《三国演义》一书，建阳就有二十几种刻本传世。其他如《水浒传》《西游记》《西厢记》等书也莫不如此。这就为小说、戏曲的研究提供了可供比较、鉴别的版本系列。

影印技术发明之前，古籍的传播除了不停地雕版刻印外，手抄仍是制作图书的方法之一，历代影抄、翻刻的建阳刻本不胜枚举。其中著名的影抄本有，明《永乐大典》抄宋余氏万卷堂本《尚书精义》；明正德虞山逸民俞洪影抄宋建安虞叔异本《括异志》；明嘉靖雅宜山人王宠影抄陈彦甫家塾本《圣宋名贤四六丛珠》；明毛氏汲古阁影写宋建阳龙山书堂本《挥麈录》和元刘氏日

---

[1]〔清〕李盛铎著，张玉范整理：《木犀轩藏书题记及书录》，北京：北京大学出版社，1985 年，第 50 页。

新堂《书义主意》；清初钱曾述古堂影写黄三八郎本《韩非子》（书影 11）和南宋麻沙本《王右丞集》等。

　　较著名的翻刻本则有，宋白鹭洲书院翻刻宋建阳蔡琪本《汉书》；明王延喆仿刻宋黄善夫本《史记》；清汪喜孙问礼堂仿刻宋余仁仲本《春秋公羊经传解诂》；清黎庶昌《古逸丛书》翻刻余仁仲本《春秋穀梁经传解诂》、《杜工部草堂诗笺》（书影 12）和元建安高氏日新堂本《楚辞集注》；清阮福仿刻元余氏勤有堂本《古列女传》；清末贵池刘氏《玉海堂印宋本丛书》仿刻宋建阳本《杜陵诗史》等数十种。影印技术发明后，历代建本被影印出版的也是不胜枚举，仅收入《四部丛刊》初、续、三编的，就有二十几种。

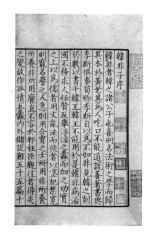

书影 11：清初钱曾述古堂影写宋
黄三八郎本《韩非子》

书影 12：《古逸丛书》翻刻
宋麻沙本《杜工部草堂诗笺》

　　中华人民共和国成立以来，也影印出版了大量建本古籍。宋黄三八郎本《钜宋广韵》、宋咸淳建本《方舆胜览》、元建安虞氏本"全相平话五种"、元叶日增本《新刊王氏脉经》、元余志安本《国朝名臣事略》、明余象斗本《忠义水浒志传评林》、明刘龙田本《西厢记》等刻本也先后曾被影印出版。

　　此外，我国台湾出版了不少建阳刻本。如宋建阳刊《晦庵先生文集》、元余氏勤有堂刊《集千家注分类杜工部诗》、宋建阳刊《分门集注杜工部诗》、贵池刘氏影宋建阳刊《王状元集百注编年杜陵诗史》，以及抄宋建阳魏仲贤刊本《圣宋名贤五百家播芳大全文粹》等，或单印，或以丛刊形式影印出版。

以上所列，仅仅是举例性地列举了翻刻、影抄、影印建阳刻本中的一部分，然以斑窥豹，建阳古代刻书业在保存和传播中国古典文献方面的巨大贡献已由此可知。

（原载叶再生主编：《出版史研究》第六辑，北京：中国书籍出版社，1998 年）

刻书中心建阳对外传播的基本走向及其影响[*]

建阳古代刻书源远流长，南宋时期，已跻身于全国三大刻书中心（蜀、浙、闽）之列，被誉为"图书之府""书林"。在促进福建文化教育事业的繁荣上，建本图书曾起到了重要作用，产生巨大影响。这种影响，又由于投身于这个行业的各界人士以及图书自身的传播力量，而辐射八闽，影响全国，传播亚欧而融入"海上丝绸之路"。

一、坊刻主力，辐射八闽

两宋时期，福建刻书官刻、私刻、坊刻三大系统已经形成。其基本格局是，官刻、私刻八闽各地或多或少均有所存在；就坊刻而言，能形成规模被称为"中心"的，只有建阳一地。因此，在宋人笔下，被称为"图书之府"的只有建阳"麻沙、崇化两坊"[1]。而在三大系统中，坊刻才是出版印刷的专业户、刻书业的主力，对八闽其他地区的官府刻书、私家刻书均产生影响。这种影响，与全国其他各路（省）相比，因地理的关系，显得更加便利而迅捷。无论是其所在的建州（建宁府），还是其邻府、州、军，如福州、南剑州、泉州、汀州、福宁州、邵武军和兴化军等八闽各地，均或多或少地产生过不可忽视的辐射效应。

1. 福州

作为福建首府，福州人文荟萃，文化名家辈出。经济繁荣，刻书业相应也较为发达。北宋中后期以寺院刻书为主，南宋、元明时期均以官府刻书和

---

[*] 本文为国家社科基金后期资助项目《福建历代刻书家考略》（16FZS051）阶段性成果。

[1] 〔宋〕祝穆编、祝洙补订：《宋本方舆胜览》卷十一，上海：上海古籍出版社，1991年，第127页。

私家刻书为主。由于宋明时期的书坊主要集中在建阳，所以，长期以来，福州有许多官、私刻本实际上是在建阳书坊刻印，或聘请建阳刻工刊行的。这样的例子在宋明时期很多。比如宋淳祐间，福建常平提举赵师耕在麻沙刊刻《河南程氏遗书》。[1]《大元圣政国朝典章》是由元代福建行省的地方官抄录汇集，而后委托建阳书坊刊行。元至正元年（1341），闽宪韩克庄委托朱熹五世孙朱炘，将虞集《道园学古录》刻印于建阳。明天顺间福建提学游明，成化年间福建右副都御史张瑄、福建按察司佥事余谅、福建巡按张世用，以及正德六年（1511）福建巡按御史贺泰等所刻印的一大批官刻本，都是委托建阳书坊刊刻的。[2]

明崇祯十五年（1642），建阳知县黄国琦刻印《册府元龟》一千卷，乃奉福建巡按御史李嗣京、建南道分守胡维霖之命刊行于书坊。此书卷首李嗣京《揭帖》将此事原委表露得颇为详尽，"职昨奉命按闽，闽有建阳县，乃宋贤朱熹等讲道之乡。县有书坊，自宋迄今，皆为刊刻古书之所。职因取家藏旧本，行分守建南道胡维霖，转行建阳县知县黄国琦厘讹补阙。职与道、县合蠲薪禀，爰付枣梨。二月始事，十月告成"。一部千卷大书，前后仅用八个月时间即告印成，说明官府委托书坊刻书，集中了较多刻印工匠，限时完工。

福州坊刻的兴盛，是在清中叶建阳坊刻衰败之后，南后街、三坊七巷一带书坊迅速崛起，承担起了原由建阳书坊所承担的接受官、私刻书的大部分重任。

2. 泉州

宋元时期，泉州是对外贸易的重要港口，人口集中，商业繁荣，但坊刻并不发达。不过作为国际大都市，泉州的图书贸易远比建阳繁荣。况且，建阳等地生产的图书，还有很大一部分是从泉州销往海外的。[3]

宋明时期，刻书较多的，基本上是在泉州任职的地方官员以及一些当地的学者。坊刻的崛起，大体与福州相当，皆因清前期建阳书坊刻书业渐衰，

---

[1] 邵懿辰撰、邵章续录：《增订四库简明目录标注》卷九，上海：上海古籍出版社，1979年，第388页。

[2] 参拙文《建阳书坊接受官私方委托刊印之书》，《文献》2002年第3期。

[3] 参拙文《南宋泉州官私刻书考述》，《泉州师范学院学报》2007年第3期。

为满足当地官方机构、私宅家塾刊印书籍之需，适时而兴。宋明时期由于坊刻较弱，其时泉州的官私刻本，也有不少出自建阳书坊。如宋淳熙八年（1181），泉州州学教授陈应行刊刻《演繁露》，即通过建阳书坊俞成在建阳刊印。明代，晋江蔡清的《易经蒙引》一书，嘉靖八年（1529）由其子蔡存远进呈朝廷，后奉旨发往建阳书坊刊行。晋江著名学者何乔远编纂《闽书》一百五十四卷，刻印于崇祯四年（1631）。由于该志卷帙浩大，当时征集了福建省内约 120 名刻工，其中有 49 名刻工来自建阳。[1]

3. 南剑州（延平府）

由宋至清，南剑州（延平府）州、县官府与私家均有刻书，而罕见坊刻，故其历代官私所刻，多委付离其不远的刻书中心建阳刊行。清初福州著名书法家林佶，在为僧大峙《四山堂集》写的序中说，僧大峙，是福清刘氏子，因"遭变弃儒学佛，寓延之华藏庵……诗多警句，所著《四山堂集》，板在建阳佛迹岭"[2]。延平僧大峙的诗集不在延平刻印，而刊行于建阳书坊，书板就近寄存于建阳佛迹岭，说明一直到清初，延平刻书均以官私刻书为主，坊刻较弱。

4. 邵武

由于邵武为建阳邻郡，文风鼎盛，交通方便，流风所及，邵武历代官府、私宅也多有刻书。其刻本，也往往委托建阳书坊刊行。如宋绍熙四年（1193），邵武吴炎刻印《东莱标注老泉先生文集》，据《中国版刻图录》称，此书系由"吴炎校勘后，建阳书肆为之梓行"[3]。又如宋嘉泰年间（1201—1204），邵武俞闻中刊行我国第一部丛书《儒学警悟》，是通过建阳书坊人氏俞成在建阳崇化书坊刊行的。明永乐三年（1405），邵武县学刻印元李存《番阳仲公李先生文集》三十一卷，乃李存曾孙李光官邵武知县时所刻，《中国版

---

［1］ 侯真平：《明末福建版刻书籍刻工零拾》，载叶再生主编《出版史研究》第四辑，北京：中国书籍出版社，1996 年。

［2］ 吴栻、蔡建贤：《（民国）南平县志》卷二十四《杂录传》，台北：台湾成文出版社有限公司，1974 年，第 780—781 页。

［3］ 北京图书馆编：《中国版刻图录》图版 173、174，北京：文物出版社，1960 年，第 37 页。

刻图录》著录其"纸墨版式，纯系建本风格"[1]。又如，参加刊行明嘉靖《邵武府志》的刻工，如叶尾郎、罗兴、叶再友、叶妥、曾九、王廷生等，也参加了嘉靖《建宁府志》《建阳县志》的刊刻。由此可知，邵武刻本，有许多是委托建阳书坊刊行，或聘请书坊刻工刻印的。

5. 汀州

南宋时期，汀州的官刻十分活跃，留下不少精美的古籍善本。宋绍兴六年（1136），建阳詹尚出任汀州知州，次年在汀州首刊《绀珠集》。在此之前，汀州没有刻书的记载，可以说，是詹尚把雕版印刷技术从刻书中心建阳带到汀州，从而开启了汀州官刻的先河，也为明清时期闽西连城四堡刻书业的辉煌奠放了第一块基石。

朱门弟子杨方，曾在建阳寒泉精舍从学于朱熹，后在汀州刻印《太极通书》，开启临汀私家刻书的先声。追溯汀州官私刻书源流，不难发现，宋元至明末清初临汀的官私刻书实际上已渐成体系。而且，宋代汀州官刻曾"啸工东阳"[2]，即到建阳来聘请刻工。所以，笔者认为，对临汀四堡与建阳刻书的关系，以往没有得到很好的挖掘，似有重新探讨的必要。[3]

6. 漳州

漳州刻书，是与朱熹考亭学派紧密联系在一起的。朱熹在漳州的刻书实践，对此地的图书出版，是一个有力的推动。[4]朱熹任漳州知州，前后不过一年，就刊刻出版了《易》《诗》《书》《春秋》四经，《大学》《中庸》《论语》《孟子》四书；此外，还有《近思录》《家仪》《乡仪》等十几种书。

朱熹对推动漳州乃至邻郡泉州的刻书业的发展，都产生了重大影响。以至在清代著名的泉州洪氏书坊都认为，"他们全族从事于刻版技术，与朱熹来

---

[1]　北京图书馆编：《中国版刻图录》图版 352，北京：文物出版社，1960 年，第 64 页。

[2]　宋绍兴十二年（1142）汀州宁化县学《群经音辨》刻本王观国序称"宁化号称多士，部属临汀，新葺县庠，衿佩云集。是书初下，缮写相先。字差厘毫，动致鱼鲁。且患不能周给诸生，固请刻本藏于黉馆，以广其传。啸工东阳，阅月方就"云云。参李致忠：《宋版书叙录》，北京：北京图书馆出版社，1994 年，第 269 页。

[3]　参拙文《宋元时期汀州官私刻书考略》，《中国出版史研究》2017 年第 4 期。

[4]　朱熹在漳州刻书事迹，参拙文《朱熹与漳州官私刻书》，《合肥学院学报（社会科学版）》2013 年第 4 期。

泉讲学有关。……一世祖洪荣山，从朱熹学习金石镌刻，初以镌刻私章，逐渐发展到木刻乃至书版"[1]。所以，漳泉一带的刻书家，往往多奉朱熹为祖师爷。而朱熹的雕版印刷术，恰恰就来自于他早年在建阳书坊设肆刻书的实践。[2]

7. 兴化军（府）

最早与刻书中心建阳发生关联的莆田名士，是一位文学家和一位藏书家。文学家即著名诗人刘克庄。他在宝庆绍定间（1225—1228）任建阳知县，曾在书坊刻印宋黄铢《谷城集》五卷，以及《唐五七言绝句》《本朝五七言绝句》《中兴五七言绝句》等书。这是历代建阳知县刻书中，现今可考的最早记载。另一位则是莆田藏书家方子默，他在刘克庄任建阳知县时，寄钱十万，专门委托刘氏代购建阳书坊的刻本。[3] 以上两例，体现了以刻书闻名的"文献名邦"建阳与以藏书闻名的"文献名邦"莆田，各司其职、相互促进的特点。[4]

明中叶，由莆田名士周瑛、黄仲昭纂修的《大明兴化府志》问世后，一反地方志通常多在当地刊刻的惯例，而委托建阳书林张好、刘成庆刻印。晚明，又有一位文学家与建阳书坊结下不解之缘。他就是著名戏曲家祁彪佳。天启、崇祯间，前后六年在莆田任兴化府推官，[5] 为刊印他在莆田写成的戏曲《全节记》，而与建阳余象斗之子余应科结缘。黄仲昭纂修的志书、祁彪佳的作品均要委托建阳书坊刻印，而不是就近在莆田出版，说明一直到明代，刻书中心建阳对包括莆田在内的福建各地仍在产生重要的辐射作用。

8. 建宁

建宁（治所在今福建省建瓯市），古称建安。北宋称建州，南宋绍兴三十二年（1162）升为建宁府。由于建阳在其辖区之内，故古往今来，人们往往也把"建本"称为"建安本"。正因为刻书中心建阳隶属建宁府管辖，故建宁

---

[1] 高令印：《朱熹事迹考》，上海：上海人民出版社，1987年，第301页。

[2] 参拙文《朱熹刻书事迹考》，《福建学刊》1995年第1期。

[3] 〔宋〕刘克庄：《后村先生大全集》卷一百四十八《方子默墓志铭》，《宋集珍本丛刊》第82册，北京：线装书局，2004年，第491页。

[4] 参拙文《两宋莆田官私刻书考述》，《文献》2008年第3期。

[5] 〔清〕汪大经、廖必琦等：《兴化府莆田县志》卷八："祁彪佳，字幼文。山阴人。天启末为郡节推，少年精吏治，雅爱作兴士类，待胥吏以严。……在郡六载如一日。擢南京监察御史。"1926年重印光绪五年（1879）潘文凤补刊本，叶24A。

府的官私刻书往往都不在建宁，而是在建阳。这类书通常由官方出经费，而后交付书坊刊刻出版。建宁府之外，还有福建路驻守在建宁的派出机构如福建转运司、福建常平司等往往也在建阳刻书。[1]

在过去的同类著述中，往往将八闽各地的刻书视为并列的关系，将八闽各地的官刻、私刻和坊刻也视为并列的关系，从而对建阳作为坊刻中心所承担的广泛接受各地官、私方的委托，以及所产生的辐射八闽的主导作用视而不见。这便是以上为什么要逐一介绍八闽各地与建阳刻书的关系的原因。

二、专业影响，走向全国

南宋时期，建阳并非只是福建的刻书中心，更是全国的三大刻书中心之一。一直下延到明代，在全国印刷出版业中，也占有重要地位，被认为是"明代印书最多的"[2]专业出版基地。所以，其专业刻书的辐射效应和影响，不仅走向八闽，还同时走向全国。其主要表现在以下三个方面。

1. 福建人氏到外地刻书，促进建本向外传播

福建人氏到外地刻书，最早始于两宋时期一些到外地为官的福建人。元明时期，则陆续有建阳书坊刻书家加入这一行列。清代，仅四堡一地，前往江西、广东、广西、湖南、浙江、山东、四川，以及福建其他地区销售或刊行图书者甚至多达数百人。[3]

由于受建阳刻书风气的影响，福建人氏在外地从事刻书，从而将福建的版刻技艺也传到了外地。这种现象，过去往往被人们所忽视，或将其与福建本地刻书混为一谈。从广义上来说，福建人在外地刻书，实际上是建本文化的一种拓展和延伸，既是版刻技艺的交流，也是建本文化的向外传播，进而为建本文化走向全国、传播海外走向世界打下了良好的基础。

福建人在外地刻书，最早以学者为主，其中甚至不乏著名的学者，如理

---

[1] 参拙著《建阳刻书史》，北京：中国社会出版社，2003年，第55页。

[2] 参张秀民：《明代印书最多的建宁书坊》，《文物》1979年第6期。

[3] 福建省地方志编纂委员会编：《福建省志·出版志》第六章《图书发行·清代四堡外出行销书籍商人名表》，福州：福建人民出版社，2008年，第367—390页。

学家朱熹。他不仅是一位著名的理学家和思想家，而且还是一位有影响的出版家。他早年曾在建阳崇化书坊开设书肆，晚年在建阳考亭创建书院。他所开创的考亭学派，是两宋时期众多学派中与刻书业关系最为密切的。在他的影响下，他的许多门人弟子也从事私家刻书，不仅在中国思想史上占据了重要地位，而且在中国出版史上，开创了学派刻书的先河。

朱熹在宦游各地之时，均有刻书。如淳熙六至七年（1179—1180），在担任南康知军时，刊刻周敦颐《周子通书遗文遗事》，刊刻朱松《韦斋集》和朱槔《玉澜集》。淳熙八年任浙东提举，刊刻《大学》和《中庸》。绍熙五年（1194）任湖南安抚使，刻印司马光《稽古录》等。

朱熹在外地刻书，对这些地方刻书业的促进作用也是显而易见的。在他的影响下，他的弟子学成返乡后，在各地刊行儒学经典，从而形成了学派刻书的规模效应。如朱门弟子，有在京都临安倡刻《四书集注》的建阳刘爚，在江西刻书的闽县黄榦以及建阳蔡杭、朱在，在广东刻书的顺昌廖德明，在湖南刻书的邵武叶武子等。[1]

朱熹学派之外，宋明以来，在外地刻书的福建人氏甚众。建阳熊克，乾道间任镇江教授，先后刻印晋王弼《老子注》、汉郑玄《孝经注》。建阳宋慈，在湖南刻印其所著《洗冤集录》等。建阳朱鉴，任江西兴国知军时，刻印朱熹《楚辞集注》。此外，还有邵武俞翊、崇安刘珙、建安袁说友、浦城真德秀等一批闽北人士在外地刻书。

南宋时期，由于宋金战争，金人占踞北方，形成南北对峙的局面，为防止国家军事机密的泄漏，南宋政府更进一步在图书出版和流通环节上，加强了管理。故通常认为，建本图书大体只能在南方传播，而难以传播到北方，其所谓影响"全国"，在南宋可能只是半壁江山而已。然而，这只是一种推测。

床头书册聚麻沙，病起经旬不煮茶。
更为炎蒸设方略，细烹山蜜破松花。[2]

---

[1] 参林振礼、方彦寿：《朱子学派与南宋出版》，《江西社会科学》2002年第11期。
[2] 〔金〕元好问：《翰苑英华中州集》丙集卷三，《四部丛刊》本，上海：商务印书馆，1929年，叶2B。

这首题为《夏日》的七绝，是南宋时期生活在北方金国的诗人刘仲尹所作。刘仲尹（1138—?），字致君，辽宁盖州人，完颜亮正隆二年（1157）进士。他的生活年代，与朱熹大约同时。按说，在宋金对峙之时，建本图书不可能穿越战火，抵达北方。但是，在与赳赳武力的对决中，文化的软实力却显示了其惊人的一面：麻沙本居然能穿越宋金前线，从南方的"宋"传到了北方的"金"；而且数量还不在少数，仅仅陪伴这位久病初愈、爱读书喜喝茶的诗人的，就是搁置在床头的麻沙本书册，不是一本两本，而是"聚"为一堆！由此，我们可以推断，南宋时期，麻沙本已传播到全国各地。这里所说的全国，是大中国，是包括宋、金在内的南北疆土！

元代，建阳窦桂芳，于至大间（1308—1311），在燕山刻印医书多种。其中《针灸四书》八卷，"序后有'至大辛亥春月燕山活济堂刊'牌记。这是已知最早的北京地区书坊之一。这是建宁（阳）人将刻书传统传到北方的最早事例"[1]。

元明时期，建阳刻书世家余氏、刘氏、熊氏等一大批刻书家，都有到金陵、广东、江西、浙江等地刻书的经历。萧腾鸿师俭堂、叶贵近山书舍，分别在建阳、南京两地刻书。叶贵刻本，有题"金陵三山街建阳近山叶贵梓"[2]。建阳朱桃源迁居南京，与金陵书林晏少溪合作刻书。建阳著名版画刻工刘素明、刘龙田之子刘孔敦，为刻书，往来于建阳、杭州、金陵等地。

建阳崇化书林熊仰台，明万历间移居广州。万历三十年（1602）在广州刻印明余象斗撰《全像北游记玄帝出身传》四卷，伦敦英国博物院图书馆藏。[3]

2. 吸引全国各地的官私机构和学者前来印书

作为刻书中心，建阳坊刻曾经吸引了来自全国各地的官私机构前来印书。在《钦定天禄琳琅书目》"天禄琳琅鉴藏旧版书籍联句"中，有"二坊私版官

---

[1] 李瑞良：《中国出版编年史》，福州：福建人民出版社，2004年，第392页。

[2] 参拙著《建阳刻书史》，北京：中国社会出版社，2003年，第357页。

[3] 谭正璧、谭寻：《古本稀见小说汇考》，上海：上海古籍出版社，2012年，第317页。

三舍"的诗句，其小字注云：

> 祝穆云"建宁崇化、麻沙二坊，号图书之府"。今所藏有建本、麻沙
> 本，盖宋时坊书；其监本，则官版也。[1]

这里是说，南宋时期，建阳崇化、麻沙两地书坊曾刊刻了不少号称"监本"的官版书，如书题为"监本纂图重言重意互注点校"的《尚书》《毛诗》《礼记》《论语》等。体现了建阳作为古代坊刻中心对官刻，以及对外地刻书业的影响和辐射。这是外地书坊很难见到的独特现象，对重新审视和评价建阳古代刻书业有着极为重要的指引，甚至是颠覆的作用。[2]

《元刊杂剧三十种》因书名中有"古杭"或"大都"等字样，曾被误为大都（今北京）或古杭（今杭州）刻印。经学者反复考证，实际上是元代"古杭"或"大都"的某一剧团前来建阳，委托建阳书坊刊刻的。其目的一是自用，二可售卖给其他剧团和一些对戏剧特别有兴趣的戏迷。[3]

元代学者胡炳文的《四书通》二十六卷，是由浙江儒学委托建阳崇化书林余志安勤有堂刻印。张存中跋曰"泰定三年，存中奉浙江儒学提举志行杨先生之命，以胡先生《四书通》能删《纂疏》《集成》之所未删，能发《纂疏》《集成》之所未发，大有功朱子。委令赍付建宁路建阳县书坊刊印，志安余君命工绣梓，度越三稔始克就"[4]云云。

我们知道，北京和杭州都曾经是与建阳齐名的刻书中心，[5]这两地的官方机构（浙江儒学）、民间剧团不在当地刊印，而要奔赴千里之外的建阳书坊

---

[1] 〔清〕于敏中等：《钦定天禄琳琅书目》卷首，《景印文渊阁四库全书》第 675 册，台北：台湾商务印书馆，1986 年，第 339 页。

[2] 参拙文《南宋建刻"监本"探考——从"二坊私版官三舍"谈起》，《中国出版史研究》2016 年第 2 期。

[3] 参拙文《〈元刊杂剧三十种〉的刻本性质与刊刻地点另议》，《艺术百家》2011 年第 3 期。

[4] 〔清〕瞿镛：《铁琴铜剑楼藏书目录》卷六，北京：中华书局，1990 年，第 97 页。

[5] 〔宋〕叶梦得《石林燕语》卷八称："今天下印书"，有"杭州、蜀（四川）、福建、京师"四地。（北京：中华书局，1984 年，第 116 页。）

来印书，由此可知建阳坊刻在当时的影响之大之广。

又如，元延祐间江西学者董真卿，其学术渊源，源自朱熹弟子黄榦门下，所撰《周易经传集程朱解附录纂注》十四卷，由其子董僎携之入闽，刻于建阳书坊。[1] 而董真卿本人，则曾于延祐五年（1318）入闽，将其父董鼎《书集传辑录纂注》七卷《朱子说书纲领辑录》一卷，委托建阳名肆余志安勤有堂刊行。

明代建阳书坊仍刻印了许多外地学者的著作。如明永乐间（约1403）浙江浦江郑柏编《麟溪集》二十二卷，由官建安主簿的同乡人洪泽携至建安，"请于太守徐子玉，同为捐俸刊行而成"，[2] 刊刻地点也在建阳书坊。此书刻成之后，书板由洪氏携归，交由郑氏保存。《（嘉靖）浦江志略》卷六《学校志·书籍》载："《麟溪集》，郑义门之书也，凡二十二卷。郑大和编辑，板刻存于郑氏。……《金华贤达传》，邑人郑柏所撰也，凡一十三卷，板刻不存。"[3] 此刻本系明前期建阳书坊接受来自外地学者委托刻书的典型事例，而其时在建宁府、建安县（其时府县同城）任职的两位浙江同乡，则是促成此事的媒介。

此外，还有一些外地学者不远千里到建阳委托书坊刻书。如休宁（治所在今安徽省歙县）人金德玹编纂的《新安文粹》，是一部收录新安（徽州）历代文人诗文作品的地方文献总集，其中卷十五《钝斋诗文》有《金德玹传》载：

> 德玹字仁本，休宁汪坑桥人。……尝以先儒遗书，精神心术所寓，遍访藏书家，得陈氏《四书口义》《批点百篇古文》、倪氏《重订四书辑释》、朱氏《九经旁注》、赵氏《春秋集传》、上虞刘氏《选诗补注》、胡氏《感兴诗通》三十余种，抄校既毕，遣子辉送入书坊，求刊天下。刘用章先生深加（嘉）其志。[4]

---

[1] 〔清〕瞿镛：《铁琴铜剑楼藏书目录》卷一，北京：中华书局，1990年，第31页。

[2] 〔明〕毛凤韶：《（嘉靖）浦江志略》卷七《人物志》，《天一阁藏明代方志选刊》本，上海：上海古籍书店，1963年，叶23A。

[3] 〔明〕毛凤韶：《（嘉靖）浦江志略》卷六《学校志·书籍》，《天一阁藏明代方志选刊》本，上海：上海古籍书店，1963年，叶10A。

[4] 〔明〕金德玹辑：《新安文粹》卷十五，明天顺刻本，叶25B—26A。

刘用章即明前期建阳书坊刻书家刘剡。《建阳县志》载其"凡书坊刊行书籍，多剡校正"[1]，赞赏他为书坊校正、编辑所作的成绩。其实，刘剡更重要的成绩，是推动建阳刻书业的对外传播，这一点，县志没有提到。

如江西学者朱公迁《诗经疏义会通》一书，是一部阐述朱熹《诗集传》的著作，由其弟子何英在永乐间携入闽，付刻书家刘剡刻印。刘剡可以说是在历代建阳书坊中，接受外地学者刻书最具代表性的建阳刻书家。为此，明休宁学者苏景元有《寄书坊刘剡》诗云：

> 女娲补后见神功，千里相思寄便鸿。
> 断简残编无日了，清尊明月几时同。[2]

3. 吸引全国各地的顾客主动前来购书

"西江估客建阳来，不载兰花与药材。点缀溪山真不俗，麻沙村里贩书回。"[3] 这是清康熙年间诗人查慎行写在建阳的一首诗。由于刻书中心建阳刊刻的图书品种多，名气大，从而吸引了来自大江南北各地的书商。各地"估客"到建阳来采购图书，早在宋代就已经开始了。

朱熹在建阳，由于身处图书之府，就有许多学者通过他来购买建本图书。宋乾道八年（1172），朱熹在建阳自刻了《论孟精义》三十四卷。成书后，朱熹曾寄赠一部到浙江金华，给友人吕祖谦。其后吕来信，要求朱熹向建阳书商再买一批寄去：

> 《论语精义》近得本，日夕玩绎。……此间学者多欲看，而难得本，

[1]〔明〕冯继科等：《（嘉靖）建阳县志》卷十一《列传》，《天一阁藏明代方志选刊》本，上海：上海古籍书店，1962年，叶4A。
[2]〔明〕程敏政：《新安文献志》卷五十五上，《景印文渊阁四库全书》第1375册，台北：台湾商务印书馆，1986年，第734页。
[3]〔清〕查慎行：《敬业堂诗集》卷四十四《建溪棹歌词十二章》其四，周劭标点，上海：上海古籍出版社，1986年，第1300页。

告谕贩书者，令多发百余本至此为佳。[1]

朱熹的《四书集注》于淳熙十六年（1189）二次序定之后，在建阳即有刻本问世，且销路不错。绍熙二年（1191），他在答门人郑可学的问疑中说："此书（指《孟子集注》）近为建阳人贩卖甚广。"[2] 指的就是这一史实。

明洪武二十四年（1391）六月，明太祖朱元璋下诏"命礼部颁书籍于北方学校"。诏文曰：

> 农夫舍耒耜则无以为耕，匠氏舍斤斧则无以为业，士子舍经籍则无以为学。朕常念北方学校缺少书籍，士子有志于学者往往病无书读。向尝颁与五经四书，其他子史诸书未曾赐予，宜于国子监印颁，有未备者，遣人往福建购与之。[3]

这里所说的"福建"，实际上指的就是当时出版图书最多的刻书中心——建阳。

清施鸿保《闽杂记》称："明宣德四年（1429），衍圣公孔彦缙以请市福建麻沙板书籍咨礼部尚书胡滢，奏闻许之，并命有司依时值买纸雇工摹印。"[4] 明前期的理学家，江西余干胡居仁为购求"先儒书籍，如《程子遗书》《朱子语录》《伊洛渊源》《晦庵文集》等书"，曾于景泰末（约 1455—1456）专程到建阳书坊购买。[5]

---

[1]〔宋〕吕祖谦：《东莱集·别集》卷八《答朱元晦》，《景印文渊阁四库全书》第1150 册，台北：台湾商务印书馆，1986 年，第 251 页。

[2]〔宋〕朱熹：《晦庵先生朱文公文集》卷五十六《答郑子上》，朱杰人、严佐之、刘永翔主编《朱子全书》第 23 册，上海：上海古籍出版社、合肥：安徽教育出版社，2002 年，第 2684 页。

[3]〔明〕董伦、王景彰等：《明太祖实录》卷二〇九，台湾"中研院"历史语言研究所 1962 年影印本，第 3122 页。

[4]〔清〕施鸿保：《闽杂记》卷八《麻沙书板》，来新夏标点，福州：福建人民出版社，1985 年，第 116 页。

[5]〔明〕胡居仁：《胡文敬集》卷一《奉于先生书》，《景印文渊阁四库全书》第1260 册，台北：台湾商务印书馆，1986 年，第 3 页。

明嘉靖间，著名文学家徐渭描述其时的建阳书坊说"其图籍书记，辐辏错出，坊市以千计，富商大贾所不能聚，而敏记捷视之人穷年累月所不能周也"，所以当时的文人学士要购买图书，"必求之于建阳之肆，盈箧笥而后已"。[1]

三、传播亚欧，融入"海上丝绸之路"

（一）建本图书

建本图书，还通过对外贸易流传到了海外，传播到亚欧各国。宋末元初建阳学者熊禾为张光祖在建阳崇化书林所建的同文书院写的《上梁文》中说"书籍高丽日本通……万里车书通上国"[2]；清杨守敬《藏书绝句》中则有"建宁书本满人间，世历三朝远百蛮"的诗句，都说明了建本图书流传海外的悠久历史。据有关著述记载，建阳刻印的古籍，至今在日本、韩国、美国、英国、法国、西班牙、奥地利等国家的图书馆均有珍藏。明代建阳书坊所刻小说，仅《三国演义》一书在国外就有 20 多种不同的版本。建阳古代劳动人民在保存、继承和弘扬中华民族优秀的文化遗产，促进中外文化交流方面，都做出了不可磨灭的贡献。

高丽末期，朱子学开始东传朝鲜，其唯一的传播媒介就是图书，建阳刊刻的朱子学著作在此起到了主要作用。高丽忠烈王十五年（1289），高丽使臣安珦从元大都携归一批朱学著作，如《四书集注》《朱文公文集》《朱子语类》等，在高丽讲授朱子学。安珦因此成为将朱子学传入朝鲜半岛的第一人，在当今韩国的《东国道学源流图》中，安珦也因此被列为"东国道学"的开山之祖。安珦之后，又有其门人权溥（1242—1326）刊行朱熹的《四书集注》，对朱熹学说在朝鲜半岛的传播起到了重要作用。

李朝太宗三年（1403）十月二十七日，明成祖赐给朝鲜一批绫罗绸缎等

---

[1]〔明〕徐渭：《徐文长三集》卷十八《送通府王公序》，《徐渭集》，北京：中华书局，1983 年，第 525—526 页。

[2]〔元〕熊禾：《勿轩集》卷四，《景印文渊阁四库全书》第 1188 册，台北：台湾商务印书馆，1986 年，第 804—805 页。

珍贵物资，其中还有建阳刻印的《十八史略》《山堂考索》《大学衍义》《春秋会通》《真西山读书记》《朱子成书》等以朱子学为主的一批汉籍。[1]

为了弥补藏书的不足，李氏朝鲜朝野上下不断地从明朝购买朱子学和经史著作。李朝太宗二年（1402）七月二十日，"内书舍人李孟畇，进大字蔡传《尚书》。《书》阙《尧》《舜典》，上命直艺文馆李担补之"[2]。"蔡传尚书"，即朱门弟子蔡沈的《书集传》，《尧典》《舜典》为此书的两个章节，此次购进的是大字本蔡传残本，缺了这两个章节，由此可见其时购书之不易。

此后，购买图书，成了出使明朝的使臣正常公务之外的一项自觉行动，其中即有由建阳出版的《朱子语类》《朱子大全》等书传入朝鲜半岛。

明代，建阳书坊是我国古典小说的出版重镇，流传到朝鲜半岛的建本小说数量甚多，产生了很大影响，从传入的中国古典小说综合考察，其中属建本小说的数量不少。如瞿佑的《剪灯新话》，罗贯中的《校正古本大字音释三国志通俗演义》，熊大木的《南北宋志传》《武穆王精忠传》，余象斗的《新刻北方真武玄天上帝出身志传》《新刻全像五显灵官大帝华光天王传》《包龙图判百家公案》等小说刻本。

建本图书流传日本，大约始于南宋中叶，清杨守敬《藏书绝句·足利本》一诗说"秘书流播海天东，访古遗文岛国通。读罢七经开宝笈，传来足利阐儒宗"[3]。说的就是中国古籍传播日本在阐扬中华传统儒学方面的贡献。他所举的例子是日本"庆长丁未活字本《文选六臣注》，与足利学藏宋本同，盖依足利活字刷印"，而足利学校的活字本，其祖本就是南宋建本《六臣注文选》。

日本江户时代（1603—1867），流传到日本的汉籍中有许多是小说、戏曲、类书、医书等建本通俗读物。如建阳刊行的《水浒传》《三国志演义》《二刻英雄谱》《有夏志传》《开辟演义》《两汉演义》《西游记》《英烈传》《百家公案》《杜骗新书》《孤树裒谈》《西厢记》《燕居笔记》《万锦情林》等一大

---

[1]（日）学习院东洋文化研究所：《李朝实录》第二册，《太宗实录》第六卷，1953年，第369页。

[2]（日）学习院东洋文化研究所：《李朝实录》第二册，《太宗实录》第四卷，1953年，第210页。

[3]〔清〕杨守敬：《藏书绝句》，北京：古典文学出版社，1957年，第15页。

批小说、戏曲刻本都在这一时期流传到了日本。明清时期，我国东传日本的古籍图书，已经成为海外贸易的商品之一。

从明万历四十年（1612）起，中国每年均有数十艘船只往返于中日两国之间。据日本学者大庭脩的统计，最多的一年是1688年，入港的中国商船达193艘。其中福建最多，达86艘。商品则以丝、纺织品、药材、砂糖、染料和建本书籍为主。这时，建阳刻本内容以小说、戏曲、类书、医书等通俗读物为主，因此，流传到日本的刻本也多为这一类图书。

即使是在入清以后建阳刻书业逐渐走向衰微之时，仍有不少建本图书东传日本。如日正德元年（1711），已是清康熙五十年。这年六月，钟圣玉的卯十五号船抵达长崎，运来了大批图书。其中就有建本图书《纲鉴会纂》《袁了凡先生重订凤洲纲鉴世史类编》《纲鉴白眉》《皇明通纪》《删补颐生微论》《三国志》等。[1] 钟圣玉的船是南京的商船，而不是福建的商船，由此可知，建本图书确实已融入海上丝绸之路的商品大潮之中。

在清代为数不多的建本图书中，也有一些流传到日本。如顺治五年（1648）刻印的清熊人霖《地纬》二卷；康熙十四年（1675），潭水余明刻印的清游艺《天经或问》三卷；清书林熊维大集堂刻印的游艺《天经或问后集》不分卷等。

建本图书传播至欧美，始于明嘉靖、万历之后。当时，欧美各国来华传教士渐多，他们通过携带、邮寄等方式，将建本图书传播至西方，其数量虽不如东亚各国，然今存者多罕见之惊人秘籍，有的甚至是在中国大陆已经失传的孤本。如现存于法国巴黎国立图书馆的明余绍崖自新斋刻本《新刊韩朋十义记》，以及余象斗双峰堂刻本《全相插增田庆王虎忠义水浒全传》；现存英国伦敦博物馆的明富沙刘荣吾藜光堂刻本《全相三国志传》；现存德国巴伐利亚邦立图书馆的明嘉靖建阳刻本《道南书院录》、崇祯三年建安黄氏景晋斋刊本《史觿》；现存比利时皇家图书馆清扬州阮氏覆刊宋建安余氏勤有堂本《新编古列女传》；现存于奥地利维也纳国家图书馆的明叶文桥南阳堂刻本《荔枝记》；现存西班牙爱思哥利亚修道院的明嘉靖叶逢春刻本《三国志传》，

---

[1]（日）大庭脩：《江户时代日中秘话》，徐世虹译，北京：中华书局，1997年，第63、69—70页。

西班牙圣劳宁佐图书馆的明詹氏进贤堂刻本《风月锦囊》；现存美国国会图书馆的明正德熊宗立刻本《类编伤寒活人书括指掌图论》、明郑尚玄刻本《订补全书备考》、明天启建阳余氏萃庆堂刻本《四种争奇》；现存哈佛大学图书馆的明弘治建阳种德堂刻本《中庸章句》《中庸或问》；现存美国哈佛大学汉和图书馆的明麻沙植云所刻本《玉堂鉴纲》，等等。

（二）版刻技艺

北宋以降，建阳刻书业造就了一大批优秀的刻书家和刻工，在编纂、刊刻、印刷、装帧等方面技艺精湛，形成了自己的风格，达到当时全国的先进水平，引领了刻书业的发展潮流。在图书技艺的传播方面，不仅在福建，而且在全国，甚至在海外均产生了广泛影响。

版刻技艺的交流，其直接形式是福建刻书家和刻工到外地，甚至是远赴海外刻书。特别是元末明初，建本刻工如福州的陈孟才、陈伯寿和莆田的俞良甫等，应来华的日本僧侣之聘，东渡扶桑，传播刻书工艺。其中最著名的是莆田俞良甫，元末避乱漂洋过海到日本，刊刻了十几种中国古籍，被称为"俞良甫版""博多版"。俞良甫版中，其底本以翻刻南宋建阳刻本为主。如《新刊五百家注音辩昌黎先生文集》《新刊五百家注音辩唐柳先生文集》，是宋建阳魏仲举编刻本。通过俞良甫翻刻后，在日本大为流行，被日本人称为"儒书"。即便是日本室町时代著名的"五山版"，其刻工也大多是侨寓日本的福建人。在中日文化交流中，福建刻工做出了重要贡献。

版刻技艺交流的间接形式，是各国本国的书坊，也往往以建本为底本加以翻刻。其中著名刻本如日本永和二年（1376）刊行的《集千家注分类杜工部诗》，即翻刻宋建阳刻本。五山版《十八史略》，则是翻刻明正统六年（1441）建阳书林余氏刻本。大永八年（1528），日本医家阿佐井野宗瑞刊行的《名方类证医书大全》，是翻刻明成化三年（1467）建阳熊宗立刻本，这是日本翻刻的第一部中国古代医学典籍，对日本汉医的形成和发展产生了重大影响。

江户时代，日本也翻刻了不少建本图书。如庆长九年（1604）翻刻元南山书院刻本《大广益会玉篇》，庆长十一年翻刻明陈氏积善堂刻本《医学正传》。元和七年（1621），日本天皇御敕造铜活字数万，以此排印宋麻沙刻本《皇朝类苑》，此宋麻沙刻本今已不存，反赖此日本铜活字印本使此麻沙刻本为世人所知。

除了直接进入流通领域的印本图书之外，李氏朝鲜也往往以之为底本加以翻刻，其中也有不少建阳刻本。如宋建本《杜工部草堂诗笺》、元建阳余志安勤有堂刻本《铜人腧穴针灸图经》，李朝均有翻刻本。以铜活字印刷图书，在朝鲜半岛印刷史上具有悠久的历史。建本图书传入朝鲜半岛，也出现了以铜活字排印建本古籍的现象。如宋建阳魏齐贤刻本《圣宋名贤五百家播芳大全文粹》、元余志安刻本《铜人腧穴针灸图经》、明刘文寿翠岩精舍刻本《增修附注资治通鉴节要续编》等，均有朝鲜铜活字印本。

建阳刻书业对东欧各国也产生了一定影响。2003 年 9 月 30 日发行的《图书艺术》邮票，其中一枚是宋建阳书坊刻本《周礼》，另一枚是《匈牙利彩图编年史》，该书版式上图下文，与建本最典型的版式如出一辙，显然是受了流传于此的建本图书的影响。

（三）融入"海上丝绸之路"

在宋元时期，随着中国造船和航海术的大幅提升，我国同世界数十个国家和地区已经有了"海上丝绸之路"的商贸往来。其主要港口就是泉州、广州、宁波，而这三地，恰恰是建本图书传播海外的重要港口。建阳等地生产的图书，有很大一部分就是从这三地传播海外的。

据南宋赵汝适《诸蕃志》卷上记载，由泉州赴新罗（高丽）的海船在途经四明（今宁波）时，"商舶用五色缬绢及建本文字博易"，[1] 即用染色丝绸织品和建本图书进行交换"人参、水银、麝香"等各种药材。《诸蕃志》的记载虽然简略，但寥寥数字已为后人勾勒出了一幅建本图书由泉州，抵四明，再通往海外的线路图。以如是观之，以建阳为代表的福建刻书业作为我国宋以来古籍图书的重要生产基地，其产品，早就与建盏、建茶等结伴而行，共同融入"海上丝绸之路"中，成为其中经济、文化活动的重要组成部分。

（原载《中国出版史研究》2019 年第 3 期，收入中国人民大学复印报刊资料《出版业》2020 年第 2 期）

---

[1]〔宋〕赵汝适：《诸蕃志》卷上，杨博文《诸蕃志校释》，北京：中华书局，1996年，第 152 页。

为古籍传播链寻找失落的环节

——写在《福建历代刻书家考略》出版之际

福建省南平市建阳区是我国古代著名的刻书中心。这种"著名",以往主要是通过古今藏书目录和珍藏在国内外图书馆中众多的建本古籍体现出来的,而对创造这些刻本的人,即所谓刻书家,却很少论及,以致难以引起学术界的重视。

晚清著名版本目录学家叶德辉在其学术名著《书林清话》中曾满怀期待地说:"(明代)刻书独多,为刘洪慎独斋、刘宗器安正堂,而皆建阳产。自宋至明六百年间,建阳书林擅天下之富,使有史家好事,当援《货殖传》之例增'书林传'矣。"[1] 笔者早年读到这段话时,曾怦然心动,乃至不知天高地厚,以为自己能够成为这一"好事"者。于是,在撰写《建阳刻书史》的过程中,试着对其中关涉的刻书家史料加以特别留心和关注,并积少成多,陆续发表了若干篇以"刻书家"冠题的文章。其中,最早的是刊发在《文献》杂志1987年第1期的《明代刻书家熊宗立考述》,此为阐述单个刻书家的论文。其后,又有以"闽北若干位刻书家生平考略",阐述刻书家群体的几篇文章,在《文献》《出版史研究》等期刊上陆续发表。再往后,我沉下心来,不急于撰文发稿,而是把目光从建阳、从闽北扩展至八闽,开始更加广泛地搜集资料。"日月忽其不淹兮,春与秋其代序",日积月累,眨眼之间,30多年过去了,这部被我私下里称为"书林传"的《福建历代刻书家考略》终于问世了。[2]

---

[1] 〔清〕叶德辉:《书林清话》卷五《明人私刻坊刻书》,北京:中华书局,1957年,第142页。

[2] 方彦寿:《福建历代刻书家考略》,北京:中华书局,2020年。本书为国家社科基金后期资助项目。

一、《福建历代刻书家考略》之概况

其实，叶德辉《书林清话》所谓"书林传"，只是引发本书写作的一个诱因。主因则在于，传统的古籍整理中，当涉及"人物"，其立足点往往是"整理者、编纂家和藏书家等"，[1] 而罕有所谓"刻书家"，于是，在历史文献从作者、编者、刊行和收藏这一传播链中，往往缺失了刊行这一环节。而这一环节的主要人物，就是刻书家。以这一观点对此前的相关成果进行审视，就会发现，研究和介绍整理者、编纂家和藏书家的相关成果可以说相当丰富，而以刻书家为主题的成果，则十分有限，因此，笔者希望通过本书的写作，能为古籍文献的传播链找回一个失落的环节。

全书主要以人物为中心，搜集整理了由宋至清福州、建宁府（治所在今福建省建瓯市）、泉州、兴化（治所在今福建省莆田市）、南剑州（治所在今福建省南平市延平区）、邵武、漳州、汀州（治所在今福建省长汀县）、福宁（治所在今福建省宁德市）九地，以地域为单元，每地一卷，共分九卷。全书共收入 812 位官、私、坊刻书家的刻书事迹。在此九地中，刻书家最多、排名前三的建宁、福州和泉州三地，是福建历史上刻书业最发达的地区。而建宁府又因刻书中心建阳为其属邑之故，以 226 位刻书家位居全闽之首。

在建宁府 226 位刻书家中，其实有相当一部分是来自外地的人士。如官员有宋代的韩元吉、蔡幼学、王埜、刘震孙和吴坚，明代的邵圉、张文麟、许应元、李东光、樊献科、邵廉、沈儆炌、魏时应和龚道立；学者有祝穆、杜本、张光祖、潘耒；宗教界人士有王日休、释慧空等。他们之所以来到建宁，主要就是受刻书中心建阳的吸引，要借助书坊的刻书技艺来出版他们撰写或编辑的著作。

所谓"以人物为中心"，指的是以图书刊刻者为基本线索，对其刊印之书和生平事迹尽力加以辨析和考述。以往的研究，或以时代为发展线索，或以历史事件、图书版本为依据，而罕有以刻书家为中心的。究其原因，盖因刻书业在历史上被视为一种商业行为，刻书家往往被蔑称为"书贾"，从事这一

---

[1] 胡道静主编：《简明古籍辞典·序》，济南：齐鲁书社，1989 年，第 5 页。

行业者社会地位不高，从而使从业者生平罕见记载而难以成文，更遑论成书了。

书名中的所谓"考略"，指书的内容主要侧重于刻书家的生平事迹，及对其所刊行的具体刻本的考证、辨析这两个方面。由于刻书家生平史料欠缺，或搜寻不易，使古籍刻本的鉴定容易产生一些错误，这在以往的古籍鉴定中可谓屡见不鲜。在行文中，笔者努力把古籍刻本刊刻地点、刊刻年代的判别与刻书家的生平结合起来，力图以此纠正以往的一些误判。

二、《福建历代刻书家考略》之学术追求

1. 提出评判"刻书中心"的重要标准

由宋至明，接受官私方、各地作家学者的委托刻书，是建阳书坊不少刻书家的共性，也是建阳由宋及明位居全国刻书中心的主要原因。

笔者将此观点落实到对刻书家的功能辨析上，且以此评判福建各地一些后起的书坊，如福州南后街、连城四堡、泉州等，认为能否吸引和接受官私方，尤其是外地人士前来，并借助书坊的刻书技艺来出版他们编撰的著作，是评判地域刻书能否称为"刻书中心"的最重要标准。此举意在强调刻书中心对外的辐射和影响，目的是为了纠正在地域文化研究中经常出现的滥称"中心"的现象。这种现象不仅仅是福建一地所独有，其他省份也普遍存在。以故，这一标准对全国的出版印刷史研究来说，也具有一定的借鉴意义。

2. 力图纠正此前对某些古籍刻本刊印地点的误判

由于刻书家生平史料缺失，古籍刻本的鉴定因此很容易产生误判，为防止此弊端，笔者有如下主张。

一是对刻书家史料中重要的时间节点加以详考，以此为刻本刊刻的具体年代提供依据。

如徐经孙（1192—1273），宋宝庆二年（1226）进士，曾在福州刻印宋任渊注黄庭坚《黄山谷内集诗注》二十卷。现有的史料，均不署徐经孙官福州的具体年代。明王应山《闽大记·名宦传》载其："宝庆间（1225—1227）官

福建提点刑狱。"[1] 如以此推断，此本似刊于宝庆间。其实不然，徐既为宝庆二年进士，而宝庆前后仅有三年（1225—1227），以此论之，他一中进士就必须官居福建提刑，显然，这种可能性极小，且与史志所载其生平从中进士到官福建提刑期间有 20 多年历官州县的经历明显不符。此外，徐经孙《黄山谷内集诗跋》云："刻之闽宪，始与芗城所刊《芗室外集注》并传之。"[2] 指的是淳祐十年（1250）史季温在福建路提刑司刻印其祖父史容（号芗室居士）作注、北宋诗人黄庭坚撰《山谷外集注》。则徐氏刻本，显然应在淳祐十年以后。检《南宋馆阁续录》，方知其官福州的准确时间，为景定元年（1260）。[3] 以此推知徐氏刻印宋黄庭坚《黄山谷内集》，应在景定初。[4]

又如陈宗夔（1507—1566）刻印宋郑樵《通志二十略》，清周中孚《郑堂读书记》著录清金匮山房重刊本时提到，因卷前有正德三山龚用卿序而误为明正德刊本，今人多延续此误。笔者据其在嘉靖二十九年（1550）仕宦闽中，认为此书即刊于其时。[5] 且据《嘉靖十七年进士登科录》，陈氏出生于正德二年（1507），[6] 而正德前后仅十六年（1506—1521），一个在正德间，年仅十多岁的外省幼童，断无在闽刻书之理。

何继高在万历二十年（1592）官福州知府时，曾重修明嘉靖二十九年（1550）福州府刻本《玉髓真经》，同年又刻明周述学《云渊先生文选》。而其刻本，还有万历二十七年刊刻明王畿撰、明李贽评《龙溪王先生文录钞》，同年，刊明释豁渠《南洵录》。本书据清李卫等撰《畿辅通志》所载，何继高于万历二十五年已官长芦盐运使推断，以上四种刻本分别为两地所刻，后二书

---

[1]〔宋〕徐经孙：《矩山存稿》附录，《景印文渊阁四库全书》第 1181 册，台北：台湾商务印书馆，1986 年，第 57 页。

[2]〔宋〕徐经孙：《矩山存稿》卷三，《景印文渊阁四库全书》第 1181 册，台北：台湾商务印书馆，1986 年，第 32 页。

[3]〔宋〕陈骙：《南宋馆阁续录》卷七，《景印文渊阁四库全书》第 595 册，台北：台湾商务印书馆，1986 年，第 506 页。

[4] 方彦寿：《福建历代刻书家考略》卷一，北京：中华书局，2020 年，第 15 页。

[5] 方彦寿：《福建历代刻书家考略》卷一，北京：中华书局，2020 年，第 48 页。

[6] 龚延明主编：《天一阁藏明代科举录选刊》（中），宁波：宁波出版社，2016 年，第 687 页。

的刊刻地点则不在福州。[1]

二是主张应以具体的刊行地点作为评判标准，而不宜以刻书者的籍贯作为刻本的依据。

以刻书者的籍贯作为刻本的依据，是一种很普遍且基本没有引起学界重视，也无人去认真纠正的一种现象。本书搜录了包括福州陈孔硕、黄唐、朱端章，建宁府袁枢、宋慈、朱鉴，泉州庄夏、留元刚，莆田郑寅、蔡洸、黄汝嘉、许兴裔，南剑州陈正同、廖德明，邵武叶武子、廖莹中等，由宋至清约190位在外地刻书的闽籍人士，这些人士所刻之书，其中有相当一部分被误认为是闽版古籍。

不仅如此，外省也有不少同类著作，也出现了把游学或仕闽人士所刻之书，误为该省的刻本。如吴革于宋咸淳元年（1265）在建宁知府任上刻印朱熹《周易本义》，因其为九江人，此刻本《周易本义》被今人误为江西刻本。[2]歙县倪士毅于元至正三年（1343），在建阳委托书商刘氏日新堂刻印《四书辑释大成》，被安徽学者误认为是古徽州刻本。[3]福建提学副使游明在闽刻《史记集解》等书多种，因游是丰城人，故其刻本被误为是江西丰城刻本。[4]屠本畯官福建盐运司同知，于明万历二十五年（1597）在闽考订并刻印徐𤊹编《闽中荔枝通谱》，今人往往因其为鄞县人氏，将此本误为浙版。[5]余锓、顾霳宦闽，于明嘉靖十九年（1540）在闽县刻印明胡世宁《少保胡端

［1］方彦寿：《福建历代刻书家考略》卷一，北京：中华书局，2020年，第59页。

［2］《江西省出版志》编纂委员会编：《江西省志·江西省出版志》，南昌：江西人民出版社，1998年，第20页。

［3］中国出版科学研究所编：《出版科研论文选粹——首届全国出版科学研究优秀论文奖获奖论文集》，杭州：浙江教育出版社，1992年，第1190页。

［4］《江西省出版志》编纂委员会编：《江西省志·江西省出版志》，南昌：江西人民出版社，1998年，第25页。

［5］王东、钟甦：《浙江印刷史》，杭州：杭州出版社，2013年，第277页。

敏公奏议》，因二人均浙江人氏，故此本又被误为浙江刻本。[1] 实际上，此刻本刊刻地点在闽县。[2]

这种相互混淆的现象，若不加以纠正，对福建刻书业的评价和各地刻书的认知，势必会造成一定困扰。为此，笔者特地将福建历代刻书家分为在本地刻书和在外地刻书两种类型，意在借此纠正前人的失误。

通过梳理可见，由宋至清，有不少仕宦在外的福建人士曾在江西、湖南、浙江、广东、江苏和广西等地刻书，从而将福建刻书从版本、内容、形式到版刻技艺等方面，与各地的刻书形成了交流与融合的各种可能，从而促进了各地刻书业的共同发展。此举既有别于此前学界普遍将闽人在外地刻书与福建本地刻书混为一谈，也在福建刻书与外地乃至全国刻书相互影响上作了一些初步的探讨。[3]

另外，以往的福建出版印刷史研究，由于对史料的挖掘深度和广度有所欠缺，遗漏了不少有价值的出版界人士，书中于此增补了刘峤、邹柄、邹栩、谢克家、徐经孙等由宋至清 100 多位刻书家，对福建出版印刷史做了有益的补充。

三、《福建历代刻书家考略》之研究方法

1. 从个体的特性中寻找群体的共性

该书以历史上一个个具体的刻书家作为研究对象，其长处是可以把每一位刻书家的事迹尽可能地描述得比较细致，且对前人出现的失误加以纠正；短处则是刻书家相互之间的关联性不足。为扬长避短，笔者在高度关注发掘

---

[1] 如《浙江省出版志》（杭州：浙江人民出版社，2008 年，第 77—78 页）："《少保胡端敏公奏议》（一作《胡端敏奏议》）十二卷，明胡世宁撰，嘉靖、万历间海盐顾霱刊本。"王东、钟甦《浙江印刷史》（杭州：杭州出版社，2013 年，第 270 页）云："嘉靖至万历年间，海盐顾霱刊《少保胡端敏公奏议》。"陈心蓉、丁辉《嘉兴历代进士藏书与刻书》（合肥：黄山书社，2014 年，第 308 页）也有同样说法。

[2] 方彦寿：《福建历代刻书家考略》卷一，北京：中华书局，2020 年，第 80 页。

[3] 参拙文《刻书中心建阳对外传播的基本走向及其影响》，《中国出版史研究》2019 年第 3 期。

个体特性的同时，也注意寻找刻书家群体之间的共性与内在关联。

比如，将全闽分为九地，实际上就是将全闽的刻书家分为九个群体，分析各地之间的特点，就是分析各个群体的个性是什么。如前所述，刻书中心既然在建阳，那么，建宁府建阳县之外的其他八个群体与刻书中心之间有何关联？这在书中不可避免地要加以探讨。实际上，这也是隐藏在全书各卷之中的一条伏线，以此勾勒刻书中心建阳对其他八地即八个群体潜在的各自不同的影响。为此，笔者在各卷之前均有一篇小序，内容除了介绍各地刻书的概况之外，揭示与刻书中心的关联，也是其中的要点之一。

如论福州刻书，其特点是北宋中后期以寺院刻书为主，南宋、元明时期均以官府刻书和私家刻书为主，坊刻则罕见著录。"入清以后，由于建阳刻书业逐渐衰败，福州坊刻于清中叶迅速崛起。南后街、三坊七巷一带书坊，承担起了原由建阳书坊所承担的接受官私刻书的大部分重任。"[1] 以此揭示了福州刻书与建阳刻书在不同阶段的不同特点以及传承效应。

又如卷二的小序，认为"建阳能够连续历经宋、元、明三朝，都是全国刻书中心的主要原因，是它能吸引和接受各地官私方的委托刻书，这是'中心'最主要的作用。不能发挥这样的作用，就不是中心"。进而提出，学界通常认为"除建阳外，福州、莆田、泉州、汀州、邵武等地的书坊业也很发达"的观点有误。"历史事实是，这一时期福建其他地区的坊刻并不发达，主要是官府、私家刻书，是在建阳坊刻的辐射和带动下，与建阳坊刻形成互补和共同繁荣的局面。入清以后，建阳坊刻逐渐衰微，代之而起的才有连城四堡、福州南后街和泉州等地的书坊。"[2] 此中揭示的是福建坊刻印刷在明清之际的此消彼长的历史交替。

在卷四小序中，提出宋代莆田的刻书和书坊刻书业相对薄弱。与建阳相比，"莆田的'文献名邦'之'名'主要表现为藏书家众多，而建阳则以刻书见长"[3]。即使是建州较晚，刻书业相对滞后、从明中后期才有刻书相关记载的福宁州，对建州之前的福宁文化作一番考察亦可发现，南宋时期的宁德

---

[1] 方彦寿：《福建历代刻书家考略》卷一，北京：中华书局，2020年，第3页。

[2] 方彦寿：《福建历代刻书家考略》卷二，北京：中华书局，2020年，第197页。

[3] 方彦寿：《福建历代刻书家考略》卷四，北京：中华书局，2020年，第494页。

名士与福建刻书业早已有密切联系。如宁德林駉编纂的类书《古今源流至论》，宋元时期就在建阳书坊被频频翻刻，跻身于明代建阳坊刻本畅销书之列。以上所论，厘清了刻书中心与其他八个群体各自不同的特点和关联。

此外，由宋及明，接受各地作家学者、官私方的委托刻书，是福建书坊许多刻书家的共性。

如晁谦之，宋绍兴七年（1137）官福建路转运判官，编辑并刻印其从兄晁补之《济北晁先生鸡肋集》，刊刻地点是在刻书中心建阳。[1]绍兴三十二年，龙舒居士王日休《龙舒净土文》，也是在建阳书坊刊印的，为王日休此书初刊本。[2]据卷末《参政周大资跋》所云："又将亲往建安，刊版于鬻书肆中，汲汲然若不可一日缓者。"[3]此言建安书肆，即建阳书坊。

明代，则有建宁知府杨一鹗，于嘉靖三十九年（1560）受巡按福建监察御史吉澄之托，在建阳刻印《春秋四传》；嘉靖四十二年，受巡按福建监察御史李邦珍的委托，在建阳刻印明朱衡《道南源委录》。

2. 将史料的辨析与版本的辨误，尽可能地贯穿到全书之中

由于刻书家生平史料稀缺，导致古籍刻本的鉴定容易产生失误。为此，笔者自觉地将古籍刻本的刻印地点、年代与刻书家的生平结合起来进行研究，从而纠正了以往的不少疏漏或讹误。

如永嘉郑伯熊于宋乾道五年（1169）任福建路常平司提举。时常平司设司建宁，[4]于此整理《二程遗书》《二程文集》《经说》诸书，作小字本刻印于建宁府。其后，陈振孙《直斋书录解题》著录："《河南程氏文集》十二卷，二程共为一集，建宁所刻本。"[5]此处对"建宁所刻本"的编者、刊刻者均

[1]　方彦寿：《福建历代刻书家考略》卷二，北京：中华书局，2020年，第198页。
[2]　方彦寿：《福建历代刻书家考略》卷二，北京：中华书局，2020年，第199页。
[3]　〔宋〕王日休：《龙舒净土文》卷末，上海：上海佛学书局，1933年，第117页。
[4]　〔宋〕梁克家：《淳熙三山志》卷二十五："元丰元年置提举常平司，崇宁大观间以转运司兼领奉行茶事。政和三年专置提举茶事官，置司建州。二年判权移福州。绍兴五年并，以提举常平司为名，置司泉州，……十二年归建州。"（《宋元方志丛刊》第8册，北京：中华书局，1990年，第8005页。）
[5]　〔宋〕陈振孙：《直斋书录解题》卷十七，徐小蛮、顾美华点校，上海：上海古籍出版社，1987年，第504页。

未作明示。本书通过运用朱熹、周必大存世的两通书信的考证，得出陈振孙所言"建宁所刻本"，实即郑伯熊建宁常平司刻本。

又如，在"汪应辰"条中，对邹道乡、邹德久父子字号两个错字的辨析；对刻书家两位刘震孙、两位胡琏、两位冯孜、两位李春熙、两位朱霞、两位林同的辨析，以及两位号"磊老"的学者吴雨、傅汝舟的辨析与纠正；对刻印《读史管见》的孙德舆，是否是胡大壮之子的辨析，通过分别从刊刻时间、地点，乃至刻本的归属等若干方面的考证，对史籍或对当代研究成果中所出现的失误一一予以纠正。

3. 通过史料的辨析，追溯刻本版权的归属

一般来说，刻书牌记往往是鉴别古籍刻本的重要依据。然而由于历史现象的复杂性，表象往往会掩盖真相。如建阳书坊有不少接受官私方委托刻印之书，在这些刻本中，往往也会出现书坊的刻书牌记，从而造成对刻本版权的误判。书中列举了明正德间建阳书坊刘洪慎独斋刻本《文献通考》《群书考索》等，目录后虽然有"皇明正德戊寅慎独书斋刊行"等牌记，但从这些书系福建按察司、建宁府、建阳县等出资方来说，刘氏慎独斋只是接受委托刻书而已，故其版刻性质应属官刻。[1]

这一现象，还往往下延至清代福州的许多书坊。如清嘉庆间，福鼎王遐春麟后山房辑录并刊刻《王氏汇刻唐人集》七种，委托闽县吴大擗刊印。清光绪间，榕城王友士为刘尚文刊刻《莆阳金石初编》，有"光绪庚子刊于福州"长方牌记，右下角有"王友士镂板"五字。同治十三年（1874），王凯泰委托吴玉田在福州刊刻《归田唱和集》《湖上弦歌集》等，牌记题"俭明简斋雕版福州"，卷末有"三山吴玉田镌字"。以上数例，均为私家委托书坊刊印图书。

为保证史料辨析与版本辨误的正确性，就必须在史料运用方面下功夫。为拓展学术视野，笔者尽可能地扩大对史料的搜集范围。在史料运用方面，除大量阅读宋明以来的正史、方志、笔记和文集，关注学者通常习用的文献之外，还有意识地将目光投向刻书家的族谱、家乘、碑铭等材料，乃至在出

---

[1] 方彦寿：《福建历代刻书家考略》卷二，北京：中华书局，2020 年，第 273 页。参见拙文《刘洪慎独斋两部刻本的版权归属刍议》，《中国出版史研究》2020 年第 2 期。

版史研究领域中通常不为人们所使用的摩崖石刻等。通过发现新的史料，为纠正以往的错失，提供了更多的文献佐证。

如宋淳熙十年（1183）司马伋历官泉州知州，重刊《司马太师温国文正公传家集》。泉州清源山莲华峰有司马伋视察水利题刻云："淳熙十年，岁在昭阳单阏涂月立春日，陕郡司马伋相视水利竟事，因登此峰。"[1] 由此可知，司马伋任泉州"郡守"的准确时间，正与刊刻此集的时间吻合。

明樊献科，则分别在福州乌石山天北、武夷山水帘洞崖壁有两条石刻，这些石刻，对判定樊氏刊刻《性理大全书》的具体年代均提供了有益的佐证。

清光绪延平知府张国正，曾刻印宋罗从彦《罗豫章先生集》、宋杨时《宋儒杨文靖公全集》。《（民国）南平县志·学校志》对其生平仅有其两条非常简略的记载。为弥补此不足，笔者考辨张国正在武夷山天游峰顶胡麻涧岩壁和福州鼓山龙头泉所镌的摩崖石刻两方，充实了其在闽仕迹。[2]

四、《福建历代刻书家考略》之不足

部分刻书家的生平事迹，史志罕见记载，一些在刻书史上声名卓著的刻书家，如南宋余仁仲万卷堂、蔡梦弼家塾、黄善夫家塾、建安蔡琪家塾、刘叔刚一经堂、魏仲举家塾、元建安虞氏等人的事迹，除了在他们刊刻存留后世的若干种刻本中，偶有一些有关堂名字号等零星信息之外，其他生平事迹均已无从查考。他们相关的刻书活动和刻本概况，在笔者的《建阳刻书史》以及学界同道的同类著作中，原先搜集的还有 70 多位虽有刻书事迹，但其生平事迹无从详考者，最终成书时也只能舍弃，可谓该书一大遗憾。

史籍浩瀚，误读误判，在所难免，若有谬误之处，希望方家不吝赐教。

[原载《印刷文化（中英文）》2020 年第 1 期]

---

[1] 清源山风景名胜区管理委员会编：《清源山志·摩崖石刻》，北京：中华书局，2004 年，第 260 页。

[2] 方彦寿：《福建历代刻书家考略》卷五，北京：中华书局，2020 年，第 596—597 页。

闽版《宋元闽刻精华》三题

《宋元闽刻精华》丛书第一辑，福建文史馆编，福建人民出版社 2008 年 8 月出版，影印宋元时期福建刊刻出版的古籍八种。一一读来，如同面对古代先贤，获益良多，把玩摩挲，不忍释手，于是写下如下文字，借《福建文史》一角，公之于同好。

一、南宋名刊　传世佳椠
——读闽版《宋本〈周易本义〉》有感

1996 年 5 月 17 日福建《每周文摘》以《稀世文物流失令人忧》为题，摘录了一则消息。文称"在今年（1996）中国一家拍卖公司拍卖的一批古籍善本中，包括'天禄琳琅'和'名家收藏'两大系列。此次拍卖的天禄琳琅藏书有《周易本义》（宋吴革刻本）、《童溪易传》（清刻本）等五部"。"国内知识界人士对此却表示出忧虑，因为此等文物若被国内藏家获得还能留于祖国，而一旦出境便是文化上的重大损失。"

文中提到的《周易本义》一书，与福建的古代文化有密切的关系，因为此书的著者是南宋著名理学家朱熹，著述地点在建阳；此书的刻印者吴革，曾官建宁（治所在今福建省建瓯市）知府，刻印地点也在建阳。这便是《周易本义》一书现存的最早刻本。

吴革，号恕斋，九江人。其事迹史志罕有记载。历代《建宁府志》均在《职官志》中仅列其名，其原因与吴革任府事一职时间甚短有关。据《（咸淳）临安志》《（康熙）福建通志》诸志所载，吴革于宋淳祐中（1241—1252）为钱塘令，寻通判临安府。宝祐间（1253—1258）知南安军。景定四年（1263）以权发遣户部判官兼知临安府事，六月转朝奉大夫，十一月兼敕令所删修官。

五年七月罢。咸淳元年（1265）知建宁，二年移知福州。《（弘治）八闽通志·秩官志》载其小传云："咸淳二年知福州，为政雅重风化，尝创道立堂祠濂溪以下诸贤，又附以贤牧。又创经史阁，官至户部尚书。"由此可知吴革知建宁府不过一年时间，次年即移知福州。在福州知州任上，吴革又将宝祐间永福（治所在今福建省永泰县）县学刻本宋徐自明《宋宰辅编年录》二十卷书板修板重刊。此书原由徐自明之子永福知县徐居谊刻印于宝祐四至五年（1256—1257），数年后，部分板片已漫漶朽坏。《永乐大典》卷1297引《宋宰辅编年录》吴革跋云："《宰辅编年》记载极详，真足以诏来世。余自建移闽，首阅是书，板朽字讹者半，俾幕属赵必岊校正。择其最漫漶三百余板，重锓之，余则修补。咸淳丙寅夏五月，朝散大夫直徽猷阁知福州主管福建安抚使司公事吴革谨识。"从吴革在建宁、福州两地的政绩看，重视文教，性喜刻书是其特点，由此促进了南宋时期建阳和福州两地的官方刻书的发展。

由此我们知道，咸淳元年（1265）吴革官建宁知府虽然不过短短的不到一年的时间，但因喜欢刻书，又得辖区内建阳书坊刻书之便，《周易本义》这个福建刻书史的上著名的官刻本能够从他的手中诞生，也就顺理成章了。

当年吴氏刻印此书，共印制了多少部？已无从考证，七百多年后，这部名刊流传于世的已经很少了。除上文所言20世纪90年代末流传民间拟拍卖的一部之外，此书原刊本今仅国家图书馆、上海图书馆各存一部。《中国版刻图录》著录云："（半叶）六行，行十五字。注文双行，行字同。白口，左右双边。首咸淳元年九江吴革序云：'昨刊《程传》于章贡郡斋，今刊《本义》于朱子故里。'据《建宁府志》载，吴革咸淳中任建宁知府，知此为建宁府官板。朱熹少依父友刘子羽寓崇安，后徙建阳之考亭，与序称朱子故里正合。"

为了让这部罕为流传的名刊佳椠服务于学界，2008年8月，此书被编入《宋元闽刻精华》丛书，由福建人民出版社影印出版。捧读此书，古色古香，令人赏心悦目，欣喜之情，油然而生！

全书分为上、中、下三册。上册为《易图》一卷，卷前收《河图图》《洛书图》《伏羲八卦次序图》《伏羲八卦方位图》《伏羲六十四卦次序图》《伏羲六十四卦方位图》《文王八卦次序图》《文王八卦方位图》《卦变图》九图，《周易》上、下经两卷；中册为《周易彖》上、下传两卷，《周易象》上、下传两卷；下册为《周易系辞》上、下两卷，《周易文言传》《周易说卦传》《周易序卦传》《周易杂卦传》各一卷；后附《五赞》一卷、《筮仪》一卷。

这个刻本完整地保存了朱熹《周易本义》的原貌。通常的宋代建阳刻本版式多十行本，坊刻本为节省成本，甚至也有十行以上的，从而形成了行格紧密，"传刻疏瘦"的特点。而此书为古籍中罕见的半页六行，每行十五字，小字双行同，字大行疏，大字端楷，笔意介于颜、柳之间，是宋代官刻本中最著名的刊本之一。

二、梦陶回忆礼陶时

——从"汤注陶诗"本的传奇说到刊刻年代

> 梦陶回忆礼陶时，搜遍中华此最奇。
>
> 亦似昙花开易落，不禁双泪堕如縻。

此为清代文献学家叶昌炽《藏书纪事诗》卷五中的一首诗。描述的是一部南宋福建刻本《陶靖节先生诗注》在清代的流传过程，曾经发生过的一段非常曲折和有趣的故事。乾隆年间，杭州的藏书家知不足斋主人鲍廷博（1728—1814）藏有一部《汤注陶诗》。乾隆四十六年（1781）四月，他到浙江海宁的藏书家周春（1729—1815，字松霭，号春分）的家中，提到此书，并言及此书序末署名汤汉，不知何许人。周春不禁拍案叫好，告诉他说，汤汉在《宋史》中有传，此书在马端临的《文献通考》中有著录，并问书现在哪里。鲍说已送给海盐张燕昌（1738—1815，字芑堂，号文鱼）了。周即向张借阅，张也不知此书好在哪里，只是从这部书装帧考究，是用宋朝金粟山藏经笺作封面这一点上，疑其为一部罕见秘籍，故索还甚急。周则要求张让售，并以书画、铜瓷、端砚交换，张均不同意。后经友人说和，周最后以明人叶元卿的"梦笔生花"大圆墨交换而得到此书。周春得到此书后，把这部书和另一部宋刻本《礼书》藏在同一书室中，并把两部书的第一个字合在一起，将他的书室命名为"礼陶斋"。藏本秘不示人，并打算逝世后以此二书作为殉葬品埋在地下。后因故失去《礼书》，周氏为之嗟叹不已。痛惜之余只得将书室改名为"宝陶斋"。嘉庆十三年（1808），周春的《汤注陶诗》因不得已的苦衷又让售他人，"去书之日，泣下数行"，为此茶饭难进，昼思梦想，他的书室也就改名为"梦陶斋"。

这部珍贵的宋刻本从周春手中散出后，于第二年（1809）中秋节前被苏州的大藏书家黄丕烈（1763—1825）以一百两银子购得。在此之前，黄丕烈曾得到一部北宋刻本《陶渊明诗集》，于是，他把自己的书室命名为"陶陶室"。他还请当时的知名学者王芑孙为他写了一篇《陶陶室记》，专门记载此事，以志庆贺。后来，他把其中的一部送给一位好朋友。不久他得到另外一部宋刻本陶诗，于是，他的书室又改名为"复陶室"。礼陶—梦陶—复陶的过程，也是建本《汤注陶诗》辗转曲折的流传、收藏过程。其中凝聚着藏书家的欢乐与辛酸，也体现了此建本图书的珍贵。

书名中的"陶靖节"即东晋时大诗人陶渊明，一名潜，字元亮，私谥靖节。他的田园诗以平淡自然的诗风为我国的诗歌创作开辟了一个新的领域，在诗歌史上独树一帜。所谓"汤注"，指的是此书是由南宋学者汤汉编注。

汤汉，字伯纪，宋安仁（治所在今江西省鹰潭市余江区）人。淳祐间（1241—1252）官史馆校书，曾任福建常平司提举、福建转运司判官等职，官至端明殿学士，《宋史》有传。他是著名理学家真德秀的学生。嘉定十五年（1222），他就曾与刘克庄、徐华老等人从真德秀在建宁府浦城县相与"讲习研讨"[1]。汤汉有感于陶渊明诗文高奥难解，学者未易窥测，乃反复钻研，

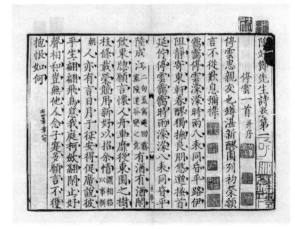

书影 1：宋刻递修本《陶靖节先生诗注》

---

[1] 〔清〕真采：《西山真文忠公年谱》，于浩辑《宋明理学家年谱》第 8 册，北京：北京图书馆出版社，2005 年，第 338 页。

"清言微旨，抉出无遗。马端临《文献通考》以为渊明异代之知己"[1]。此书撰成，名之以《陶靖节先生诗注》四卷，外加《补注》一卷，于咸淳元年（1265）前后，在建宁府刊刻（书影1）。此即版本学上著名的"宋刻汤注陶诗"本。

这个刻本，中国国家图书馆有藏，是海内孤本，曾经清代藏书家项禹揆、周春、黄丕烈、汪士钟、杨以增，以及现代著名藏书家周叔弢先生等人先后收藏，大字端楷，字体为唐欧阳询体，行款半叶七行，行十五字，注字小字双行，白口，左右双边。周春有"是书乃世间所稀有，宋刻之最精者也"[2]的赞誉。被收入《宋元闽刻精华》丛书第一辑的，也是据这个刻本影印的。

《中国版刻图录》著录云："匡高一八·九厘米，广一三厘米。七行，行十五字，注文双行，行字同。白口，左右双边。《四库全书》未收。刻工蔡庆、邓生、吴清等，咸淳元年又刻《周易本义》，因推知此书当刻于建宁府。首淳祐元年汤汉自序。自淳祐元年初版，迄咸淳元年，中历二十五年，此本疑是咸淳元年前后重刻本。是时汤汉正官福州知府，在福建安抚使任，故有可能延建宁名工刻书。"

既然是"疑"，也就是说，此书准确的刊刻时间，尚无定论。

1987年，北京图书馆古籍特藏部的陈杏珍同志又在《宋刻陶渊明集两种》[3]一文中，详细地论证了此汤注陶诗本"应是咸淳前后建宁府所刻"的两点理由。

一是"从刻工来推断刻书的时间和地点"。其论据与上引《中国版刻图录》大致相同，且增加了"宋咸淳年间建宁府另一任知府吴坚刻于福建漕治的《张子语录》，也有吴文、邓生等刻工名。据此推断，汤刻陶诗的版刻年代和地点，应与《周易本义》和《张子语录》大致相近"等内容。

二是从汤汉的籍贯与早期经历来看，"淳祐十二年（1252）以前，汤汉不太可能延请建宁名工来刻自注陶集"，而"在度宗即位，即咸淳元年的前后，

---

[1]〔清〕阮元：《揅经室外集》卷五，《揅经室集》，邓经元点校，北京：中华书局，1993年，第1286页。

[2]《宋刊〈陶靖节诗〉》卷首周春题识，又载〔清〕黄丕烈著、潘祖荫辑：《士礼居藏书题跋记》卷五，周少川点校，北京：书目文献出版社，1989年，第183页。

[3]《文献》1987年第4期。

汤汉最有条件延请建宁名工来刻此书，这与《周易本义》《张子语录》的版刻时间、地点正好一致"。她在文中介绍说，此书"卷前有淳祐初元年九月九日汤汉自序，旧时因而定为'宋淳祐元年汤汉刻本'，北京图书馆对这个鉴定作了更正"。但不知为什么，在新版的《北京图书馆古籍善本书目》[1] 中并未对此作出更正，而是仍将其著录为"宋淳祐元年汤汉刻本"。

实际上，根据汤汉的经历看，此刻本的刊刻年代就有"淳祐十二年（1252）以前"的可能。这里且不言早在嘉定十五年（1222），汤汉作为名儒真德秀的学生，就曾与刘克庄、徐华老等从真氏在建宁府浦城县相与"讲习研讨"。因其时，汤氏此诗注或许尚未成书，但建宁府书坊刻书之盛况，其时汤汉就应已耳闻目睹，留下了深刻的印象。

淳祐十二年（1252）以后，汤汉的宦迹，据《宋史》本传的记载是"提举福建常平，劾福州守史嵒之、泉州守谢惪。寻以直华文阁、福建运判，改知宁国府"。也就是说，早在咸淳元年（1265）汤汉"官福州知府，在福建安抚使任"前，就已在福建任职。而福建常平提举和转运判官这两个职务的任职地点均不在福州，而是在建州。据何乔远《闽书》卷四十三《文莅志》："提举常平司，……政和三年（1113），专置提举茶事官，置司建州。（建炎）二年（1128）建兵叛，权移福州。绍兴五年（1135），并以提举常平司为名，置司泉州。……十二年归建州。"又载："福建转运司，初置于建宁府，建炎二年（1128）以建寇故移司。绍兴二年（1132）复还。三年又移福州，寻复旧。"据此记载，则汤汉官福建常平提举和转运判官的宝祐年间（1253—1258）。按，此任职时间据《（弘治）八闽通志》及《（康熙）福建通志·名宦志》所载），均应在建州（即建宁府，治所在今福建省建瓯市）任职。《（民国）南平县志》卷十四《艺文志》有一篇题汤汉撰《演山剑潭碑记》，乃其祷雨之文。开篇即云："维宝祐四年岁次丙辰，九月戊子朔，越二日己丑。朝奉郎权知南剑州军州，兼管内劝农事，节制本州屯戍军马汤汉，敢告于演山剑潭之神……"由此文可知，汤汉在宝祐四年（1256），曾一度权知南剑州，而南剑州与建宁府为邻郡，两地相隔仅百里地，这时，汤汉才是"最有条件延请建宁名工"来刻印《陶靖节先生诗注》一书。

---

[1] 文物出版社，1987年，第1998页。

除此之外，还有一种可能性，即此书在淳祐年间即已在建宁刻印，而刊刻此书的主持者乃汤汉的兄长汤中。其时，他在建宁任知府。据《（嘉靖）建宁府志·职官志》，在淳祐年间的十位建宁知府中，汤中位居第八，时在淳祐八至十年（1248—1250）。其时，正是在"淳祐十二年（1252）以前"。

另据《四库全书总目》卷九十二，汤汉在福建还主持刊刻了真德秀《西山读书记》乙集下二十二卷。自序云"《读书记》惟甲、乙、丁为成书。甲、丁二记先刊行。乙记上即《大学衍义》，久进于朝。其下未及缮写而德秀没，汉从其子仁夫钞得，厘为二十二卷而刊之福州"，时在开庆元年（1259）。版式为半叶九行十六字，小字双行二十四字，白口，左右双边，国家、上海和山东省等图书馆有存本。

据载，福州鼓山灵源洞有开庆元年（1259）汤汉等题名石刻，云："鄱阳汤汉以使事过鼓山，观天风海涛之状，……开庆己未四月十三日住山普门立。"[1]

综合以上史料，故此汤注陶诗本的刊刻年代，是否就是在咸淳年间刊印，似还有商榷的余地。

一则充满传奇色彩的"梦陶"故事，一个又一个关于此书刊刻年代的疑窦，捧读这部由古代闽中刻书家刊刻，当代出版家影印的"双料"闽版古籍，令人满怀追思与遐想……

三、走出深闺识真容
——读闽版《中兴词选》有感

黄昇是我心仪的一位历史人物。20 世纪 80 年代末，我曾在某期刊上发表题为《黄昇及其花庵词选》的文章。二十年后，我在长期积累的基础上，又撰写了题为《黄昇花庵词选新论——我国最早有评点的词选》的学术论文，在某大学学报上发表。

为何我对黄昇情有独钟？这是因为：其一，黄昇乃闽北建阳人氏，是我的同乡前辈学者。其二，他的《花庵词选》开了词作品评点的先河，在我国

---

[1] 黄荣春编著：《福州摩崖石刻》，福州：福建美术出版社，1999 年，第 231 页。

文学史上，具有大辂先轮的首创之功。

回忆当年，我为了研究黄昇的这部词选，曾四处寻找此书的版本，希望能够将此书所有的版本一网打尽。但遗憾的是，此书存本实在不多，我所能阅读的，不过是《四部丛刊》初集本，中华书局 1958 年点校本、辽宁教育出版社 1997 年《新世纪万有文库》本等一类的通行本而已。

因为查找资料和参加学术会议等原因，我曾数次到过国家图书馆，初衷本想好好拜读一下这位家乡前辈的著作，均因国图的藏书实在太丰富，可读的古籍善本太多太多，而无暇拜读此书的建本。

岁月倏忽，不知不觉之间，又过了二十年，时至我文明古国迎来了奥运之年，所谓"福无双至今朝至"，好事总是扎堆而来。其中之一，就是黄昇《中兴词选》被编入《宋元闽刻精华》丛书而由福建人民出版社影印出版，捧读此书，古意盎然，满袖生香，欣喜之情，油然而生！

黄昇，字叔旸，号玉林，又号花庵词客，南宋建阳人，生活年代在绍熙初至淳祐末年（1190—1252）之间。黄昇所编《花庵词选》共二十卷。前十卷名《花庵唐宋诸贤绝妙词选》，选录唐、五代、北宋 134 家的作品；后十卷名《中兴以来绝妙词选》，选录南宋 88 家的词作，末附黄昇自作词 38 首。前十卷由建阳文人胡德方序，后十卷黄昇自序。由福建人民出版社影印出版的黄昇《中兴词选》，即后十卷。所用底本是南宋淳祐九年（1249）建阳刘诚甫刻本。版式为半叶十三行，每行二十三字，细黑口，左右双边。

此书有何亮点？

从形式上看，黄选开了词作评点的先例。编者对部分词作作了简短的评论，有些见解还相当精辟，对后世产生的影响很大。黄昇之后，刘辰翁评点诗词，朱彝尊编选《词综》、周济辑《宋四家词选》，或前有例言、序论，或眉有旁批，或后有缀语，均受黄昇评点此选的启发。

从内容上看，与其他宋人选本如《乐府雅词》（曾慥选）、《绝妙好词》（周密选）相比，和他们片面追求艺术性而忽视作品的思想内容不同，黄选则较为注意词作的思想性。一批爱国词人的具有爱国主义思想的作品在词选数量中居于首位，如北宋苏轼 31 首，居《唐宋诸贤绝妙词选》之冠；南宋辛弃疾、刘克庄均 42 首，居《中兴以来绝妙词选》之冠。其余如张元幹、张孝祥、陆游、陈亮等词人的作品也数量居前。从而广泛地反映了时代精神，读者可以从中窥见当时社会的缩影。

作为一位工于词作，且对诗词理论均有所研究的词人，黄昇针对其时词选少、词论落后于创作的状况，为扭转宋代词家众多，然皆"散在诸集"，读者"未易遍窥"（胡德方序中语）这一不利局面，黄昇"据家藏文集之所有，朋游闻见之所传"，广征博集，编成《花庵词选》。其中后十卷《中兴以来绝妙词选》则是针对此前的词选，如《复雅歌词》《乐府雅词》未及选入南宋词人之作而编。正如黄昇在自序中所说："中兴以来，作者继出，及乎近世，人各有词，词各有体，知之而未见，见之而未尽者，不胜算也。"故黄昇此选，也可看成是对"中兴以来"词坛的一次前所未有的回顾和总结。我国台湾学者萧鹏先生将此归纳为是"以选为史的特征"。

在此书自序中，黄昇提出了他的选词的标准。他说："佳词岂能尽录，亦尝鼎一脔而已。然其盛丽如游金、张之堂，妖冶如揽嫱、施之祛，悲壮如三闾，豪俊如五陵。花前月底，举杯清唱，合以紫箫，节以红牙，飘飘然作骑鹤扬州之想，信可乐也。"文中提出了盛丽、妖冶、悲壮、豪俊、清丽、飘逸等多种风格并存的观点，既是对唐宋，特别是对"中兴以来"词坛上各种风格流派的一次盘点，也是其遴选词作的标准之一。

应该说，在词学发展史上，这是一部很重要的著作，但由于历史的原因，这部现存最早的南宋建阳刻本，却一直锁在深闺无人识，福建人民出版社将此书影印出版，让世人得以一睹这部产生于黄昇故乡的"闽刻精华"，善莫大焉！当然，如果有机会，能将此书的上半部，即《花庵词选》的前十卷，在《宋元闽刻精华》第二、三辑中出版，那更是梦寐以求的了！

（原载《福建文史》2009 年第 2 期）

地域分论

两宋时期福州刻书考略

作为福建首府，宋代的福州人文荟萃，经济繁荣，刻书业相应也较为发达。两宋福州的刻书业侧重以官府刻书和私家刻书为主，坊刻则罕见著录。

一、两宋时期的福州"三藏"刻本

两宋时期福州刻书史上最重大的事件，是刻印佛经和道教典籍。具体地说，就是刻印"三藏"，即佛教典籍《万寿大藏》《毗卢大藏》和道教典籍《道藏》。

佛藏，指的是佛家经典的总集。内容广泛涉及佛教、哲学、历史、文化、民俗等各个领域，也是我国优秀传统文化典籍的一个重要组成部分。福建最早编纂佛藏是在五代闽国时，王审知曾以"泥金、银万余两，作金、银字四《藏经》，各五千四十八卷"[1]，这是在雕版印刷术已经发明之后的一次大规模的写经活动。遗憾的是，这两部分别以金、银字抄写的佛藏均没有留传下来。

北宋时期，雕版印刷开始得到广泛普及。随着我国第一部刻印于宋太祖开宝年间（968—976）的官板《开宝藏》的问世，福州的刻经活动也逐渐频繁。仅在北宋中后期，闽县（治所在今福州市区）就先后组织了两次大规模的刊刻佛藏的活动，从而在福州的佛教和雕版印刷发展史上留下了两部最早的佛藏刻本——《万寿大藏》和《毗卢大藏》。

《万寿大藏》又称《东禅寺藏》《福州东禅寺大藏》等，始刻于北宋元丰三年（1080），至政和二年（1112）告成，主持募雕者为闽县东禅寺冲真、普

---

[1] 〔宋〕梁克家：《淳熙三山志》卷三十三《寺观类一》，陈叔侗校注，北京：方志出版社，2003 年，第 595 页。

明、咸晖等禅师。全藏共6434卷，比官板《开宝藏》还多出1386卷。分为580函，以《千字文》编号，始于天字，终于號字。梵夹装，每开六行，行十七字（书影1）。东禅寺在福州白马山，始建于南朝梁大同五年（539），北宋大中祥符八年（1015）敕号"东禅等觉禅院"。崇宁二年（1103），因进呈《藏经》，诏改寺名为崇宁万寿寺，[1] 故此藏亦名《崇宁万寿大藏》。宋室南迁后，此《藏》曾迭经重修，刻板至元中叶至治、泰定间（1321—1328）犹存，此后逐渐散佚。

书影1：福州东禅等觉禅院刻《崇宁藏·长阿含经卷第五》

《毗卢大藏》又称《闽县开元寺毗卢大藏》。闽县开元寺始建于南朝梁太清三年（549），唐开元二十六年（738）又以年号名寺。全《藏》于北宋政和二年（1112）开雕，南宋乾道八年（1172）告成。主持人为蔡俊臣、冯檝和该寺本明、宗鉴、了一等禅师。全《藏》6117卷，567函，装帧版式均与《万寿大藏》相同，也是梵夹装，每开六行，行十七字。

以上二《藏》，今国内只有国家、上海、天津、北大等图书馆和泉州开元寺等二十多家藏书单位藏有零册。据《中国古籍善本书目·子部》统计，国内所藏《万寿大藏》仅88卷，《毗卢大藏》则有462卷。虽藏卷不多，但作为珍贵的北宋刻本，和福建最早的佛经总集刻本的实物遗存，对研究我国古代佛学、哲学、历史、出版印刷等，都具有重要的价值。

---

[1] 〔宋〕梁克家：《淳熙三山志》卷三十三《寺观类一》，陈叔侗校注，北京：方志出版社，2003年，第603页。

　　《道藏》是道教经籍的汇编，是按照道教特有的图书分类方法，将众多的道教经籍编排在一起的道教总集。南北朝时，受释家所编佛典的影响，开始编纂，汇辑《道经》。唐玄宗开元年间（713—741）已出现了《开元道藏》（又称《三洞琼纲》）；五代时，吴越王钱弘俶曾资助道士朱霄外编纂金银字《道藏》；北宋时雕版印刷业繁荣，出现了我国历史上最早的以雕版印刷的《道藏》——《政和万寿道藏》。[1]

　　北宋端拱、淳化年间（988—994），宋太宗赵光义下诏搜求道书，命徐铉、王禹偁等校正，得书 3737 卷。大中祥符二年（1009），宋真宗赵恒又命王钦若率众校定道书。王钦若在宋太宗时所搜校的基础上，又增补 622 卷，共得 4359 卷。按照道书"三洞、四辅、十二类"[2]的分类法撰成篇目上进，宋真宗赐名为《宝文统录》。大中祥符六年至天禧三年（1019），张君房任著作佐郎，又在《宝文统录》的基础上，编成《大宋天宫宝藏》，共 4565 卷。北宋末，崇奉道教的"道君皇帝"宋徽宗赵佶执政，于崇宁、大观间（1102—1110）多次下诏搜访道教遗书，并命道士在书艺局校定，得书 5481 卷。于政和年间（1111—1118），送往福州闽县万寿观雕印，命福州知州黄裳总其事。此为我国历史上最早的，且以官方出资雕版印刷的《道藏》。此《藏》因刊于政和年间，又在万寿观雕刻，故名《政和万寿道藏》。此书刻成，分为 540 函，刻板进于东京（治所在今河南省开封市）[3]，福建留有两部印本。《政和万寿道藏》所收之书，除道经外，还收入了部分诸子百家之作，内容包括文史、医学、化学、天文、地理等方面的史籍。遗憾的是，此书印成十几年，即遇上"靖康之难"，中原典籍遭到金人的掠夺焚毁，幸存下来的经过数百年沧桑，今亦片纸无存。这个刊刻最早的《道藏》，今虽已世无传本，但它为元明以后所修《道藏》打下了基础，成为此后各《藏》的蓝本。

　　与刊刻《万寿大藏》《毗卢大藏》不同，《政和万寿道藏》实际上是由皇

---

　　[1]　李致忠：《历代刻书考述》，成都：巴蜀书社，1990 年，第 70 页。

　　[2]　三洞为洞真部、洞玄部、洞神部；以太玄部辅洞真、太平部辅洞玄、太清部辅洞神、正一部通贯以上六部，称为四辅。三洞每部又分为本文、神符、玉诀、灵图、谱录、戒律、威仪、方法、众术、记传、赞颂、章表十二类。其说始于南朝宋陆静修的《三洞经书目录》。

　　[3]　卿希泰主编：《中国道教》第二卷，上海：知识出版社，1994 年，第 16—17 页。

家出资，而命福州地方官主持刻印的官板书。主其事者黄裳（1043—1129），字冕仲，号紫玄翁，南剑州剑浦（治所在今福建省南平市延平区）人。北宋元丰五年（1082）状元，博学多才，精于《礼经》。反对蔡京所倡"三舍法"。历官越州签判、秘书省校书郎、闽县令、福州知州、端明殿学士兼礼部尚书等职。事迹载《（弘治）八闽通志》卷六十九、《（民国）南平县志》卷十九。黄裳的著作有《演山集》六十卷，今存《四库全书》本。

从形式上看，福州刻印三《藏》，均为宗教类典籍的出版，此为其相同之处。不同之处则是，佛教二《藏》属于民间寺院刻本，而《道藏》则是官刻本。"三藏"之后，宋代的福州刻书，基本上就是沿着民间私刻与官刻这两条线路发展，其中又以官刻略占上风，而罕见书坊刻书。其原因何在？这是因为在福建，其时位居全国三大刻书中心之一的建阳，书坊刻书业特别发达，刻书的资源成本（如木板、纸墨和刻工等）要比福州低廉，在福州从事坊刻与建阳相比不具备竞争优势。

二、两宋时期的福州官刻与民间私刻

官刻本指的是历代各级官方行政机构以官钱刻印的古书刻本。福建现存最早的官刻本，是北宋后期福唐郡庠[1]以北宋景祐（1034—1038）监本为底本翻刻的汉班固撰、唐颜师古注《汉书》一百卷。此刻本最早见于清丁丙《善本书室藏书志》著录，所据为明天顺五年（1461）福建镇守太监括苍冯让（字宗和）重修宋福唐刊本。卷末有冯氏跋云："予奉命来镇福建，福庠书集版刻年深，询知，模糊残缺过半，不便观览，心独恻然，鸠工市版补刻。"据丁氏著录，此书半叶十行，行十九字，注文二十五至二十八字不等，版心分别注有大德、至大、延祐、元统补刊[2]，与张金吾《爱日精庐藏书志》所录宋刊元修本、张元济《涵芬楼烬余书录》所录宋景祐配元大德、延祐、元统、明正统本均同出北宋福唐刊本。

---

[1] 福唐，今福清，唐初属长乐县，后析出改称福唐县，五代王闽龙启元年（933）改为福清。此称"郡"而不是县，应指代福州，福唐郡庠即福州州学。
[2] 〔清〕丁丙：《善本书室藏书志》卷六，清光绪二十七年（1901）钱塘丁氏刊本。

此刻本今中国国家图书馆存有北宋刻递修本和北宋刻宋元递修本两帙，均为清嘉庆、道光年间著名藏书家黄丕烈百宋一廛所藏。前一部则是元代著名藏书家倪瓒凝香阁旧物。由于倪氏在此本卷末有"右宋景文公（祁）以诸本参校，手所是正，并附古注之末"诸跋语，故后来的学者如钱大昕、黄念孙、黄丕烈、顾广圻等均以此书为北宋景祐（1034—1038）监本。如顾广圻《百宋一廛赋注》中有"《汉书》特善，清秘留将。是曰景祐，夐乎弗亡"[1]，所言即此。

20 世纪 30 年代商务印书馆"百衲本二十四史"本《汉书》，向来认为是据景祐刊本影印，实即以北宋福唐刻本为底本。赵万里先生主编的《中国版刻图录》据此书《五行志》后有"对勘官知福州长乐县主管劝农公事刘希尧衔名一行"（按，查考原文，"刘希尧"应为"刘希亮"）。（书影 2）他又根据此书"补版刻工程保、王文、孙生等人，绍兴十九年又刻福州开元寺毗庐大藏"，判断此书"刻于北宋后期，即据北宋监本覆刻，而非景祐监本"[2]。从现存的资料来看，福唐刻本《汉书》不仅是福建古代最早的官刻本，也是班氏《汉书》现存最早的刻本。

书影 2：北宋福唐刻递修本《汉书》

福州在南宋时期刊印的官刻本，还有以下若干种。

绍兴二年（1132）福建提刑司所刊司马光《温国文正司马公文集》八十卷，主其事者为提刑刘峤（字仲高，吴兴人）。刘峤为政和五年（1115）进士，绍兴二年任福建提刑时刻印此书于任上。清瞿镛《铁琴铜剑楼藏书目录》卷二十著录原刊本，并引刘峤序云："《文集》凡八十卷，为二十八门。其间诗赋章奏制诏表启杂文书传无所不备，实得于参知政事汝南谢公。……峤虽

[1]〔清〕顾广圻、黄丕烈：《黄丕烈书目题跋·百宋一廛赋注》，《黄丕烈书目题跋　顾广圻书目题跋》，北京：中华书局，1993 年，第 399 页。

[2] 赵万里主编：《中国版刻图录》，北京：文物出版社，1960 年，第 8 页。

浅陋未学，然服膺此书旧矣。矧复世笃忠义之契，顾何敢以不敏辞？绍兴二年岁在壬子九月旦左朝请郎直徽猷阁权发遣福建路提点刑狱公事吴兴刘峤谨序。"[1]此书刻成之后，次年十月表进，瞿镛《铁琴铜剑楼藏书目录》中有刘峤上书表全文。据此表后所署，刘峤其时还兼任福建提举常平。

刘峤生平详情缺考。《（民国）福建通志·职官志》卷四仅录其籍贯、任年而已。《闽中金石志》引《三山志》云："在怀安县飞来山石刻'飞来'二字，提刑刘峤书。"今此石刻已佚。黄荣春编著《福州摩崖石刻》又录乌石山桃石绍兴二年题名一段，其中有刘峤之名："绍兴壬子仲秋，新安程迈晋道……吴兴刘峤仲高同登乌石山，遍游诸刹。"[2]

刘峤之后，在福州刊行官版的有著名学者汪应辰。汪应辰（1118—1176），字圣锡，江西玉山县人。绍兴五年（1135）进士，任秘书省正字。以言事忤秦桧，出为建州通判。历任福州知州、四川制置使、吏部尚书等。汪系武夷胡安国门人，又从吕本中、张九成学，是一位著名的理学家。传见《宋史》卷三百八十七。

据《宋元学案·龟山学案》"判院杨先生安止"条载："初，汪圣锡在三山刊《文靖集》（按，宋儒杨时撰），安止令姑弗入奏议于其中，盖以当时尚多嫌讳，亦文靖所定《道乡先生集》中之例也。"[3]则汪应辰曾于三山（福州）刻印杨时《文靖集》一书。据宋梁克家《三山志·秩官类三》，汪应辰知福州，时在绍兴三十二年（1162）十月至隆兴二年（1164）五月[4]。此亦汪氏刊行《文靖集》的大致时间。《（万历）福州府志》卷十五《名宦传》载其在福州，"宽厚爱民，奏蠲一切苛征"。又据宋赵希弁《郡斋读书附志》著录："《东坡先生帖》三十卷，右玉山汪应辰圣锡所刻也。"陆游有《跋东坡帖》云："成都西楼下有汪圣锡所刻《东坡帖》三十卷。其间与吕给事陶一帖，大

---

[1]〔清〕瞿镛：《铁琴铜剑楼藏书目录》卷二十，北京：中华书局，1990年，第301页。

[2]黄荣春编著：《福州摩崖石刻》，福州：福建美术出版社，1999年，第53页。

[3]〔清〕黄宗羲原著、全祖望补修：《宋元学案》卷二十五《龟山学案》，陈金生、梁运华点校，北京：中华书局，1986年，第960－961页。

[4]〔宋〕梁克家：《淳熙三山志》卷二十二，陈叔侗校注，北京：方志出版社，2003年，第359－360页。

略与此帖同。是时时事已可知矣，公不以一身祸福易其忧国之心。千载之下，生气凛然，忠臣烈士，所当取法也。"[1] 此《东坡帖》刊刻地点缺考。

汪氏之后，在福州刊行官版的有史浩（1106—1194），于淳熙元年（1174）刻印北宋福清郑侠《西塘先生文集》二十卷。丁丙《善本书室藏书志》卷二十八著录云："遗集乃公之孙嘉正编刊，隆兴二年大资黄祖舜为序。乾道丁亥、淳熙改元侍郎林公、丞相史公先后镂版于九江、福州。"[2]

丁丙所据以著录的底本是明叶向高万历删节本，作十卷，据《四库全书总目》，原本为二十卷。此书刊行者史浩，于乾道九年二月至淳熙元年九月（1173—1174）官福州知州，刊印此书于任上，任期见梁克家《三山志》卷二十二《秩官类三》载。所谓"丞相"，系指其此后曾官至右丞相而言。

其后，在福州刻书的还有朱熹的门人詹体仁。詹体仁（1143—1206），字元善，浦城人。隆兴元年（1163）进士，任江西饶州浮梁尉，经梁克家荐于朝，累官太常侍丞，历浙西常平提举、湖广总领、司农少卿、福州知州等。《宋史》本传载其"颖迈特异，博极群书。少从朱熹学，以存诚慎独为主"。据《三山志·秩官类三》，詹体仁任福州知州的时间为绍熙五年（1194）闰十月至庆元元年（1195）八月。

据詹氏及门弟子真德秀《跋朱文公帖》，詹体仁于庆元初（1195）在福州知州任上曾经重刻朱熹在漳州刊定的四经，即《易经》《书经》《诗经》和《春秋》。真氏跋云：

> 绍熙间文公先生刊定四经于临漳，其后龙图詹公又刻之三山。《易》本古经，《书》《诗》出小序，置卷末，《春秋》不附传。先生既幸教学者俾识经文之旧，至音训亦必反复订正而后已。呜呼！此吾夫子作经之心也。当是时，群邪峥嵘，设为党禁，网天下士，凡先生片文只字，所在毁掷删弃惟恐后，而詹公于此乃始刊先生所定经文于学，不少顾避，其

---

[1]〔宋〕陆游：《渭南文集》卷二十九，《陆放翁全集》（上册），北京：中国书店，1986年，第177页。

[2]〔清〕丁丙：《善本书室藏书志》卷六，清光绪二十七年（1901）钱塘丁氏刊本。

尊闻行知不为祸福所移夺如此，岂易得哉！[1]

据清嘉庆三年（1798）《浦城詹氏族谱》[2]卷十五记载，詹氏知福州时还曾刻印宋罗从彦《尊尧录》七卷《别录》一卷。谱中有《元善公初刻罗从彦先生〈尊尧录〉序》，云："南剑罗豫章先生纂《尊尧录》一书，分为七卷，添《别录》一卷，合四万余言，欲进之黼座，不果。家藏缮本至今，未蒙采择。体仁来守闽，恐其久而散佚也，重加雠校，付诸梓。"

又据该谱，詹氏还刻印其同门学友瓯宁童伯羽《四书集成》三十卷。序云："予友童蜚卿纂《四书集成》三十卷，子朱子称其阐发奥义不遗余力。往岁过敬义乡借缮本读之，逐章逐节逐句逐字，其旨趣一一发明。……夫予与蜚卿年相若，居相近，长而负笈从师在武夷精舍中请业。……乾道乙酉六月偕同志放舟九曲。……书既成，未付诸梓，故人已弃人间事矣。予奉天子命来守长乐，本有采访遗逸之责，矧是书为同人所恳切者耶？爰付剞劂氏，发诸枣梨，俾海内便于传焉，且藉此以黜异说也云尔。"[3]

另据朱熹《晦庵先生朱文公文集》卷八十一《跋郭长阳医书》，詹体仁受朱熹委托，于庆元元年（1195）在福州知州任上刻印此书。这是朱熹及其门人中所刻的极为罕见的医学书籍。《晦庵先生朱文公文集》卷三十四《答吕伯恭（书四十四）》又云："敬夫遗文不曾誊得，俟旦夕略为整次写出，却并寄元本求是正也。詹体仁寄得新刻钦夫《论语》来，比旧本甚不干事。若天假之年，又应不止于此，令人益伤悼也。"[4]则詹氏又曾刻印张栻《论语解》（十卷）一书。

---

[1]〔宋〕真德秀：《西山先生真文忠公文集》卷三十六，《四部丛刊》本，上海：商务印书馆，1929年。

[2]〔清〕詹成等撰修：《浦城詹氏族谱》卷十五，清嘉庆三年（1798）木活字印本，福建省图书馆特藏部存本。

[3]〔清〕詹成等撰修：《浦城詹氏族谱》卷十五，清嘉庆三年（1798）木活字印本，福建省图书馆特藏部存本。

[4]〔宋〕朱熹：《晦庵先生朱文公文集》卷三十四《答吕伯恭》，朱杰人、严佐之、刘永翔主编《朱子全书》第21册，上海：上海古籍出版社、合肥：安徽教育出版社，2002年，第1515页。

詹氏之后，在福州刊行官版的还有朱熹的另一位门人杨复。杨复，字志仁，一字茂才，福安人。长于考索，后人称为信斋先生。真德秀知福州，于郡学辟贵德堂以居之。

杨复曾编刻《仪礼经传通解续纂祭礼》十四卷，宋赵希弁《郡斋读书附志》著录云："右朱文公编集，而丧、祭二礼未就，属之勉斋先生。勉斋既成《丧礼》，而《祭礼》未就，又属之杨信斋。信斋据二先生稿本参以旧闻，定为十四卷，为门八十一。郑逢辰为江西仓，进其本于朝。"[1] 从《皕宋楼藏书志》卷七载杨复刊序可知，杨复刻印此书在绍定辛卯年（1231）。

据《（万历）福安县志》卷七《杨复传》载，杨复刻书的地点在福州府学。此本之外，另编刻了《家礼杂说附注》《仪礼图》《大学中庸口义》《论语问答》《诗经杂说》诸书。《（万历）福安县志》载："受业朱子之门，与黄榦、刘子渊、陈日湖友善。真德秀帅闽，常（尝）创贵德堂于郡学，延其讲学。著《祭礼》十四卷《仪礼图》十四帙、《家礼杂说附注》二卷、《大学中庸口义》、《论语问答》、《诗经杂说》，板存福州府学。门人礼部侍郎李骏、江西提刑郑逢辰上其书，宁宗曰：'尚有远谋，毋嫌仕进，敕正奏状元。'"[2]（按，《仪礼图》应为十七卷，另有《仪礼旁通图》一卷，见《四库全书总目》卷二十著录。）《（民国）福建通志·儒林传》卷二据《道南源委》等所载，称其为"朱子门人，后又受业于黄勉斋"。《县志》所言"板存福州府学"，实际上就是告诉我们，这些刻本均为福州府学刻本，因真德秀延其在府学任教，其著作由府学出资刊刻，故书板保存在府学，可以随时重印。

杨氏之后，在福州府学刻书的有吴燧。吴燧（1200—1264），字茂新，号警斋。先世自晋江迁同安。绍定二年（1229）进士，授从事郎，历任威武军节度推官、惠州推官。因李刘之荐，任福州府学教授。此后，先后历任监察御史兼崇政殿说书、广东提刑、秘书少监兼国史院编修官、殿中侍御史兼侍讲，终礼部侍郎。

[1]〔宋〕晁公武撰，〔宋〕赵希弁考异、附志：《郡斋读书志》卷五（上），《中国历代书目丛刊》第一辑（下），北京：现代出版社，1987年，第822页。

[2]〔明〕陆以载等：《（万历）福安县志》卷七《杨复传》，《日本藏中国罕见地方志丛刊》本，北京：书目文献出版社，1990年，第168页。

据刘克庄所撰《警斋吴侍郎神道碑》[1]，吴燧在福州教授任上，"储学廪之赢，葺庙学，刊《通鉴纲目》。"[按，朱熹《资治通鉴纲目》五十九卷，南宋在福建的刻本有嘉定十二年（1219）真德秀泉州郡斋刻本、有宋末武夷詹光祖刻本，而福州刊本，一向未见著录，刘克庄此文，为此保存了一条重要线索。]吴燧的生平事迹，在清以前的所有省志、府志中均载缺。而在《（民国）福建通志·职官志》卷五中，吴燧任职福州教职则被定在景定初，此并不准确。据刘克庄《警斋吴侍郎神道碑》，吴氏任此职是在绍定二年（1229）擢乙科历威武军推官，丁内艰服阕，又任惠州推官秩满之后，如此，则前后应有十年的时间，故吴燧任福州教授约在嘉熙末（1240）、淳祐初（1241），这便是其刊刻《资治通鉴纲目》的大致时间。

吴氏之后，在福州刊行官版的有福建提刑史季温。史季温，字子威，成都路眉州人，绍定进士。淳祐十年（1250），以朝请大夫官福建提刑，刻印其祖父史容作注的北宋诗人黄庭坚《山谷外集》十七卷。清人莫友芝《宋元旧本书经眼录》卷一著录："史芗室注《山谷外集》十七卷，宋淳祐闽宪刊本，半叶九行，行大小字均十九。"[2]此书今上海图书馆存明覆刻宋淳祐刊本。史容，字公仪，号芗室居士，历官太中大夫。祖孙二人均为黄庭坚诗的崇拜者。史季温本人则有《山谷别集诗注》二卷，今存明弘治九年（1496）陈沛刊与《内集》《外集》合刻本等。史季温刻本之前，《山谷外集》有蜀刻本。据史季温刊跋称"本年蜀板已毁，遗稿幸存，今刻之闽宪治，庶与学者共之"云云。史季温刻本，还有与此书同时同地刊刻的宋赵汝愚辑《国朝诸臣奏议》一百五十卷，行款为半叶十一行，行二十三字，白口，左右双边。北大和国家等图书馆存宋刻元修本。

今福州乌石山霹雳岩下有史季温等题名云："淳祐十年秋先重阳十日（日），眉山史季温，与建张毅然、莆赵时愿会于道山亭，杯茶清话，不减登高之乐。"另据鼓山龙头泉史季温诗刻"上到瑶峰第几重……"诗后文字，史

---

［1］〔宋〕刘克庄：《后村先生大全集》卷一百四十七，《四部丛刊》本，上海：商务印书馆，1929年。

［2］〔清〕莫友芝：《宋元旧本书经眼录》卷一，扬州：江苏广陵古籍刻印社，1987年，第30—31页。

氏于淳祐十一年（1251）由福建提刑"移漕建水"，即升任设司于建安（治所在今福建省建瓯市）的福建转运司提举。文曰："淳祐辛亥立春后一日，移漕建水，挈家游鼓山。……留诗石间以记岁月，眉山史季温子威父书。"[1]

开庆元年（1259）福州府学刻印真德秀《西山先生真文忠公读书记》甲、乙、丙、丁四集，今国家图书馆存元明递修本，仅存甲集三十七卷、乙集二卷、丁集下二十二卷，著录为"福州学宫刻本"。（书影3）按此书乙集上，即真氏撰《大学衍义》四十三卷，今存宋刻元印本。

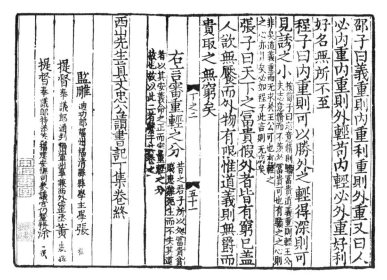

书影3：宋开庆元年福州官刻元修本《西山先生真文忠公读书记》

除以上官刻本之外，南宋时期的福建转运司、提举司也分别刻印了图书多种。对此二司的刻本，今人多误为其刊刻地点是在福州，如谢水顺《福建古代刻书》即将其列入"福州的官刻"[2]，其实，南宋时期二司主要设在建州（治所在今福建省建瓯市），其刻书地点也应在建州，拙著《建阳刻书史》[3]于此有详细论述，故本文略之。

---

［1］ 黄荣春编著：《福州摩崖石刻》，福州：福建美术出版社，1999年，第228页。

［2］ 谢水顺、李珽：《福建古代刻书》，福州：福建人民出版社，1997年，第57—58页。

［3］ 方彦寿：《建阳刻书史》，北京：中国社会出版社，2003年，第56—58页。

宋代福州的私家刻书，除前文讲到的寺院刻书之外，笔者所知仅有徐世昌、郑性之二人而已。

徐世昌生平失考。于绍兴五年（1135）刻印陈襄《古灵先生文集》二十五卷，据本书绍兴三十一年陈辉跋云："徐世昌先刻于闽。重为校正，命仲子晔编次年谱，重刻于赣之郡斋。"据其后的重刊本，知此本有建炎二年（1128）陈公辅跋，绍兴五年李纲序。因原本久佚，其余详情缺考。

郑性之（1172—1254），字信之，又字行之，初名自诚，后改名性之，号毅斋，刘克庄撰《神道碑》、《（万历）福州府志》均作侯官人，《三山志》作闽清人。嘉定元年（1208）状元，历任平江军教授、秘书省正字，出知袁州、赣州、隆兴府和福州，累官知枢密院事兼参知政事。逝世后，刘克庄为撰《神道碑》[1]，《宋史》有传。《朱子实纪》《考亭渊源录》均列为朱子门人。

郑性之于嘉定元年（1208）刻印朱熹《韩文考异》十卷。赵希弁《郡斋读书附志》著录曰："《韩文考异》十卷。右朱文公所定也。以南安《举正》及祥符杭本、嘉祐蜀本、李谢所据馆阁本考其同异，一以文势义理及它书之可证验者决之云。嘉定戊辰（1208）三山郑自诚刻而叙其后。"[2]

郑氏又于绍定己丑（1229）刻印莆田陈均编《皇朝编年纲目备要》三十卷，版式为八行十六字，小字双行二十三字，黑口，四周单边。书前有陈均自序和绍定二年（1229）真德秀、郑性之、林岊三序。陈均（1174—1244），南宋兴化军莆田人，字平甫，号云岩，自号纯斋。高宗、孝宗朝官至尚书右仆射的陈俊卿系其从祖。嘉定七年（1214）陈均随从父陈宓至杭州，入太学为太学生。书仿朱熹《资治通鉴纲目》体例，起建隆，迄建康，记载了北宋一代九朝的历史。此书原名《皇朝编年举要备要》，端平二年（1235）上进时，改"举要"为"纲目"。中国国家图书馆现存宋刻元修本残帙十二卷，题为《九朝编年纲目备要》。

———————

[1]〔宋〕刘克庄：《后村先生大全集》卷一百四十七，《四部丛刊》本，上海：商务印书馆，1929年。

[2]〔宋〕晁公武撰，〔宋〕赵希弁考异、附志：《郡斋读书志》卷五下，《中国历代书目丛刊》第一辑（下），北京：现代出版社，1987年，第843—844页。

三、南宋福州人氏在外地刻书

除了以上所录官私刻本之外，南宋时期还有一些福州人氏因在外地担任官职而刊刻了不少图书。其中：

1. 在江西的刻书

侯官陈辉，字晦叔，陈襄曾孙。绍兴三十一年（1161）二月，以直秘阁、右朝散大夫出知赣州[1]。于本年刻印其祖陈襄《古灵先生文集》二十五卷附末一卷于赣州郡斋。王文进《文禄堂访书记》卷四著录云："宋陈襄撰，宋赣州刻本。半叶十行，行十八字，白口。……绍兴三十一年陈辉跋云：'徐世昌先刻于闽。重为校正，命仲子晔编次年谱，重刻于赣之郡斋。'"[2][按，此集有建炎二年（1128）陈公辅跋，绍兴五年（1135）李纲序。]在赣州，陈辉还刻印了宋司马光《累代历年》二卷。宋陈振孙《直斋书录解题》卷四著录云："即所谓《历代图》也。治平初所进，自威烈王至显德，本为图五卷，历代皆有论。今本，陈辉晦叔刻于赣。为方策，以便观览。而自汉高帝始。"陈辉后又曾历官永州知州，在州学建祭祀周敦颐之濂溪祠。宋张栻《永州州学周先生祠堂记》云："零陵守福唐陈公辉下车之明年，令信民悦，乃思有以发扬前贤遗范，贻诏多士。……就郡学殿宇之东厢辟先生祠。"[3]

长乐朱端章，字号未详。淳熙十年（1183）知南康军，次年于南康郡斋刻印自编本《卫生家宝产科备要》八卷，清钱曾《读书敏求记》卷三著录云："长乐朱端章以所藏诸家产科经验方编成八卷。淳熙甲辰岁刻板南康郡斋，楮墨精好可爱。首列借地、禁草、禁水三法。古人于产妇入月慎重若此，今罕有行之者，亦罕有知之者矣。"[4]此书今中国国家图书馆有原刊本珍藏。据

---

[1]〔宋〕李心传：《建炎以来系年要录》卷一百八十八，《景印文渊阁四库全书》第327册，台北：台湾商务印书馆，1986年，第686页。

[2] 王文进：《文禄堂访书记》卷四，扬州：江苏广陵古籍刻印社，1985年，第23页。

[3]〔宋〕张栻撰，〔宋〕朱熹编《南轩先生文集》卷十，朱杰人、严佐之、刘永翔主编《朱子全书外编》第4册，上海：华东师范大学出版社，2010年，第180页。

[4]〔清〕钱曾：《读书敏求记》卷三，丁瑜点校，北京：书目文献出版社，1984年，第107页。

《宋史·艺文志》著录，朱端章另有《卫生家宝小儿方》二卷、《卫生家宝方》六卷。据淳熙十一年南康金判徐安国《卫生家宝方序》称，朱氏认为"问民疾苦，州刺史事也"，故于暇日召其，以方书数编示之云："此书传自先世，或经手录，无虑百方。世莫得睹，将广，……锓诸板"[1]。由此可知，上述诸书实际上是同时刊行于南康，只是后二种已久佚不存。朱端章的生平，史志所载甚少，仅见于清毛德琦《白鹿洞书院志》卷四《先献》载："朱端章，淳熙癸卯知南康军。置洞学田七百余亩，以赡四方之来学者。"

闽县黄榦（1152—1221），字直卿，号勉斋。朱熹高弟，次女婿。曾历新淦知县、汉阳知军、安庆知府等职，所至多有惠政。今存《勉斋集》。《宋史》卷四百三十有传。黄榦子孙后定居建阳，今存《潭溪书院黄氏族谱》。黄榦于嘉定二年（1209）在江西临川学宫刻印朱熹《元亨利贞说》一篇、《损益象说》一卷。跋云："损益之义大矣，圣人独有取于'惩忿窒欲''迁善改过'，何哉？正心修身者，学问之大端，而齐家治国平天下之本也。古之学者无一念不在身心之中，后之学者无一念不在身心之外，此贤愚所由分而圣人之所为深戒也。晦庵先生《二象》以授学徒江君孚先，所警于后学者至矣。孚先以示其同学，黄榦三复敬玩，刻之临川县学以勉同志，庶亦知所以自警哉！嘉定己巳莫春望日敬书。"[2]

2. 在湖南的刻书

长乐辛敩，于隆兴元年（1163）官湖南道州知州，刻印宋寇准《寇忠愍公诗集》三卷。寇准晚年被贬谪，出为道州司马，刊刻此集，乃表彰先贤之意。此书前有宣和五年（1123）前守王次翁刻本，因年代久远，"字之漫灭者，复且过半"，辛敩在"政事之余，取而阅之，深恐浸以失真，复命校正鸠工一新"[3]。

福清孙德舆，字行之。嘉定元年（1208）进士第二人。嘉定十一年官湖

---

[1]（日）丹波元胤编：《中国医籍考》卷四十八，北京：人民卫生出版社，1956年，第625—626页。

[2]〔宋〕黄榦：《书晦庵先生所书〈损益大象〉》，《勉斋先生黄文肃公文集》卷二十，《北京图书馆古籍珍本丛刊》本，北京：书目文献出版社，1988年，第511页。

[3]〔清〕陆心源：《皕宋楼藏书志》卷七十二，《续修四库全书》第929册，上海：上海古籍出版社，2002年，第137—139页。

南衡州知州时，编纂并刻印《衡州图经》三卷。宋陈振孙《直斋书录解题》卷八著录：“郡守三山孙德舆行之撰。嘉定戊寅刊。”《三山志》卷三十一《人物类六》：“孙德舆，榜眼。字行之，福清人。父晞父，弟礼舆。官至江西提刑。特旨一子恩泽。”[1]

3. 在浙江的刻书

三山黄唐，字信厚，又字雍甫。闽清人。淳熙四年（1177）太学两优释褐第一人，授承务郎、太学录，兼修国史。先后历任校书郎、秘书郎、著作佐郎、著作郎。淳熙十六年出为南康知军。绍熙二年（1191）以朝请郎提举两浙东路茶盐常平公事。庆元初为考功郎中兼实录院检讨官，时韩侂胄为父诚乞作谥，由黄唐复议，以不附权势而弃官归。其行实，见载于《南宋馆阁续录》卷八，传载《（弘治）八闽通志》卷六十三、《闽书》卷七十六、《（民国）闽清县志》卷六。

绍熙三年（1192），黄唐在提举两浙东路任上，曾主持刊刻唐孔颖达《毛诗正义》和《礼记正义》二书。《毛诗正义》已久无存本。《礼记正义》七十卷，唐孔颖达撰，则刊印于绍熙三年，今上海、北大和国家图书馆存宋元递修本。此本卷末有黄唐跋文云：“六经疏义自京监蜀本皆省正文及注，又篇章散乱，览者病焉。本司旧刊《易》《书》《周礼》正经注疏，萃见一书，便于披绎，它经独阙。绍熙辛亥（1191）仲冬，唐备员司庾，遂取《毛诗》《礼记》疏义，如前三经编汇，精加雠正，用锓诸木，庶广前人之所未备。乃若《春秋》一经，顾力未暇，姑以贻同志云。壬子（1192）秋八月三山黄唐谨识。”此书北大藏本有李盛铎跋，称“此刻为《礼记》注、疏合刻第一祖本，又为海内第一孤本”[2]。

4. 在广东的刻书

怀安赵师恕，字季仁，号岩溪翁。曾从学于朱熹，后复从黄榦学。嘉泰元年（1201）官广东潮阳尉，刻印朱熹《大学章句》，黄榦为之作序，题为

---

［1］〔宋〕梁克家纂：《淳熙三山志》，陈叔侗校注，北京：方志出版社，2003年，第514页。

［2］〔清〕李盛铎著，张玉范整理：《木犀轩藏书题记及书录》，北京：北京大学出版社，1985年，第49页。

《书晦庵先生正本〈大学〉》。[1] 嘉定九年（1216）官浙江余杭令，又刻印朱熹《家礼》一书，黄榦又为之撰《书晦庵先生〈家礼〉》一文。[2] 赵师恕在余杭令时，又行乡饮酒礼。据《勉斋年谱》，嘉定十三年五月，"门人赵师恕率乡党朋友习乡饮酒仪于补山，先生（黄榦）以上僎临之"。故黄榦又于其年六月有《赵季仁习乡饮酒仪序》一文。则赵氏实为一位重视以古礼来移易民俗的学者，故黄榦于其人有"宦不达而忘其贫，今不合而志于古"[3] 的评价。

　　闽县曾噩（1167—1226），字子肃。绍熙四年（1193）进士。宝庆元年（1225），任广南东路转运判官时，重刻蜀人郭知达所编九家注《杜工部诗集注》三十六卷。宋陈振孙《直斋书录解题》卷十九著录称："蜀人郭知达所集九家注。世有称东坡《杜诗故事》者，随事造文，一一牵合，而皆不言其所自出。且其辞气首末若出一口，盖妄人依托以欺乱流俗者，书坊辄剿入《集注》中，殊败人意，此本独削去之。福清曾噩子肃刻板五羊漕司，最为善本。"顾广圻《百宋一廛赋注》所谓"九家注杜，宝庆漕镂。自有连城，蚀甚勿嫌"，指的

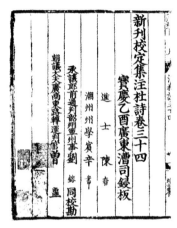

书影4：曾噩子肃五羊漕司刻本《杜工部诗集注》

就是这个刻本。此刻本传世有残帙二部。一为陆心源皕宋楼旧藏六卷，清末流落日本，为静嘉堂所得；一为瞿氏铁琴铜剑楼故物，共31卷，缺卷十九、卷二五、二六、三五、三六，以抄本补全。据瞿氏著录，"每卷后有'宝庆乙酉广东漕司镂板'一行。……字体端劲，雕镂精善，尤宋板之最佳者"。此书现存单位不详。中华书局1982年8月曾据此本影印出版，所据底本系张元济

　　[1] 〔宋〕黄榦：《勉斋先生黄文肃公文集》卷二十，《北京图书馆古籍珍本丛刊》本，北京：书目文献出版社，1988年，第510页。

　　[2] 〔宋〕黄榦：《勉斋先生黄文肃公文集》卷二十，《北京图书馆古籍珍本丛刊》本，北京：书目文献出版社，1988年，第513页。

　　[3] 〔宋〕黄榦：《勉斋先生黄文肃公文集》卷十九，《北京图书馆古籍珍本丛刊》本，北京：书目文献出版社，1988年，第508页。

先生于 20 世纪 30 年代据瞿氏藏本所制铅皮板复制（书影 4）。

曾噩的籍贯，陈振孙《直斋书录解题》作福清人，凌迪知《万姓统谱》、陆心源《仪顾堂续跋》作闽县人。查历代《福清县志》，无曾噩的记载，而《三山志·人物类六》《（万历）福州府志·选举志》"绍熙四年癸丑陈亮榜"条下均载其为闽县人。《三山志》称其为"植之子，终大里寺正、广东漕"。父曾植，字元幹，乾道二年（1166）进士。志中亦载为闽县人。此外，在《杜工部诗集注》曾噩自撰序中，文末署"宝庆元年重九日义溪曾噩子肃谨序"，义溪在今福建闽侯青口镇，王应山《闽都记》卷十三《郡东南闽县胜迹》载昭格庙、绿榕桥等，均"在义溪之东"。由此可知，曾噩乃闽县义溪人。

再考陆心源《仪顾堂续跋》称曾氏为闽县人的依据，乃据宋莆田人陈宓《复斋集》所载，陆氏《宋史翼》卷二十二转载甚详。移录于后：

> 曾噩，字子肃，福州闽县人，癸丑登第。筮尉瑞州，再转监行在惠民局。时权臣用事，噩恬于下位。开禧丙寅（1206）兵兴，费倍，摄封桩库，感慨献箴，大书于壁，辞警而切，寓意讽谏，识者题之。改宣教郎知泉州晋江县。嘉定乙亥（1215）改监左藏东库。……求外补，出刺潮州。茸学宫，重建韩昌黎、赵忠定之祠，民听翕然。斥兴利之说，蠲坊场之逋，摧敛之亡艺者。如近城三十里之市征，海阳女户丁米之类，一切革去。听断精明，吏不容欺。人有以死罪诬诉，噩察其情，不为急追，未几果获，人皆叹噩之明。潮俗以人命同货贿，犯重辟者，惟赂乡保邑胥，十无一闻于郡，杀人不复死，视以为常。武断横行，冤气莫伸，噩力革之。自是人不滥死。朝嘉治最，擢将漕本道。宝庆二年（1226）三月终，年六十。噩七岁能属文，有"江吞天上月"之句。自少至老，未尝一日废卷。有《义溪集》十卷、《班史录》二十卷、《通鉴节要》十三卷、《诸子要语》《左氏辨疑》等书。[1]

---

[1] 〔清〕陆心源辑撰：《宋史翼》卷二十二，北京：中华书局，1991 年，第 232 页。

5. 在江苏的刻书

福清郑元清，是郑侠的玄孙，于嘉定三年（1210）在建康府刻印郑侠《西塘先生文集》二十卷。丁丙《善本书室藏书志》卷二十八在著录"乾道丁亥、淳熙改元侍郎林公、丞相史公先后镂板于九江、福州"之后，又说"迨嘉定庚午元孙提领建康府赡军酒库元清复为镂之"。

6. 在广西的刻书

侯官陈孔硕，字肤仲，号北山。淳熙二年（1175）进士，历官邵武知县、赣州知州、提举淮东常平、广西运判、中大夫秘阁修撰等职。淳熙十四年前后，从学朱熹于武夷精舍。著作有《中庸大学解》《北山集》，以及医书《伤寒泻痢要方》一卷。[1] 传见明朱衡《道南源委》卷三、《（康熙）福建通志》卷四十四。

嘉定二年（1209），陈孔硕在广西，曾以建阳书坊刻本为底本将晋王叔和《脉经》十卷刊行于漕司。其自序云："嘉定己巳岁，京城疫，朝旨会孔硕董诸医，治方药，以拯民病。因从医学，求得《脉经》。复传阁本，校之与予前后所见者，同一建本也。……因取所录建本《脉经》，略改误文，写以大字，刊之广西漕司。庶几学者知有本原云。"[2]

笔者为何要将在外地刻书的福州人氏也在此详加介绍？这是因为见到一些图书目录和相关文章往往将这些书籍也归入福州刻书的名下，且不加任何说明，这就容易产生以讹传讹，妨碍对福州本土刻书业的正确认识和评价。其中最典型的莫过于"三山黄唐"，从1979年福建师大方品光先生编《福建版本资料汇编》，到20世纪90年代末的《福建古代刻书》，甚至直至今日的一些著述中，均将其刻本错归为福州所刊。福州人在外地刻书，虽然与福州文化的传播有密切关系，但那仍然属于外地刻书的范畴。在此特别提及，是为了提醒今人，要注意将闽人在外地刻书与福州本地刻书区别开来，而不是有意无意地加以混淆，从而影响对福州刻书的正确评价。通过以上的梳理，

---

[1] 〔宋〕陈振孙：《直斋书录解题》卷十三，《中国历代书目丛刊》第一辑，北京：现代出版社，1987年，第1366页。

[2] （日）丹波元胤编：《中国医籍考》卷十七，北京：人民卫生出版社，1956年，第190页。

我们可以看出南宋时期有不少仕宦在外的福州人氏曾在江西、湖南、浙江、广东、江苏和广西等地刻书，这就将福建的刻书从版本、内容、形式到版刻技艺等方面，与南方各省区的刻书形成了交流与融合的各种可能，从而促进了南方各省刻书业的共同发展。这是有别于此前学术界普遍将闽人在外地刻书与福州本地刻书混为一谈的研究结论。

（原载《闽江学院学报》2014 年第 3 期）

南宋泉州官私刻书考述

在中国刻书史上，南宋时期的福建刻书占有极其重要的地位。以刻本性质而言，建阳的坊刻，福州、泉州、莆田、漳州等地的官刻和私家刻书，共同构成了其时福建刻书的繁荣局面。

由于宋元时期泉州作为对外贸易的重要港口，人口集中，商业繁荣，表现在刻书业上，就是其刻书规模和数量反而不如闽北建阳这样的山区县。为什么会出现这种现象？这是因为，图书的生产以原材料（木料、纸墨等）为主，原材料丰富、价廉之处往往就是书坊云集之地，建阳就是这样的地方。而泉州其时作为国际大都市，其图书贸易则远较建阳为胜。也就是说，建阳等地生产的图书，有很大一部分是从泉州销往海外的。这一特点，表现在刻书业上，就是泉州的坊刻并不发达。我们今天所能知道的南宋泉州书坊刻书堂号，仅有"泉州提举市舶司东吴阿老书籍铺"一家，传世的刻本只是一部被傅增湘先生称为假冒"泉州提举市舶司东吴阿老书籍铺印"的《王状元集百家注分类东坡先生诗》。[1] 书坊刻书，要以与其没有多大关系的"泉州提举市舶司"来标榜，说明其时的泉州书坊并不发达，基本上还处于对官府的依附阶段。

著名的中国印刷史专家张秀民先生对泉州刻书有一评价，认为南宋时期的泉州刻书"为诸州冠也"[2]。这个评价与上文所说是否不太一致？其实，张秀民先生是从南宋时期泉州的官刻这一角度而言的，而笔者则是从坊刻这一角度作此结论的，二者并不矛盾。也就是说，使泉州成为南宋刻书"诸州之冠"的，应归功于其时在泉州任职的地方官员，他们刻印的图书，有的是

---

[1] 傅增湘：《藏园群书经眼录》卷十三，北京：中华书局，1983 年，第 1168 页。

[2] 张秀民：《宋孝宗时代刻书述略》，《张秀民印刷史论文集》，北京：印刷工业出版社，1988 年，第 101 页。

官刻本，有的是私家刻本而不是坊刻本。其刻本性质，究竟是官刻本还是私刻本，必须从资金所出是官帑还是私资来加以判断，不可一概而论，而将其都归之于官刻之列。

由于此前对泉州刻书的研究成果不多，所见者大多只是停留在对泉州古代一部分刻书目录的初步整理上，笔者认为，一切学术观点和历史结论，都必须从原始的历史资料中归纳和总结出来，也必须与历史资料相吻合，而不是相反，有鉴于此，故笔者撰此文，将南宋时期泉州的官私刻本，以刊刻者为基本线索，逐一加以分析和考述如下，以期对南宋时期的泉州刻书有一相对比较准确地认识和把握。

韩仲通

韩仲通，字号里籍未详。南宋绍兴间，曾历官明州知州、建康府知府等职。乾道元年（1165）知泉州，次年刻印宋孔传辑《孔氏六帖》三十卷于府学。后人著录为"泉南郡斋刻本"，版式为半叶十二行，行十八、九字，小字二十八字，白口，左右双边。今国家图书馆仅存原刊本一卷、台北故宫博物院存不全本二十九卷（书影1）。两处相加，正为一部完书。

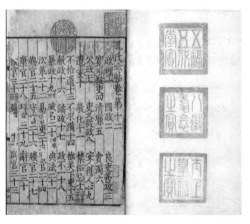

书影1：宋泉南郡斋刻本《孔氏六帖》

在政治上，韩仲通阿附秦桧，陷害忠良，毫无可取。宋李心传《建炎以来系年要录》卷一百八十八、《宋史》卷三百八十三《陈俊卿传》均载：（绍兴三十一年三月）"庚子，殿中侍御史陈俊卿言：'敷文阁直学士知建康府韩仲通起于法家，专务刻薄。顷岁周旋刑寺十余年，阿附故相，以三尺济其喜怒。起大狱，杀无辜，不可胜数。故相之亡，偶以忧去，因得漏网。汤思退秉政，以其同出秦氏之门，特引援之。其在建康，以公库馈遗，旁午秦门，殆无虚日。'……诏仲通落职放罢。"[1] 据此，韩仲通知泉州，是在此次放罢数年后，又东山再起之时。

王十朋·蒋雝

王十朋（1112—1171），字龟龄，号梅溪。宋温州乐清人。绍兴二十七年（1157）状元。《宋史》有传。乾道四年（1168）知泉州，"下车会七邑令饮，作一绝云：'九重天子爱民深，令尹宜怀恻隐心。今日黄堂一杯酒，使君端为庶民斟。'于是割俸钱创贡闱，布上恩恤民。隐士之贤者诣门，以礼致之。朔望会诸生学宫讲经。修姜公辅之墓，立秦系之祠，复韩琦忠献、蔡襄安静二堂。僚属间有不善，反复告诫，使之自新。……去之日老穉攀留越境以送，思之如父母焉。后以龙图阁直学士致仕。州人建梅溪祠祀之。朱熹称十朋疏畅洞达，如青天白日磊落君子也。"[2]

王十朋在泉州，曾将先贤蔡襄《蔡忠惠集》三十六卷刻版印行，时在乾道五年（1169）。宋陈振孙《直斋书录解题》卷十七著录此书云："端明殿学士忠惠莆田蔡襄君谟撰。近世始刻于泉州。王十朋龟龄为之序。余尝官莆，至其居，去城三里。荔子号'玉堂红'者，正在其处。"《四库全书总目》卷一百五十二则称："乾道四年王十朋出知泉州，已求其本而不得。后属知兴化军钟离松访得其书，重编为三十六卷，与教授蒋雝校正锓板，乃复行于世。"王十朋自序云："乾道四年冬，得郡温陵，道出莆田，望公故居，徘徊顾叹而不忍去。……求其遗文，则郡与学皆无之，可谓缺典矣！于是移书兴化守钟离君松、傅君自得，访于故家，而得其善本。教授蒋君雝，与公同邑而深慕其为人，手校正之，锓板于郡庠。得古律诗三百七十、奏议六十四、杂文五百八十四，而以《四贤一不肖诗》置诸卷首，与奏议之切直旧所不载者悉编

---

[1] 〔宋〕李心传：《建炎以来系年要录》卷一百八十八，上海：上海古籍出版社，1992年，第684页。

[2] 〔清〕黄任等：《（乾隆）泉州府志·名宦传》卷二十九，泉州方志委影印清乾隆刊本，1984年。

之，比他集为最全。"[1] 按，王十朋、蒋雝原刻本今已不存，今国家图书馆存一南宋刻本乃据其本重刊，为此书现存的最早刻本。

与王十朋合刻此书的泉州教授蒋雝，字元肃，宋仙游人。绍兴二十一年（1151）进士。泉州教授之后，又历官江阴知军、通州知州。生平事迹见载于明何乔远《闽书》卷一百一十三、《（乾隆）泉州府志》卷二十九《名宦》、《（民国）福建通志·文苑传》卷四。明朱衡《道南源委》卷二载其"援笔数千言，与林谦之辈十人，称莆阳十先生，又称南夫子。教授泉州，常（尝）撰《时政十议》，王十朋见而叹曰：'经世之文也。'著有《朴斋文稿》"。

彭椿年·陈应行

彭椿年，字大老，宋黄岩（治所在今浙江省台州市黄岩区）人。绍兴二十七年（1157）进士。淳熙间任泉州市舶司提举。陈应行，字季陵，宋建安（治所在今福建省建瓯市）人。淳熙二年（1175）进士，七年（1180）任泉州州学教授。二人于淳熙八年在泉州州学合作刻印宋程大昌《禹贡论》二卷《后论》一卷

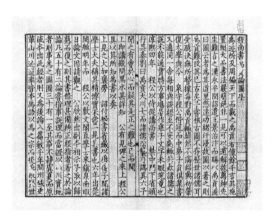

书影 2：宋泉州州学刻本《禹贡论》

《山川地理图》二卷，国家图书馆存原刊本（书影 2）。张秀民先生《宋孝宗时代刻书述略》云："彭椿年、陈应行刻程大昌《禹贡论》《后论》《禹贡山川地理图》（淳八）于郡斋，至出公帑十五万以佐其费，可见泉郡之富足，宜其刻书为诸州冠也。"[2]

---

[1]〔宋〕王十朋：《梅溪王先生文集·后集》卷二十七，《四部丛刊》本，上海：商务印书馆，1929 年。

[2] 张秀民：《宋孝宗时代刻书述略》，《张秀民印刷史论文集》，北京：印刷工业出版社，1988 年，第 101 页。

同年，陈应行又刻印宋程大昌《演繁录》十六卷、《续演繁录》六卷。清沈德寿《抱经楼藏书志》卷四十二载陈应行刊版跋云："应行庚子夏分教温陵，始得其禹贡图论……久之，乃出其所录二书曰《考古编》、曰《演繁露》，乃密请以归，披读展玩，旷若发蒙。始叹曰：人之有不决者，得其书，岂不大有开明乎？即亟命缮写，锓木以传，与天下之疑者为蓍龟，亦一快也。淳熙辛丑季秋朔日迪功郎充泉州州学教授陈应行谨跋。"九年（1182）刻印宋司马光《潜虚》一卷、宋张敦实《潜虚发微论》一卷。清钱曾《读书敏求记》卷三著录云："淳熙中，陈应行苦此书建阳书肆本脱略不可读，邵武本舛词多阙。从文正公曾孙得家藏稿本，附以张氏《发微论》校刊之，洵称完善矣。"张钧衡《适园藏书志》卷七录陈应行刊跋云："司马文正公《潜虚》，应行尝恨建阳书肆所刊脱略至多，几不可读。……亲得公家传善本，舛辞悉备，复以张氏《发微论》附之……应行再拜以请曰：'愿广其传以惠学者。'公曰：'是吾志也。'遂以邵武旧本参稽互考，刻之郡庠，使人人得见全书，抑何幸耶？淳熙壬寅孟冬朔日迪功郎充泉州州学教授陈应行谨跋。"以上几种刻本均刊刻于泉州州学。前二书的作者程大昌（1123—1195），字泰之，宋休宁人。绍兴中试馆职为秘书省正字，历官权吏部尚书。淳熙七年知泉州，有惠政，府志列入名宦。朱熹《答程泰之（大昌）》书二云："熹昨闻《禹贡》之书已有奏篇，转借累年，乃得其全，犹恨绘事易差，间有难考究处。近乃得温陵印本，披图按说，如指诸掌，幸甚幸甚！"[1]所言"温陵印本"即陈应行泉州刻本。

彭椿年之名，见载于《（乾隆）泉州府志》卷二十六《职官志》"提举市舶司"条下。《（万历）黄岩县志》卷六《人物志下》载，彭椿年初授蕲春知县，复任国子监主簿，迁枢密院编修，后"历知处州、太常丞、吏部郎中，再领成均。黜浮崇雅，文风一变。以秘阁修撰致仕，赐三品服，除右文殿修撰。有《杂稿》藏于家"[2]。传中唯独缺其在泉州的宦绩，可知他在泉州的

---

[1]〔宋〕朱熹：《晦庵先生朱文公文集》卷三十七，《四部丛刊》本，上海：商务印书馆，1929年。

[2]〔明〕袁就祺等：《（万历）黄岩县志》卷六，《天一阁藏明代方志选刊》本，上海：上海古籍书店，1963年。

任职时间不长，此应为其后的几种刻本均为陈应行刊行，而不是两人继续合作的原因。

陈应行的生平，泉州与建安的志书上均无传，宋陈振孙《直斋书录解题》卷十四载其所编有《杜诗六帖》十八卷。著录云："建安陈应行季陵撰。用《白氏》门类，编类杜诗语。"知其字季陵，曾以白居易所编《白氏六帖》的体例编纂杜诗。《（民国）建瓯县志》卷十《选举志》载："陈应行，特奏名。是年（淳熙二年）进士。"

胡大正

胡大正，字伯诚，宋崇安人（治所在今福建省武夷山市），名儒胡宏之子，胡寅从子。淳熙九年（1182）官泉州通判，于泉州中和堂刻印宋胡寅《读史管见》八十卷，为此书第一刻本。清陆心源《仪顾堂题跋》卷五著录："每页二十四行，行二十二字，版心有字数。据大正序，淳熙以前无刊本，至大正官温陵始刊于州治之中和堂，乃此书初刊本也。"

《（嘉靖）建宁府志·选举志》载："胡大正，字伯诚。乃季父郊恩补官。再调南康军司法。史浩、刘珙荐其贤明清介，改秩金判泉州。剧贼逼漳州甚急，泉为邻郡。忽近郊有荷斧者四五十人，兵捕以闻。时郡政尚勇决，同幕希意请肆诸城下，大正不肯。书牍曰：'贼欲破城，乃无戎装、攻具、长兵耶？'询之，果采山菌者，皆释之。崇安人。"《（乾隆）泉州府志·胡大正传》所载与此略同。

此书撰者胡寅（1098—1156），字明仲，号致堂，胡安国长子，宣和三年（1121）进士，官至礼部侍郎。《宋史》有传。此书成于南宋绍兴二十五年（1155）。"乃其谪居之时读司马光《资治通鉴》而作。"[1]

司马伋

司马伋（1119—1186），字季思。本司马光族人，因司马光无后，建炎间

---

[1]〔清〕永瑢等：《四库全书总目》卷八十九，北京：中华书局，1965年，第757页。

以其族人为曾孙，司马伋入选。绍兴十五年（1145）任浙东安抚司干办，见载于《建炎以来系年要录》卷一百四十五。绍兴末，曾任括苍通判。陆游《老学庵笔记》卷八载："绍兴末，谢景思守括苍，司马季思佐之，皆名伋。刘季高以书与景思曰：'公作守，司马九作倅，想郡事皆如律令也。'闻者绝倒。"洪迈《容斋随笔》卷四又载其于乾道九年（1173）历广州知州。

淳熙十年（1183），司马伋历官泉州知州，在任上曾以宋绍兴二年（1132）刘峤刻本为底本，重刊宋司马光文集，题为《司马太师温国文正公传家集》八十卷。此书刻印于泉州公使库，故通常均著录为泉州公使库刻本。黄丕烈《士礼居藏书题跋记》卷五著录云："及观周香严所藏旧钞本，亦为卷八十，而标题则曰：'司马太师温国文正公传家集'，卷末有'泉州公使库印书局淳熙十年内印造到'云云。又有嘉定甲申金华应谦之、并有门生文林郎差充武冈军军学教授陈冠两跋，皆云公裔孙出泉本重刊，是《传家》又（有）重刊本矣。"

《（民国）福建通志·金石志》卷十有"司马伋等九日山题名""司马伋莲华峰题名"摩崖石刻两则，地点均在今南安市，均题为郡守司马伋，由此可知司马伋任泉州"郡守"的准确时间，正与刊刻此集的时间吻合。

李大有

李大有，字景温，宋邵武人。李纲之孙。庆元五年（1199）进士。嘉定二年（1209）官福建路提举市舶司干办时，刻印其祖《梁溪先生集》八十卷。因市舶司在泉州，故此本为泉州刊本，也是此书的第一刊本。

李纲作为两宋之际积极领导抗金的著名大臣，在其逝世后的六十多年中，其文集居然一直没有问世，其子孙自然心急如焚。李大有在此刊本的跋语中，就通过叙述本书的编刻过程表达了这样一种心情。他说："大父生平有作，皆楷笔属稿，书问亦然。……顾甍谢距今七十载，独子孙宝藏，外无传者，它文或有可逭，此书则实与国史相表里，其可不广诸世以图不朽哉！淳熙末年，先子常（尝）缮写投进，并高宗为元帅时所赐大父手书墨本。孝宗嘉叹，亟命宣索宸翰真迹。……然在广内所储，不到人间也。先子方隐居，每恨无力刊行大父遗文，而于此书尤切。大有钦承遗旨，食□痛心。充员胴幪，适帑藏室匮，两肤使先后极□□盟，鸠工锓木，太守今春宫章公尚书、郡□□□赵德甫皆助其费，而尚书章公又幸□□为之跋，以垂信增重于天下。经营涉岁，工始告成，久閟而传，非偶然也。……嘉定二年五月既望，孙修职郎差充福建路提举市舶司干办公事大有谨书。"助资李大有并为此书作跋的章公是时任泉州知州的章颖，和时任推官的赵德甫。表明此书并非动用官帑的官刻本，而是敬仰李纲的官员们集资而成的私刻本。

《三山志》卷三十一《人物类六》载："李大有，字景温，纲之孙，夔之曾孙，经之侄孙，终奉议郎。"

陈 宓

陈宓，字师夏，宋莆田人，丞相陈俊卿四子。少与其兄守、定同学于朱熹。长，又从黄榦游。《宋元学案·沧洲诸儒学案》《考亭渊源录》均列为朱子门人。陈宓以父荫历监泉州南安盐税，历知安溪、南康军，与诸生讲论于白鹿洞书院。改知南剑州，建延平书院，仿《白鹿洞书院学规》以教诸生。著有《论语注义问答》《续资治通鉴》《唐史赘疣》诸书。传见《宋史》卷四百八。

《（乾隆）安溪县志》卷十《古迹》载："印书局，在县治琴堂之右。（旧）志载：陈宓刊《司马温公书仪》《唐人诗选》……等书。今废。"

据该志卷五《职官志》，陈宓任安溪知县，是在嘉定三年（1210）。

杨 楫

杨楫（1142—1213），字通老，号悦堂，宋长溪（治所在今福建省霞浦县）人。朱熹门人。历官莆田尉、司农寺簿，除国子博士，后出任湖南提刑、江西运判，有《悦堂文集》。传载《道南源委》卷二。

杨楫于嘉定四年（1211）在同安郡斋刻印宋朱熹《楚辞集注》一书。今尚存《辩证》二卷，原为傅增湘氏所珍藏，现存台湾图书馆。被傅氏誉为

"字体秀劲,是闽版之最佳者"。傅氏《藏园群书经眼录》卷十二录杨楫刊跋云:"庆元乙卯,楫自长溪往侍先生于考亭之精舍,时朝廷治党人方急,丞相赵公谪死于道,先生忧时之意屡形于色。忽一日出示学者以所释《楚辞》一编,楫退而思之,先生平居教学者首以《大学》《语》《孟》《中庸》四书,次而六经,又次而史传,至于秦汉以后词章特余论及之耳,乃独为《楚辞》解释,其义何也?然先生终不言,楫辈亦不敢窃有请焉。岁在己巳,忝属胄监,与先生嗣子将作簿同朝,因得录而藏之。今以属广文游君参校而刊于同安郡斋。嘉定四年七月朔日,门人长乐杨楫谨述。"

周 珒

周珒,字德辅,宋弋阳人。嘉定九年(1216)任安溪知县。《(乾隆)安溪县志·宦绩志》载:"涖官政教兼举。当时以珒与赵彦侯皆继陈宓而治,为立祠并祀焉。"

又据该书卷十《古迹》载:"印书局,在县治琴堂之右。(旧)志载:'陈宓刊《司马温公书仪》《唐人诗选》;周珒刊《西山仁政类编》《安溪县志》《竹溪先生奏议》《庚戌星历封事集录》《宋书》《后村先生江西诗选》《张忠献陈复斋修禊序》《文房四友》《王欧书诀》等书。'今废。"

真德秀

真德秀(1178—1235),字实夫,改字景元、希元,号西山,宋浦城人。庆元五年(1199)进士。历官江东转运副使,知泉州、福州、潭州,礼部侍郎、参知政事等。师事詹体仁,为朱熹再传。学术上,被誉为"西山之望,直继晦翁"[1]。庆元党禁后,为朱学的复盛出力尤多。著有《四书集编》《大学衍义》《西山文集》等。传见《宋史》卷四百三十七。

据宋赵希弁《郡斋读书附志》卷五上,真德秀在泉州刻印朱熹《资治通

---

[1]〔清〕黄宗羲原著、全祖望补修:《宋元学案·西山真氏学案》全祖望语,陈金生、梁运华点校,北京:中华书局,1986年,第2695页。

鉴纲目》五十九卷《序例》一卷。乃"真德秀刻于泉南，陈孔硕、李方子叙其后。……希弁又尝参以泉本校其去取之不同"。又据宋陈振孙《直斋书录解题》卷四著录："此书尝刻于温陵，别其纲谓之提要。今板在监中。"温陵乃泉州别称，此处指的就是真德秀泉州刊本。此本陈孔硕序说得明白："温陵守真侯得是书而校雠之，刊于郡斋，使知春秋而为史学者有考焉。刊成属孔硕书其后。荒附晚学，岂敢与于斯文？辞不获，命窃所闻如此。嘉定己卯仲夏陈孔硕谨书。"表明此本刊成于嘉定十二年（1219）。按，此本八行十七字，小字双行同，左右双边。入元，书板移存西湖书院，明初复移南雍，明代仍有据此版印刷者。

同年（1219），真德秀刊行于泉州的刻本还有宋王十朋《梅溪续集》。真氏序云："庆元中，某窃第来归，乡之儒先杨君明远出一编曰《南游集》以示某曰：'此永嘉詹事王公（十朋）之所作也。'某时尚少，未悉公行事本末，然尝诵晦庵先生所为《梅溪集序》，则已知公为一代正人矣。及得此编，益加卿慕。……嘉定丁丑蒙恩假守，获继公躅于四十七年之后。邦人父老语及公者必感激涕零。莣夫牧儿亦知有所谓王侍郎也。公何以获此于人哉？蔽之以一言，曰诚而已矣。……集版藏之郡斋，岁久浸或剜缺，属议刊整。而郡士林君彬为之某言，公劝农戒讼等文犹有未见于集者，而公之孙夔通守莆中，亦出公书问三十余通，皆在泉时作。前辈流风日以益远，虽弄翰戏墨，犹当勤勤收拾，而况蔼然仁义之言皆有补于世教者乎！因并刻之，命曰《梅溪续集》，使来者得以览观焉。己卯九月己亥建安真某记。"[1]

本年真德秀在泉刻印的图书还有唐欧阳詹《欧阳四门集》，亦见真氏自序云："《欧阳四门集》，锓版郡斋有年矣。嘉定己卯，郡士林彬之为余言，四门之文之行，昌黎韩公盖亟称之。……乃刊二君之文如彬之请。又附其说如此，庶几有补于万一云。九月庚子建安真某书。"[2]

除了在泉州刻书之外，真德秀在其他地方也刊刻了一些书籍。如《直斋

[1]〔宋〕真德秀：《西山先生真文忠公文集》卷三十四，《四部丛刊》本，上海：商务书馆，1929年。

[2]〔宋〕真德秀：《西山先生真文忠公文集》卷三十四，《四部丛刊》本，上海：商务书馆，1929年。

书录解题》卷五著录："《刘忠肃救荒录》五卷，王居仁撰。（记）淳熙乙未，枢密刘珙共父帅江东救荒本末。嘉定乙亥，真景元刻之漕司，以配富郑公《青社》之编，而以刘公行状、谥议附录于后。"嘉定乙亥（1215）真德秀任江东转运副使，时蝗灾、旱灾侵袭，广德、太平一带尤甚。真氏刻印此书，实为济时扶危之用。

另据宋黄榦《勉斋集》卷六《复李公晦书》："真丈所刊《近思》《小学》，皆已得之，《后语》亦得拜读。先《近思》而后四子，却不见朱先生有此语。陈安卿所谓'近思，四子之阶梯'亦不知何所据而云。"指的是真德秀刻印的朱熹《近思录》《小学》诸书。此二书的刊刻地点，还有待考证。

诸葛珏

诸葛珏，宋南安人。曾从学于朱熹高弟漳州陈淳，为刻其书。《（乾隆）泉州府志》卷四十六《宋·循绩》载："诸葛直清，字子严，南安人。廷瑞子，以父任，历海口镇、主管南外睦宗院，知海阳县。……子珏、琰。珏为番禺令，始创黉宫，历官韶州通判，为陈北溪门人，刻北溪《〈大学〉〈中庸〉衍义》。"

除了以上诸位在泉刻书者外，还有一些泉州人在外地刻书。在此特别提及的目的，是为了便于今人将此与泉州刻书区别开来。如林洪，字龙发，号可山，宋泉州人，淳熙二年（1175）特奏名。著作有《山家清供》《西湖衣钵集》等。元韦居安《梅涧诗话》卷中载曰："泉南林洪，字龙发，号可山，肄业杭泮，粗有诗名。理宗朝，上书言事，自称为和靖七世孙，冒杭贯取乡荐。刊中兴以来诸公诗，号《大雅复古集》，亦以己作附于后。"[1]

在外地刻书最有名的是北宋的泉州商人徐戬。徐本为海商，因私下受高丽国（朝鲜半岛古国）的委托，在杭州雕造《华严经》2900多片，竣工后用海船运往高丽，徐得到酬银高达3000两。由于此事完全是徐戬个人的私下交易，事先未奏准官方同意，违反了当时的图书管理条例和外交政策，被杭州

---

[1] 丁福保辑：《历代诗话续编》（中），北京：中华书局，1983年，第568页。

知州苏东坡知悉后，一纸奏状，徐戬被"特送千里外州、军编管"。[1]

简短的结语

以上对南宋泉州的 13 位官私刻书家所刊刻的图书，以及刻本的存佚，刻书家的生平等基本情况作了简要的分析和考证。这 13 位刻书家中，除诸葛珏外，其余 12 位均为外地人士在泉州任职的官员。他们所刻印的图书，除李大有刻印的《梁溪先生集》之外，其余均为官刻本。这与本文开头所说的南宋时期"泉州的坊刻并不发达""使泉州成为南宋刻书'诸州之冠'的，应归功于其时在泉州任职的地方官员"的结论是相符的。当然，由于条件所限，对南宋时期泉州刻书资料的掌握可能还会有少量遗漏之处，但在此可以负责任地说一句，即使将遗漏的部分补充完整，也难以撼动以上的这些结论。

（原载《泉州师范学院学报》2007 年第 3 期）

---

[1]〔宋〕苏轼：《苏东坡全集·奏议集》卷八《乞禁商旅过外国状》、卷六《论高丽进奉状》，北京：中国书店，1986 年，第 493—494 页、468 页。

两宋莆田官私刻书考述

莆田市，宋代为兴化军，领莆田、仙游、兴化三县。军治所原设在兴化，寻移莆田。兴化军是蔡襄、郑樵、刘克庄等著名历史文化名人的故乡，文化底蕴深厚，藏书名家甲于全闽，闻名于世，素有"文献名邦"的美誉。由于此前对兴化莆田刻书的研究成果不多，所见者大多只是停留在对莆田古代一部分刻书目录的初步整理上，且存在较多错误，从中反映出来的问题，已经影响到了今人对莆田甚至是福建刻书的基本认识或评价。故笔者撰此文，将两宋时期的莆田官私刻本，以刊刻者为基本线索，逐一加以分析和考述，以期对两宋时期的莆田刻书能有一相对比较准确地认识和把握。

一、北宋时期莆田刻书

北宋时期福建的刻书史料，最著名的是福州寺院的刊刻大藏，除此之外，私家刻书，即使在福建全省也并不多见，莆田所知，仅蔡襄一人。

蔡襄（1012—1067），字君谟，宋仙游人。北宋天圣八年（1030）进士，知谏院，支持庆历新政。其后历官福州知州、福建路转运使、开封知府等，在各地多有惠政。治平四年（1067），以端明殿学士知杭州，去世后，赠吏部侍郎，加赠少师，谥忠惠，欧阳修为作《端明殿学士蔡公墓志铭》。传载《宋史》卷三百二十。

蔡襄是北宋一代名臣，书法四大家之一，诗文清健。他曾于北宋嘉祐年间（1056—1063）在仙游刻印自撰《荔枝谱》一卷、欧阳修撰《洛阳牡丹记》一卷。宋陈振孙《直斋书录解题》卷十著录云："《荔枝谱》一卷。端明殿学士莆田蔡襄君谟撰，且书而刻之，与《牡丹记》并行。闽无佳石，以板刊，岁久地又湿，皆蠹朽，至今犹藏其家，而字多不完，可惜也。"《四库全书总目》卷一百一十五著录蔡襄《荔枝谱》云："是编为闽中荔枝而作，尝手写刻之，今尚有墨版传于世。"故此本为蔡襄手书上板的写刻本。同卷又著录欧阳修《洛阳牡丹记》云："蔡襄尝书而刻之于家，以拓本遗修。"按，此言拓本，不准确，应为印本。

蔡襄所撰的《荔枝谱》是我国也是世界现存最早的荔枝专著，成书于嘉祐四年（1059）。遗憾的是，这个由作者自撰，且手书上板的珍贵自刻本，并没有流传下来。上引《四库全书总目》所说"今尚有墨版传于世"并非蔡襄手书原刻本。尽管如此，蔡襄刊刻的《荔枝谱》和《洛阳牡丹记》二书，作为见于文献著录的福建最早的家刻本，以及已知最早的名家写刻本，在福建的刻书史、出版史上，仍有其重要的意义。

在此顺带指出，福建已知最早的拓本书纪录，也是蔡襄创造的。他于北宋治平元年（1064）在建州（治所在今福建省建瓯市）漕治，曾小楷手书《茶录》，并刻之于石。由于蔡襄是北宋著名的书法四大家之一，故此石刻拓本，流传到后世，后人视同手书真迹，珍贵异常。明万历间，此石版曾在建安（治所在今福建省建瓯市）出土。著名藏书家徐𤊹有跋文记录了这一史实。跋文见载于《红雨楼题跋》卷一。此拓本《茶录》，今上海图书馆有存本，据馆藏介绍，乃宋拓孤本，其价值又高于上文所说的明出土重拓本。

二、南宋时期莆田刻书

南宋时期的莆田刻书，以朱熹的弟子方壬开其端。

方壬（1147—1196），字若水，宋莆田人，方耒（耕道）从弟。淳熙十四年（1187）进士，曾任长泰主簿。刘克庄《后村居士大全集》卷一百五十一有其《墓志铭》。《宋元学案·沧洲诸儒学案》列其为朱子门人。

据朱熹《书伊川先生与方道辅帖后》一文，方壬曾刻印其所藏伊川程氏与其祖方道辅书帖于家，时在绍熙元年（1190）。

赵师侠，字介之，宋新淦（治所在今江西省新干县）人。淳熙二年（1175）进士，官江华郡丞。宋燕王赵德昭第七代孙，宣城侯赵从谨第五代孙，世系见载于《宋史》卷二百一十八《表九·宫室世系四》。

赵师侠曾在兴化军辑刻《西铭集解》一卷。宋陈振孙《直斋书录解题》卷九著录："张载作《订顽》《砭愚》二铭，后更曰《〈东〉〈西〉铭》，其《西铭》即《订顽》也。大抵发明理一分殊之旨。有赵师侠者，集吕大临、胡安国、张九成、朱熹四家之说为一编，刻之兴化军。"赵师侠有词集《坦庵长短句》，今存《宋六十家词》本。唐圭章《全宋词》收其词 150 多首。其中写于莆田的有《满江红·壬子秋社莆中赋桃花》《柳梢青·壬子莆阳壶山阁》《汉宫春·壬子莆中鹿鸣宴》《厅前柳·莆中酬献白湖灵惠妃三首》等十余首。词题中的"壬子"，应为绍熙三年（1192），此应即赵氏辑刻《西铭集解》的时间。至于赵氏何以会在兴化军刊行此书，最大的可能性是其时赵氏在兴化军担任某职，而被地方志书漏列。《四库总目提要》在评价赵氏词作时，曾对他的宦迹作了如下推测："其宦游所及，系以甲子，见于各词注中者，尚可指数。大约始于丁亥而终于丁巳。其地为益阳、豫章、柳州、宜春、信丰、潇湘、衡阳、莆中、长沙，其资阶则不可详考矣。"其中所谓莆中，就是莆田。

林瑑（1158—1229），字景良，宋福清人。淳熙十一年（1184）与兄璟、环同登进士。历任鄂州教授、江西转运司干办，开禧末任吏部架阁。嘉定初除国子正、诸王宫大小学教授，改国子博士，出知兴化军。传载刘克庄《直秘阁林公墓志铭》《直秘阁林公行状》。[1]

林瑑于嘉定七年（1214）在兴化军刻印时人莆田李俊甫（幼杰）撰《莆阳比事》七卷，为此书最早刻本。清陆心源《皕宋楼藏书志》卷三十四著录一明刊本，转录林瑑跋曰："仆至郡之三月，李君幼杰来访，出其书一编，阅之，《莆阳比事纲目》也。其言才千有余，其事上下千百年间，可法可劝可喜可愕，无所不有。于是嘉其工，叹其勤也。命工就录全帙，延访儒生往复订正，凡逾年而书始成，乃锓木以传后。……嘉定甲戌四月下澣玉融林瑑书于儒雅堂。"在此，顺便纠正一个错误。方品光《福建版本资料汇编》将林瑑误为"林瑑书"[2]，乃据林氏跋文"林瑑书于儒雅堂"断句失误而来。这个错

---

[1] 〔宋〕刘克庄：《后村先生大全集》卷一百四十九、卷一百六十六，《四部丛刊》本，上海：商务印书馆，1929 年。

[2] 方品光：《福建版本资料汇编》，福建师范大学图书馆，1979 年铅印本，第 50 页。

误，在《福建古代刻书》中也可以见到[1]。

郑可复，字彦修，宋仙游人。嘉定七年（1214）进士，官东阳尉。"县人乔行简方处要路，族党恃势挠法，可复屹然守正，行简深器之。官至朝奉郎。性俭朴，无他嗜好，俸余悉市书籍，手自编校，晚年积至数千卷。尝修《尔雅》及刊《戴氏礼》。"[2] 郑氏所刊《戴氏礼》久佚，刊刻地点无考，以其在外居官仅一任，时间不长，故其在本地刊行的可能性更大。

刘克庄（1187—1269），字潜夫，号后村居士，宋莆田人，真德秀门人。嘉定二年（1209）以荫补官。宝庆元年（1225）至绍定元年（1228）知建阳县事。传见清陆心源《宋史翼》卷二十九、《（民国）兴化府莆田县志》卷二十二《文苑传》。其弟刘克永，字子修，亦博学能诗，"与克庄共为诗商榷于所谓西斋者二十余年，克庄自谓不如克永之精。汤伯纪见克永所作，叹曰：'是于诗外用功者。'"传见《（民国）福建通志·文苑传》卷四。

刘克庄与其弟克永在莆田曾同刊其父刘弥正《退斋遗稿》于家塾。自序云："先君平生为文最多。……此直先君泰山一毫芒耳。然已失者不可追，仅存者尚可传也。……时逊、刚二弟皆已逝，乃与季弟克永刻之家塾，以示子孙。"[3] 除莆田外，刘克庄还曾先后在番禺、建阳、泉州和临安等地有刻书。笔者有《江湖诗人宰建溪》[4]、《刘克庄与建阳书坊》二文[5]，于此有详细论述，此不赘述。

张友，宋毗陵（治所在今江苏省常州市）人。《（弘治）八闽通志》卷三十九《名宦志》载其小传，略云："嘉熙中知兴化军，修学校，割废刹田租三百斛以佐学廪，郡人德之。绘其像于学宫祀焉。"

嘉熙间（1237—1240），张友在兴化知军任上刻印邑人林光朝《艾轩集》二十卷。刘克庄《艾轩集序》云："外孙方之泰访求裒拾，汇为二十卷，……

---

[1] 谢水顺、李珽：《福建古代刻书》，福州：福建人民出版社，1997年，第158页。

[2] 〔明〕何乔远编撰：《闽书》卷一百十三，厦门大学古籍整理研究所、历史系古籍整理研究室《闽书》校点组校点，福州：福建人民出版社，1995年，第3398—3399页。

[3] 〔宋〕刘克庄：《后村先生大全集》卷一百七，《四部丛刊》本，上海：商务印书馆，1929年。

[4] 《闽北日报》1993年11月2日。

[5] 《出版广场》2002年第2期。

东阳范侯镕欲锓梓，会迫上印，不克。毗陵张侯友乃绪而成之。余二大父实率乡人以事先生者也。序非通家子弟责乎？敬不敢辞。"又刻印其祖父户部尚书张俦斋撰《张尚书集》若干卷，亦刘克庄撰序，称"故户部尚书俦斋张公盖当时亲擢之一也。公之学授于家庭，又所交皆天下贤俊，而仕当朝廷极盛之时，故其诗冲澹和平，可荐之郊庙。……莆田使君，公之孙也。……既修泮宫，刊《艾轩集》，乃取家集而并传焉"[1]。

宋遇，宋眉山人。宝祐间（1253—1258）知兴化，刻印宋邑人刘夙、刘朔兄弟二人《遗文》十卷《附录》五卷《史记考异》五卷。刘克庄《二大父遗文跋》云："右二大父《遗文》十卷《附录》五卷《史记考异》五卷，太守监丞眉山宋公之所刊也。公下车尚贤而崇教，既新三先生祠，复谓某曰：'吾将求君家隆（兴）、乾（道）间谏草遗文，使与艾轩之书并行。……贤太守既自题其编矣，某敬识其传后。"[2]

林希逸（1194—?），字肃翁，号竹溪，又号鬳斋。宋福清人。端平二年（1235）进士，历官平海军节度推官、秘书省正字、兴化军知军。景定四年（1263）任司农少卿，终直秘阁、中书舍人。著有《易讲》《春秋正附篇》《鬳斋三子口义》《考工记解》《竹溪十一稿》等书。

林希逸于淳祐八年（1248）知兴化军，次年，曾刻印其好友刘克庄撰《后村居士集》前集五十卷于郡斋（军学）。他在咸淳六年（1270）为《后村先生大全集》一书作序云："后村先生以文章名当世，初集本未刊时，四方之士随所得争传录之，而见者恨未广也。予戊申（1248）备数守莆，方得前集刊之郡庠，于时纸价倍常。"[3]据此序，此当为《后村集》的最早刊本。这个刻本，清叶德辉《书林清话》著录为"莆田郡斋"刻本。张秀民先生《中国印刷史》则著录为"刘克庄《后村居士集》，林希逸莆田郡斋刻，淳祐九

---

[1] 刘克庄此二序均载《后村先生大全集》卷九十四，《四部丛刊》本，上海：商务印书馆，1929年。

[2]〔宋〕刘克庄：《后村先生大全集》卷一百七，《四部丛刊》本，上海：商务印书馆，1929年。

[3]〔宋〕刘克庄：《后村先生大全集》卷首，《四部丛刊》本，上海：商务印书馆，1929年。

年，小黑口，大字黄纸十册。又一部中字小黑口，白纸十六册。今存。"[1]

据张伯行重编本《道南源委》卷二《林希逸传》，林希逸在兴化军，还曾刻印《三先生集》。传云："（希逸）师事陈公藻。藻之学出于林学可；学可出于林谦之，授受有源。……历知兴化军，首诏学者云：'自南渡后，洛学中微。朱张未起，以经行倡东南，使知圣贤心不在训诂，皆自莆南夫子始。'初疑汉儒不达性命，洛学大好文辞，使知性与天道不在文章外者，自福清两夫子始。因立三先生祠，并锓其文以传。"另据《（乾隆）福清县志》卷十三《人物志》，林氏所锓之文，名《三先生集》。三先生者，其一乃莆田林光朝（1114—1178），字谦之，号艾轩，时号"南夫子"。其集名《艾轩集》，现存最早刻本为明正德莆田郑岳刻本，共九卷，另有附录一卷。其二为福清林亦之，字学可，其集名《网山集》，共八卷。其三是福清陈藻，字元洁，号东轩，其集名《乐轩集》，亦为八卷，现存也是清抄本。数人均为南宋闽中理学家，其授受源流，已见于上文《道南源委》所言，另别见于《宋元学案·艾轩学案》。

俞来，括苍（即丽水）人。宋淳祐间（1241—1252）任兴化军教授，刻印郡人刘弥邵《易稿》一书。刘克庄《季父〈易稿〉序》云："季父《易稿》之所为作也。初，余为建阳令，季父访余县斋，因质《易》疑于蔡隐伯静。后二十余年而书成，大旨由朱、程以求周、孔，由周、孔以求羲文。……季父名弥邵，字寿翁，中岁弃科举，闭门著书。动必由礼行义。为乡先生，家贫，食于学。晚舍去，并学俸却之。太守眉山杨侯栋、郡博士括苍俞君来即学，……后杨侯使本道，又论荐于朝，不报。卒年八十二。俞君乃取昔所却俸为刊《易稿》，而授简其犹子克庄序之。"[2] 首倡刊印此书而未果的太守杨栋，字元极，宋眉州青城（治所在今四川省都江堰市）人。

徐直谅，宋信州上饶人，事迹罕见记载。明黄仲昭《八闽通志》卷四十五《学校志》涵江书院条下有以下寥寥数语："景定四年（1263），知军徐直谅奏请院额，理宗御书'涵江书院'四大字赐之。"其父徐元杰，字仁伯，绍

［1］张秀民：《中国印刷史》，上海：上海人民出版社，1989 年，第 134 页。

［2］〔宋〕刘克庄：《后村先生大全集》卷九十五，《四部丛刊》本，上海：商务印书馆，1929 年。

定五年（1232）状元，累官国子祭酒、权中书舍人，拜工部侍郎。曾从学于浦城真德秀。在朝侃直敢言，不避权贵。其时史嵩之当权，徐元杰攻之甚力，以暴疾而卒。时人皆以为系权奸毒杀，为之呼冤者有之。景定二年（1261），徐直谅官兴化军时，将其父所著《楳埜集》二十五卷刊行于世。[1] 后历久失传，清乾隆间修《四库全书》，馆臣从《永乐大典》中辑出，编为十二卷。

林元复，字号未详，宋长乐（治所在今福建省福州市长乐区）人。清周中孚《郑堂读书记》卷三十六称林元复系林慎思十四世孙，其父名永，字茂林。《闽书》卷七十七《英旧志》载林元复为宋宝祐四年（1256）进士。

林元复于宋咸淳九年（1273）在莆田县学刻印林慎思撰《伸蒙子》三卷。清沈德寿《抱经楼藏书志》卷三十二著录咸淳九年莆田刘希仁后跋云："唐水部郎中林虔中著《伸蒙子》三卷，时咸通六年也。……公之孙名元复分教于莆，始锓梓于泮，人始得而尽见之。"《郑堂读书记》云："是书采前世君臣事迹，设为问答，以辨治乱之道。书成而筮得蒙之观，因以号其书曰《伸蒙子》。凡《槐里辨》三篇，《泽国纪》三篇，《时喻》二篇。每篇又各分章，凡四十章。大都愤时湛思，比物驰辨，文骤先秦，意师孟氏。与其所作《续孟子》同一醇正之书也。"[2]

王庚，字景长，宋泉州人。诸志书均无王庚小传。《（乾隆）泉州府志》卷三十三《选举志》载一王庚为惠安人，乾道二年（1166）进士。惠安宋属泉州，籍贯相合，然时间不对，故知南宋时泉州有二王庚，前后时间相差百年。唐圭璋先生编《全宋词》有"官教授"的王庚《贺新郎·寿蔡久轩参政，癸丑生》一首[3]，乃为庆建阳蔡杭（号久轩，1193—1259）六十寿辰而作。此词作于宝祐元年（1253），从时间上看，此王庚乃字景长的王庚无疑。

王庚于咸淳间（1265—1274）任兴化军教授，又在兴化郡学刊刻宋朱熹《周易本义》十二卷和宋真德秀《文章正宗》二十四卷。刘克庄作《郡学刊〈文章正宗〉跋》云："莆泮他书差备。今君（郡）文学王君谓朱先生《易本

---

[1] 〔清〕永瑢等：《四库全书总目》卷一百六十四，北京：中华书局，1965 年，第 1404 页。

[2] 〔清〕周中孚：《郑堂读书记》卷三十六，上海：商务印书馆，1940 年，第 672 页。

[3] 唐圭璋编：《全宋词》第 4 册，北京：中华书局，1992 年，第 2958 页。

义》精于理者也；谓真先生此书邃于文者也。既刻《本义》，遂及《正宗》，或虑费无所出，君命学职丁南一、郑岩会学廪，量出入得赢钱六十七万，而二十四卷者亦毕工。吾里藏书多善本，游泮多英才。傍考互校，它日莆本当优于广越矣。世固有亲登二先生之门，执经北面，师在则崇饰虚敬，托此身于青云；师死则捐弃素学，束其书于高阁者。君妙年，前不及朱，后不及真，而尊敬二先生之心拳拳如此，岂不甚贤矣哉！"[1]

陈森，宋宝庆三年（1227）官莆田教官，将郡守楼昉所编《崇文古诀》二十卷刻印于郡学。清丁丙《善本书室藏书志》卷三十八乃据明刊本著录，故作三十五卷，已非宋刻原帙。丁氏著录称，"前有宝庆丁亥延平姚瑶序称，四明楼公假守莆邦，积其平时苦学之力，紬绎古作，抽其关键，以惠后学。广文陈君锓梓以传"。

除以上所录之外，另据宋洪迈《容斋随笔》记载，南宋中叶兴化军学还曾刻印五代王仁裕《开元天宝遗事》一卷。洪迈将此书斥为"绝可笑"的"浅妄书"，认为"近岁兴化军学刊《遗事》，南剑州学刊《散录》，皆可毁"。南宋莆田地区还曾刻印从莆田迁居吴县（治所在今江苏省苏州市区）的方惟深撰《方秘校集》十卷，见宋陈振孙《直斋书录解题》卷二十著录，具体刊刻者不明。

在外地刻书的莆田人

为何要将在外地刻书的莆田人也在此加以介绍？这是因为笔者常见到一些图书目录和相关文章往往将这些书籍也归入莆田刻书的名下，且不加任何说明，这就容易产生以讹传讹，妨碍对莆田本土刻书业的正确认识和评价。莆田人在外地刻书，虽然与莆田文化的传播有密切关系，但那是属于外地刻书的范畴，故有必要在此一述。

蔡洸，字子平，宋仙游人，蔡伸之子。宋孝宗即位，以户部郎总领淮东军马钱粮，知镇江府。《宋史》卷三百九十本传载其"以荫补将仕郎，中法

---

[1]〔宋〕刘克庄：《后村先生大全集》卷一百六，《四部丛刊》本，上海：商务印书馆，1929年。

科，除大理评事，迁寺丞，出知吉州，召为刑部郎"。《宋史》所载不纪年月，《闽书》《福建通志》则载蔡洸在孝宗即位之时，"以户部郎总领淮东军马钱粮，知镇江府"[1]，由此可见，蔡洸官刑部郎时，约在孝宗即位之前的绍兴末（约1161—1162）。

约于绍兴末（1161—1162），蔡洸刻印其曾祖撰《莆阳居士蔡公文集》三十卷，为此书三十卷本的最早刻本。宋赵希弁《郡斋读书附志》著录云："右蔡忠惠公襄字君谟之文也。《读书志》止载《蔡君谟集》十七卷，希弁所藏三十卷，乃公之曾孙刑部郎洸所刊者。陈参政骙序。"考蔡氏世系，蔡襄的曾孙只有名"洸"而无名"洗"者（《闽书》卷一百一十三《英旧志·蔡襄传》之后，以及《莆阳文献·蔡襄家世》[2]于蔡襄以下数代均有详细记载），故赵氏所录，当为笔形相近之误。赵氏所录此刊本无具体年月，上文已考证蔡洸官刑部郎，约在孝宗即位之前的绍兴末，这也是蔡洸刊刻其祖文集的大致年份。蔡洸此刊本久佚。根据以上史料，均无法判定此书的刊刻地点。但据蔡洸的生平，则可以肯定，此书不在莆田刊刻，而是在外地，或是在其居住地雪川（在今浙江省湖州市），或在临安（治所在今浙江省杭州市）。何以知之？一是上揭《莆阳文献·蔡襄家世》下文还有蔡洸"居雪川"的记载，二是其官刑部郎，任职地点是在临安。

方崧卿（1135—1194），字季申，宋莆田人。隆兴元年（1163）进士，历官上饶知县、明州通判、南安知军、吉州知州、京西转运判官等职。淳熙十六年（1189）在南安军（治所在今江西省大余县），刻印唐韩愈《昌黎集》四十卷，以及后人所编的《外集》一卷《附录》五卷《年谱》一卷《举正》十卷《外抄》八卷。其中，《年谱》一卷，洪兴祖撰；《举正》十卷，方崧卿撰。宋陈振孙《直斋书录解题》卷十六著录云："莆田方崧卿增考，且撰《举正》以校其同异，而刻之南安军。《外集》但据嘉祐蜀本刘煜所录二十五篇，而附以石刻。"后来朱熹作《韩文考异》，对方本有一基本的评价。他说："此集今世本多不同，惟近岁南安军所刊方氏校定本，号为精善。别有《举正》

---

[1] 陈衍等：《（民国）福建通志·列传·宋》，1938年刊本，叶29B。
[2] 〔宋〕蔡襄著，〔明〕徐𤊹等编：《蔡襄集》，吴以宁点校，上海：上海古籍出版社，1996年，第938页。

十卷，论其所以去取之意，又他本之所无也。"[1]《四库全书总目》卷一百五十著录说："自朱子因崧卿是书作《韩文考异》，盛名所掩，原本遂微。越及元、明，几希泯灭。此本纸墨精好，内桓字阙笔，避钦宗讳。敦字全书不避光宗讳。盖即淳熙旧刻，越五百载而幸存者。殆亦其精神刻苦，足以自传，故若有呵护其间，非人力所能抑遏欤？"由此可知，此本在乾隆年间尚存，其后亡佚，仅方氏所撰《举正》十卷，今我国台湾"中央"图书馆存影抄宋淳熙刻本（有《外集举正》一卷《叙录》一卷）。《（民国）兴化府莆田县志》卷二十四本传载："崧卿自治严，接人和。所得禄赐半为抄书之费。家藏书四万卷，皆手自校雠。尝校正《韩昌黎文集》，又谱其经行次第为《韩诗编年》，凡十五卷，刻南安郡斋。"《（万历）重修南安府志》卷十七《宦绩志》载方崧卿："又与教授许开修《南安军志》十卷《拾遗》一卷，俱刊。"在此须特别说明的是，方崧卿刻书所在南安军，地点在今江西，而不是如有的专著上所说的今福建省南安市。[2]

另据宋赵希弁《郡斋读书附志》载，方崧卿又曾刊宋欧阳修《欧阳公集古录跋尾》六卷《拾遗》一卷。著录云："右周益公跋，方崧卿所刊。虽非石刻，亦真迹也，故附于法帖之后。"另据明何乔远《闽书》卷一百六本传，方氏南安军任满后，移知吉州，"作六一堂祀欧阳文忠，搜遗墨八卷刻其中"。此即赵希弁录《欧阳公集古录跋尾》一书的刊刻地点，卷帙当以赵录为准。

方壬，生平事迹见前揭。《宋元学案·沧洲诸儒学案》载："淳熙中，游太学，往返建安，必造谒朱子，至必留月余。擢第漳州长泰簿。时朱子为守，辟先生主学。条上讲说、课试、差补等十事，朱子令诸邑仿之。每见民间疾苦，悉别白为朱子言之。后朱子召还，出《大学章句》，俾刊示学者。"此言朱熹于绍熙元年（1190）任漳州知州时，方壬为其属县长泰县的主簿，故刊刻此书的地点应在长泰。

黄沃，字号未详，宋莆田人。绍兴八年（1138）状元黄公度之子，唐御史黄滔之九世孙。曾历官永丰知县、邵州知州。著有《澹斋漫稿》。

---

[1]〔宋〕朱熹：《晦庵先生朱文公文集》卷七十六《书韩文考异前》，《四部丛刊》本，上海：商务印书馆，1929年。

[2] 谢水顺、李珽：《福建古代刻书》，福州：福建人民出版社，1997年，第153页。

淳熙三年（1176）黄沃官永丰时，搜集、整理其祖黄滔之逸作，请杨万里作序。庆元二年（1196）知邵州，将此书刊行于世，又请洪迈为序。这两个刻本均为《黄御史集》十卷《附录》一卷明崇祯刊本的祖本。《四库全书总目》卷一百五十一著录云："此本卷首有杨万里及谢谔序。万里序谓滔裔孙永丰君自言此集久逸，其父考功公始得之，仅四卷而已。其后永丰君又得诗文五卷于吕夏卿家。……编为十卷。是为淳熙初刻。"但此淳熙初刻，据万曼《唐集叙录·黄御史集》考证，刊刻者并非黄沃，而是永丰二曾（曾时杰、曾希说）。黄沃刊本，则刻印于庆元二年黄氏官邵州知州之时。考杨万里和谢谔二序，均提到"永丰之士有曾时杰与其犹子晞说者，得此书又欣然刻印"，结合上下文可知，淳熙初刻本是黄沃出资，而委托永丰二曾刊行，故说黄沃永丰刊本与万曼先生之说并不矛盾。

庆元二年（1196），黄沃还刻了其父黄公度《知稼翁集》十一卷。《四库全书总目》卷一百五十八所说"《书录解题》载《公度集》十一卷。卷端洪迈序称，公度既没，其嗣子知邵州沃收拾手泽，汇次为十有一卷。卷末载有沃跋，亦称故箧所存，涂乙之余，才十一卷，均与陈氏所载合"。但不知为什么，遍查陈振孙原书，却并无四库馆臣所说的《公度集》之著录。馆臣据以著录的底本是明天启四年（1624）裔孙黄崇翰所刊二卷本，此本卷首有洪迈庆元二年序。

黄汝嘉，字号未详，宋莆田人。淳熙五年（1178）进士，庆元间（1195—1200）为豫章郡学教授，刻印图书甚多，其中最有名的是丛刻本《江西诗派》，刊行于庆元五年（1199），所存有二。一为宋吕本中《东莱先生诗集》二十卷《外集》三卷，中国国家图书馆有残帙六卷。著录为"宋庆元五年黄汝嘉刻江西诗派本。十行二十字，白口，左右双边"[1]。傅增湘《藏园群书题记》有跋。二为宋饶节《倚松老人诗集》三卷，王文进《文禄堂访书记》卷四著录。今上海图书馆存卷二残页，末有"庆元己未校官黄汝嘉重刊"一行。有袁克文题诗题识并跋、李盛铎、傅增湘跋。见于著录的有宋黄庭坚《山谷别集》二卷，宋陈振孙《直斋书录解题》卷二十著录云："《别集》者，

---

[1] 北京图书馆编：《北京图书馆善本书目·集部》，北京：书目文献出版社，1987年，第2176页。

庆元中莆田黄汝嘉增刻。"庆元五年，刻印宋晁冲之《贝茨晁先生诗集》一卷，清瞿镛《铁琴铜剑楼藏书目录》卷二十著录明重刊宋本云："卷末有'庆元己未校官黄汝嘉刊'一行，诗凡一百六十七首。"同年，刻印宋晁说之《晁氏儒言》一卷，清陆心源《皕宋楼藏书志》卷三十九著录；又刊宋晁迥《道院集要》三卷，《增订四库简明目录标注》卷十四著录；又修补重印宋胡安国《春秋传》三十卷，王文进《文禄堂访书记》卷一著录，此书庆元己未（1199）莆田黄汝嘉修补刘珙刻本识语云："右文定胡公《春秋传》三十卷，发明经旨，当与三家并行。乾道四年（1168）忠肃刘公出镇豫章（按，指刘珙出任江西安抚使），锓木郡斋，以惠后学，岁久磨灭，读者病之。汝嘉备员公教，辄请归于学官（宫），命工刊修。会公之曾孙绎庀职民曹，因以家传旧稿重加是正，始为善本，工迄造成，识岁月于卷末。"今北京大学图书馆有乾道四年刻庆元五年黄汝嘉修补本。

黄汝嘉刻书虽多，但均在其任豫章郡学教授之时，所刻书为江西本，而非莆田本。方品光将黄汝嘉在江西所刊《春秋传》《晁氏儒言》《山谷别集》《倚松老人诗集》《东莱先生诗集》《贝茨晁先生诗集》全部误为莆田刻本。[1]谢水顺也说："《东莱诗集》20卷，宋吕本中撰，乾道二年刻于吴郡，黄汝嘉于庆元五年重刻于莆中，北京图书馆存有残本六卷。"[2]实有纠正之必要。

郑寅，字子敬，郑侨子，郑樵从孙，宋莆田人。撰有《郑氏书目》七卷。陈振孙官莆田，曾过录其藏书。郑寅又著有《中兴纶言集》二十八卷。陈振孙称其"端重博洽，藏书数万卷。于本朝典故尤熟"。其事迹，见载于《（弘治）八闽通志》卷七十一、《闽书》卷七十八《英旧志》，以及《（民国）兴化府莆田县志》卷十七《人物志》。

据宋赵希弁《郡斋读书附志》卷五上著录，郑寅曾在庐陵刻印宋吕本中《东莱吕紫微杂说》一卷《师友杂说》一卷《诗话》一卷。另据宋陈振孙《直斋书录解题》卷十八著录，郑寅官吉州守时，又刻印宋周必大《周益公集》二百卷《年谱》一卷《附录》一卷。略云："郑子敬守吉，募工人印得之。余在莆田借录为全书，然犹漫其数十处。"然而，陈豪《试论莆田古代刻书业》

［1］　方品光：《福建版本资料汇编》，福建师范大学图书馆，1979年铅印本，第4页。
［2］　谢水顺、李珽：《福建古代刻书》，福州：福建人民出版社，1997年，第158页。

一文却说"《周益公集》亦是宋末郑寅在城内书仓刻印的",这与陈振孙的著录不合。

许兴裔,字号未详,宋莆田人。嘉定十四年（1221）任严陵（即严州,治所在今浙江省桐庐县）郡守,刻印宋赵彦肃《复斋易说》六卷。清于敏中等撰《天禄琳琅书目》卷四著录:"宋赵彦肃撰。六卷。前载彦肃行实,后宋喻仲可、许兴裔二跋。……书后彦肃门人喻仲可跋云:'公卒后二十有六年,郡太守许公取是书刊焉。'又许兴裔跋云:'余假守严陵,属喻君校勘,刊置公之祠堂,与志学者共之。'跋后纪年为嘉定辛巳,按辛巳系宋宁宗十四年。"从文中"假守严陵"可知,许兴裔刻印《复斋易说》,是在他担任严陵郡守之时。而方品光《福建版本资料汇编》据清丁丙《善本书室藏书志》卷一中的著录"朱子寓书嘉其用意精密,而嘉定辛巳,门人喻仲可识以传之。郡守莆阳许兴裔刊而跋之",并据"莆阳为莆田旧称",从而断定此书为莆田许兴裔刻本。[1]《福建古代刻书》也据此说:"宋嘉定十四年（1221）,莆阳（莆阳为莆田旧称）许兴裔刻宋赵彦肃《复斋易说》6卷。"[2]其实,丁氏在此据说的"莆阳"乃许氏的籍贯,而非此书的刊刻地点,"郡守"才是辨析此书刊行地的关键,因其时,许氏是本书作者赵彦肃的家乡严州的郡守,刊刻此书,乃为表彰当地名贤,使其著作得以流传,将此外地刻本列入莆田刻本,显然欠妥。

方之泰,字严仲,宋莆田人,方壬之孙。绍定五年（1232）进士。"历英德府教授,用中州法课试,陋士变习。方大琮为闽漕,辟幕府,与洪天锡、徐明叔号幕中三贤。迁知长溪县,以邑前辈杨楫、杨复及师儒黄榦并祠,汰庠序冗职,增子弟员,蠲民间取例钱。终袁州通判。"[3]

方之泰曾在鄱阳刻印其外祖林光朝《艾轩集》二十卷,《四库全书总目》卷一百五十九叙此书源流云:"其外孙方之泰搜求遗逸,辑为二十卷,刻于鄱

---

　[1]　方品光:《福建版本资料汇编》,福建师范大学图书馆,1979年铅印本,第18页。

　[2]　谢水顺、李珽:《福建古代刻书》,福州:福建人民出版社,1997年,第158页。

　[3]　〔明〕何乔远编撰:《闽书》卷一百六,厦门大学古籍整理研究所、历史系古籍整理研究室《闽书》校点组校点,福州:福建人民出版社,1995年,第3192页;《兴化府莆田县志》卷二十四,民国十五年（1926）补刊本。

阳，刘克庄序之。"此说有误，刘克庄的序原载《后村先生大全集》卷九十四，文中说："外孙方之泰访求裒拾，汇为二十卷，……东阳范侯镕欲锓梓，会迫上印，不克就。毗陵张侯友乃绪而成之。"虽提到其外孙方之泰的名字，但刻书的却是嘉熙间（1237—1240）知兴化军的张友（参上文"张友"条）。刘氏此序，亦见载于《四库全书》本《艾轩集》卷首中，与上引文字同。在刘序之后，另有林希逸《鄱阳刊艾轩集序》，才是为方之泰鄱阳刊本所撰的序言。此处可能是馆臣看走了眼，将二序杂糅为一篇。另据《邵氏增订简明目录标注》卷十六，此本刊刻年代为淳祐十年（1250），正是林希逸序末所署的年份。此刻本，陈豪《试论莆田古代刻书业》也将其误为莆田刻本。

谢升贤，字景芳，宋仙游人。端平二年（1235）进士，官至循州兴宁令。著有《太极西铭说》《易通》，"所著《中庸大学解》，刻于廉泉书院"[1]。

以上对两宋莆田的 15 位官私刻书家，以及 9 位莆田籍人士在外地所刊刻之书的基本情况作了介绍。其中 15 位在莆田刻书的刻书家中，有蔡襄、方壬、郑可复、刘克庄、刘克永 5 位是属于本地人，可归入私家刻书的范畴；其余 10 人是外地人在莆田担任官职，可归入莆田官府刻书之列。由于资料搜集方面的局限，对两宋时期莆田刻书史料的掌握可能还会有少量遗漏之处。根据笔者所掌握的资料来看，在此前宋代莆田刻书的研究成果中，除上文所说的将莆田刻书与莆田人在外地刻书混为一谈外，还存在以下两个问题。

一是分不清目录学与版本学的区别，将古人的图书目录与刻书目录混为一谈。其典型事例是将两《唐书·艺文志》中的若干种莆田的人著作，如《雾居子》《闽山名士传》《泉山秀句》等均作为"知见的唐五代刻本"收入。殊不知，两《唐书·艺文志》所据以著录的底本基本上是抄本，以此作为刻书的依据，可以说是极不可靠。更不能将此作为莆田从"唐末五代起，开始有雕版印刷"[2]的依据。

二是立论的根据不足。如迄今未见宋代莆田书坊刻书方面的史料，但陈豪《试论莆田古代刻书业》却说："《复斋易说》《蔡忠惠公集》《莆阳比事》

[1] 陈衍等：《（民国）福建通志·艺文志》卷十三，1938 年刊本，叶 17A。
[2] 陈豪：《试论莆田古代刻书业》，载福建省炎黄文化研究会、中共莆田市委宣传部编：《莆仙文化研究》，福州：海峡文艺出版社，2003 年。

《春秋传》《仲（伸）蒙子》和《方秘校集》等，都是宋代莆田书坊刻印的书籍。"但从上文可知，他所举的这几个例证恰恰都不是"莆田书坊"刻印的。

　　通过以上对宋代莆田刻书的考述和辨析，我的结论是，宋代莆田的刻书业，以官刻为主，私家刻书辅之，书坊刻书业，则几乎没有史料记载，也就谈不上如《福建古代刻书》所说"繁荣时期"，更谈不上如陈豪所说的"宋代莆田已经成为福建刻书的中心之一"。与同样有"文献名邦"美誉的建阳相比，宋代莆田的"文献名邦"之"名"主要表现为藏书名家众多，而不是表现在刻书业的繁荣上，这是我从以上史料出发得出来的结论。有不妥之处，希望得到方家的指正。

（原载《文献》2008 年第 3 期）

宋元时期汀州官私刻书考略*

汀州地处闽西，建州始于唐开元二十六年（738），领长汀、黄连、龙岩三县。天宝元年（742）改为临汀郡，改黄连县为宁化县。乾元元年（758）复为汀州。入宋，领县渐增。至南宋绍兴三年（1133），共领县六：长汀、宁化、上杭、武平、清流和莲城。元至元十五年（1278），升为路，领县不变。

宋元时期汀州刻书以官刻为主，私刻较少，坊刻未见著录。汀州官刻最活跃的时期是南宋，留下不少精美的古籍善本。有迹象表明，其刻工来自刻书中心建阳。通过宋元以来的传承，下延至明末清初，汀州的官私刻书，渐成体系。

一、汀州最早的州、县刻本

在前人的论著中，汀州最早的州、县刻本，或以《集要方》为最早。如清人杨澜《临汀汇考》说："宋时闽版推麻沙，四堡刻本近始盛行，阅此（按，指陈晔临汀刊本《集要方》）知汀版自宋已有。"[1] 或以绍兴十二年（1142），宁化知县王观国在汀州宁化县学刻印宋贾昌朝《群经音辨》七卷为最早刻本。如今人所著《福建古代刻书》《福建省志·出版志》等。[2] 实际上，汀州最早的刻本应为宋绍兴七年（1137）詹尚刻印的《绀珠集》十三卷。只是由于前人的失误，一字之差，从而使此刻本长期以来几乎不为人所知。

---

　* 本文为国家社科基金后期资助项目《福建历代刻书家考略》（16FZS051）成果之一。

　[1]〔清〕杨澜：《临汀汇考》卷四，清光绪刻本。

　[2] 谢水顺、李珽：《福建古代刻书》，福州：福建人民出版社，1997年，第131页；福建省地方志编纂委员会编：《福建省志·出版志》，福州：福建人民出版社，2008年，第16页。

造成这一失误的就是清乾隆年间官方修纂的《四库全书总目》。该书著录称：

> 《绀珠集》十三卷，不著编辑者名氏。案晁公武《郡斋读书志》载有《绀珠集》十三卷，称为朱胜非编百家小记而成，以旧说张燕公有绀珠，见之则能记事不忘，故以为名。其所言体例卷数皆与今本相合，则此书当为胜非所撰。然书首有绍兴丁巳灌阳令王宗哲序，称绀珠之集不知起自何代，建阳詹寺丞出镇临门，命之校勘，将镂板以广其传云云。[1]

上文的"临门"应为"临汀"之误，何以知之？

清代藏书家张金吾《爱日精庐藏书志》著录明天顺刻本，节录宋人王宗哲序云："绀珠之集不知起自何代，试尝仰观乎天文，俯察乎地理，凡可以备致用者，杂出于诸子百家之说。……建阳詹公寺丞出镇临汀，仆幸登其门。一日出示兹集，俾之校勘讹舛，将命工镂板，以广其传，仆因得以详究焉。增益其所未能，所得多矣。杨子不云乎：'侍君子，晦斯光，窒斯通'其是之谓欤？绍兴丁巳中元日左承直郎全州灌阳县令王宗哲谨序。"[2] 在张金吾转录的王宗哲序中，是"临汀"而非"临门"。

除了张金吾著录之外，王宗哲的原序，现仍保存在明天顺重刻南宋绍兴七年本和《四库全书》本《绀珠集》中。虽然此汀州原宋刻本失传已久，但仍有明天顺重刊宋本传世。台湾商务印书馆1970年据明天顺本为底本，影印出版了此书，题为《景印明刊罕传本绀珠集》，其卷首序言，正与张金吾所录合，即"建阳詹公寺丞出镇临汀"而非《四库全书总目》所说的"临门"。此外，在《四库全书》本《绀珠集提要》，以及卷首所载"绍兴丁巳灌阳令王宗哲"《绀珠集原序》中，亦为"临汀"而非"临门"。[3]

《四库全书总目》的一字之误，犹如"临门一脚"，不经意间，将此刻本

---

[1]〔清〕永瑢等：《四库全书总目》卷一百二十三，北京：中华书局，1965年，第1060页。

[2]〔清〕张金吾：《爱日精庐藏书志》卷二十五，《清人书目题跋丛刊》四，北京：中华书局，1990年，第488页。

[3] 题宋朱胜非撰：《绀珠集》，《景印文渊阁四库全书》第872册，台北：台湾商务印书馆，1986年，第273—274页。

"踢"出了人们的视野，以致很少有人知道，南宋汀州曾经有过这么一个最早的刻本，与建阳的刻书业有其内在的联系。

詹尚，又作詹培尚，宋建阳人。绍兴元年（1131）进士，绍兴六年官汀州知州。绍兴七年在汀州刻印《绀珠集》十三卷。

永乐大典本《临汀志》卷五《郡县官题名》中有詹尚任职时间，称其"绍兴六年八月二十一日以左朝请大夫知，七年九月二十日宫祠"[1]。建阳《建峰詹氏宗谱》有詹氏小传云："培尚公，……官汀州军事，授左朝议大夫。"《建峰詹氏宗谱·列传》又载："公刚方正直，砥砺廉隅。素以谨言慎行见重于世。善属文字，每有著作，人争颂（诵）之。至居官日，历著劳绩，士民感戴，颂声四起。后官至右朝散大夫。"[2]

詹尚在汀州首刊《绀珠集》，其意义除了使这部典籍得以流传后世之外，更重要的是，在他之前，汀州没有刻书的记载，可以说，他是把雕版印刷技术从刻书中心建阳带到汀州的第一人，从而开启了汀州官刻的先河，也为明清时期闽西连城四堡刻书业的辉煌奠放了第一块基石。

汀州最早的县学刻本，则是王观国刻印于绍兴十二年（1142）的宁化县学刻本《群经音辨》。

王观国，字彦宾，宋长沙人。绍兴十二年（1142）官左承务郎，知汀州宁化县，主管劝农公事兼兵马监押。次年官祠部员外郎，十四年二月，因御史中丞李文会奏论而出知邵州。[3]

王观国以绍兴九年（1139）临安府学刻本为底本，在汀州宁化县学重刻宋贾昌朝《群经音辨》七卷。版式为半叶八行，行十四字，注文小字双行，行约二十字，黑口，左右双边。今国家图书馆有存本。王观国《群经音辨后序》云："绍兴己未夏五月，临安府学推明上意，镂公《音辨》，敷赐方州，下逮诸邑。宁化号称多士，部属临汀，新葺县庠，衿佩云集。是书初下，缮

[1]〔宋〕胡太初修、赵与沐纂：《临汀志》，长汀县地方志编纂委员会整理，福州：福建人民出版社，1990年，第117页。

[2]〔清〕詹宸等续修：《建峰詹氏宗谱》卷一《宦绩志》，清末印本。

[3]〔宋〕李心传：《建炎以来系年要录》卷一百五十一，北京：中华书局，1956年，第2427页。

写相先，字差豪（毫）厘，动致鱼鲁。且患不能周给，诸生固请刻本藏于黉馆，以广其传。啸工东阳，阅月方就。解颐折角驰骋群经者，自是遂得指南矣。盖五经之行于世，犹五星之丽乎天，五岳之蟠乎地，五行之蓄乎物，五事之秀乎人，康济群伦，昭苏万汇，其功岂浅浅哉！……镂板于学，虽秀民隶业沥恳有陈，亦长此邦者之所愿欲也。书旧有序，姑跋其后云。绍兴壬戌秋七月中瀚日官舍西斋序，汀州宁化县学镂板。"[1]

　　王观国为何对贾氏此书情有独钟，在此书仅刊刻三年，且当时已下发至各县学的情况下，还要再次将其刻印呢？这是因为王氏本人也是一个文字学家，对辨别字体字义字音之类的著作有其特殊的爱好。所著《学林》十卷，也是这一类的著作。《四库全书总目》著录云："《学林》十卷，宋王观国撰。观国，长沙人。其事迹不见于《宋史》，《湖广通志》亦未之载。惟贾昌朝《群经音辨》载有观国所作后序一篇，结衔称'左承务郎知汀州宁化县主管劝农公事兼兵马监押，末题'绍兴壬戌秋七月中瀚'，则南渡以后人也。……书中专以辨别字体字义字音为主。自六经史汉，旁及诸书，凡注疏笺释之家，莫不胪列异同，考求得失，多前人之所未发。"[2]四库馆臣欲探考王观国的生平，然就其所能及的史料中转了一圈之后，又回到了《群经音辨》的王观国序上。这不仅是因为在宋末开庆元年（1259）胡太初修纂的《临汀志·郡县官题名》中已找不到王观国之名，在后人所纂《八闽通志》《闽书》等志书中也同样付之阙如。清周中孚《郑堂读书记》著录王观国著《学林》，在内容上除了告诉我们此书有清武英殿本、闽中覆刻本之外，与《四库全书总目》相比，则多出了考证王氏生平最重要的三个字——"字彦宾"。[3]

　　此刻本在明代曾为毛氏汲古阁所珍藏，张氏泽存堂欲重刊此书，毛氏却只借给此书影写本。傅增湘先生为此有诗云："绍兴覆刻出汀州，玺印蝉联内

　　[1]〔宋〕王观国：《群经音辨后序》，〔宋〕贾昌朝《群经音辨》，《景印文渊阁四库全书》第222册，台北：台湾商务印书馆，1986年，第57—58页。

　　[2]〔清〕永瑢等：《四库全书总目》卷一百一十八，北京：中华书局，1965年，第1019页。

　　[3]〔清〕周中孚：《郑堂读书记》卷五十四，《清人书目题跋丛刊》八，北京：中华书局，1993年，第270页。

府收。此是毛家真秘本，泽存虚作一瓻求。"[1]

此书最应引起注意的是王观国后序，其中说："宁化号称多士，部属临汀，新葺县庠，衿佩云集。是书初下，缮写相先，字差豪（毫）厘，动致鱼鲁。且患不能周给，诸生固请刻本藏于黉馆，以广某传。啸工东阳，阅月方就。……镂板于学。"其中所言"啸工东阳"，是指从建阳书坊招募刻工，而不大可能是指浙江东阳。这是因为"东阳"在宋时是"建阳"的别称，源于宋政和年间建溪水驿更名东阳水驿。[2] 且以刻书力量而言，浙江东阳远不能与刻书中心建阳相比。再说，从宁化到浙江东阳的路程，至少是从宁化到建阳的两倍，宁化刻书没有必要舍近求远，到浙江去招募刻工。

当然，还有一个重要的原因，就是他的前任上司詹尚来自"东阳"，曾以"东阳"的刊刻技术在汀州刻印图书，从而有引导其"啸工东阳"的可能性。

二、南宋中后期的官刻本

乾道以后，汀州官刻本渐多。这与其时几位北宋文学名家的后裔先后历任知州有一定的关系。

晁子健，字伯强，宋嵩山（今属河南）人，"苏门四学士"之一的晁说之之孙。乾道二年（1166）任汀州知州。在汀刻印孙升《孙公谈圃》三卷。孙升（1038—1099），字君孚，宋高邮人。北宋元祐中官中书舍人。绍圣四年（1097）夏五月，孙升因元祐党禁而贬谪汀州安置。"单车而至，屏处林谷，幅巾杖屦，往来乎精蓝幽坞之间，其后避谤杜门不出。"[3] 两年后，孙升卒于汀州。孙升在汀期间，临江刘延世之父正官长汀知县，刘延世因得以从孙升学，将"所闻于孙升之语"录为此书，故名《孙公谈圃》。乾道二年六月，孙升的孙子孙兢将此书交给外舅，即时任汀州知州的晁子健，以"临汀故事"

---

[1] 傅增湘：《题宋汀州群经音辨残卷》二首其一，《藏园群书题记》附录一，上海：上海古籍出版社，1989 年，第 1018 页。

[2] 方彦寿：《宋代"建本"地名考释》，《福建史志》1987 年第 6 期。

[3]〔宋〕刘延世：《孙公谈圃·序》，《孙公谈圃》卷首，民国武进陶氏据宋本景刊《百川学海》本。

的名义在汀刊刻出版。孙觌有序称：

> 绍圣初，党锢祸起。先公谪居临汀，竟捐馆舍。其平生出处诞略，临汀刘君序之为详。后六十有八年，觌以事来此，访先公之寓居，与当时之故老求能道先公时事者，邈不可得，独慨然太息久之。偶携所谓《谈圃》者随行，因请于外舅郡太守晁公欲传于世，欣然领略之，遂锓于木，且以为临汀故事云。乾道二年六月望日季孙觌谨书于州治之镇山堂。[1]

宋王楙《野客丛书》曰："临汀刊《孙公谈圃》三卷，近时高沙用临汀本复刊于郡斋。盖高沙，公乡里故尔。"[2] 此书宋汀州本和高沙覆临汀本均久佚，现存最早的单刻本是明弘治（1488—1505）无锡华氏刻本，丛书本则有宋咸淳《百川学海》本（书影 1）。

据清陆心源《皕宋楼藏书志》卷七十七著录，晁子健还于乾道三年（1167），在临汀郡庠刻印其祖父晁说之《嵩山文集》二十卷，宋陈振孙《直斋书录解题》卷十八作《景迂集》二十卷。著录曰："徽猷阁待制晁说之以道撰。又本止刊前十卷。说之平生著述至多，兵火散逸。其

书影 1：民国武进陶氏据宋本景刊
《百川学海》本《孙公谈圃》

孙子健哀其遗文，得十二卷，续广之为二十卷。别本刊前十卷而止者，不知何说也。"陈振孙所录，乃出自晁子健书末跋文"先大父待制生平著述甚富，晚遭离乱，散失几尽。绍兴初，子健编集所得之文止成十二卷，但窃记所亡

---

[1]〔宋〕孙觌：《孙公谈圃·序》，《孙公谈圃》卷首，民国武进陶氏据宋本景刊《百川学海》本。

[2]〔宋〕王楙：《野客丛书》卷五，明嘉靖四十一年（1562）长洲王氏重刊本。

书目于后。及既宦游江浙蜀淮荆襄，往来博访，所得加多，重编为二十卷。而东南之士多未之见，谨用锓木于临汀郡库，以广其传。……乾道三年岁次丁亥五月戊戌右朝散大夫权知汀州军州主管学事兼管内劝农事借紫晁子健谨记"[1]。

另据宋俞琰《读易举要》卷四，晁子健于乾道三年（1167）在临汀所刊还有其祖晁说之撰《周易太极传》《太极外传》一卷、《太极因说》一卷等。

中书舍人嵩山晁说之编《周易》为十二篇，名曰《古周易》，又撰《周易音训》，具列其异同舛讹于字下。其序云："建中靖国元年辛巳题，绍兴戊辰广陵张成己知袁州刻板于郡库。又撰《周易太极传》及《太极外传》一卷《太极因说》一卷，乾道丁亥其孙子建（健）知汀州刻板置临汀郡库。"[2]

《临汀志》卷五《郡县官题名》载："晁子健，乾道元年（1165）五月二十八日，以右朝奉大夫知，三年五月二十九日满替。"乾道七年（1171），晁子健曾历官毗陵郡守，宋张栻《多稼亭记》云："岁辛卯之八月，予过毗陵。甲寅，郡守嵩山晁伯强置酒郡斋。……伯强名子健。"[3]

韦能定则是北宋另一位文学名家韦骧（1033—1105，字子骏，宋钱塘人）的曾孙。据清瞿镛《铁琴铜剑楼藏书目录》卷二十著录，乾道四年（1168），韦能定于汀州任上刻印宋韦骧《钱塘韦先生集》十八卷。跋云："先大父文稿二十卷，最后二卷遗失。能定大惧岁月寖远，复有亡逸，以隳先志，谨命工锓木于临汀郡库。"宋周必大《跋黄鲁直帖》云："朝奉大夫钱塘韦骧，字子骏，来为夔路提点刑狱，尝任主客郎官。……临汀有文集，盖其孙作守时刻之。"[4]

据《临汀志·郡县官题名》："韦能定，乾道三年（1167）五月二十九日，

［1］〔宋〕晁子健：《嵩山文集》卷后跋语，《四部丛刊续编》本，上海：商务印书馆，1934年。

［2］〔宋〕俞琰：《读易举要》卷四，《景印文渊阁四库全书》第21册，台北：台湾商务印书馆，1986年，第463页。

［3］〔宋〕张栻撰，〔宋〕朱熹编：《南轩先生文集》卷十三，朱杰人、严佐之、刘永翔主编《朱子全书外编》第4册，上海：华东师范大学出版社，2010年，第219—220页。

［4］〔宋〕周必大：《文忠集》卷四十九，《景印文渊阁四库全书》第1147册，台北：台湾商务印书馆，1986年，第521页。

以右朝奉大夫知，四年六月十七日宫祠。"[1]

陈晔是南宋第三位官汀州知州的名门之后。陈晔，字日华，宋侯官（治所在今福建省福州市）人，陈襄五世孙。宋庆元二年（1196）八月知汀州，四年八月除广东提刑。三年于临汀郡斋刻印宋陈襄《古灵先生文集》二十五卷、《神宗皇帝即位使辽语录》一卷，见清陆心源《皕宋楼藏书志》卷七十四著录。傅增湘《藏园群书题记》有跋，原为瞿氏铁琴铜剑楼旧藏。丁丙《善本书室藏书志》著录作"绍兴三十一年四世孙辉又命仲子晔排次《年谱》，锓木于赣"。按，绍兴三十一年（1161）乃陈晔的父亲陈辉刻梓于章贡郡斋，三十七年后即庆元三年陈晔于临汀郡斋据赣本复刻，陆氏《皕宋楼藏书志》录陈晔刊本题识，叙此源流甚明。

《临汀志·名宦志》载曰："陈晔，字日华，长乐人。古灵之后。庆元二年（1196）知州事。为治精明，百废俱兴。岁拨郡帑缗钱二百贯助学，又拨隶官田百亩为诸生廪饩，减坊户食盐价以利细民。俗尚鬼信巫。宁化富民与祝史之奸者，托五显神为奸利，诬民惑众，侈立庙宇，至有妇人以裙襦畚土者。晔廉得之，审祝史，杖首事者，毁其祠宇。郡广西帐干吴雄，作《正俗论》二千余言，纪其事。"[2] 陈晔事迹，又见载于《闽书》卷七十五《英旧志》、《（民国）福建通志·列传》卷六。

与《古灵先生文集》几乎同时在汀刊刻的还有方导的《方氏家藏集要方》。方导，字夷吾，号觉斋居士。宋代医家，官员，与陈晔系姻戚关系。早年随父宦游江淮、闽广一带，四十岁以后曾历官州县。所编《方氏家藏集要方》二卷，于庆元三年（1197）由陈晔刊行于汀州郡斋。日本汉医学家丹波元胤《中国医籍考》著录云："陈日华《经验方》云，方夷吾所编《集要方》，予刻之临汀。后在鄂渚，得九江太守王南强书曰：老人久苦淋疾，百药不效，偶见《临汀集要方》中用牛膝者，服之而愈。"[3] 据方氏自序云："既侥幸改

---

[1]〔宋〕胡太初修、赵与沐纂：《临汀志》，长汀县地方志编纂委员会整理，福州：福建人民出版社，1990年，第118页。

[2]〔宋〕胡太初修、赵与沐纂：《临汀志》，长汀县地方志编纂委员会整理，福州：福建人民出版社，1990年，第143页。

[3]（日）丹波元胤编：《中国医籍考》卷四十九，北京：人民卫生出版社，1983年，第636页。

秩，试邑佐郡。偶外台及郡守，皆贤者，遂得行平日之志。……"序末纪年为"庆元丁巳四月旦"，即庆元三年四月，其时，正是陈晔（日华）官汀州知州之时，故方氏此书的刊刻，实得到陈晔的帮助，序中故有"外台及郡守，皆贤者"的赞美。而陈晔后来在编辑《经验方》时，将"予在临汀，妻党方守夷吾以其编类集要方见示，遂刊于郡斋。后鄂渚得九江守王南强书云：老人久苦此淋疾，百药不效，偶见临汀《集要方》中用牛膝者，服之而愈，乃致谢云。常闻郡邸有苦此者，再试亦验"写入书序中，此为时人记时事，自当可信。而日本的版本学家森立之在《经籍访古志》著录此本时说："临汀闽地，闽本粗恶，而此本乃大板大字，真为宋椠之佳者，恐不是临汀所刻。"[1]只是后人立足于"闽本""麻沙本"的一种推论，不足为据。

此书今台北故宫博物院有日本抄本《方氏编类家藏集要方》（书影2），存上卷，有日本丹波元胤简题记，为此书仅存的孤本。收入上海科学技术出版社2014年出版的"台北故宫珍藏版中医手抄孤本丛书"。

南宋汀州官刻中，影响最大，也最具专业精神的是算学家、天文学家鲍澣之。鲍澣之，字仲祺，宋处州人。历官隆兴府靖安县主簿、

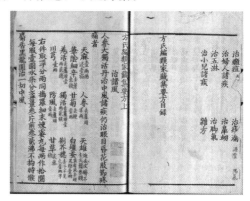

书影2：日本抄本《方氏编类家藏集要方》

汀州知州、刑部郎官、大理评事等。传载清阮元《畴人传》卷二十二。

鲍澣之对算学有特殊的爱好，面对靖康之难，图书散失，"衣冠南渡以来，此学（按，指算学）既废，非独好之者寡，而九章正经亦几泯没无传"[2]的局面，鲍澣之宦游各地，注意留心搜集这类图书，先后于京城临安、汀州七宝山等地得到部分图籍。嘉定六年（1213），在汀州知州任上，他

[1]（日）澀江全善、森立之：《经籍访古志补遗》，《日本藏汉籍善本书志书目集成》第一册，北京：国家图书馆出版社，2003年，第569页。

[2]〔宋〕鲍澣之：《九章算术后序》，《九章算术》，《景印文渊阁四库全书》第797册，台北：台湾商务印书馆，1986年，第138页。

以北宋元丰七年（1084）国子监刻本为底本，一口气将《算经十书》全部刊行于世。此十书原分别为《周髀算经》《九章算经》《海岛算经》《孙子算经》《张丘建算经》《五经算经》《五曹算经》《缉古算经》《夏侯阳算经》和《缀术》，因北宋元丰间刻印时，《缀术》已亡佚，故另附以北周甄鸾注《数术记遗》一种。

 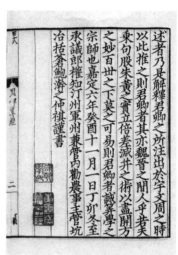

书影 3：宋汀州知州
鲍澣之刻本《周髀算经》

书影 4：宋汀州知州
鲍澣之刻本《周髀算经》

鲍澣之刻印的《算经十书》今仅存六种，分别为魏刘徽注《九章算经》九卷；汉赵君卿注、北周甄鸾重述、唐李淳风注释《周髀算经》（书影 3、书影 4）二卷附《音义》一卷；唐李淳风等注释《孙子算经》三卷；唐李淳风等注释《五曹算经》五卷；东汉徐岳撰、北周甄鸾注《数术记遗》一卷、《算学源流》一卷；北周甄鸾注《张丘建算经》三卷。此六书今分别珍藏于北京大学图书馆和上海图书馆，因系同时刊刻，故版式相同，均为半叶九行，行十八字，细黑口，左右双边。《中国版刻图录》曾以北大藏本《数术记遗》著录云："此书南宋初已罕见，鲍澣之于三茅宁寿观《道藏》中抄得，嘉定六年刻于汀州，遂传于世。"[1] 此三茅宁寿观，据鲍氏自序，在长汀七宝山。据

---

[1] 北京图书馆编：《中国版刻图录》，北京：文物出版社，1961 年，图版 208、209，第 41 页。

《临汀志·山川》载，七宝山离县城 200 华里，由此可知鲍氏搜访之勤。1981年，文物出版社曾据此六种《算经》为底本，题为《宋刻算经六种》影印出版。鲍澣之见于前人著录的著作还有《开禧历》三卷《立成》一卷，陈振孙《直斋书斋解题》著录云："大理评事鲍澣之撰进，时开禧三年（1207）。诏附《统天历》推算。至今颁历，用《统天》之名，而实用此历。"[1]

《临汀志·郡县官题名》载："鲍澣之，嘉定六年（1213）十月十七日，以朝奉郎知，八年五月十六日除刑部郎官，八月二十一日离任。"[2]

三、宋元官私刻本

南宋时期，汀州私家刻本罕见。所知有朱熹的弟子杨方曾刻印《太极通书》，被称为"临汀杨方本"流传于一时。杨方（1134—1211），字子直，号淡轩老叟，宋长汀人。隆兴元年（1163）进士。淳熙末除编修官，宁宗时除校书郎，守庐陵，终广西提刑。

杨方曾刻印周敦颐《太极通书》。朱熹《再定太极通书后序》云："右周子《太极图》并《说》一篇，《通书》四十章，世传旧本遗文九篇，《遗事》十五条，《事状》一篇。熹所集次，皆已校定，可缮写。熹按先生之书，近岁以来，其传既益广矣，然皆不能无谬误，唯长沙、建安板本为庶几焉，而犹颇有所未尽也。……然后得临汀杨方本以校，而知其舛陋犹有未尽正者。"[3]朱熹此序，撰于淳熙六年（1179），则杨方刻本，当在此之前。

约在杨方刻本之后，临汀又有杨时《中庸义》一卷刊本行世，刊行者不详。宋黄去疾《龟山年谱序》云："龟山先生之书，其《文集》《经说》《论语

---

[1] 〔宋〕陈振孙：《直斋书录解题》卷十二，北京：现代出版社，1987 年，第 1354 页。

[2] 〔宋〕胡太初修、赵与沐纂：《临汀志》，长汀县地方志编纂委员会整理，福州：福建人民出版社，1990 年，第 119 页。

[3] 〔宋〕朱熹：《晦庵先生朱文公文集》卷七十六，朱杰人、严佐之、刘永翔主编《朱子全书》第 24 册，上海：上海古籍出版社、合肥：安徽教育出版社，2002 年，第 3652—3653 页。

解》《语录》已刊于延平郡斋，《中庸义》已刊于临汀。"[1]

元代，汀州刻书史料甚为罕见。所知仅有黄梓于元至治三年（1323）官汀州路知事时，曾刻印黄仲元所著《有宋福建莆阳黄国簿四如先生文稿》五卷。黄梓，字子材，元莆田人。宋末名儒黄仲元之弟仲会之子，因仲元无子，故将黄梓过继给仲元。清陆心源《皕宋楼藏书志》卷九十三载黄梓跋云："吾翁四如先生生平文章自问学中来，……儿缮写亟遣镂板，不惟思所以传远者，而又欲广其传。……至治癸亥立秋日男将仕郎汀州路总管府知事梓百拜谨识。"据诸家书目著录，此本为此书最早刊本，久佚，现存明嘉靖裔孙黄文炳重刊本。

按，黄梓刊本于清雍正十年（1732）时，杭世骏曾于福州书摊购得一帙，原为明徐𤊶藏书。杭世骏跋云："此为先生男将仕郎汀州路总管府知事梓所刊，有泰定改元小印。后有清源傅定保、三山陈光庭、庐山曹志跋，皆称至治癸亥。盖跋于至治而刊于泰定也。……按先生为唐御史滔十二代孙，名仲元，字善甫。……无子，以同产弟仲会之子子材为嗣，即梓是也。……雍正壬子九月望日，在榕城法海寺书。"[2]

四、小结

宋元时期的汀州官私刻书，相关人员大体由三部分组成。一是重视文化与教育的官员，如已知第一位官刻的推行者詹尚，和为满足宁化"县庠多士"教学之需的知县王观国。二是名宦、名士后裔，如晁说之之孙晁子健、韦骧曾孙韦能定、陈襄五世孙陈晔，乃至元代黄仲元之继子黄梓等，其特点均为刊刻其父辈、祖辈的遗稿。南宋初期之所以会有如此之多的名士后裔急于"抢救"祖辈遗稿，这与北宋后期的元祐党禁，以及接踵而至的北宋被金国灭亡的历史背景有关。党禁引起文禁，宋金交兵引起中原板荡，"兵火散逸"的状况频出，出版业不能正常地运转，"离乱散失"也就在所难免，从而产生韦

---

[1]〔宋〕黄去疾：《龟山年谱序》，〔宋〕杨时《杨时集》附录二，林海权点校，福州：福建人民出版社，1993年，第958页。

[2]〔清〕杭世骏：《道古堂文集》卷二十七，清乾隆刊本。

能定那种"大惧岁月寖远，复有亡逸"般时不我待的紧迫感，一旦有机会，就会迫使他们将先人遗作"命工锓木"。三是程朱理学的传人，如杨方。南宋的理学中心在闽北武夷山一带，闽西虽然不是中心，但影响所及，也有少量的"临汀本"理学著作经朱门弟子杨方刻版问世。

南宋时期各地，尤其是省内各地的官私刻书，或多或少都与当时的刻书中心建阳有一定的关系，汀州也不能例外。本文所提到的汀州第一位官刻的推行者詹尚，即来自刻书中心建阳。在他的影响下，其后宁化知县王观国就有了从刻书中心啸聚刻工刊印图书之举。此后，相继有晁子健、韦能定、陈晔和鲍澣之在汀州府衙持续刊印不少典籍。明代，则有梁佐在上杭刻印《丹铅总录》，李仲僎在汀州刻印《义命汇编》《牧鉴》，桑大协在清流以活字排印《思玄集》，黄槐开在宁化刻印《南唐近事》；清康熙间，还有王廷抡在临汀郡署刻印《池北偶谈》《临汀考言》。此后，相继还有私家刻书黎士弘、黎致远父子，童能灵、童祖创父子，坊刻名家周维庆等一批刻书家涌现。[1] 由此可以看出，通过宋元以来的传承，下延至明末清初，汀州的官私刻书，已渐成体系。

约在明末清初，四堡刻书崛起于建阳刻书业衰微之时，福建坊刻的接力棒终于由建阳书坊交到四堡书坊。追溯四堡书坊的历史渊源，人们通常认为系明末宦游杭州的邹学圣（1523—1608，字宗道，号清泉）于晚年辞官回故乡时，把苏杭的印刷术带回，"列书肆以锓经史"，从而开启四堡刻书之先河。此说最早来源于邹氏后人[2]，今似乎已成为学界共识。[3] 然而，当我们追溯汀州官私刻书源流时，对宋元至明末清初临汀的官私刻书已渐成体系这一发现，可能会使上述观点发生动摇。正如宋代汀州官刻须"啸工东阳"，不可否认，明末清初汀州的这些官私刻书同样也需要熟练的刻工。其时，从事汀

［1］ 对明清时期汀州的官私刻书，笔者另有《明清汀州刻书家考略》一文讨论，已在拙著《福建历代刻书家考略》刊出，此不作展开。

［2］ 参见邹日升：《中国四大雕版印刷基地之一——四堡》，《连城文史资料》1985年第4期。

［3］ 参见吴世灯：《清代四堡刻书业调查报告》，《出版史研究》第2辑，北京：中国书籍出版社，1994年；卢美松主编：《八闽文化综览》，福州：福建人民出版社，2013年，第384页；谢江飞：《四堡遗珍》，厦门：厦门大学出版社，2014年，等等，均有类似说法。

州官私刻书的刻工对崛起于明末清初，且在同一块土地上的四堡坊刻理应产生影响。以故，笔者认为，对邹氏舍近求远，"把苏杭的印刷术带回故乡"，且"开先河"的说法，有重新探讨的必要。

（原载《中国出版史研究》2017 年第 4 期）

南宋建刻"监本"探考

——从"二坊私版官三舍"谈起

在《钦定天禄琳琅书目》"天禄琳琅鉴藏旧版书籍联句"和清乾隆帝《御制诗集》中，均有"二坊私版官三舍"的诗句，其小字注云：

> 祝穆云"建宁崇化、麻沙二坊，号图书之府"，今所藏有建本、麻沙本，盖宋时坊书；其监本，则官版也。[1]

此说大有深意，可惜长期以来被学者所忽视。我们知道，在传统的刻书史、文献学和古籍版本学研究中，都把刻书机构分为三个部分，即官刻、私刻和坊刻。崇化、麻沙"二坊私版"既为"坊书"，似乎与"官版"无缘，然而下文又说"其监本，则官版也"，又似乎在说，"二坊"出版的"监本"，是属于"官版"系统。这一说法，极具创意，道前人所未道，发前人所未发，对重新审视和评价福建古代刻书业有着极为重要的指引作用。

一、两个系统与两种观点

历史上，最早将建本（麻沙本）与监本作对比的，是南宋的两位名家。一位是著名诗人陆游。他在《老学庵笔记》中对"三舍法行时"有教官误用"乾为金，坤又为金"校勘不严的"麻沙本"，与监本《周易》作了对比，对

---

[1] 〔清〕于敏中等：《钦定天禄琳琅书目》卷首，《景印文渊阁四库全书》第675册，台北：台湾商务印书馆，1986年，第339页。《御制诗集》四集卷二十五，《景印文渊阁四库全书》第1307册，第680页。

质量不佳的麻沙本提出了批评。[1]另一位则是著名学者王应麟。他在辨析《荀子·劝学篇》版本异同，评价监本与建本二者文字的对错与高下之时，提出了"监本未必是，建本未必非"[2]的著名论断。

陆游和王应麟，对建本（麻沙本）一贬一褒，立场截然不同，但都是把"建本"与"监本"作为两个相对的系统来看待的。这一点，古往今来几乎没有什么异议，但在"天禄琳琅鉴藏旧版书籍联句"中，我们却听到了不同的声音，即在建阳"二坊私版"中，也曾出产"监本""官版"。这就打破了"建本"与"监本"两个相对的系统，出现了你中有我，我中有你的格局。

这一说法是否有道理？是否符合史实？对研究福建刻书史，有何重要意义？或者说，"二坊"是否确实曾刊印"监本"？如果有，将其视为"官版"是否妥当？

叶德辉《书林清话》中有好几节专门讨论宋监本。其中《宋刻纂图互注经子》一节，从清代最著名的几家官私藏书目录中辑录了以下数种与监本有关的刻本：

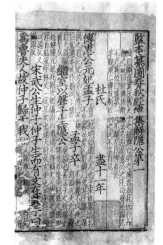

书影1：《监本纂图春秋经传集解》

　　《监本纂图重言重意互注点校尚书》十三卷；

　　《监本纂图重言重意互注点校毛诗》二十卷；

　　《监本纂图重言重意互注礼记》二十册；

　　《监本纂图春秋经传集解》三十卷（书影1）；

　　《监本纂图重言重意互注论

---

[1]〔宋〕陆游《老学庵笔记》卷七："三舍法行时，有教官出《易》义题云：'乾为金，坤又为金，何也？'诸生乃怀监本《易》至帘前请云'……先生恐是看了麻沙本，若监本则坤为釜也'。"（《景印文渊阁四库全书》第865册，台北：台湾商务印书馆，1986年，第62页。）

[2]〔宋〕王应麟：《困学纪闻》卷十，《景印文渊阁四库全书》第854册，台北：台湾商务印书馆，1986年，第343页。

语》二十卷。[1]

在近年出版的《中华再造善本·唐宋编·经部》中，有关"监本"的宋刻善本影印出版了以下三种：

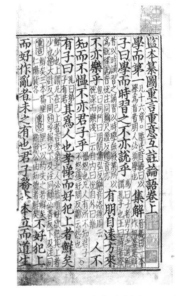

《监本纂图重言重意互注点校毛诗》二十卷。汉毛苌传，汉郑玄笺，唐陆德明释文。（宋刻本，卷五至七配清黄氏士礼居影宋抄本。北京图书馆出版社 2003 年 4 月版）

《监本附音春秋榖梁注疏》二十卷，宋刻元修本，晋范宁集解，唐杨士勋疏。（北京图书馆出版社 2003 年 6 月版）

《监本纂图重言重意互注论语》二卷，魏何晏集解。［宋刘氏天香书院刻本（书影 2），杨守敬、袁克文跋。北京图书馆出版社 2005 年 12 月版］

书影 2：宋刘氏天香书院刻本《监本纂图重言重意互注论语》

现存于台北故宫博物院的相关宋刊本有：

《监本附音春秋榖梁传注疏》存九卷，晋范宁集解、唐杨士勋疏，宋建阳刊元明修补十行本；

《监本附音春秋榖梁传注疏》存六页，宋建阳刊元明修补十行本；

《监本音注文中子》十卷，隋王通撰，宋阮逸序，宋绍熙间建刊巾箱本。

---

［1］〔清〕叶德辉：《书林清话》卷六，北京：中华书局，1957 年，第 148—150 页。

现存台北"中央"图书馆的则有：

《监本附音春秋公羊注疏》二十八卷十四册，汉何休注，唐徐彦疏，宋建刊十行本配补影钞本；

《监本附音春秋公羊注疏》存二十卷十册，汉何休注，唐徐彦疏，宋建刊元明修补十行本；

《监本附音春秋穀梁传注疏》二十卷十二册，晋范宁集解，唐杨士勋疏，宋建刊明代修补十行本。[1]

此外，日本东京大学存有宋刻本《监本附音春秋公羊注疏》（书影3）二十八卷、《监本附音春秋穀梁传注疏》二十卷，京都大学人文科学研究所也存有《监本附音春秋穀梁传注疏》二十卷，等等。

书影3：日本东京大学东洋文化研究所藏本《监本附音春秋公羊注疏》

以上这些出自建阳书坊的"监本"诸经诸子，与官方刻印的"监本"是什么关系？综观古今学者的观点，大体有以下两种不同的观点。

第一种观点，认为以上所列南宋建阳刻印的"监本"诸经诸子，是与"监本"有密切关系的坊刻（注意，是坊刻，而不是官刻）。

如现代著名版本学家傅增湘先生认为这些刻本是"坊肆所刊"。他同时又说，这些刻本"字体工丽，锋棱耸峭，审为建本之至精者。且标明监本，则源出胄监，其点校当为有据"。又说：

纂图互注本始于南宋，群经多有之。余生平所见者，如《论语集解》

---

[1]《"中央"图书馆善本书目》上册，台北"中华丛书委员会"，1957年，第32—33页。

二卷，……以上四书皆题"监本纂图重言重意互注"，……必为同时同地开雕，毫无疑义也。……顾此书虽属坊本，然椠工精丽，与麻沙陋刻迥然不同。仲鱼谓其原于监本，斯为可贵。[1]

在以上这段话中，包含了两层含义。一是说，这是建阳的刻本，但不是一般的坊刻，而是建阳刻本中的精品，点校有据，与通常所说的"麻沙陋刻"截然不同，也非胡编乱造的坊刻可比。二是说，藏书家陈鳣（仲鱼）认为这些刻本的底本源自国子监，难能可贵。

当代著名版本学专家李致忠先生在《监本纂图重言重意互注礼记弁言》中，分析了产自闽建书肆的"监本"与"宋代国子监所刻的书本"二者之间的联系与区别，还对闽建书肆竞相刊刻"监本"的科举取士背景作了阐述。他说：

> 所谓监本，此处指宋代国子监所刻的书本。首标"监本"，盖指经文、经注祖于国子监本，并非实指国子监所刻之本。自五代以来，国子监所刻经书经注，都要指派硕学鸿儒反复参订，审慎校勘，然后梓行，以为天下读经的范本。首标"监本"，意在宣示此本的可靠性、可信性，具有明显的招徕意图。[2]

他认为，宋代是科举取士最盛行的时代，儒家经典及一些重要子书则成了士子们课读的必备之书，因而也就形成了广阔的社会需求。各地书肆，特别是闽建书肆具有敏锐的市场眼光，便竞相争刻，以满足这种社会需求，自己亦从中获利。一时《监本纂图重言重意互注点校毛诗》《监本纂图重言重意互注论语》等帖括之书相继而出，充斥市场。[3]

---

[1] 傅增湘：《藏园群书题记》卷一《监本纂图重言重意互注点校毛诗跋》，上海：上海古籍出版社，1989年，第14—16页。

[2] 李致忠：《监本纂图重言重意互注礼记弁言》，宋刻《监本纂图重言重意互注礼记》卷首，上海：上海辞书出版社，2009年。

[3] 李致忠：《监本纂图重言重意互注礼记弁言》，宋刻《监本纂图重言重意互注礼记》卷首，上海：上海辞书出版社，2009年。

第二种观点，认为建阳坊刻的"监本"就是"官版"。见于上文已经提到的《钦定天禄琳琅书目》卷首"天禄琳琅鉴藏旧版书籍联句"中，"二坊私版官三舍"句下小注："今所藏有建本、麻沙本，盖宋时坊书，其监本，则官版也。"这就把宋建本书题中的"监本"与国子监刻本等同了起来。

在《钦定天禄琳琅书目》卷一中，著录了《监本纂图重言重意互注点校毛诗》《监本纂图春秋经传集解》《监本附音春秋公羊注疏》《监本附音春秋穀梁注疏》《监本附音春秋穀梁注疏》共五种"监本"，从行文来看，馆臣的确是把这些"监本"作为"官版"，而不是视为建阳坊刻本看待的。如《监本附音春秋穀梁注疏》（二函十册），定为"绍兴监本"；《监本附音春秋穀梁注疏》（二函十二册），定为"景德原刻诸经，此其二也"，而将《监本附音春秋公羊注疏》定为"景德原刻诸经之一"。对另外两种刻本也是赞誉有加，而无通常对待"麻沙本"的斥语和贬词。如评《监本纂图重言重意互注点校毛诗》："其字画流美，纸墨亦佳，信为锓本之精者。"评《监本纂图春秋经传集解》："是书与《监本纂图重言重意互注点校毛诗》体例相同，字形椠式亦俱吻合。意唐宋人帖括之书，群经皆备，合之纂图互注周礼，知为当时所并行。"[1]

《监本附释音春秋公羊注疏》卷首有宋景德二年（1005）六月"中书门下牒"文：

> 国家钦崇儒术，启迪化源，眷六籍之垂文，实百王之取法。著于缃素，皎若丹青，乃有前修诠其奥义，为之疏释。播厥方来，颇索隐于微言，用系蒙于后学。流传既久，讹舛遂多，爰命校雠，俾从刊正。历岁时而尽瘁，探简策以惟精，载嘉稽古之功，允助好文之理，宜从雕印，以广颁行，牒至，准敕，故牒。景德二年六月日牒。工部侍郎参知政事冯、兵部侍郎参知政事王、兵部侍郎平章事寇、吏部侍郎平章事毕。[2]

---

[1] 〔清〕于敏中等：《钦定天禄琳琅书目》卷一，《景印文渊阁四库全书》第675册，台北：台湾商务印书馆，1986年，第349页。

[2] 〔汉〕何休、〔唐〕陆德明：《监本附释音春秋公羊注疏》卷首，元刊明修本，日本东京大学东洋文化研究所藏本。

馆臣们在《钦定天禄琳琅书目》卷一中著录此书时，还对以上文字作了一番考证：

> 景德二年六月中书门下牒文，奉敕校雠刊印颁行具载编首，牒后结衔"工部侍郎参知政事冯、兵部侍郎参知政事王、兵部侍郎平章事寇、吏部侍郎平章事毕"。考《宋史·宰辅表》，景德元年八月毕士安自吏部侍郎参知政事加同中书门下平章事……[1]

以下还考证出"冯"为冯拯，"王"为王旦，"寇"为寇准。对此详加考证的目的，是为了进一步证明此监本乃"景德原刻诸经之一"。

二、建刻"监本"的历史背景

以上介绍了古今学者在认定闽建书肆刊刻"监本"性质时，所产生的两种截然不同的观点。闽建书肆所刊刻"监本"的性质，实际上也是建阳刻书史上，甚至也可以说是中国古代出版史上的千古之谜！只是长期以来，第一种观点占据了压倒的优势，而第二种观点长期被学界所忽视，以致几乎不为学人所知。之所以会这样，其原因在于，以一句诗的形式提出建刻"监本"就是"官版"这一观点，不是很明确，而且此种观点只有叙述而缺乏论证。要说清这个问题，还得先把这个现象产生的历史背景作一回顾。

通常，学者在论述闽建书肆竞相刊刻"监本"的原因时，"科举取士"往往是其重要原因，其实，除此之外，还有一个重要原因不能不提。

北宋时期，监本是由官方垄断发行并禁止翻版的。李焘《续资治通鉴长编》载：熙宁八年（1075）七月，"诏以新修经义付杭州、成都府路转运司镂板，所入钱，封桩库半年一上中书。禁私印及鬻之者，杖一百，许人告，赏

---

[1] 〔清〕于敏中等：《钦定天禄琳琅书目》卷一，《景印文渊阁四库全书》第675册，台北：台湾商务印书馆，1986年，第350页。

钱二百千。从中书礼房请也"[1]。

北宋末年，国子监所刻书籍和库存书板，或被金人掠夺北去，或毁于战火，局势稍定之后，国子监缺书的问题凸显了出来。为弥补阙失，也为了保护文化，国子监刻书采用了编辑校勘和印刷出版分开的办法，即将编辑校勘好的底稿不限于在本监书库刊刻，也可下地方各州郡刻印。[2]南宋时期，"监本"一般都下各州郡刊板，此即王国维所说的"此种州郡刊板，当时即入监中。故魏华父、岳倦翁均谓南渡监本，尽取诸江南诸州。盖南渡初，监中不自刻书，悉令临安府及他州郡刻之，此即南宋监本也"[3]。此举，被叶德辉称为是"南宋修补监本书"[4]。此"修补"，除"补阙"之外，还有"扩充"之意。与福建有关的，最早有北宋末福唐郡庠以北宋景祐（1034—1038）监本为底本翻刻的汉班固撰、唐颜师古注《汉书》一百卷。[5]嘉定六年（1213），又有汀州知州鲍澣之以北宋元丰七年（1084）国子监刻本为底本刻印《算经十书》；嘉定十二年（1219）真德秀官泉州知州，在郡斋刻印《资治通鉴纲目》五十九卷，其版被移至临安国子监，使此书板以"郡斋本"直接上升为"监本"。宋陈振孙《直斋书录解题》云"此书尝刻于温陵（按，温陵是泉州别称），别其纲谓之提要。今板在监中"[6]，说的就是这个刻本。

宋南渡后，监本的垄断与禁止翻版的条令随着各地"修补监本书"的全面展开而逐渐松弛。李心传《建炎杂记·监本书籍》载：

> 监本书籍者，绍兴末年所刊也。国家艰难以来，固未及。九年九月，张彦实待制为尚书郎，请下诏诸道州学，取旧监本书籍镂板颁赐，从之。

[1]〔宋〕李焘：《续资治通鉴长编》卷二百六十六，《景印文渊阁四库全书》第318册，台北：台湾商务印书馆，1986年，第511页。

[2]李明杰：《宋代国子监的图书出版发行》，《出版科学》2007年第6期。

[3]〔清〕王国维：《两浙古刊本考》卷上，《王国维遗书》第十二册，上海：上海古籍书店，1983年，第5页。

[4]〔清〕叶德辉：《书林清话》卷六，北京：中华书局，1957年，第145页。

[5]通常认为"福唐"系福清县旧名，此处题"郡庠"而不是县庠，则应是指福州，即福州州学。

[6]〔宋〕陈振孙：《直斋书录解题》卷四，北京：现代出版社，1987年，第1227页。

然所取诸多残缺，故旧监刊六经无《礼记》，三史无《汉书》。二十一年五月，辅臣复以为言。上谓秦益公曰："监中所阙之书，亦令次第镂板，虽有重费，亦所不惜也。"由是籍经复全。先是王瞻叔为学官，尝请摹印诸经义疏及《经典释文》，许郡县以赡学，或系省钱各市一本置之于学，上许之。令士大夫仕于朝者率费纸墨钱千余缗而得书一监云。[1]

"下诏诸道州学，取旧监本书籍镂板"说的只是地方官刻，其实只是一个方面。另一方面，监本翻版禁令的逐渐松弛，也为民间翻刻旧监本开启了路径，此为南宋中后期，建阳书坊刊印"监本纂图重言重意互注……"为书题的经部、子部古籍成批涌现的历史背景。

考宋代建阳书坊刊刻"监本"，有两种类型。一种类型即上文所列的，直接在书名中冠以"监本"者；另一种类型则是书名中不体现或不直接体现，而是在牌记中加以说明。

不体现的如《纂图互注毛诗》，现存台北故宫博物院，1995 年曾影印出版。秦孝仪先生在《景印宋本纂图互注毛诗序》中说：

院藏宋刻《纂图互注毛诗》一帙，首之以毛诗举要图，次之以毛诗篇目，书中大小序，及毛传郑笺、陆氏释文皆备，并采诸经之及于诗者为互注，复标诗句及诗意同者为重言重意，全帙刻画工整，纸墨精良，且原于监本，于斯为贵。审其讳字版式，殆为宁宗后建安坊刻。[2]

"原于监本，于斯为贵"，点明了此书系"宁宗后建安坊"据监本翻刻的版本源流。

书名中不直接体现，而是在牌记中加以说明的，如汉扬雄撰，晋李轨、唐柳宗元、宋宋咸、吴秘、司马光注《纂图互注扬子法言》十卷，宋咸序后有双边牌记六行：

[1]〔宋〕李心传：《建炎以来朝野杂记》甲集卷四，《景印文渊阁四库全书》第 608 册，台北：台湾商务印书馆，1986 年，第 269—270 页。
[2] 秦孝仪：《景印宋本纂图互注毛诗序》，台北故宫博物院，1995 年。

本宅今将　　监本　　四
子纂图互注附入重言重
意精加校正并无讹谬誊
作大字刊行务令学者得
以参考互相发明诚为益
之大也建安　　　谨咨。[1]

这第二种类型，由于在牌记中已有说明，其刻本性质甚为明白，是以监本为底本的坊刻，故在此可忽略不计。

三、官方的禁毁与默许

南宋中后期，建阳书坊刊印的以"监本纂图重言重意互注……"为书题的古籍成批涌现，假如没有经过国子监的允许，那么这些刻本在图书市场传播之后，官方对此应会有何反应？

南宋政府对刻书业的管理，直接针对福建建阳的事件不在少数。如绍兴十五年（1145），有禁毁建本《司马温公记闻》案；[2] 绍兴二十五年七月，有监登闻鼓院曹绂奏对"乞委州县检查止绝""建州、邵武军乡镇民间，或以非僻之书妄行开印"案；[3] 绍熙元年（1190）三月八日，"诏建宁府，将书坊日前违禁雕卖策试文字，日下尽行毁板，仍立赏格，许人陈告。有敢似前冒犯，断在必行。官吏失察，一例坐罪。其余州郡，无得妄用公帑刊行私书，疑误后学，犯者必罚无赦"案，[4] 等等。

---

[1] 傅增湘：《藏园群书经眼录》卷七，北京：中华书局，1983 年，第 547 页。

[2] 〔宋〕李心传：《建炎以来系年要录》卷一百五十四，《景印文渊阁四库全书》第 327 册，台北：台湾商务印书馆，1986 年，第 143 页。

[3] 〔宋〕李心传：《建炎以来系年要录》卷一百六十九，《景印文渊阁四库全书》第 327 册，台北：台湾商务印书馆，1986 年，第 362 页。

[4] 〔清〕徐松辑：《宋会要辑稿》第 166 册《刑法》二，北京：中华书局，1957 年，第 6557 页。

庆元四年（1198）二月五日，作为监本"发祥地"的国子监也针对建阳麻沙书坊上言：

> 福建麻沙书坊见刊雕《太学总新文体》内，丁巳太学春季私试都魁郭明卿问定国事，问京西屯田，问圣孝风化，本监寻将安籍施照。得郭明卿去年春季策试，既不曾中选，亦不曾有前项问目。及将程文披阅，多是撰造怪僻虚浮之语。又妄作祭酒以下批凿，似主张伪学，欺惑天下，深为不便。乞行下福建运司，追取印板赴国子监缴纳。已印未卖，当官焚之。仍将雕行印卖人送狱根勘，依供申取旨施行。从之。[1]

这道禁令下达后的 46 天，即三月二十一日，又有臣僚上言：

> 乞将建宁府及诸州应有书籍去处，辄将曲学小儒撰列时文，改换名色，真伪相杂，不经国子监看详及破碎编类有误传习者，并日下毁板。仍具数申尚书省及礼部。其已印未卖者，悉不得私卖。如有违犯，科罪惟均。从之。[2]

以上所录几折禁令，均直接来源于京都，来源于国子监，且所针对的对象点明是"麻沙书坊""建宁府书坊"，但奇怪的是，所禁毁的内容没有一条是针对产生于南宋中后期问世，且在书题中直接标示为"监本"的众多建阳刻本。一方面可以认为，在内容方面，闽建刊刻的这些"监本"，没有以上禁令中所提到的那些问题，因此，也就不在禁毁之列；另一方面，也可以认为，虽然没有明文准许或鼓励闽建书肆翻刻"监本"，更没有明文认可这些刻本为"官板"，但由此可以推论，闽建书肆翻刻"监本"的行为，其实是得到了国子监方面的默许。

---

[1] 〔清〕徐松辑：《宋会要辑稿》第 166 册《刑法》二，北京：中华书局，1957 年，第 6560 页。

[2] 〔清〕徐松辑：《宋会要辑稿》第 166 册《刑法》二，北京：中华书局，1957 年，第 6560 页。

笔者在 2002 年曾撰《建阳书坊接受官私方委托刊印之书》一文，文中提出，宋明时期，建阳书坊曾大量接受来自省内外官方和私人的刻书。"对这些刻本的性质，毫无疑问，应视委托方的具体情况而定，由官方出资者，应视为官刻，由私家出资者，应视为家刻。……这与现代出版社委托印刷厂印刷，其版权仍归出版社所有，而不能归之印刷厂，其道理是一样的。"[1] 正因如此，这就出现了许多委托建阳书坊刊刻出版的官私刻本。

历史上，最早对此有所认识的，应是清乾隆年间提出"二坊私版官三舍"的馆臣们。其次，则是清末著名版本目录学家叶德辉。他在《书林清话》中指出：

> 夫宋刻书之盛，首推闽中，而闽中尤以建安为最，建安尤以余氏为最，且当时官刻书亦多由其刊印。[2]

这是一段经常被学人引用的话，但最后一句却往往被今人所忽视不提。其实，最后这句才是最重要的，叶氏在此揭示了建阳书坊所具有的接受官私方委托刻书的独特功能。虽然，他没有说建刻监本是否也是"当时官刻书"的组成部分，但从以上的分析来看，并不能排除这种可能性。

应该说，建阳书坊刊刻的"监本"图书，与"接受官私方委托刻书"所产生的刻本，既有区别，又有联系。

区别在于，通常书坊"接受官私方委托刻书"，多有明文记载。如叶德辉以元代建阳名肆崇化书林余志安勤有堂接受浙江儒学委托刻印胡炳文《四书通》一书为例证，引用张存中的跋说：

> 泰定三年，存中奉浙江儒学提举志行杨先生命，以胡先生《四书通》大有功于朱子，委令赍付建宁路建阳县书坊刊印，志安余君命工绣梓，度越三稔始克就。[3]

---

［1］方彦寿：《建阳书坊接受官私方委托刊印之书》，《文献》2002 年第 3 期。

［2］〔清〕叶德辉：《书林清话》卷二，北京：中华书局，1957 年，第 46—47 页。

［3］〔清〕叶德辉：《书林清话》卷二，北京：中华书局，1957 年，第 46—47 页。

浙江儒学"委令赍付",即委托方和被委托方构成有文字可考的"合约关系";而建刻"监本",则缺乏这种有文字可考的"合约关系"。因此,我们只能推断说,在对刻书业严格管理,且直接针对建阳书坊的禁令颇为森严的南宋时期,对建刻"监本"这一显而易见的现象,官方却只字不提,那种既不提倡,也不反对的态度,表达的其实是国子监方面对此的一种默许。对这种在国子监方面"默许"态度下产生的刻本,我们不妨将其视为是"准监本"。

联系在于,"接受官私方委托刻书"与在国子监方面"默许"态度下产生的"准监本",二者所共同体现的,都是建阳作为古代坊刻中心,对当时的官刻,对外地刻书业的影响和辐射。这种影响和辐射,是外地其他书坊所不具备,也是很难见到的独特现象。对这些"准监本"的质量,从南宋的王应麟,到清代的四库馆臣,到近现代的著名版本学家,如叶德辉、傅增湘、秦孝仪和李致忠等,都无不予以高度评价,与历史上的麻沙"劣本",质量"最下"等未必公正的评价,形成了鲜明的对比。故言,建刻监本,对重新审视和评价福建古代刻书业有着极为重要的指引,甚至是颠覆的作用。

(原载《中国出版史研究》2016 年第 2 期)

建阳书坊接受官私方委托刊印之书

书坊，又称书肆、书铺、书堂等，是我国古代民间专门从事刻书、售书的机构。在古籍分类中，通常将书坊刊刻的图书称为坊刻本，以别于官刻本和家刻本。实际上，我国古代书坊刊刻的图书不全是坊刻本，有一部分也是"官刻本"和"家刻本"，这与古代某些书坊兼具的"印刷厂功能"有关。

古代的书坊，通常拥有书工、刻工、印工，书坊主人或聘请编、校、撰人，或自编自刻，集编、刻、售于一身，相当于现代的出版社和书店。其特点是受经济规律的驱使，以刻印图书市场上的畅销书为主。版本学上所谓的"坊刻本"，指的应该是这一类书坊所刊刻的图书。还有一些书坊，则经常接受官府、私宅的委托，刻印图书。委托方负责出资，以及书稿的编辑和校对等，在版式的设计，纸张、墨色的选择上书坊必须按照委托人的要求办理。这种书坊，相当于现代的印刷厂，其刻本的性质，则应视委托方的具体情况而定，而不应简单地视为坊刻本。

对古代书坊接受委托刻书这一论题，通常在有关出版史、印刷史方面的著述中很少提到，反映在古籍图书的著录上，往往将本应著录为官刻或家刻的，误为坊刻，故对此实有一述之必要。

以下以建阳书坊为例，侧重分析一下古代书坊接受他人委托刻书的两种情况。

一、接受官府委托刻书

刻书坊接受官府委托刻书，由宋至明，屡见不鲜。如宋绍兴七年（1137）晁谦之任福建转运判官，当时转运司设在建州（治所在今福建省建瓯市）。他于本年刻印其从兄晁补之的《济北晁先生鸡肋集》七十卷，即在建阳开雕付梓。[1]淳祐间（1241—1252），赵师耕任福建常平提举，当时提举常平司也设在建宁（治所在今福建省建瓯市），所以他就近在麻沙刊刻了《河南程氏遗书》。[2]咸淳三年（1267）建宁知府吴坚、刘震孙刻印祝穆《方舆胜览》一书，据卷末祝洙《跋》，是委付"书铺张金瓯"刻印。宋周辉《清波杂志》卷四载："淳熙间，亲党许仲启官麻沙，得《北苑修贡录》，序以刊行。"许仲启，名开，字仲启，宋丹徒人，乾道二年（1166）进士。他是提举茶事的转运司官员，转运司设司府城，生产贡茶的北苑也在府治所在地的建安，当然不可能在远离府城数十公里的麻沙任职，但他的书却在麻沙刻印，周辉把这两件事糅在一起说，虽然说错了，但却无意中透露了府治刻书多放在建阳刻印的一点信息。

元代因统治时间不长，加上是少数民族入主中原，对汉民族文化有一定的隔膜感，故官刻不如宋代，但也有一些刻本委托书坊刊刻。元建本《元典章》即为一例。

《元典章》全称《大元圣政国朝典章》，前集六十卷，新集名《至治条例》不分卷，另附《元钞都省条例》。书仿《唐六典》而编，是元代圣旨条画、律令格例和司法判案等方面的资料汇编。由元代福建的地方官抄录汇集，而后委托建阳书坊刊行。原刻本现存台北故宫博物院。

元代学者胡炳文的《四书通》二十六卷，则由浙江儒学委托建阳崇化书林余志安勤有堂刻印。张存中跋曰"泰定三年，存中奉浙江儒学提举志行杨先生命，以胡先生《四书通》能删《纂疏》《集成》之所未删，能发《纂疏》《集成》之所未发，大有功于朱子。委令赍付建宁路建阳县书坊刊印，志安余君命工绣梓，度越三稔始克就"[3]云云。

元至正元年（1341），又有闽宪翰克庄委托朱熹五世孙朱炘，将虞集《道园学古录》五十卷刻印于建阳书坊。炘，字光明，历官承务郎、福建行省都

　　[1]〔清〕丁丙：《善本书室藏书志》卷二十八，清光绪辛丑（1901）钱塘丁氏刊本。

　　[2] 邵懿辰撰、邵章续录：《增订四库简明目录标注》卷九，上海：上海古籍出版社，1979年，第388页。

　　[3]〔清〕瞿镛：《铁琴铜剑楼藏书目录》卷六，扬州：江苏广陵古籍刻印社，1985年影印清常熟瞿氏刊本。

事。此所谓"闽宪"，乃沿用宋代提点刑狱司的简称，元代应名为"福建闽海道肃政廉访司"。此亦为元代官府委托书坊刻书的一个例证。

明代，官府委托书坊刻书的情况更为普遍。徐渭在《送通府王公序》一文中对建阳书坊作了一番"图籍书记，辐辏错出，坊市以千计，富家大贾所不能聚，而敏记捷视之人穷年累月所不能周"的描述之后说："故凡官建宁者，……亦必求之于建阳之肆，盈箧笥而后已。"[1] 实际上，可以这么说，有明一代，凡官建宁者，购书之外，还必刻书于建阳书肆。而一些"官建宁者"的上司，如福建巡抚、巡按等也每在建阳刻书。

已知者即有天顺间（1457—1464）江西丰城人游明官福建提学，将无名氏编《宋史全文续资治通鉴》三十六卷、《附宋季朝事实》二卷重加校正，刊行于建阳。[2] 同时又将宋魏天应编《论学绳尺》十卷，"付书坊刊行"[3]。成化十年（1474），张瑄以右副都御史巡抚福建，在建阳书坊刻印宋末遗民陈友仁编《周礼集说》十一卷《纲领》一卷，另附宋俞廷椿《复古编》一卷。

成化十六年（1480），建阳书坊刻印明丘浚辑《文公家礼仪节》八卷，乃福建按察司佥事余谅命之刊行。卷末书坊刊记云：

> 《家礼仪节》初刻于广城，多误字，后至京师，重校改正，然未有句读也。窃恐穷乡下邑初学之士卒遇有事其或读之不能以句，乃命学者正其句读。适福建佥宪古冈余君谅及事来朝，谓此书于世有益，持归付建阳书肆，俾其翻刻以广其传云。[4]

成化十八年（1482），巡按御史张世用将宋章樵注《古文苑》三十一卷"发诸建阳书肆寿梓"[5]。正德六年（1511），巡按御史贺泰到建阳，将其所

[1] 〔明〕徐渭：《徐文长三集》卷十九，《徐渭集》，北京：中华书局，1983年，第525页。

[2] 王重民：《中国善本书提要》，上海：上海古籍出版社，1983年，第105页。

[3] 〔清〕永瑢等：《四库全书总目》卷一百八十七，北京：中华书局，1965年，第1702页。

[4] 傅增湘：《藏园群书经眼录》卷一，北京：中华书局，1983年，第63页。

[5] 潘承弼、顾廷龙：《明代版本图录初编》，上海：上海书店，1941年，第34页。

编《唐文鉴》二十一卷，命建阳知县孙佐校正后，刊行于建阳书坊。

御史曾佩，嘉靖间也在建阳刻印明李默编《紫阳文公年谱》。巡按李元阳刻印《班马异同》，由汪佃付建阳书坊刊行。嘉靖三十九年（1560），宗臣任福建提学副使，将明沈霵《沈山人诗》六卷刻印于麻沙，今存万历四十一年（1613）王百祥修补印本。宗臣本人的著作《宗子相集》也刊行于建阳书坊，[1] 今存嘉靖三十九年詹氏就正斋刊本。天启间（1621—1627），监察御史乔承诏巡按福建，将其所撰《纲鉴汇编》九十卷《总论》一卷刊刻于建阳。

官府委托建阳书坊刻书，尤以建阳县、建宁府的官员，因得地利之便，刊刻数量最多。

如宣德间（1426—1435），江西建昌人张光启任建阳知县，曾与崇化书林刘剡共同辑校《资治通鉴节要续编》，交付刘文寿翠岩精舍刊行。张光启序云："余昔家食，切（窃）有此志，今幸作宰东阳[2]，公隙即与书林君子刘剡取四代史所载君臣行事功绩，岁月日时，先后精详，敛博合一，核略致详。"张光启刊行的小说《剪灯新话》《剪灯余话》，也是在建阳书坊刊行。

宣德十年（1435），建阳刘氏日新堂重刊宋蔡沈《书传大全通释》一书，书题之后题"进士吉丰彭勖通释，进士钱塘董镛音点"，彭勖、董镛分别为宣德间建宁府儒学教授和建阳县儒学训导。此为二人合作将宋蔡沈之《书集传》加以重编，而委托书坊刊行。

弘治十五年（1502），广东番禺人区玉官建阳知县，在正德间（1506—1521）接受闽宪院宾的委托，将章如愚《群书考索》"商诸书林义士刘君洪任其事"，故此书刻本卷首又题"建阳知县区玉刊行"。正德十一年（1516），邵豳任知县，校正元马端临《文献通考》，亦交付书林刘洪慎独斋刊行。此书卷端即题"鄱阳马端临贵舆著述，东阳邵豳宗周校刊"。所谓"校刊"，乃校正、刊行之意，故此书与《群书考索》相同，均由建阳县衙出资，委付书坊刊刻。

嘉靖六年（1527），建宁知府张大轮刊刻《唐文粹》一百卷。此书建阳书坊旧有刊本，但错误较多。张氏以明苏州刻本为底本，参校他本，并请府学诸生协助校理，刊于建阳书坊。此本卷末有张大轮的一则校勘说明文字：

---

[1] 〔明〕周弘祖：《古今书刻》（上），清光绪丙午（1906）长沙叶氏观古堂仿明刊本。
[2] 东阳，此为建阳的别称。

《唐文粹》闽坊旧本舛不可句，苏州近本视昔加善，第中间缺误尚多，盖校雠之渐，其势有如此者。政暇参伍他书，偶有所得，因命郡庠生魏耕、杨应诏、谢阜录付坊间梓行。

在文中，张氏一方面批评"闽坊旧本舛不可句"，另一方面又将此书校本仍付"坊间梓行"，说明明代建阳书坊接受官、私方面的委托刻印图书的功能，是比较突出和明显的。

明代官府委托书坊刊行的图书还有，万历三十四年（1606）建阳知县周士显刊方日升《古今韵会举要小补》三十卷，委托建阳崇化坊余象斗双峰堂、余彰德萃庆堂两家书坊合作刊行。崇祯十五年（1642），建阳知县黄国琦刻印《册府元龟》一千卷，乃奉监察御史李嗣京、建南道分守胡维霖之命刊行于书坊。此书卷首李嗣京《揭帖》将此事原委表露得颇为详尽，"职昨奉命按闽。闽有建阳县，乃宋贤朱熹等讲道之乡。县有书坊，自宋迄今，皆为刊刻古书之所。职因取家藏旧本，行分守建南道胡维霖，转行建阳县知县黄国琦厘讹补阙。职与道、县合镯薪禀，爰付枣梨。二月始事，十月告成"。一部千卷大书，前后仅用八个月时间即告印成，说明官府委托书坊刻书，集中了较多刻印工匠，即时完工。

二、接受私家委托刻书

在接受官府委托刻书的同时，一些书坊也接受私家的委托刊刻图书。如南宋理学家朱熹在建阳，委托书坊刊刻的图书有《洪韵》《近思录》《八朝名臣言行录》等。他在写给学生黄商伯的信中说："《洪韵》当已抄毕，幸早示，乃此间付之书坊镂板，甚不费力。"[1]

淳熙二年（1175），朱熹与吕祖谦合编的理学入门书《近思录》十四卷，

---

[1]〔宋〕朱熹：《晦庵先生朱文公别集》卷六《答黄商伯》，朱杰人、严佐之、刘永翔主编《朱子全书》第25册，上海：上海古籍出版社、合肥：安徽教育出版社，2002年，第4964页。

也刊刻于建阳。《晦庵先生朱文公文集》卷六十《答汪易直》书二:"《近思》小本失于契勘,致有差误,此执事不敬之罪也。后来此间书坊别刊得一本,卷尾所增已附入卷中。"此书初刻本即信中所说的"失于契勘"的"小本",此又云"此间书坊别刊得一本",表明二刻也在建阳并委托书坊刊行。

乾道八年(1172),朱熹在建阳编成《八朝名臣言行录》一书,也是由建阳书坊版行。吕祖谦《东莱集·与汪尚书》云:"近建宁刻一书,名《五朝名臣言行录》,云是朱元晦所编,其间当考订处颇多。"此"建宁"必指建宁府,书坊所在地乃属县建阳。此书后集《三朝名臣言行录》不久后也在此刊出。

邵武俞闻中,字梦达,是朱熹门人。嘉泰二年(1202)曾刻印《儒学警悟》七集四十卷,是我国已知最早的丛书刻本。此书目录后有嘉泰二年建安俞成元德父跋。俞成曾为建阳蔡梦弼校书,在蔡刻本《草堂诗笺》中署名"云衢俞成元德",表明他实为建阳崇化书林云衢人。在俞闻中《儒学警悟》丛书中,又有俞成撰《萤雪丛说》一书,以上种种迹象表明,俞闻中此刻本可能是通过俞成在建阳崇化书坊刊行。

绍熙四年(1193),邵武吴炎刻印苏洵撰、吕祖谦注《东莱标注老泉先生文集》十二卷。《中国版刻图录》著录:"吴炎校勘后,建阳书肆为之梓行。"

元代,建阳书坊接受私家委托刻书也比较多,其中以刊刻理学人物的著作为主。如建阳熊禾,是朱熹的续传弟子,曾辑补朱熹《仪礼经传通解》一书,刊行于书坊。熊禾自撰《疏》云:"拟就书坊版行,以就流布。"[1]

江西学者董真卿,其学术渊源,源自朱子弟子黄榦门下,所撰《周易经传集程朱解附录纂注》十四卷,由其子董僎携之入闽,刻于建阳书坊。[2]而董真卿本人,则曾于延祐五年(1318)入闽,将其父董鼎《书集传辑录纂注》七卷《朱子说书纲领辑录》一卷,委托建阳名肆余志安勤有堂刊行。

元代,建阳还有一家与余氏勤有堂齐名的书肆——刘锦文日新堂,曾于至正二年(1342)刻印元倪士毅《四书辑释大成》三十六卷。数年后,此书

---

[1] 〔元〕熊禾:《熊勿轩集》卷四《刊仪礼经传通解疏》,清同治福州正谊书局《正谊堂全书》本。

[2] 〔清〕瞿镛:《铁琴铜剑楼藏书目录》卷一,扬州:江苏广陵古籍刻印社,1985年影印清常熟瞿氏刊本。

又由倪士毅加以重修，订为二十卷，仍交刘锦文改刻。至正三年，刘锦文还刻印了赵汸《春秋金锁匙》一卷；至正八年，刻印汪克宽《春秋胡氏传纂疏》三十六卷。另据汪克宽《朱子纲目凡例序》，汪氏曾辑《资治通鉴纲目凡例》，"寄建安刘叔简锦文刊之坊中，与四方学者共之"[1]。汪克宽、倪士毅、赵汸三人均为元末理学家，时称"新安三有道"。他们的著作都交给刘锦文刊行，表明书坊接受学者委托刻书在当时是比较普遍的现象。

明代建阳书坊仍刻印了理学家们的许多著作。如江西学者朱公迁《诗经疏义会通》一书，是一部阐述朱熹《诗集传》的著作，由其弟子何英在永乐间携入闽，在校订增释后，付刻书家刘剡刻印。明代福建朱子学派的主要代表蔡清的《易经蒙引》一书，嘉靖八年（1529）由其子蔡存远进呈朝廷，后奉旨发往建阳书坊刊行。

明代，除一些外地理学家到建阳刻书外，还有一些外地学者不远千里到建阳委托书坊刻书。如休宁（治所在今安徽省歙县）人金德玹编纂的《新安文粹》，是一部收录新安（徽州）历代文人诗文作品的地方文献总集，其中卷十五《钝斋诗文》有《金德玹传》：

> 德玹，字仁本，休宁汪坑桥人。……尝以先儒遗书，精神心术所寓，遍访藏书家，得陈氏《四书口义》《批点百篇古文》、倪氏《重订四书辑释》、朱氏《九经旁注》、赵氏《春秋集传》、上虞刘氏《选诗补注》、胡氏《感兴诗通》三十余种，抄校既毕，遣子辉送入书坊，求刊天下。刘用章先生深加（嘉）其志。

刘用章即明前期建阳书坊刻书家刘剡。传中所言"送入书坊，求刊天下"，虽未明言是何处书坊，但"深嘉其志"的既然是刘剡，则此书坊必然是指建阳书坊无疑。这一点，可以从正统间（1436—1449）建阳知县何景春捐俸资助刊刻的《风雅翼》一书得到明证。此书总目第三行题"新安金德玹仁本校正"，当为金氏送到建阳书坊刊刻的"三十余种"图书之一。只是由于文献缺

---

[1]〔清〕黄宗羲原著、全祖望补修：《宋元学案》卷七十《沧洲诸儒学案下》，陈金生、梁运华点校，北京：中华书局，1986年，第2360页。

征，金氏抄校的三十几种图书中，具体还有哪些图书，已难以详考了。

明永乐间（约1403），浙江浦江郑柏编《麟溪集》二十二卷，由官建安主簿的同乡人洪泽携至建安，"请于太守徐子玉，同为捐俸刊行而成"[1]，刊刻地点也在建阳书坊。明后期，则有漳州龙溪（治所在今福建省漳州市芗城区）张燮携子张于垒，数次前往建阳书坊，在此刊行《七十二家集》。[2]

三、官私委托刻书与书坊刻本之不同

以上通过例举的方式，论述了由宋至明，古代建阳书坊接受官私刻书的一些基本情况。对这些刻本的性质，毫无疑问，应视委托方的具体情况而定。由官方出资者，应视为官刻，由私家出资者，应视为家刻。如前所述，这与现代出版社委托印刷厂印刷，其版权仍归出版社所有，而不能归之印刷厂，其道理是一样的。但在以往的古籍图书的著录中，由于对古代书坊接受官私委托这一现象认识不够，曾造成某些混乱，在此也以举例的方式加以说明，以期引起有关方面的注意。

如元余志安勤有堂刻本《四书通》《四书通证》，由浙江儒学出资委托刊行，本质上是官刻本，但通常均录为余氏坊刻本。元董鼎《书集传辑录纂注》，由董氏出资，撰、校人均为董氏父子，应视为董氏委托余氏勤有堂刊行的私家刻本。旧本《故宫博物院善本书目》卷一著录此书即为"元元统二年真卿子撰闽中刻本"，除刊刻时间有误外，其余均著录得比较准确。《北京图书馆善本书目》和《中国古籍善本书目》均统一为"元延祐五年建安余氏勤有堂刻本"，则未能正确地揭示此书在历史上的版权归属。类似情况的，还有元刘锦文日新堂接受倪士毅委托刊刻的《四书辑释大成》，接受汪克宽委托刻印的《春秋胡氏传纂疏》等。

明成化十八年（1482），巡按御史张世用于建阳刻印的《古文苑》，《上海

---

[1]〔明〕毛凤韶等：《（嘉靖）浦江志略》卷七《人物志》，《天一阁藏明代方志选刊》本，上海：上海古籍书店，1963年。

[2] 笔者另有《张燮〈七十二家集〉刊刻地点考证》一文，载《福建史志》2003年第2期，此不赘述。

图书馆善本书目》著录为"明成化建阳刻本";《故宫博物院善本书目》著录为"明成化十八年建阳刻本";《北京图书馆善本书目》则为"明成化十八年张世用建阳刻本",从此书系张世用委托建阳书坊刊行的实际情况看,应以北京图书馆(即今中国国家图书馆)的著录比较准确。

明刘氏慎独斋刊刻的《文献通考》《群书考索》二书,各家书目均著录为"明正德刘氏慎独斋刻本"。实际上此二书均为建阳县衙委付刘氏所刻。故《文献通考》卷端有知县"邵衮校刊"之名,《群书考索》卷首亦题"建阳知县区玉刊行"。且此二书的书板,当时就归建阳县衙所有。在明万历年间编纂的《建阳县志·梓书》"县治书板"条下列有八种书名,其中就有此二书。

明万历三十四年(1606),建阳知县周士显委托余象斗、余彰德刻印的《古今韵会小补》一书,杜信孚《明代版刻综录》在卷三著录为"明万历三十四年周士显刊",在卷七中又著录为"明万历建阳书林余象斗双峰堂刊",极易给人是两种不同刻本的错觉。此书,《中国人民大学古籍善本书目》就著录得比较准确:"明万历三十四年周士显建阳刻本。"

由于对书坊接受委托刻书的一些具体情况认识不清,造成著录上失误的情况还有一些,在此不再一一列举。

当然,在有关书目中,对委托刻书分辨得比较清楚,著录得比较准确的也有很多。如宋咸淳刻本《方舆胜览》,著录为吴坚、刘震孙刻本,而不著录为"书铺张金瓯"刻本;绍熙吴炎刻本《东莱标注老泉先生文集》,不著录为"建阳书肆刻本";明成化张瑄刻本《周礼集说》,不著录为"建阳书坊"刻本,等等。其著录的根据,应该说,与笔者上文所提出的以版权归属为原则是一致的。

(原载《文献》2002 年第 3 期)

宋元建本版画略论

建本版画艺术有着悠久的历史。本文通过传世的宋元建本儒家经典、宗教类古籍图书、现存最早的话本小说、现存最早的插图本日用类书等若干种宋元建本版画的分析，以揭示宋元建本版画的基本面貌和特色。

建阳的雕版印刷萌芽于五代，繁荣于两宋。到南宋时，建阳已成为全国的三大刻书中心之一。当时刻书作坊聚集的麻沙、崇化两地被誉为"图书之府"。[1] 宋代建本图书已开始出现插图，由于雕版印刷是将图、文反刻在木版上，着墨后刷印在纸上，其原理与现代版画创作是一样的。因此，古代刻书业中的插图制作实际上是现代版画的滥觞。

一

建阳的版画艺术与绘画艺术一样，有着悠久的历史。当北宋建阳著名画僧惠崇绘出《春江晓景》，令苏东坡唱出"竹外桃花三两枝，春江水暖鸭先知"这脍炙人口的诗句的时候；当黄齐[2]寄兴丹青，挥笔描出《风烟欲雨图》，被收入《宣和画谱》的时候；当建阳道士徐知常[3]翻阅道家经藏，从中寻找绘制神仙故事的灵感的时候；当张、黄两位书生，为乡人新作聚星亭，画荀子、陈寔佚事于屏间，而令朱文公叹服的时候，[4] 建阳民间许多不知名

---

[1]〔宋〕祝穆编、祝洙补订：《宋本方舆胜览》卷十一，上海：上海古籍出版社，1991年，第127页。

[2] 黄齐，字思贤，宋建阳人。北宋皇祐进士，历官兵部侍郎，工画。

[3] 徐知常，字子中，能诗善画。宣和中，除蕊珠殿侍晨。

[4]〔宋〕朱熹：《晦庵先生朱文公文集》卷七十六《赠画者张黄二生》，朱杰人、严佐之、刘永翔主编《朱子全书》第24册，上海：上海古籍出版社、合肥：安徽教育出版社，2002年，第3687页。

的画工、刻工则在为建本图书绘制插图，雕刻上版，由宋至明，形成了中国版画史上历史最为悠久，影响最大，传世作品最多的画派——建安画派。

宋元建本版画的主要特征是上图下文，以图辅文，以文释图，图文并茂。建本中率先使用插图的，是建阳书坊中具有创新意识的刻书家们。

通常认为北宋嘉祐八年（1063）建安余氏靖安刻印的《古列女传》是最早的建本版画。此画相传为东晋著名画家顾恺之所绘，故此书卷首标题有"晋大司马参军顾恺之图画"字样。清徐康《前尘梦影录》说："绣像书籍以来，以宋椠《列女传》为最精。"此《列女传》的原刻本，今已无存，现存为清道光时期阮福的翻刻本，共分 8 篇，123 则，图也是 123 幅，上图下文。

历史上，最早将儒家经典配上版画插图，使文字古奥难解的典籍得以通俗化，以便读者阅读，加深理解和记忆的，是南宋时富于创新的建阳书坊。传世的刻本还有《六经图》，"纂图互注"诸经诸子等。现代著名的古籍版本学家傅增湘先生曾有诗云"纂图互注出麻沙，瞿陆双丁未足夸"[1]，说的就是这些刻本。

理学家朱熹在建阳讲学著述期间，著有《周易本义》。在此书的宋代建阳刻本中，卷首冠有《河图图》《洛书图》《伏羲八卦次序图》《伏羲八卦方位图》《伏羲六十四卦次序图》《伏羲六十四卦方位图》《文王八卦次序图》《文王八卦方位图》《卦变图》等易图 9 幅，图后附简要说明。应该说，朱熹《周易本义》的插图，其价值的重点在于其贯通天人的理学思想体系的建构上，或者说，是体现在学术上，而不是在艺术上。然而，正是通过这种图说的方式，将王阳明所说的"不离日用常行内，直造先天未画前"[2]的伏羲"先天之学"，以图画的方式简洁完整地表达了出来。由于朱熹长期在建阳讲学，并且在建阳书坊有过从事刻书的实践，所以此举对建本和建本版画的发展产生了不可估量的影响。宋元以来的建版图书，不仅是通俗读物，即便是许多严谨的学术著作，甚至包括朱熹的经典著作《四书章句集注》等也有插图，这

---

[1] 傅增湘：《双鉴楼藏书杂咏》，《藏园群书题记》附录一，上海：上海古籍出版社，1989 年，第 1035 页。

[2] 〔明〕王守仁：《王阳明全集》卷二十《别诸生》，吴光、钱明、董平、姚延福编校，上海：上海古籍出版社，1992 年，第 791 页。

与朱熹的采用和推广是分不开的。

在朱熹之后，建阳书坊出现了一批配上插图的儒学典籍，在当时的出版界悄然刮起了一股"读图"旋风。在存世的宋代建本中，仅以"纂图互注"标题的就有《尚书》《周礼》《毛诗》《礼记》诸经，以及《荀子》《老子道德经》《监本纂图重言重意互注毛诗》《毛诗举要图》和《毛诗图谱》等。《监本纂图重言重意互注毛诗》中的《四诗传授之图》，以图的形式将《鲁诗》《齐诗》《韩诗》《毛诗》的师承和源流关系表现得明白无误。

建本《六经图》，将《易》《书》《诗》《周礼》《礼记》《春秋》即所谓"六经"均配上插图。但《六经图》在流传的过程中，大部分原刻本均逐渐散佚，唯独还有《尚书图》的原刻本，至今还完好地保存在中国国家图书馆。此为南宋绍熙年间（1190—1194）建阳书坊刻本，原书一卷，白麻纸精印，有图77幅。版式为上图下文，图上有题。《中国版刻图录》曾收其中"有虞氏韶乐器之图"一幅。此书原为当代著名作家、藏书家黄裳所珍藏，后捐赠给北京图书馆（即今中国国家图书馆）。黄裳先生在其《几种版画书》一文中，赞扬此书，"于此可见宋代的版画就已有非常高的水平，工细简直不下明代中叶的作品，自然更多些端严气势"[1]。

2003年9月30日国家邮政局发行的《图书艺术》特种邮票，其中《宋刻本周礼》是我国首枚以雕版印刷古籍图书为主题的邮票。画面的主体部分，采用的是我国现存最早的插图本《周礼》书影。

此插图本《周礼》即南宋建阳刻本，现仅北京大学图书馆有收藏，为海内孤本。曾历经张敦仁、汪喜孙、李盛铎等名家所递藏。原书有图36幅，邮品所选，为其中两幅。右图《水地法图》，描绘的是以水平之法量地，使四方皆平，以营造国都或城郭，文见《周礼·考工记》。左图《天子玉路图》，描绘的是周王朝时以美玉装饰的皇帝专车。路，通"辂"。《周礼·春官》载："王之五路，一曰玉路。"是说皇帝的专车有五种，其中最尊贵的是"玉路"。图中描绘的是周天子乘"玉路"出行，前呼后拥的情景。线条流畅，形象生动。[2]邮票设计家对此书的评价是，"该书刻印精美，图文并茂，是一部体

---

[1] 黄裳：《榆下杂说》，上海：上海古籍出版社，1992年，第106页。
[2] 参方彦寿：《建阳书坊与插图本〈周礼〉》，《集邮》2003年第1期。

现中国宋代版画艺术和雕版印刷水平的代表作"。朱熹在建阳讲学时，可能曾经见到过此建本《周礼》，他说："书坊印得《六经》，前面纂图子，也略可观。如车图虽不甚详，然大概也是。"[1]

刻印于绍定五年（1232）前后的宗教类图书《天竺灵签》，现存5签至52签，每签一图，是现存建本中较早的有人物形象插图的刻本。图中人物表情和形体动作均栩栩如生，被郑振铎先生誉为是"很高明的艺人们的创作"[2]。

南宋建阳书坊中许多刻工也能刊刻版画插图。这一时期的建本《妙法莲华经》，也是一部宗教类图书，郑振铎先生《中国版刻史图录》收其中《序品》《药草喻品第五》《五百弟子受记品第八扉页画》三幅版画。图中分别署有"范刂""范生刂""建安范生刊"字样。"刂"是雕字的俗写，建安指的是古建安郡（治所在今福建省建瓯市），说明此范生是闽北人氏，建安范生即此书版画的刻工。这便是宋代建阳唯一知名的版画家。所谓"知名"，只是仅知其名，外加几幅传世的版画作品，如此而已。由于刻工都是个体的手工工匠，除了常年受雇于某些书坊主的固定刻工之外，他们中的大多数人均居无定所，带有很大的流动性。属于那种几把刻刀、刮刀、木槌、平錾，一个工具箱就可以闯荡四方，受雇远近的临时工人。正是这种流动性，促使各地书坊之间的版画刻印技艺得到相互交流，从而也促进了刻书业的发展。

二

元代是建阳刻书业持续发展的时期，也是建本版画插图制作的发展期。这一时期建本版画的内容比宋代有所扩大，版画插图的技艺也有提高，出现了中国出版史、小说史，尤其在版画史上值得大书一笔的巨作——"全相平话五种"。

在版式上，"全相平话五种"均为上图下文，连环画式。插图占版面约三

---

[1]〔宋〕黎靖德编：《朱子语类》卷一百三十八，王星贤点校，北京：中华书局，1986年，第3277页。

[2] 郑振铎：《中国古代版画丛刊总序》，《中国古代版画丛刊》（一），上海：上海古籍出版社，1988年，第2页。

分之一，每一全页一图，即所谓合页连图，每图均有小标题，主要人物标出人名，计288幅插图。插图的连续性很强，已十分接近后来的连环画。故有人认为，此书是我国现存最早的连环画。此外，五种平话均有带插图的封面，版式也是上图下文式。如"全相三国志平话"的封面，上绘《三顾茅庐图》，图上端题"建安虞氏新刊"，图下题书名《至治新刊新全相三国志平话》。

受版式的限制，要在狭长的画面中，表现庞大的历史事件，这就要求版画的设计与制作有高度的概括性，版画家要像一个高明的导演一样，在狭小有限的空间中导演出一部有声有色的历史活剧来。《全相平话五种》的版画作者较好地处理了这一矛盾。如"赤壁鏖兵"的插图，仅用士兵五六人，战船一二只，加上岸边"孔明祭风"仗剑作法念念有词，江上"黄盖放火"火借风势势不可挡，就把火烧赤壁波澜壮阔的战斗场面很好地表现出来了。

"全相平话五种"的版画插图，运用洗练的手法，表现纷繁复杂的历史事件和战争场面，人物形象鲜明，场景的处理与人物形象交相辉映，使故事情节得到生动的表现。图版的制作也极为精丽，线条流畅，疏密有致，在黑白分明的对比之中，较好地体现了版画创作的辩证思维。因此，"全相平话五种"的版画是建本图书的插图创作走向成熟期的力作，也是元代建本版画的代表性作品。

元代另一部颇值得一提的建本版画，是现存最早的插图本日用百科全书——《事林广记》。这是由南宋崇安陈元靓所编的一部日用类书，成书于宋理宗端平间，但宋刻本今已不存，现存最早的是元至顺间（1330—1333）建安椿庄书院刻本。全书共四十二卷，分为四十三类，每类皆配有精美的插图。此书又有元顺帝至元六年（1340）郑氏积诚堂、元陈氏积善堂、元余氏西园精舍等刻本，卷数与椿庄书院本不尽相同，有的刻本新增了一些元代民间日常生活知识方面的内容。本书收集了宋代市民生活的各方面资料，以及在日常生活中必须具备的知识。内容涉及天文、地理、节令、文艺、书道、军阵、音乐、医药、伦理、宗教、衣食、植物等各个方面，是研究宋代社会经济文化、历史地理等方面的重要史料。

全书图文并茂，形象生动地反映了当时的市民生活和文化娱乐等内容。如书中表现市民"投壶""蹴气球"等活动的版画，传神而逼真。续集卷四载

《棋局篇》，是现存较早的《棋经十三篇》全文，后附《棋篇路图》《长生图》《遇仙图》等，也是较早的棋谱。地舆类中有《历代国都图》《历代舆图》，是现存较早的版刻地图。卷六的三幅宋东京图是现存最早的开封宫城图，图中详尽地标出宫殿楼阁的位置，史料价值极高。农桑类中有《耕获图》《蚕织图》，与南宋宁宗时楼钥任于潜令期间所作《耕织图》，可能有某种关系。[1]续集文艺类中的《玩双陆图》，为元代人所增补。描绘两位蒙古族官员对榻而坐，玩耍"双陆"的游戏。床后立着两个侍者，一旁茶几上有杯盏茶茗，身后有画着牡丹孔雀的屏风，一条狗摇头晃尾，似乎在迈着从主人那儿学来的"官步"。整个画面构思精巧，笔墨简洁，人物形象鲜明，很好地表现了元代蒙古贵族阶层悠然闲适的生活。

此书后集卷三《先圣类》有《夫子杏坛之图》，表现的是孔子率门下弟子"冠者五六人，童子六七人，浴乎沂，风乎舞雩，咏而归"的情景。卷五《先贤类》有周敦颐、二程、张载、邵雍、司马光、朱熹等理学先贤的全身像，开了版画人物图像之先河。书中还以示意图的方式列出了周、程和延平四贤，以及朱门中44位主要弟子的传承关系，基本上表现出了朱熹"考亭学派"的主要阵容。将书中的《先贤图》和示意图所列人物和朱熹的道统论相对照，可以看出，该书的编者受到朱熹很深的影响，而且主要是受到了朱熹《沧洲精舍告先圣文》的影响。因为朱熹在此文中，提出了"周程授受，万理一原。曰邵曰张，爰及司马。学虽殊辙，道则同归"[2]的道统观。而《先贤图》所列七位先贤，除朱熹外，正是周、二程、张载、邵雍和司马光，即所谓"北宋六子"。其原因，与朱熹讲学的地点就在考亭沧洲精舍，而精舍的所在地，就在建本的故乡——建阳，有着密切的关系。

在版式上，此书的某些插图如《耕获图》《蚕织图》等也开始摆脱了早期建本版画的上图下文的单一模式，使建本版画从仅占版面的三分之一的狭小空间中挣脱出来，出现了全页巨幅的形式，从而使版画能表现更为广阔的生

---

[1]〔宋〕楼钥：《耕织图后序》，载〔明〕曹昭《新增格古要论》卷十三，北京：中国书店，1987年影印本。

[2]〔宋〕朱熹：《晦庵先生朱文公文集》卷八十六，朱杰人、严佐之、刘永翔主编《朱子全书》第24册，上海：上海古籍出版社、合肥：安徽教育出版社，2002年，第4050页。

活内容。在编撰体例、内容和版画制作上,《事林广记》开了元明间建阳书坊刊刻插图本日用类书之先河。

元代建本版画的知名画家有吴俊甫和黄叔安两位。他们都是服务于建安虞氏书坊的画工。建安虞氏刻印的"全相平话五种",其中《三国志平话》《武王伐纣平话》《七国春秋后集》的版画,题"樵川吴俊甫刊",樵川是建阳邻邑邵武的别称,说明吴氏乃邵武人氏。虞氏刻本《秦并六国平话》的版画,则题"黄叔安刊"。吴俊甫和黄叔安,是继宋代"建安范生"之后,既能制图,又能刊刻的画工和刻工。

版画插图在刻本中的出现,增强了图书的通俗性、趣味性,能增强读者的理解和记忆,因此,受到广大读者欢迎,具有强大的生命力。发展到明代,建阳书坊的刻本几乎发展到无书不插图的地步。在版式上,也从宋元时期的单一的上图下文,发展出下文上图、文中嵌图、单面大图、合页连图、月光版图等多种版式;在版画技艺上,也有了巨大的进步,从早期的古朴的风格向绮丽转变。以至到明万历间,建本版画技艺发展到了巅峰,与其时的徽派版画争奇斗艳,从而共同开创了郑振铎先生称誉的"光芒万丈的万历时代"[1]。

(原载《文艺报》2009 年 7 月 7 日)

---

[1] 郑振铎:《中国古代木刻画史略》,上海:上海书店出版社,2006 年,第 49 页。

建本地名考释

建阳是我国古代印刷出版业的中心之一。建阳"麻沙版"的书籍，一般又称为"建本"，向为版本学家所珍惜。

在建本研究中，经常会接触到诸如"建安、建宁、麻沙、富沙、东阳、闽建、建邑、潭阳、潭邑、书林、书坊"等地名。这些地名，有的一目了然，如麻沙、书林、书坊等；有的稍加解释便能明白，如闽建为福建建阳之简称；潭邑、潭阳为建阳之别名；有的却扑朔迷离，似是而非，往往使人产生误解，如建安、富沙、东阳等。如果不弄清这些地名及其所指，对我们的研究，势必造成一定困难，有时还会得出错误的结论。

本文根据笔者平时积累的一些资料和学习体会，试图对一些有必要加以辨析的地名进行考察，共辑成七则，供同仁参考。

建　安

建安，这是建阳历代刻书家中用得最多的地名。建阳刻书世家中余、刘、蔡、熊、虞、叶诸姓均有自称"建安×氏"者，加上诸如"建安黄善夫家塾""建安余仁仲万卷堂""建安刘君佐翠岩精舍""建安叶日增广勤堂"等这种直接标以刻书者姓氏和堂名的，仅宋代，据张秀民先生统计，就有二十八家[1]；自宋及明，可以估计，至少有近百家用此地名刻书，也正因如此，往往使许多学者误以为福建历史上的雕版印刷，除建阳外，还另有个建安书坊存在，从而得出诸如"宋元时代书坊多在建宁府郭之建安县"[2]，"至明代建

---

[1] 张秀民：《明代印书最多的建宁书坊》，《文物》1979 年第 6 期。
[2] 张秀民：《明代印书最多的建宁书坊》，《文物》1979 年第 6 期。

安书坊衰落，而建阳独盛"[1]，"入明以后，建安书坊衰落，继之而起者则是建阳书坊"[2]等不正确的结论。

实际上，宋元时期以建安地名刻书者，绝大部分都在建阳，何以知之？有以下三点可证。

一、史料记载

嘉靖《建宁府志》和《建阳县志》中均有建阳刻书的记载，如"书市在崇化里书坊，每月以一、六日集"[3]，"书市在崇化里，比屋皆鬻书籍，天下客商贩者如织，每月以一、六日集"[4]、"书籍出麻沙、崇化两坊，昔号图书之府。麻沙书坊毁于元季，惟崇化存焉"[5]，等等。而对建安刻书却只字未提。假如宋元时书坊多在建安县，至少《府志》不应忽视如此。此外，前人著述中，也每每只言麻沙、崇化，而不提及建安。如南宋建阳的学者祝穆在《方舆胜览》中云："建宁麻沙、崇化两坊产书，号为图书之府"；朱熹《建宁府建阳县学藏书记》云："建阳版本书籍，行于四方者，无远不至"。二者特别是朱熹在建阳和建安都曾生活过，对两地的民情风俗都十分了解，而他对建安刻书也只字未提。可见，并不存在一个所谓"建安书坊"。

二、用部分刻书牌记互证或史料证明

如元刘氏南涧书堂，刻《论语集注》时标以"建安刘氏南涧书堂新刊"木记[6]，而刻《书集传》时序后又题"麻沙刘氏南涧书堂新刊"木记[7]。可见，刘氏所云建安，实为建阳。再如元建安余志安勤有堂所刻的《分类补

[1] 张秀民：《明代印书最多的建宁书坊》，《文物》1979年第6期。

[2] 李致忠：《明代刻书述略》，《文史》1984年第23辑。

[3] 〔明〕夏玉麟、汪佃：《（嘉靖）建宁府志》卷十，《天一阁藏明代方志选刊》本，上海：上海古籍书店，1964年。

[4] 〔明〕冯继科等：《（嘉靖）建阳县志》卷三，《天一阁藏明代方志选刊》本，上海：上海古籍书店，1962年。

[5] 〔明〕冯继科等：《（嘉靖）建阳县志》卷四，《天一阁藏明代方志选刊》本，上海：上海古籍书店，1962年。

[6] （日）澁江全善、森立之：《经籍访古志》卷二，清光绪十一年（1885）徐承祖聚珍排印本。

[7] （日）澁江全善、森立之：《经籍访古志》卷一，清光绪十一年（1885）徐承祖聚珍排印本。

注李太白诗》[1]、《集千家注分类杜工部诗》[2]、《书集传辑录纂注》[3] 等均题"建安余氏勤有堂刊"木记，而同是他所刻的《唐律疏议》[4]、《诗童子问》[5] 等书又题"崇化余志安刊于勤有堂"，可见，余志安所说的建安，也应是建阳。又如元刘锦文日新堂，以"建安日新堂""建安刘叔简日新堂"名号刻书不下二十余种，而《（嘉靖）建阳县志》卷十二却有他的小传云："刘文锦，字叔简，博学能文，教人不倦，多所著述。凡书板磨灭皆校正刊行，尤善于诗，有《答策秘诀》行世。"

通过以上分析，历史上许多冠以建安之名的刻书者，实为建阳，既然如此，何以他们要自称建安呢？要弄清这个问题，就要对"建安"的历史作一番小小的考察。历史上的所谓建安，至少有以下三种含义。

1. 建安县。据嘉靖《建宁府志》和《建阳县志》记载，东汉献帝建安初年设建安、南平、汉兴三县，此建安县辖地相当于宋、元、明时的建宁府。建阳其时称桐乡，隶属于建安县，直到东汉献帝建安十年（205）才分建安县的桐乡置建平县（即后来的建阳县）。

2. 建安郡。三国吴景帝永安三年（260）以会稽（治所在今浙江省绍兴市）南部置建安郡，领治十县，郡治在建安。建平（建阳）县、建安县均在这十县之内。此建置一直沿用至隋。唐高宗时改为建州，沿用至宋。宋绍兴三十二年（1162）改为建宁府，府治在建安，元时称为建宁路，明仍改为建宁府。

3. 建安县。汉献帝建安初设置的建安县，建安十年分置建平县后，吴永安三年又分其地置将乐、昭武、绥安（今泰宁、建宁二县）三县；宋英宗治平三年（1066）又分其县西地置瓯宁县，由于一再分出，地盘越来越小，至

---

［1］ 邵懿辰撰、邵章续录：《增订四库简明目录标注》卷十五，上海：上海古籍出版社，1979年，第646页。

［2］ 傅增湘：《藏园群书经眼录》卷十二，北京：中华书局，1983年，第1030页。

［3］ 傅增湘：《藏园群书经眼录》卷一，北京：中华书局，1983年，第31页。

［4］ 邵懿辰撰、邵章续录：《增订四库简明目录标注》卷八，上海：上海古籍出版社，1979年，第347页。

［5］ 王重民：《中国善本书提要》经部诗类，上海：上海古籍出版社，1983年，第11页。

此与瓯宁实同为建宁府的附郭之县。《（嘉靖）建宁府志》有建安县和瓯宁县地理图，图中标注两县县治相距仅一里地，这两县就是后来合二而一的建瓯。为便于区分，我们在此不妨把汉献帝时设的建安县称为"大建安"，把宋以后的建安县称为"小建安"。

尽管历史上的建安、建阳二县曾多次分析合置，但在宋元明三代，即建刻兴盛的时期，麻沙、崇化二坊均隶属于建阳县管辖，而从不曾属建宁府治之附郭建安县即"小建安"管辖，这当无可怀疑。那么，这时期麻沙、崇化的书商们自称"建安×氏"或"建安×氏××堂"者，又当作何解呢？笔者以为，这是历史上因两地多次分析合置而形成的一种习惯用法，即沿用了古建安，或建安郡名，也就是上述第一、二种含义。假如不了解这种习惯用法，而把上述第一、二种含义与第三种含义等同起来，即把"大建安"或建安郡与"小建安"等同起来，就会得出错误的结论。

建　宁

以建宁地名刻书，其出现频率虽次于建安，但也代不乏人。所谓建宁书坊、建宁府书坊、建宁路书市等均指建阳书坊，因其时建阳隶属于建宁府（路）之故，与历史上邵武府治下的建宁县无关。

明嘉靖三十八年（1559）进士周弘祖的《古今书刻》[1] 著录了建宁府书坊所刻书目凡353种；《（嘉靖）建阳县志》卷五中也有一《书坊书目》，录书目凡382种。笔者将两目细加对照，一字不差完全相同者有130种左右。此外，还有相当部分两目略有不同，而有可能实为同一书者（因坊间刻书书名多叠床架屋，诸如"新刊京板校正×××先生批评××××"之类的书名比比皆是，而两目均用节略之书名，完全有可能将同一书节成两种略有不同的书名）。可见，周弘祖所谓建宁府书坊亦指建阳县书坊无疑。

---

[1]　〔明〕周弘祖《古今书刻》，与《百川书志》合印本，北京：古典文学出版社，1957年，第361—369页。

富　沙

刻书名号上冠以富沙地名者，元代有富沙碧湾吴氏德新书堂，明代有富沙刘兴我、富沙刘荣吾、富沙郑尚玄人瑞堂等。

刘荣吾刻有《精镌按鉴全像鼎峙三国志传》，今存英国博物馆。刘修业先生在《古典小说戏曲丛考》中认为"荣吾富沙人，疑富沙在福建"。澳大利亚学者柳存仁先生的《伦敦所见中国小说书目提要》却云："刘荣吾的富沙，刘女士疑其在福建者，实是广东。"

笔者认为，刘先生的意见是正确的。历史上富沙作为建州别称，可谓由来已久。《旧五代史》中载王曦之之弟王延政任建州节度使，封富沙王。《（嘉靖）建宁府志》卷一《建置沿革》亦载："五代晋高祖天福六年（941）以建州为镇安军，王延政为节度使，封富沙王……"富沙，作为建州别称，沿用了数百年。在《（嘉靖）邵武府志》卷十二《名宦》的"陈岩"条下云："按《纲目》，岩，建州人。《闽中记》云富沙人。"下注小字曰："富沙即建州。"虽寥寥数字，但不失为一个有力的佐证。

南宋著名诗人杨万里有《谢建州茶史吴德华送东坡新集》[1]一诗，其中吟道："富沙枣木新雕文，传刻疏瘦不失真。""富沙枣木"云云，指的就是建刻。一方面因建阳其时隶属于建州（建宁府），另一方面其版刻多用枣木、梨木，字体多用颜、柳，密行细字，具有"传刻疏瘦"的特点。

此外，张秀民先生在《明代印书最多的建宁书坊》一文中，著录了四十七家建阳书林刻书堂名姓名，其中有"潭阳书林刘钦恩（荣吾）"，此名钦恩字荣吾者，或许就是富沙刘荣吾。如果确实是这样，那么富沙和潭阳书林之间就画上了等号。这个等号就是说明：富沙——建州别称，建阳——隶属于建州，因此刻书者以富沙来代表建阳也是有根据的。

---

[1]　周汝昌选注：《杨万里选集》，上海：上海古籍出版社，1979年，第120页。

东阳·崇川

东阳，建阳的别称。其名源于宋政和间建溪水驿更名东阳水驿，见《（嘉靖）建阳县志》卷四《储恤志·驿传》。水驿乃达四方者必经之所，也是建版书籍销往外地的水路枢纽之一，故往往为人所引用，由特称变为代称。

余氏刻书世家中，宋代早于余仁仲万卷堂者，有东阳崇川余四十三郎宅，刻有《初学记》三十卷，见傅增湘先生《藏园群书经眼录》卷十。余氏所谓东阳崇川者，则指崇化。元代还有一崇川书府，至正辛卯（1351）刻有《春秋诸传会通》二十四卷，《铁琴铜剑楼藏书目录》和《增订四库简明目录标注》均著录。建阳崇化《贞房刘氏宗谱》卷一有元无名氏撰《京兆刘氏族谱世系序》（旧序），末署"明洪武十九年（1386）丙寅一阳月书于崇川翠岩精舍，时有协力点校者十七世孙椿、橦，同赞成者十六世孙灏谨题族谱之末以记岁月云尔"。刘氏翠岩精舍乃崇化里元明间名肆，上既署崇川翠岩精舍，则崇川即崇化无疑。

东阳之名，在一些文献记载中，也每每可见，并非仅见于刻书家的名号上。如宋末元初建阳的学者熊禾，在重修位于建阳崇化的同文书院时，作疏云："盖文献所关最大，在古今其揆则同，睹兹东阳，视古阙里，四方文籍之所自出，万世道义之所必宗。文公之文，如日丽天；书坊之书，犹水行地。"[1] 宋麻沙刘祖安于宋咸淳二年（1266）写有《刘氏故居庆元堂记》一文云："东阳为建（州）上邑，而麻沙实据东阳之上流，山川奇伟，人物繁禧，经史子籍（集）百家之书流通于天下，号曰图书外府，实七闽奎文之地也。"[2]《（嘉靖）建阳县志》卷六《艺文志》录有一名叫王佛生写的诗，题为《建阳怀古》云："东阳昔日好山川，山色川光豁眼前。西岸水连东岸水，南桥烟接北桥烟。锦江酒味香千古，云谷书声歇几年。……"亦可证。

---

[1]〔明〕冯继科等：《（嘉靖）建阳县志》卷五《学校志》，《天一阁藏明代方志选刊》本，上海：上海古籍书店，1962年。

[2]《刘氏忠贤传》卷六，《贞房刘氏宗谱》卷一。

钱　塘

以钱塘之名冠以刻书家名号前者，有南宋钱塘王叔边，刻有《后汉书注》一百二十卷，现存中国国家图书馆。《中国版刻图录》著录云："目录后有钱塘王叔边刻书牌记，又有武夷吴骥题款，即可为证。"宿白《南宋的雕版印刷》[1]亦云："建阳书坊亦有从临安迁来的，如从建本《后汉书》刊记得知有开雕两汉书的钱塘王叔边。"上引虽未把王刻列入浙本，但将此"钱塘"仅理解为临安别称应是无疑的。

据笔者所知，王叔边所谓钱塘应既指古临安，亦指建阳崇化里的钱塘。据《（嘉靖）建阳县志》卷十四记载，崇化里有王氏，事亲至孝，感动上天；忽一夕天降大雨，到天亮，钱落满其家池塘，从此此地便叫作钱塘。县志所云显系无稽之谈，但崇化里自古就有钱塘（今仍沿用），却是事实。笔者曾就此地名来源问题，请教建阳县地名办的陈功明同志。陈认为其真实来源，应为此地古时居民，多从浙省迁入者，为纪念祖籍，故有此称。如照此说，则古崇化里至少有一个村庄的居民是从浙江迁入者。而王叔边就是其中之一。对于这些冠以"钱塘"的版本书有没有误列入浙本？特为拈出，以提请鉴定古籍版本者注意。

云　衢

云衢，乃崇化里书林的一个小村庄，今名巨村，与书坊村实已连为一体。古书坊与云衢仅隔一桥，即云衢桥，今桥基仍存。《（嘉靖）建阳县志》录有书林十景，均为地名。其中就有"云衢夜月"一景。南宋爱国诗人谢枋得抗元兵败流寓建阳时，曾在书林南山隐居过一段，写下了《书林十景》的组诗，其中有一首题为《云衢夜月》，中有句云："长虹跨陆登云衢，会通四海同车

---

[1]《文物》1962年第1期。

书。"[1]《（嘉靖）建阳县志》卷一、《书林余氏族谱》《贞房刘氏宗谱》中均有《书坊图》，图中均标有此云衢地名。

以云衢之名刻书者，元有云衢张氏，刻有《续宋编年资治通鉴》十八卷；[2]有云衢会文堂，刻有《集千家注批点杜工部诗集》二十卷《文集》二卷附录一卷。[3]二者的刻书处，疑即在书林云衢。

潭阳·潭邑·潭水

此三者，均为建阳别称，来源于汉武帝时东越王余善筑城于大潭山（今城内登高山），称大潭城。建阳至今还别称潭城。

以潭阳、潭邑冠以刻书名号之前者，在各家书目中屡屡可见，如"潭阳余彰德""潭阳王介爵""闽芝城潭邑黄正甫""南闽潭邑艺林刘太华"等，因不易引起误会，兹不一一列举。

以潭水之名刻书者较为罕见，且多在明末清初，有闽建书林熊稔寰的潭水燕石居，刻有《秋夜月》[4]等，有清建阳余氏的潭水余明，刻有《天经或问》。[5]

（原载《福建史志》1987年第6期）

---

[1] 县志所载原句为"长虹跨陆登云衢，会附录诸作车书"，第二句显系误刻，此据府志卷九《津梁》补正。

[2] 傅增湘：《藏园群书经眼录》卷三，北京：中华书局，1983年，第250－251页。

[3] 傅增湘：《藏园群书经眼录》卷十二，北京：中华书局，1983年，第1031页。

[4] 叶德钧：《戏曲小说丛考》卷上，北京：中华书局，1979年，第371页。《中国丛书综录》亦录。

[5] 王重民：《中国善本书提要》附录题跋，上海：上海古籍出版社，1983年，第5页。

建阳县治刻书述略

历史上，建阳的雕版印刷业十分兴盛，刻书之风甚浓。除了私家刻书、书坊刻书、书院刻书外，历代县治也有刻书。县治刻书的主持人就是本县的最高长官——知县，因此，一些版本目录学家如叶德辉便把这种刻本称为"县斋本"[1]，或著录作"建阳知县×××刻本"。

宋元时期，因距今年代久远，建阳县治刻书的详情已难以尽考，见于著录的刻本仅宋淳祐壬子（1252）刻《晦庵先生朱文公易说》二十三卷。原书由朱熹之孙朱鉴编成，"建阳令赵君刊于县斋，鉴尝为之序"[2]。查《（嘉靖）建阳县志·历代职官年表》，知此"赵君"名与迥，淳祐四年（1244）始任。

明代，建阳县治刻书甚多，今可考见者还有十几种。现将刻书者及其刻本分述如下。

正德六年（1511），孙佐刻、贺泰编《唐文鉴》二十一卷。孙佐，字朝相，号南州，江西清江人。正德三年进士，正德五年任建阳知县。孙氏此刻，今南京图书馆有存书。

嘉靖十七年（1538），李东光刻、李默撰《建宁人物传》四卷。李东光，字晋卿，号近江，南昌人。嘉靖乙未（1535）进士，嘉靖十六年任建阳知县。李氏此刻，天一阁有存书。

嘉靖三十二年（1553），冯继科刻、季本撰《说理会编》十六卷。冯继科，字肖登，号斗山，广东番禺（治所在今广东省广州市番禺区）人。嘉靖二十八年以举人任建阳知县，"在任九年，以循良著声"[3]，并曾主修《（嘉

---

[1] 〔清〕叶德辉：《书林清话》卷三，北京：中华书局，1957年，第72页。

[2] 〔清〕瞿镛：《铁琴铜剑楼藏书目录》卷一，扬州：江苏广陵古籍刻印社，1985年影印清常熟瞿氏刊本。

[3] 〔清〕柳正芳等：《（康熙）建阳县志》卷四《官师志·名宦》，清刻本。

靖）建阳县志》。

嘉靖三十六年（1557），顾名儒刻、宋孙规撰、李祖尧注《孙尚书内简尺牍编注》十卷。顾名儒，字遂夫，上海人，举人。嘉靖丙辰（1556）建阳知县。中国国家图书馆和南京图书馆均存有顾氏此刻。

嘉靖间，邹可张刻、宋祝穆撰《新编古今事文类聚》前集六十卷、后集四十八卷、续集二十八卷、别集三十二卷，元富大用续编《新集》三十六卷《外集》十五卷。此刻本福建省图书馆和福建师范大学图书馆均有收藏。邹可张，字卫中，号海屿。广东南海（治所在今广东省佛山市南海区）人，举人。嘉靖己未（1559）任建阳知县。

万历三十八年（1610），叶大受刻印明梁学孟撰《痰火颛门》四卷。叶大受，浙江余姚人，万历三十二年进士，三十五年任建阳知县。

崇祯十五年（1642），黄国琦刻印《册府元龟》一千卷。黄国琦，字石公，号五湖，江西新昌（治所在今江西省宜丰县）人。崇祯十年进士，十五年任建阳知县。《册府元龟》是宋代"四大部书"之一，自宋代刊行之后，一直没有刻本，"六百年止一写本，互相传抄，势家购之，必损钱至三二十万，贫士竟生至梦有不之逮者"[1]。故黄氏此刻本的意义非同寻常。陈垣先生曾说："明人校刻此之劳不可没。"[2] 1960 年 6 月，中华书局曾据黄氏此刻补以宋刻残本影印出版。

除以上刻本外，建阳县治还刊刻了《文献通考》《山堂考索》等书。《（万历）建阳县志》卷七《艺文志·梓书》列有此之前的"县治书板"共八种。其书名是：《文献通考》《集事渊海》《十七史详节》《文选》《黄氏日抄》《孤树裒谈》《潭阳文献》《山堂考索》。《县志》在这八种书名之后，均注以小字"无板"二字，说明这八种书是明万历以前的刻本，至万历二十九年（1601）即修志这一年时，因相距时间久远，故版片均已不存。

历代县治的刻书，虽然均由知县领衔其事，但书工和刻工，则应都是从

[1] 〔明〕文翔凤：《册府元龟叙》，《册府元龟》，北京：中华书局，1960 年影印明万历刻本，第 16 页。

[2] 陈垣：《影印明本册府元龟序》，《册府元龟》，北京：中华书局，1960 年影印明万历刻本，第 4 页。

建阳书坊招募的。如黄国琦刻印《册府元龟》，卷首李嗣京《揭帖》就说："职昨奉命按闽。闽有建阳县，乃宋贤朱熹等讲道之乡。县有书坊，自宋迄今，皆为刊刻古书之所。职因取家藏旧本，行分守建南道胡维霖，转行建阳县知县黄国琦厘讹补阙。职与道、县合蠲薪禀，爰付枣梨。二月始事，十月告成。"说明黄氏此刻虽得到李嗣京、胡维霖等人的资助，但从事具体刊刻工作，为之挥毫操刀的仍是建阳书坊的工匠们。

再从"县治书板"的存放地点看，据《（嘉靖）建阳县志》记载，主要有同文书院的"东厅"[1]，"（同文书院）在崇化里，宋乾道间朱熹建以贮图书，……东厅今藏《洪武正韵》《劝善》及诸官书板"[2]。在这就进一步说明了"诸官书板"均在崇化书林募工开雕印刷，而书板则就近贮藏在同文书院。

万历《县志》中所列八种"县治书板"，修志时均已"无板"，其原因一方面可能是因年代久远，板已不存；另一方面可能是，出资刊刻的知县在卸任后携带回乡。如黄国琦刻《册府元龟》的书板就属于后一种情况。据胡道静先生考证："崇祯刻版，至清顺治十七年庚子（1660）因黄家遭火灾，书板多散失，后经补刻，康熙十一年壬子（1672），黄国琦之侄九锡重印此书……"，"至清乾隆三十三年（1768），黄家书板在吴门出售，为书贾王胜鸣所得，又将此书重印……"[3]陈垣先生《影印明本册府元龟序》说："此书自明以来，只有一刻，康、乾而后，虽续有补版，实同出一源，非有二刻。"[4]康熙四十二年，柳正芳修《建阳县志》，卷七中也有一《梓书》书目，其中所列"县志书板"八种，书名与万历《县志》所列一字不差，当从旧志所转抄，其中未列《册府元龟》，说明此明崇祯所刻书板至少在康熙间已经没有保存在建阳，证明胡道静先生的说法是正确的。

---

[1]〔明〕冯继科等：《（嘉靖）建阳县志》卷五，《天一阁藏明代方志选刊》本，上海：上海古籍书店，1962年，叶17B。

[2]〔明〕冯继科等：《（嘉靖）建阳县志》卷五，《天一阁藏明代方志选刊》本，上海：上海古籍书店，1962年，叶17B。

[3]胡道静：《中国古代的类书》，《册府元龟》，北京：中华书局，1982年，第144—145页。

[4]陈垣：《影印明本册府元龟序》，《册府元龟》，北京：中华书局，1960年影印明万历刻本，第2页。

除了以上所列知县刻本和县治书板外，尚有一些知县为书坊担任编辑、校勘等方面的工作。如明宣德间，建昌人张光启任知县，"锄强去暴，笃爱斯文"[1]，曾与崇化书林刻书家刘剡一起辑校《资治通鉴节要续编》一书。此书编成后，交刘文寿翠岩精舍刊行。刘文寿于宣德七年（1432）刻成，张光启曾为之作序。序云："余昔家食，切（窃）有此志，今幸作宰东阳，公隙即与书林君子刘剡取四代史所载君臣行事功绩，岁月日时，先后精详，敛博合一，核略致详……"[2] 由此可见，《县志》所称张氏"笃爱斯文"云云，并非溢美之词。此书现存朝鲜铜活字翻刻明刘文寿刊本，及明弘治十年（1497）建阳杨氏清江书堂刻本。

弘治十五年（1502），广东番禺人区玉"以名进士来宰是邑。……雅重斯文，垂情典籍，书林古典缺板，悉令重刊，嘉惠四方学者"[3]。正德间曾将宋章如愚撰《群书考索》前、后、续、别四集二百一十二卷"商诸书林义士刘君洪任其事，复刘徭役一年以偿其劳"[4]，故刘洪慎独斋刻《群书考索》一书卷首又题"建阳知县区玉刊行"。此书中国国家图书馆、北京师范大学图书馆、杭州大学图书馆均有收藏。《北京图书馆善本书目》《北京师范大学图书馆中文古籍善本书目》均题"刘氏（或刘洪）慎独斋刻本，唯《杭州大学图书馆善本书目》题作"区玉刻本"，故颇疑万历《县志》"县志书板"中著录的《山堂考索》（即《群书考索》）实即刘洪所刻。刘氏此刻时在正德戊寅（1518），距万历《县志》修撰这一年（1601）已八十三年，故书板无存。

正德十一年（1516），浙江东阳人邵圉，字宗周，以进士任建阳知县。在任六年，政绩颇显。"兴学校，增学田，奖进生徒。"[5] 曾校正元马端临《文

---

[1]〔明〕冯继科等：《（嘉靖）建阳县志》卷十三，《天一阁藏明代方志选刊》本，上海：上海古籍书店，1962年，叶6A。

[2] 王重民：《中国善本书提要》，上海：上海古籍出版社，1983年，第102页。

[3]〔明〕冯继科等：《（嘉靖）建阳县志》卷末《续建阳县志序》，《天一阁藏明代方志选刊》本，上海：上海古籍书店，1962年，叶1A。

[4] 潘承弼、顾廷龙：《明代版本图录初编》卷八，上海：上海书店，1941年，第14页。

[5]〔明〕冯继科等：《（嘉靖）建阳县志》卷十三，《天一阁藏明代方志选刊》本，上海：上海古籍书店，1962年，叶10B。

献通考》一书，亦交付书林刘洪慎独斋刊行。刘氏此刻，据王重民先生著录，卷端即题"鄱阳马端临贵舆著述，东阳邵幽宗周校刊"[1]。故窃又颇疑刘洪此刻与其刻《群书考索》一样，也是万历《县志》"县志书板"中的一种。

嘉兴人项锡，字秉仁，号瓶山，嘉靖二年（1523）任建阳知县，"为政廉勤，校典籍，嘉惠四方"[2]。刻有《建宁人物传》的李东光，于嘉靖十六年一上任，就在崇化书林建"嘉惠来学坊"[3]，表彰书林在图书出版方面的贡献。京山人氏周士显，万历癸卯（1603）任建阳知县。三十四年（1606），以方日升撰《古今韵会小补》三十卷，委付崇化书坊余彰德、余象斗同刻。据王重民先生《中国善本书提要》著录，此书美国国会图书馆存有一部。北京师范大学藏本，题作"明万历三十四年周士显建阳刻重修本"[4]，实际上就是余彰德和余象斗的合刻本。

建阳历代知县特别是有明一代的知县，在任职期间能与其属下的书林人物保持较为密切的联系，热衷于校、刊书籍，或自己集资募工刊行，或委托书坊刊行，其中虽不乏附庸风雅之辈，但总的看来，或多或少地都对建阳刻书的发展起到了促进作用。这种现象的产生，除了这些知县均举人、进士出身，虽谈不上硕学鸿儒，但也熬过十年寒窗，对文墨之事较为懂行等内因外，还有其广阔社会和时代的原因。

以明代为例，明代的统治者就比较重视文治的作用。朱元璋虽行伍出身，却颇知"致治在于善俗，善俗在于教化"[5]的道理。他在重教化兴学校的同时，洪武元年（1368）曾下诏对刻书废除书籍税的特殊政策，因此，明代的刻书事业较宋元两代更为繁盛。除了民间坊肆的刻书外，明中央政府的各个部门如秘书监、国子监、都察院以及各藩府均热衷于刻书，而各地地方政府

　　[1]　王重民：《中国善本书提要》，上海：上海古籍出版社，1983年，第153页。

　　[2]　〔明〕冯继科等：《（嘉靖）建阳县志》卷十三，《天一阁藏明代方志选刊》本，上海：上海古籍书店，1962年，叶11A。

　　[3]　〔明〕冯继科等：《（嘉靖）建阳县志》卷四，《天一阁藏明代方志选刊》本，上海：上海古籍书店，1962年，叶9B。

　　[4]　《北京师范大学图书馆中文古籍善本书目》，北京师范大学图书馆油印本。

　　[5]　〔清〕谷应泰：《明史纪事本末》卷十四，《景印文渊阁四库全书》第364册，台北：台湾商务印书馆，1986年，第260页。

部门如布政司、按察司、各府县的刻书机构较中央机关、藩府更盛。明周弘祖的《古今书刻》上编统计了明嘉靖前全国各地的刻书情况，其中刻书数量较多的如内府 83 种；都察院 33 种；国子监 41 种；南京国子监 278 种；南直隶 451 种；江西 327 种；浙江 173 种。福建最多，达 477 种。其中又以建阳书坊（建宁府书坊）刻书为最，达 367 种。

在这种官刻、私刻、坊刻盛行的年代，作为处于全国刻书领先地位的建阳县的一县之长，安能飘飘然于"建邑两坊，昔称图书之府"[1]，"夫山有见荣，此亦邑之见荣者已（矣）"[2]陶醉之中，而对此置若罔闻，无动于衷呢？再说，离建阳县很近的建宁府此时也刻书 17 种，福建布政司刻书 18 种，按察司刻书 12 种。更何况这些顶头上司的刻书与建阳县也有密切的关系，有的还延请书坊名工呢！因此，这时期建阳县治比较热衷于刊行书籍，实在又是一时风气使然了。

（原载《福建图书馆学刊》1988 年第 2 期）

---

[1]〔明〕冯继科等：《（嘉靖）建阳县志》卷五，《天一阁藏明代方志选刊》本，上海：上海古籍书店，1962 年，叶 19B。

[2]〔明〕魏时应等修纂：《（万历）建阳县志》卷七《梓书》，《日本藏中国罕见地方志丛刊》本，北京：书目文献出版社，1991 年，第 443 页。

闽刻地点辨正三题

泛舟书海，偶有所得，随笔写下短札若干，以下仅择其三篇。因均与闽版典籍的刊刻地点有关，故名之曰"闽刻地点辨正三题"。

其一，对沿袭已久的一个错误，即宋、明两个刻本《蔡忠惠集》的地点，是泉州还是莆田，作了辨析。其二，提出了刊刻《风月锦囊》的詹氏进贤堂是明代建阳的书坊，而不是孙崇涛先生所说的江西抚州。其三，对"南丰邵廉"的刻书地点是"建宁"而非"南丰"，也作了辨正。

一、宋、明泉州刻本《蔡忠惠集》

南宋绍兴二十七年（1157），状元王十朋（1112—1171，字龟龄）于乾道四年（1168）八月起知泉州[1]，次年将先贤蔡襄撰《蔡忠惠集》三十六卷刻版印行。《四库全书总目》卷一百五十二称：

> 乾道四年王十朋出知泉州，已求其本而不得。后属知兴化军钟离松访得其书，重编为三十六卷，与教授蒋邕校正锓板，乃复行于世。[2]

对这段话，可以有两种解读。一种是王十朋嘱兴化知军钟离松访得其书后，由钟氏与教授蒋邕在兴化府"校正锓板"；一种是王十朋嘱兴化知军钟离松访得其书后，由王氏本人和教授蒋邕在泉州"校正锓板"。在当代人的著述中，均采用前一种解读，如方品光、谢水顺、李瑞良等均以为此本刻印于兴化军

---

[1]〔清〕徐炯文编：《梅溪王忠文公年谱》，《北京图书馆藏珍本年谱丛刊》第25册，北京：北京图书馆出版社，1999年，第291页。

[2]〔清〕永瑢等：《四库全书总目》，北京：中华书局，1965年，第1312页。

（今莆田）。[1] 实际上，后一种解读才是正确的，王十朋本刊刻地点是在泉州，即宋陈振孙《直斋书录解题》卷十七所著录："端明殿学士忠惠蔡襄君谟撰。近世始刻于泉州，王十朋龟龄为之序。"关于这个失误，拙文《两宋莆田官私刻书考述》[2] 已详加考论，故在此从略。

历史有惊人的相似，明万历年间，泉州知府蔡善继在泉也刻印了《蔡忠惠集》三十六卷，也同样被后人误为兴化莆田刻本，造成这个错误的，仍然是清乾隆年间的四库馆臣们。《四库全书总目》卷一百五十二载："《蔡忠惠集》三十六卷……万历中，莆田卢廷选始得钞本于豫章俞氏，于是御史陈一元刻于南昌，析为四十卷。兴化府知府蔡善继刻于郡署，仍为三十六卷。"[3]

实际上，蔡善继并未担任过兴化知府。他到福建，首任的是兴化府莆田知县，分别见载于明何乔远《闽书》卷六十一《文莅志》、清康熙《福建通志》卷二十五《职官八》、民国《福建通志·职官志》卷十三。

正因为《四库全书总目》有"兴化府知府蔡善继刻于郡署"一说，于是，《蔡忠惠集》兴化莆田刻本几成定论。今人如方品光、谢水顺、李瑞良都认为万历四十四年（1616）有"兴化知府蔡善继刻蔡襄《宋蔡忠惠文集》三十六卷"[4]。

其实，此书的刊刻地点并不在莆田，与南宋王十朋刻本一样，也是在泉州。

蔡善继，字伯达，号五岳，吴兴（治所在今浙江省湖州市）人。万历二十九年（1601）进士。四十四年在泉州知府任上刻印宋蔡襄撰《宋蔡忠惠文集》三十六卷、明徐燉辑《宋蔡忠惠别纪》十卷，题"蔡善继双甓斋刻本"，今国家、南京图书馆和福建博物院等有存本。

---

[1] 方品光《福建版本资料汇编》据此著录作"宋乾道四年兴化军教授蒋邕刻本"（福建师范大学图书馆 1979 年铅印本，第 86 页）；谢水顺、李斑《福建古代刻书》（福州：福建人民出版社，1997 年，第 156 页）、李瑞良主编《福建省志·出版志》（福州：福建人民出版社，2008 年，第 16 页）亦同。

[2] 载《文献》2008 年第 3 期。

[3] 〔清〕永瑢等：《四库全书总目》，北京：中华书局，1965 年，第 1312 页。

[4] 见方品光：《福建版本资料汇编》第 86 页，谢水顺、李斑《福建古代刻书》第 357—358 页，李瑞良主编《福建省志·出版志》第 186 页。

关于此本的刊刻地点，历史上就有莆田和泉州两种不同的说法。莆田之说，即上文《四库全书总目》"兴化府知府蔡善继刻于郡署"之说。泉州之说，见于徐㶿《红雨楼序跋》卷一《蔡忠惠年谱》条下。其中有"甫一周，而吴兴蔡侯伯达来守泉郡，以公同姓同官又同地也，于是从卢副宪求录本，张广文启睿订正镂板以传"[1]云云。笔者认为，此书的刊刻地点正如徐㶿所言，可以肯定是在泉州而不是莆田。何以见得？徐㶿编《蔡忠惠别集补遗》卷之下《述异》节选《双甓斋集序》云：

> 吴兴蔡伯达先生，名善继，万历末年出守泉州。刻公遗稿于双甓斋，自为序。曰："不佞继初令莆阳，为公故里，得纳交于公之子孙。兹守是邦为公旧游，得领公之遗子㸦而抚临之。……公之盛德大业，懿谟风政，愧无能通求光大。公之遗文，不可当吾世令湮没而不传。"[2]

引文自序中出现的"初令莆阳"，只是结交了"公之子孙"，并未言及刻印此书之事。而到了"兹守是邦为公旧游"即泉州之后，蔡序才提到"公之遗文，不可当吾世令湮没不传"，这实际上已经透露出此书乃刊行于泉州的重要信息。这一点，还可以从《（乾隆）泉州府志》卷三十《名宦二·蔡善继传》中得到进一步印证。传云：

> 蔡善继，字（号）五岳。乌程人。万历四十三年由进士知泉州府。悉心民瘼，布政清和，……升本省副使。郡人思其功，建祠于蔡忠惠祠之后曰："前蔡后蔡"，岁时祀焉。[3]

传中虽未言及刊行《蔡忠惠集》，但从其始任泉州知府之年正好是在万历四十

---

　　[1]〔明〕徐㶿：《红雨楼序跋》，沈文倬校点，福州：福建人民出版社，1993年，第12页。

　　[2]〔宋〕蔡襄著，〔明〕徐㶿等编：《蔡襄集》，吴以宁点校，上海：上海古籍出版社，1996年，第913页。

　　[3]〔清〕怀荫布、黄任等修纂：《（乾隆）泉州府志》卷三十《名宦二》，《中国地方志集成·福建府县志辑》第23辑，上海：上海书店出版社，2000年，第43页。

三年（1615），而他刻印《宋蔡忠惠文集》是在万历四十四年，则此书是刊行于他官泉州的第二年，地点应是在泉州，已毋庸置疑。明泉州晋江人氏黄谕德作《双甕斋文集序》，将蔡善继与南宋王十朋相提并论。他说："宋乾道世，公殁未远，王梅溪公来守泉，过莆入晋（江），访公遗文，则郡与学皆无之，亦得之莆阳世家，乃授锓事，与蔡伯达公今日举合辙。梅溪公检之当代之年，蔡公表章隔世之后。梅溪公与公同官同地，蔡公与公官同地同姓同，人谓蔡公为公后身，斯集之传，神授非耶？"[1] 此序实际上已将《蔡忠惠集》的宋、明两个刻本的地点都定为在泉州。

此外，此书的刊刻并非如《福建古代刻书》所说的是"明代福建官刻"[2]，而是由蔡善继个人出资。这在徐𤊹的序言中已有明示，即所谓"刻公遗稿于双甕斋"。"双甕斋"是蔡善继的书室之名，是其私宅；如果蔡氏刻本是"官刻"，则是以公帑刻书而署私宅之名，这在封建社会中也是断然不可的，否则，蔡善继就成了假公济私的贪官，难免玷污了他所景仰的蔡忠惠公的清名。这与其在《泉州府志》中流传的"布政清和，剔蠹节浮"[3] 的声名，以及民众建祠将其与蔡襄并祀的清廉形象也不相符。

二、詹氏进贤堂的刻书地点

由商务印书馆和广西师范大学出版社 2003 年影印出版的《哈佛燕京图书馆文献丛刊》第一辑第 16 册，其中《新锲华夷一统大明官制》扉页引起笔者的关注。此扉页与正文四卷每卷卷端所题书名"新锲华夷一统大明官制"有所不同，下半页大字书名作"诸夷总览大明官制"，上半页五行小字为内容提要，称"国朝御制源流，文武官员品级，全补府县土产，增附天下路程，合并四夷风俗"（书影 1）；最重要的是，居中所标示的出版单位"进贤堂詹林所

---

[1]〔清〕周学曾等：《晋江县志》卷七十五《杂志上》，福州：福建人民出版社，1990 年，第 1805 页。

[2] 谢水顺、李珽：《福建古代刻书》，福州：福建人民出版社，1997 年，第 351—358 页。

[3]〔清〕怀荫布、黄任等修纂：《（乾隆）泉州府志》卷三十《名宦二》，《中国地方志集成·福建府县志辑》第 23 辑，上海：上海书店出版社，2000 年，第 43 页。

梓"7个字。为什么说最重要？因为这7个字，可以帮助我们正确地揭示出进贤堂刊行的另一部刻本——《风月锦囊》的刊行地点。

书影1：明进贤堂刻本
《新锲华夷一统大明官制》

西班牙圣·劳伦佐（San Lorenzo）皇家图书馆所藏之明嘉靖癸丑（1553）徐文昭编辑，詹氏进贤堂、仁智斋梓行的重刊本，《善本戏曲丛刊》第四集曾据以影印。对此书刊刻地，通常多作福建建阳，但戏曲史研究专家孙崇涛先生却坚持是在江西。他的大作《风月锦囊考释》第一章《概述》中有《编刻》一节，对此书的"编集"和"校刻"的地点作了详尽的考释。他认为：

> 锦本的编纂与刊刻地，可能都在今江西抚州地区。江西刻书，两宋称盛，曾与汴梁、浙江、福建、四川四地，合称当时五大雕版印书中心。江西刻书，又以抚州、吉安两地为著，官刻、私刻均蔚成风气。……明继两宋遗风，进贤等地的刻坊书商，仍以书业射利，这是很自然的事。而锦本的发现，又为江西的书刻史和戏曲史，添写了崭新的一页。[1]

孙先生还说："关于锦本的刊印地，有主为福建建阳所刻的。今人杜信孚著《明代版刻综录》[2]卷四页五十一，著录明弘治九年到万历三十五年'詹氏进贤堂'为'建阳书林'，不知何据。"

应该肯定，孙先生做学问是相当认真和严谨的。为了找到确凿的证据，他不仅对杜氏所著录的六种进贤堂刻本一一检索验证，而且还对别处甚至海外所藏的其他三种刻本也进行了考察，最后发现这九种刻本都未见署有"建阳"或"闽建"字样。

---

[1] 孙崇涛：《风月锦囊考释》，北京：中华书局，2000年，第12页。

[2] 杜信孚：《明代版刻综录》，扬州：江苏广陵古籍刻印社，1983年。

与此同时，当年孙先生在写作此书时，还亲笔致函向笔者咨询，委托我"在建阳的地方文献中，查找有关'詹氏进贤堂'的材料线索"[1]。这"材料线索"主要是指詹氏的族谱。当时在建阳所能查找的詹氏族谱，只有《建峰詹氏族谱》。此谱是朱子门人詹体仁家族的谱牒，宋末元初的刻书家武夷詹光祖就是这一家族的成员。但此谱与明代在建阳从事刻书的"进贤詹氏"无关。这便是孙先生在书中所说的"方彦寿先生的查找，同样没有结果"的来源。[2]

尽管如此，笔者对孙先生把詹氏进贤堂定为江西的书坊，却是不能同意的，但又苦于一时还找不到强有力的证据来证明这一点，于是只能作为存疑暂时搁置。而"进贤堂詹林所梓"《新锲华夷一统大明官制》一书的出现，正好为此提供了一个难得的证据。詹林所刻本《新锲华夷一统大明官制》虽然也没有"建阳"或"闽建"字样，但詹林所又刻有宋刘舒温撰《京本校正注释音文黄帝内经素问》十三卷《灵枢》二卷，首卷首行书名题"京本校正注释音文黄帝内经素问卷之一"，二行为"隋全元起训解"，以下依次为"唐王冰次注，宋林亿等奉敕校正，孙兆改误，闽潭城赵植吾编正，福书林詹林所重梓"。（书影2）这里的"福书林"指的应是"福建书林"，其具体地点应与"编正"此书的赵植吾所

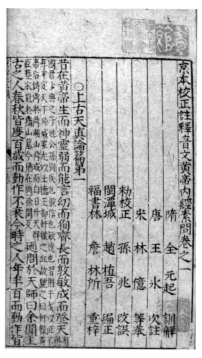

书影2：福书林詹林所刻本
《京本校正注释音文黄帝内经素问》

在的"闽潭城"即福建建阳应是同一个地方。此书后还附有明建阳熊宗立撰《素问运气图括定局立成》一卷《黄帝内经素问灵枢运气音释补遗》一卷。"福书林詹林所重梓"的这部医籍，现存于海内外图书馆，如北京、上海、南

---

[1] 孙崇涛：《风月锦囊考释》，北京：中华书局，2000年，第13页。
[2] 孙崇涛：《风月锦囊考释》，北京：中华书局，2000年，第14页。

京、台北及日本宫城县等地的公共和院校图书馆都有收藏。十几年前，笔者和孙先生对这一部刻本都没有注意，原因在于不知道詹林所也是进贤堂书坊的主人。而通过《新锲华夷一统大明官制》扉页中的"进贤堂詹林所梓"，加上"黄帝内经素问"中"福书林詹林所"，由此我们可以推出——"福书林詹林所＋进贤堂詹林所＝福书林詹林所进贤堂"，从而得出：进贤堂的刻书地就在福建书林，也就是建阳书林的结论。

三、邵廉刻本的刊刻地点辨正

邵廉，字茂齐，一字虚道，号圭斋，江西南丰人。嘉靖四十四年（1565）进士。历任工部主事，改兵科给事中，隆庆五年（1571）出任建宁（治所在今福建省建瓯市）知府[1]，刊刻图书多种。只是以往的古籍著录中，多不注明这些刻本的刊刻地点，故实有辨正之必要。

已知有隆庆五年（1571）刻印唐陈子昂撰、明杨春辑《陈伯玉文集》十卷《附录》一卷，四川省、湖南省等图书馆存明隆庆五年邵廉刻万历二年（1574）杨沂补刻本。[2]卷前有邵氏序称"士隐约闇修，卒与世违，无以明志多矣，然亦安知后无子云哉。故今刻《伯玉集》而序之如此"。末署"隆庆五年岁辛未秋八月望日，南丰邵廉书于建宁郡之莳蔬处"。此"建宁郡"，即建宁府，"莳蔬处"应为邵氏居室之名。

同年（1571），刻印宋曾巩《南丰先生元丰类稿》五十卷续附一卷，每卷标题次行题"南丰后学邵廉校刊"八字，国内有清华大学、中国社会科学院文学所等十几家图书馆有收藏。[3]

同年，又刻印宋欧阳修撰《欧阳文忠公集》一百五十三卷《年谱》一卷《附录》五卷，中国国家图书馆存。

---

[1]〔清〕张琦等纂修：《（康熙）建宁府志》卷十八《职官中》，《中国地方志集成·福建府县志辑》第5辑，上海：上海书店出版社，2000年，第230页。

[2]《中国古籍善本书目·集部》上册，第五五六种，上海：上海古籍出版社，1996年，第44页。

[3]《中国古籍善本书目·集部》上册，第二五二六至二五二九种，上海：上海古籍出版社，1996年，第215—216页。

同年，又刻印明王慎中撰《遵岩先生文集》四十一卷，今北大、上海和四川省等多家图书馆有存本。[1]《北京图书馆古籍珍本丛刊》第 105 册《遵岩先生文集》，即以此为底本，著录作"隆庆五年南丰邵氏刊本"，不准确。

考此本前有同郡芳洲洪朝选撰《王遵岩文集序》，所署官职甚长，曰"赐进士出身通议大夫都察院右副都御史奉敕巡抚山东等处地方兼理营田前四川按察司提学副使同郡芳洲洪朝选撰"。文称：

> 君既没，而其婿进士庄国祯子庠生同康辑君诗文为四十卷，余因付之苏守刘君涍刻之，而序君之才如此。

卷四十一后有嘉靖丙寅秋七月吉后学安阳刘涍顿首拜撰《遵岩先生文集后序》：

> 《遵岩集》者，晋江王君所撰著也。君讳慎中，字道思，人称为遵岩先生云。大中丞芳洲洪公为君同乡，又同志也，因刻其集并序诸首以传。谓余小子尝董梓事，不可无言。嗟，予鄙安能文，又恶能窥先生之蕴，而为之阐扬哉？

此本一前一后引用两个序，可能有两个作用，一是交代版本源流，说明此本源自嘉靖四十五年丙寅（1566）刘涍苏州刊本；另一个目的，则可能为其刊刻此书打掩护。

洪序之后，才是邵廉《王遵岩文集序》：

> 今王子已逝，而侍御蒋公手是集言其意，授余曰："闽中文献，欧曾心法在此，邵守识之。"宋苏公轼未面文正，序其集，余守王子邻邦，既不及面，然即面执业，何能知王子也？以蒋侍御公之意，论叙刻焉。隆庆伍年岁辛未秋八月之吉南丰邵廉书。

---

[1]《中国古籍善本书目·集部》上册，第八一〇六种，上海：上海古籍出版社，1996 年，第 666 页。

此序交代了刊刻此书的来由，是受"侍御蒋公"之托，由隆庆五年"守王子邻邦"，即王慎中所在的泉州"邻邦"的建宁"邵守""叙"而"刻"之。此"侍御蒋公"，指的是隆庆间官福建巡按监察御史的蒋玑，故此本的正确著录，应是"隆庆五年南丰邵廉建宁刊本"。之所以说是"打掩护"，是因为邵廉在官建宁知府的一年中，就迫不及待刊刻了先贤的四五种著述，虽然有的地方志书上说他"有景仰先哲之意"[1]，然而，作为一个太守，其"主业"毕竟不是刻书，诸多刻本的连续问世，就难免有动用官帑之嫌。以故，在刻书序言中，他使用了一点障眼法，用以模糊此书真正的刊刻地点。

隆庆六年（1572），邵廉在建宁又刻印了宋谢翱撰《晞发集》六卷。行格为半叶八行，行十八字。白口，四周单边。国家图书馆、北京大学和闽北浦城县等图书馆有收藏。[2] 著录作明隆庆六年邵廉、凌琯刻本。凌琯，字惟和，安徽歙县人。嘉靖壬戌（1562）进士，据清郝玉麟《福建通志》卷二十一《职官二》，隆庆六年，凌琯正官福建按察使[3]。由此可知，此书乃邵氏奉凌琯之命共同刊行建阳书坊。

同年（1572），邵廉在建宁又刻印了明邹守益撰《东廓邹先生文集》十二卷，前有福州学者马森撰序。今辽宁省和南京图书馆有存本。[4]

同年，在福建督学宋仪望的授意下，邵氏又在建宁刻印明王守仁撰《阳明先生文录》五卷《外集》九卷《别录》十卷。今日本早稻田大学图书馆存原刊本。行款为半叶十行，行二十字，白口，四周单边。卷端标题作"河东重刻阳明先生文录"，或"河东重刻阳明先生别录"卷之几。由此可知，此本乃据明嘉靖三十二年（1553）宋仪望刻本《河东重刻阳明先生文录》所重刊。卷首有黄绾、邵廉、邹守益、宋仪望四序。邵廉《刻阳明先生全集序》中提

---

［1］〔明〕何乔远：《闽书》卷五十六《文莅志·邵廉传》，厦门大学古籍整理研究所、历史系古籍整理研究室《闽书》校点组校点，福州：福建人民出版社，1994年，第1524页。

［2］《中国古籍善本书目·集部》上册，第四七九六种，第405页。

［3］〔清〕郝玉麟、谢道承纂修：《福建通志》，《景印文渊阁四库全书》第528册，台北：台湾商务印书馆，1986年，第110页。

［4］《中国古籍善本书目·集部》上册，第七七八〇、第七七八一种，第640页。

到此书刊刻原委说："余不敢谓知先生之学，今论宗旨，昭昭乎若揭日月行矣。顾念诸君子尊先生如孔孟氏，而略行事或有异于孔氏自叙，与其徒之阐述也。此则督学宋公授刻先生全书意也，谨序。隆庆六年岁在壬申季春望日南丰后学邵廉书。"

宋仪望在嘉靖三十二年癸丑（1553）旧序之后增写了一段文字说：

> 是集予往按河东刻之，今复承乏视学闽中，适司谏南丰邵君守建宁，予过建，辱君过从署中，相与剧谈阳明先生之学，司谏君曰："今所刻阳明全集，直与孟氏七篇相表里，盖佛家所谓正法眼藏也。愿请前集翻刻之，以惠八闽士子，如何？"予谢曰：是不谷之志也，然必辱高序，庶几来哲知吾二人所用心云。……时隆庆六载岁在壬申仲春廿有八日宋仪望题。（书影3）

"南丰邵君守建宁"，虽寥寥数字，但已将此书的刊行地点透露了出来。

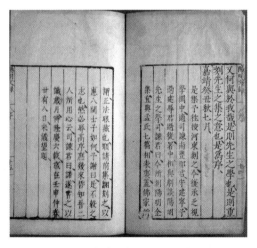

书影3：明邵廉建宁刻本《阳明先生文录》

宋仪望（1514—1578），字望之，江西永丰人。嘉靖二十六年（1547）进士。少师聂豹，私淑王守仁，又从邹守益、欧阳德、罗洪等名儒游。传载《明史》列传第一百十五。

　　邵廉在建宁知府任上短短两年，已知刊刻的图书竟多达 7 种，计 294 卷。在他领导下的建宁府衙，在这两年中，想必成了高速运转的专业出版机构。为避免授人以柄，所以在这些刻本中，极少有明确的有关这些刻本刊刻地点的文字表述。这就为后人在著录这些刻本时造成了不同程度的困惑，或作"邵廉刻本"，或作"南丰邵廉刻本"，而忽略了对这些刻本真正的刊刻地点的准确提示。

　　以上刻本之外，邵廉刻本还有无具体年号，署明刊本明单复撰《读杜诗愚得》十八卷，辽宁省图书馆存，缺第九卷；此外，还有明罗玘撰《翰林罗圭峰先生文集》十八卷《续集》十五卷；明赵钑撰《古今原始》十四卷。这些刻本是否也在建宁所刊，笔者因未见原书，有待于作进一步的考察。

（原载《福建史志》2014 年第 2 期）

个案研究

建阳刘氏刻书考

在建刻史上，建阳刘氏刻书世家以其刻书历史之悠久，知名的刻书家之众，传世的刻本之多，刊刻的质量之高，完全可以和建阳余氏相媲美。但由于前人较多地提到建阳余氏，加上史料之缺乏，人们对刘氏刻书的情况，除了散见于古今各家公私书目著录的几百个版本目录外，其余的就知之甚少了。因此，对刘氏刻书的历史作一番较为全面的考察，使其得到应有的评价，就显得很有必要。

本文根据笔者新发现的刘氏族谱史料，综合前人对刘氏刻书的一些片断论述或记载，试述如下。错误与疏漏之处，还望方家指教。

一、刘氏刻书的兴起和发展

（一）宋代刘氏刻书的兴起

1. 据族谱记载推断刘氏刻书始于北宋

笔者在建阳麻沙水南村和书坊乡，即古代刘氏刻书的两个主要地点，分别读到了两部《刘氏族谱》——麻沙元、利二房合修的《刘氏族谱》和书坊《贞房刘氏族谱》（书影1）。前者重修于光绪庚辰（1880），共十二巨册，前十册以谱系为主，不分卷；后二册又称《建州刘氏忠贤传》，共十卷，卷三、四、八、十又分

书影1：《贞房刘氏族谱》

上下卷。内容主要记建阳麻沙（包括崇化书林）、建阳马伏、崇安五夫三族中列祖像赞、行实、奏议疏略、诗词艺文、墓表碑铭等，史料价值极高。半叶十六行，行三十七字，白口，上下鱼尾。后者则刘氏忠贤堂重修于民国九年（1920），惜仅存前五卷五册。

据二谱记载，刘氏系其始祖京兆万年（治所在今陕西省临潼市）刘翱[1]（859—936）"于唐昭宗乾宁三年（896）镇守建州，领散骑常侍。……时中原扰攘，公以荣禄大夫彭城郡开国公致仕，遂与妻兄蔡长官炉、妹夫翁节度部、弟金吾将军翔、将作监幽渡江入闽，各择地而居"[2]。翱卜居麻沙，号西族北派；幽卜居建阳马伏，号西族南派；翔卜居崇安五夫，号东族。翱是为刘氏西族北派始祖，生四子曰晓、暐、晔、噪，分为元、亨、利、贞四房。宋代麻沙刘氏刻书者多为元、利二房中人；亨房传四世刘简迁居江西临川，可略去不论；贞房则原居麻沙渡头，宋末由元代著名刻书家刘君佐迁居崇化里书林，君佐由此被称为始入书林之始祖；元明两代刻书者多为贞房中人。

刘氏自诩其为汉刘邦之弟楚元王刘交之后，其后人引以为荣的，是其祖上乃帝王之胄，关中望族。理学家朱熹寄读崇安五夫刘氏之门时，为刘氏写的对联是"八闽上郡先贤地，千古忠良左相家""两汉帝王胄，三刘文献家"。[3] 因此，综观二谱所记的重点人物，多为官宦和理学名人，而对其刻书之事则绝少提到，当然不会明确记载刘氏刻书的最早年代。但据族谱记载，可以推断出刘氏刻书始于北宋。

首先，据刘君佐于元大德五年（1301）撰《刘氏重修宗谱序传》[4] 可知，其始祖刘翱入闽是在乾宁四年（897），已是唐末，距唐亡（907）仅不足十年时间，且在建州为官，因此，刘氏在唐代不可能刻书。

其次，据族谱载，刘翱四子元房祖刘晓曾任中书令兼秘书省校书；利房祖刘暐任太子校书；亨房祖刘晔官金华府刺史；贞房祖刘噪是国子监丞历广

————————

　　[1]《刘翱传》，参见《（道光）建阳县志》卷十三《流寓》，清道光印本，叶37B—38A。

　　[2] 刘云珪等：《贞房刘氏宗谱》，民国九年（1920）忠贤堂活字印本；《刘氏忠贤传》卷一《开国公翱传》，光绪《刘氏族谱》附刊本。

　　[3]《刘氏忠贤传》卷九《祠院崇祀·扁联祝文》。

　　[4]《刘氏族谱·历朝谱序》，又见《贞房刘氏宗谱》卷一。

西观察使。这四人均身羁仕途，且居要职，自然也不会去刻书，至少不会从事坊刻。四人中仅刘晔有明确的生卒年，生年为唐昭宗大顺辛亥（891），卒年为宋太祖建隆辛酉（961），系唐末五代人。由此可知，刘氏在五代时也不可能从事刻书业。

再次，从今可知有明确刻书年代的刘氏刻本看，刘氏刻书最早的是建安刘麟。他于宋宣和甲辰（1124）刻有《元氏长庆集》六十卷。《善本书室藏书志》卷二十五、《增订四库简明目录标注》卷十五著录明翻刻本时间接提到。查《刘氏族谱》，于《利房总系补遗》第十世中找到刘麟的名字，并知其父名僎。《善本书室藏书志》引刘麟序云："仆之先子尤爱其文，尝手自抄写，晓夕玩味，称叹不已，谨募工刊行，庶几元氏之文因先子复传于世。"由刘氏序文可知：第一，元稹文集是由刘僎辑成，而由刘麟刊行的，这就是现今可知最早的元氏文集刻本了。宋浙本、蜀本均据此本翻雕，明马元调刊本，明嘉靖三十一年（1552）董氏茭门别墅刊本也是直接或间接地据此本翻刻。第二，其时刘麟刻书还属于家刻。因从事坊刻者大多有自己的较长期的固定的刻工，不会临时招募。我们虽然不能据此断定刘氏刻书始自刘麟，但综上所述可知，刘氏刻书只能始自北宋。

2. 宋代刘氏刻书家

北宋刘氏的刻书主要以元、利二房中人为主，刻书地点均在麻沙。北宋时期，今可知者，仅刘麟一人而已。南宋时期，刘氏刻书已初具规模，与余氏相比，知名的刻书家和刻本均比余氏稍多。下表1系根据各家公私书目所著录刻本（或翻刻、影钞，或文中提到）综合整理而成，共列宋代知名的刻书家八家，只知坊名不知人名者二家（刘氏书坊、刘氏天香书院），刻本十七种（见表1）。知名的八家谱系中有记载者五人，他们是刘麟、刘仲吉、刘将仕、刘通判、刘叔刚，余者谱系刊脱。

刘仲吉（1131—1202），名大成（书影2），

书影2：《刘氏族谱》
中的刘大成像

字仲吉。朱熹的学生刘崇之之父。"天姿爽迈，赋诗有警句，己乃不利场屋，闭门教子。淳熙乙未，子崇之登第，公方强仕。喜曰：'有子成吾志，尚何求？'就养长乐，久留吴京，晚历蒸湘，日赏湖山之胜。间归乡间，稍筑园圃，与客觞酌吟咏，休休如也。性嗜书，手不释卷。前辈文集昼夜编纂。或质疑义，应答如流。襟度旷达，轻财重义，里中推为长者。……"[1] 朱熹为其书写像赞。因其子贵，逝后赠史部员外郎太中大夫。周必大应同僚刘崇之、刘立之兄弟之请为其撰《墓志铭》。

刘将仕，即刘仲吉次子刘立之，字信父。登淳熙科，官莱阳令，授将仕郎。

刘通判，名復言，元房第八世孙。绍兴癸丑（1133）进士，官漳州通判。刻书者应为其子刘旦，从其刻《纂图互注荀子》一书题"关中刘旦校正"可知。所谓"刘通判宅"乃借其父之名以炫人自重。《天禄琳琅书目》据此将刘旦和刘通判误为同一人。

刘叔刚，名中正，字叔刚，贞房第十世孙。所刻《大易粹言》，王文进《文禄堂访书记》作七十卷，傅增湘《藏园群书经眼录》作十卷。考傅氏著录本亦从文禄堂取阅，故颇疑傅、王所见者实为同一藏本，傅氏著录时未见全书。刘氏此刻，《中国古籍善本书目》（经部）未录，疑国内已不存。

（二）元代刘氏刻书的发展

以贞房十四世刘君佐于宋末迁居崇化书林为标志，开始了刘氏刻书飞速发展的时期。这个时期刘氏刻书主要以坊刻为主，传世的刻本比宋代多，并出现了翠岩精舍和日新堂这两个坊刻名肆。此外，还有建安刘承父、刘衡甫、刘氏南涧书堂、刘氏明德堂等书肆；书院刻书则有刘应李的化龙书院，崇安五夫的屏山书院等。

1. 翠岩精舍主人考

（1）据史料推断刘君佐只是在晚年刻书

刘君佐，字世英，号翠岩，刘叔刚的玄孙。过去由于资料缺乏，对刘君佐的事迹无从考察。四库馆臣在著录元天历刘氏翠岩家塾刻《古赋题》一书

---

[1]《刘氏忠贤传》卷一《太中公大成传》。

时，甚至发出"其刘氏之名，则不可考矣"[1]之叹。因此，偶有一、二刻本
署有刘君佐之名，就往往使人们误以为元代翠岩精舍的刻本均刘君佐所刻。
还有一些版本目录，如杜信孚先生的《明代版刻综录》甚至误将明嘉靖以前
的翠岩精舍或翠岩馆刻本均列在刘君佐名下。[2]须知，翠岩精舍从至元甲午
（1294）刻《翰苑集》，到明万历十六年（1588）翠岩馆刻《素书》，营业时间
长达294年，经历了好几代人的努力。刘君佐只是翠岩精舍的创建者或第一
代主人。这一点，著录版本时不可不考虑。

其实，根据族谱史料和刻书牌记看，刘君佐只是在晚年刻书。他所刻的
传世版本今可知者数量并不多。以下将《贞房刘氏宗谱》中有关刘君佐的记
载作一介绍，并据此推算出其大致的生卒年，对此也许我们就会看得比较清
楚了。《宗谱》卷三"君佐世系"云：

> 君佐，稀十公。字世英，号翠岩。〔武〕咸淳六年庚午进士，任南恩
> 道判。采订谱……牒，著《传忠录》[3]。葬永忠（里）新溪[4]桥头挂壁
> 金钗形。迁居书林，为书林始祖，妣熊氏提督女辛六安人，葬崇
> 化。……

《增订四库简明目录标注》卷二著录元泰定四年（1327）精舍翠岩刻《诗集传附
录纂疏》一书，全文录下了刘君佐的刻书识语，可知刊刻《诗集传附录纂疏》
之时，君佐尚在世。从登进士第（1270）到刊刻《诗集传》，已经长达57年了，
假设君佐在二十岁登第，那么，刻《诗集传》时刘君佐已是七十七岁高龄了。
因其侄宣化为君佐写的赞辞中有"早登显第，遂历要途"一语（书影3），据
此可知，君佐登第时相当年轻，算在二十岁可能相差不远。因此，刘君佐的
生卒年约在1250—1328年之间。只是谱系中刘君佐的族兄弟及上下几代无一

---

[1]　〔清〕永瑢等：《四库全书总目》卷一百三十七，北京：中华书局，1965年，第
1164页。

[2]　杜信孚：《明代版刻综录》卷六，扬州：江苏广陵古籍刻印社，1983年，第12—
13页。

[3]　即《刘氏忠贤传》。

[4]　今麻沙乡新溪村，位于麻沙与崇化书林之间。

人有生卒年记载，无法为此提供一个直接的旁证。查《潭阳熊氏族谱》，于卷首得刘君佐的岳父熊提督（即熊宗立的高祖熊忠信，曾任吉水尉、杭郡军事提督）的小传，知其生年为宋嘉定九年（1216），卒年为元至元二十二年（1285），比君佐大三十来岁。以翁婿二人的年龄差别看，符合常理。

书影3：《贞房刘氏族谱》
中的刘君佐像

以上分析，得出刘君佐的生卒年约在1250—1328年之间。显然，在1328年之后翠岩精舍的刻本就应是君佐后人所刻。这样，表1所列刘君佐的刻本实只有5种。故刘君佐的主要功绩不在于他刻书的多少，而在于他继承了宋代刘氏的刻书业，为刘氏元明二代大规模的坊刻，开了一个好头，用其后人刘自成的话来说，即"族势之昌，独树一帜"，[1]使刘氏成为继宋代著名理学世家之后的著名刻书世家。

（2）翠岩精舍第二代主人考

刘君佐逝世后，翠岩精舍的元刻本还有十一种，这就出现了一个问题，即元代翠岩精舍的第二代主人是谁？各家书目在著录这十一种刻本，除了误以为是刘君佐所刻外，未见有其他刘氏之名。笔者的看法是，这些刻本均出自刘君佐次子刘衡甫之手。何以知之？元至正间建宁路书市刘氏曾刻有《联新事备诗学大成》一书，现存上海图书馆。《善本书室藏书志》卷二十著录该书朱文霆序云："三山林君以正，锐于诗也。尝择取古今名公佳句，比附于后，比之旧编，于事类则去其泛而益其切者，于诗语则去其未善而增入其善者，名之曰《诗学大成》。书市刘君衡甫锓诸梓。"则此建宁路书市刘氏，实即建阳书林刘衡甫。查《贞房刘氏宗谱》，于卷三得其小传。曰：

> 钧，祖六公，字衡甫。元末世乱，能保全乡，大明兵入郡，率众归附。葬崇化里西坑九窠祖舍垆。……

---

[1]〔清〕刘自成：《修贞房宗谱序》，《贞房刘氏宗谱》卷一。刘自成，刘氏二十八世孙，此序撰于清乾隆三十一年（1766）。

据族谱可知，刘衡甫至少活到明初。元至正刻本《联新事备诗学大成》一书既然是衡甫所刻，那么其余几种也应系其所刻。这也符合衡甫刻书一贯不署其名的做法。朱文霆序中如未提到此君之名，这翠岩精舍的第二代主人我们今天恐怕就无法明确知道了。

2. 元代著名书肆日新堂

较翠岩精舍稍晚一些崛起的，是刘锦文的日新堂。从元至元辛巳（1281）刻《朱文公校昌黎先生集》到明嘉靖八年（1529）刻《新刊医林类证集要》，营业时间长达 248 年，今可考见的刻本至少有 30 余种。显然，也经历了好几代人的努力。

刘锦文，字叔简。《（嘉靖）建阳县志》卷十二有其小传，误作刘文锦。[1] 遍查刘氏二谱，却不见其名。由贞房谱目录可知，卷末列有《贞房世系补遗》，或许在《补遗》中可以查到，因此谱残缺，在未找到全谱之前，只得作罢。但不管在《补遗》中是否有刘锦文，从日新堂的刊记可知，刘锦文必为贞房中人无疑。如元刻《唐诗鼓吹》，目录后有"京兆日新堂刻"六字木记，这与翠岩精舍有时也自称"京兆刘氏翠岩精舍"[2] 一样，源于其祖京兆刘翱，这是同宗。再说，日新堂的刻书地点也在崇化书林，这是同地。如明宣德本《书传大全通释》卷三题"书林三峰刘氏日新书堂重刊"；明正德六年（1511）刻《性理群书集览》卷十七后有"书林刘氏日新堂刊"牌记。此"书林"并非通常所说的坊刻书铺，而是专用地名。在建本中，凡出现"书林"二字，均指崇化书林。在麻沙刻的书，是不会出现"书林"二字的。如上文提到的刘君佐小传中有"迁居书林，为书林始祖"一语，此"书林"就专指崇化书林而言。如果说，书林可以既指麻沙，又指崇化，那么，刘君佐从麻

---

[1] 传曰：刘文锦，字叔简。博学能文，教人不倦，多所著述。凡书板磨灭，校正刊补，尤善于诗，有《答策秘诀》行世。（〔明〕冯继科等：《（嘉靖）建阳县志》卷十二，《天一阁藏明代方志选刊》本，上海：上海古籍书店，1962 年。）

[2] 如明景泰七年（1456）刊《史钺》有"景泰丙子良月京兆刘氏翠岩精舍新刊"牌记，见傅增湘：《藏园群书经眼录》卷十，北京：中华书局，1983 年，第 856 页；明景泰五年刊《五伦书》有"景泰甲戌良月京兆刘氏翠岩精舍新刊"牌记，见王重民：《中国善本书提要》，上海：上海古籍出版社，1983 年，第 228 页。

沙"迁居书林"，修谱者至少会在"书林"一词前加上某些限制词，否则，就成了从"书林""迁居书林"，逻辑上就说不通了。可为此一证的是，建阳崇化里村外歌乐山上，历史上曾有一座书林门（今已修复），门的上方即大书"书林门"三字，系出入书林的古驿道的必经之地。《（嘉靖）建阳县志》卷首、《潭西书林余氏族谱》均有一幅《书坊图》，二图中均标有此门。

表1 宋元刘氏刻本综录

刻书者	书 名	刻印年代	著录或现存[1]	备注
刘麟	元氏长庆集六十卷	宋宣和甲辰（1124）	标注、丁志、陆志	
刘仲吉	新唐书二百二十五卷	绍兴庚辰（1160）	标注	
	类编增广黄先生大全文集五十卷	乾道间（1165—1173）	傅录、王记、黄跋、北大	十五行二十六字，细黑口、四周双边
刘仲立	后汉书一百二十卷	隆兴二年（1164）	版 本 志、图录	均间接提到，即何焯校本
刘氏书坊	尚书详解十六卷	淳熙间（1174—1189）	四库、标注	
刘元起家塾（刘之问）	汉书注一百卷	庆元元年（1195）	图录、北大、北图	八行十八字，注双行二十四字，细黑口，四周双边
	后汉书注九十卷志注补三十卷	庆元间（1195—1200）	傅录、莫目、上图	十行十八、九字，注双行二十三字，细黑口，四周双边

---

　　[1] 本表及行文中所使用之书目简称，请参看下文《明代刻书家熊宗立述考》后所附《引用书目简称与原书对照表》。

刻书者	书　名	刻印年代	著录或现存	备注
刘日新 三桂堂	童溪王先生易传三十卷	开禧元年 （1205）	中国古籍×、 北图×	×号表示残存， 下同
刘将仕宅	皇朝文鉴一百五十卷	南宋	标注、傅录、 北大	十三行二十一字， 黑口
刘通判 宅仰高堂	音注老子道德经二卷	同上	傅录、丛书、 故宫	十行十八字，注双 行二十三字，四周 双边，细黑口
	纂图分门类题注荀子 二十卷	同上	于目、傅录、	十行十九字，注双 行二十三字，细黑 口，左右双边
	纂图分门类题五臣注 扬子法言十卷、新增 丽泽编次扬子事实品 题一卷、新刊扬子门 类题目一卷	同上	北图、潘记	十行十九字，注二 十三字，潘记作 元刻
刘叔刚宅 （一经堂）	附释音毛诗注疏二 十卷	南宋	张志、森志	十行十八字
	附释音礼记注疏六十 三卷	同上	王记、孙记	十行十七字，注双 行二十三字，黑口
	附释音春秋左传注疏 六十卷	同上	中国古籍×、 王记、潘录 ×、森志、 北图	十行十九字，注双 行二十三字，细 黑口
	大易粹言七十卷	同上	王记、傅录 （作十卷）	十二行二十三字， 细黑口，左右双边

刻书者	书　名	刻印年代	著录或现存	备注
刘氏天香书院	监本纂图重言重意互注论语二卷	同上	王记、杨谱、北大、上图（影钞）	十行十八字，注双行二十四字，细黑口
刘承父	新刊续添是斋百一选方二十卷	元至元癸未（1283）	森志、陆志、杨志、陆跋	十行二十二字
刘君佐翠岩精舍	程朱二先生周易传义二十四卷	延祐元年（1314）	标注、傅录（作十卷）、中国古籍×、北大×	十一行二十一字，黑口，四周双边
	国朝文类七十卷目录三卷	泰定丁卯（1327）	标注	十三行二十四字
	诗集传附录纂疏二十卷、诗序附录纂疏一卷、诗传纲领附录纂疏一卷、语录辑要一卷	同上	瞿目、标注、莫录、陆志、中国古籍、北图	十一行二十字，注双行二十四字，黑口，四周双边
	韩鲁齐三家诗考	同上	傅录、丁志、标注	十一行二十字，注双行二十四字
	伤寒直格方三卷、伤寒标本心法类萃二卷	天历元年（1328）	标注、联目	标注作元刊，联目无后二卷
	古赋题十卷后集五卷	天历己巳（1329）	四库	题作翠岩家塾刊
	国朝文类七十卷目录三卷	至正辛巳（1341）	标注、陆跋、王记	十三行二十四字，黑口。王记作元刊

续表

刻书者	书 名	刻印年代	著录或现存	备注
	书集传辑录纂注六卷	至正十四年（1354）	陆志、标注、中国古籍×	十一行二十字，小字双行二十五字
	注陆宣公奏议十五卷	同上	傅录、王记、瞿目、丁志、北图、故宫（影钞）	十二行二十三字，黑口，四周双边
	大学章句一卷、大学或问一卷、中庸章句一卷、中庸或问一卷	至正丙申（1356）	提要	十三行二十字，注三十字
	广韵五卷	同上	北图、图录、中国古籍	十三行，注文双行三十字，黑口，左右双边
	重修玉篇三十卷	同上	森志、杨志	十三行十九字，左右双边
（刘衡甫）	联新事备诗学大成三十卷	至正间（1341—1368）	丁志、上图	十三行二十五字。上图目作书市刘氏刊
	宛陵先生文集六十卷	元	傅录	著录宋刻本时提到
	苕溪渔隐丛话前集六十卷	元	标注、傅录、北大×	十三行二十一字，黑口，左右双边
刘锦文日新堂	朱文公校昌黎先生集四十卷外集十卷集传一卷遗文一卷	至元辛巳（1281）	王记、森志、浙图	十三行二十三字，注双行，黑口
	新编事文类要启札青钱五十一卷（分前集十卷后集十卷续集十卷别集十卷外集十一卷）	泰定元年（1324）	周文、史文	

刻书者	书名	刻印年代	著录或现存	备注
	广韵五卷	元统三年 （1335）	罗录、周目、中国古籍	十三行，大小字不一，小黑口，上下鱼尾，四周双边
	春秋集传释义大成十二卷	顺帝至元戊寅 （1338）	森志、杨谱	十行二十字，注二十七字，四周双边
	伯生诗续编三卷、题叶氏四爱堂诗一卷	顺帝至元六年 （1340）	傅录、王记（均录前三卷）、图录、北图、北大	十行十五字，黑口，双鱼尾，左右双边
	揭曼硕诗集三卷	同上	傅录、标注、北图	十行十九字，黑口，四周双边
	朱子成书附录十卷	至正元年 （1341）	瞿目、提要、王记、北图、故宫	十一行二十一字，黑口
	四书辑释三十六卷	至正二年 （1342）	提要、北大×	十三行二十四字。提要所录为日本翻元本
	新编增广事联诗学大成三十卷	同上	周目、傅录、北图	十四行，大小字不等，小字双行三十二字，黑口，四周双边
	春秋金锁匙一卷	至正三年 （1343）	张志、标注	十一行二十一字
	诗义断法五卷	至正丙戌 （1346）	四库	

刻书者	书 名	刻印年代	著录或现存	备注
	汉唐事笺对策机要前集十二卷后集八卷	同上	傅录、瞿目、王记、北图	十一行二十字，黑口，四周双边
	诗经疑问七卷附编一卷	至正七年（1347）	瞿目、王记、北图、故宫、中国古籍	十一行二十字
	书义主意六卷	至正八年（1348）	故宫（毛氏汲古阁景写本）	十四行二十三字
（刘叔简）	春秋胡氏传纂疏三十卷	同上	瞿目、傅录、北图、中国古籍	十一行二十一字，黑口，四周双边
	太平金镜策八卷附答策秘诀一卷	至正己丑（1349）	四库、故宫	十三行二十五字。四库未录前八卷
	诗传通释二十卷纲领一卷外纲领一卷	至正十二年（1352）	瞿目、傅录、罗录、标注、北图、北大、上图	十二行二十一字，黑口，四周双边
	书集传音释六卷	至正甲午（1354）	上图×、北图、中国古籍	十一行二十字
	增修互注礼部韵略五卷	至正乙未（1355）	傅录、标注、杨志、中国古籍、森志	十一行十四字
	新增说文韵府群玉二十卷	至正丙申（1356）	丁志、罗录、于目、杨谱	

续表

刻书者	书　名	刻印年代	著录或现存	备注
	明本排字九经直音二卷	至正丁酉（1357）	森志	
	重订四书辑释二十卷	至正间（1341—1368）	四库	改刻至正二年本
	重编韩文考异五十卷附音释	元	标注	
	新编方舆胜览七十卷	元	王记、森志	十四行二十五字
	唐诗鼓吹十卷	元	王记、上图	十三行二十二字，黑口
刘氏书肆	楚国文宪公雪楼程先生文集十卷	至正癸卯（1363）	丁志、陆跋	
刘氏南涧书堂	论语集注十卷	元	森志	
	书集传六卷	元	森志	十一行二十四字
建安刘氏	增广音注唐郢州刺史丁卯集	元	标注	
刘氏明德堂	广韵五卷	元	标注	十二行二十八字
	大广益会玉篇三十卷	元	杨志	
刘氏学礼堂	新刊履斋示儿编二十三卷	元	北图	九行十九字，白口，《书林清话》作宋本

二、明代刘氏刻书由盛极而衰

(一) 明代刘氏刻书极盛的原因

明代是刘氏刻书极盛的时期。这个时期刘氏的知名刻书家和刻本都大大超过了宋元二代。其原因，一方面是明初朱元璋为缓和阶级矛盾，恢复社会经济，采取了一些休养生息的措施。其中便有减轻赋税，商税仅三十税一，[1] 由此促进了商业的发展。洪武元年（1368），又诏令废除书籍税，[2] 更是直接促进了刻书业的兴盛。另一方面，到元末明初，书林刘氏家族的社会地位和经济状况与宋元时期相比却在逐渐走下坡路。到十八世刘剡时，已有"家贫"[3] 之患。这个时期刘氏中从事坊刻者人数猛增，与此大有关系。

《四库提要》卷三十六著录由宋朱熹讲授门人刘爚、刘炳述记的《四书问目》一书时，转引了明莆田郑京序，《刘氏忠贤传》则全文著录了此序。序中语涉建阳刘氏家族，与其时书林刘氏的社会地位和经济状况有关，需略加辨析。序曰：

> ……予尝考建宁郡志，而知蔡西山、蔡九峰父子，刘文简、刘文安之兄弟，居邻朱文公阙里，实得道统之传。既而历睹性理诸书，则在在皆二蔡格言，而二刘顾泯泯焉。质其所以，则宣德间，书林有与公同姓者，欲附其族，以求优免差役，为公子孙所辱，退而凡载籍间二公姓名悉删去之，或易以他名，欲灭其迹……[4]

郑序所言至少有两点值得注意。一是所谓"欲附其族，以求优免差役"，说明在明前期尽管明王朝减轻赋税，与民休息，但差役徭役还很严重，以致使某

---

[1] 〔清〕张廷玉等：《明史》卷八十一《食货五·商税》，北京：中华书局，1974年，第1974页。

[2] 〔清〕龙文彬：《明会要》卷二十六，北京：中华书局，1956年，第418页。

[3] 《贞房刘氏宗谱》卷三。

[4] 《刘氏忠贤传》卷四。

些刻书者不惜数典忘祖，想用改换门庭的办法来躲避其骚扰。如明正德十三年（1518）刘弘毅替官方所刻的《群书考索》一书，序中就有"复刘徭役一年以偿其劳"的记载，可证上文的差役云云，并非虚构。二是郑序中有含糊不清之处，读毕至少会使人产生书林刘氏与马伏刘氏本非同族的错觉。二刘是西族南派和北派的关系，本文开头介绍宗谱时，已经说明。出身北派的书林刘氏欲"附"南派，说明北派的社会地位在明代已不如南派显赫，其原因是南派乃理学名人刘爚、刘炳的嫡系子孙；而北派祖上唯一值得骄傲的瑞樟先生刘崇之属利房十一世祖，他们的嫡系子孙才享有免差免役等特权，而属贞房的书林刘氏却沾不上边，这才发生了"欲附其族"的举动。这本属封建大家族内部的纠纷，但因牵涉各自切身的利益，二刘这才不惜明争暗斗。这进一步说明此时书林刘氏的社会地位和经济状况已非当年任过南恩道判的刘君佐在世时可比。在这种状况下，当科举仕途并非每个读书人都能走得通的时候，从事刻书业便成了当时最好的选择。如万历间的刘龙田，就是"初业儒，弗售"[1]后才转而刻书的。明代刘氏书坊林立，从事刻书者比宋元二代多出许多，其原因盖源于此。

（二）明代刘氏刻书的规模和数量

1. 刘氏刻书牌记中所涉及的地名

在刘氏刻本的牌记中，除上文已做过解释的"建安""京兆""书林"等地名外，还每每会出现诸如"建宁""富沙"等地名，因问题直接关系到刘氏刻书的规模和数量，故还需稍加辨析。

（1）建宁　通常所说的建宁书坊、建宁府书坊均指建阳书坊，因宋、明两代建阳属建宁府，元代属建宁路之故。刘氏中，元代有"建宁路书市刘氏"（刘衡甫），明代有"建宁书户刘辉"，二人的名字在贞房谱世系中均可找到，所以他们所说的建宁其实应指建阳，可以无须太多地考证。

（2）富沙　这是一个有争议的地名，起因是刻《精镌按鉴全像鼎峙三国志传》的富沙刘荣吾藜光堂的刻书地点问题。刘修业先生在《古典小说戏曲丛考》中认为"荣吾富沙人，疑富沙在福建"。柳存仁先生在《伦敦所见中国小说书目提要》中说："刘荣吾的富沙，刘女士疑其在福建者，实是广东。"

---

[1]《贞房刘氏宗谱》卷三。

二位先生所说，均出于某种猜测而缺乏史料证明，因此，在此免不了要做一番考证。

富沙，应为建州别称，源于五代王审知之子王延政任建州节度使时，被封为富沙王，见《旧五代史》。《（嘉靖）建宁府志》中也有记载。同一府志中还有"富沙庙""富沙驿""富沙馆"等记载。《（嘉靖）邵武府志》卷十二《名宦》"陈岩"条下云"岩，建州人。《闽中记》云富沙人"，下注小字："富沙即建州"，虽寥寥数字，但不失为有力的佐证。南宋杨万里有《谢建州茶史吴德华送东坡新集》一诗，中有句云："富沙枣木新雕文，传刻疏瘦不失真。""富沙枣木"云云，指的就是建刻。一方面因建阳宋代隶属于建州，另一方面其版刻多用枣木、梨木，字体多用颜、柳，密行细字，具有"传刻疏瘦"的特点。

此外，张秀民先生在《明代印书最多的建宁书坊》[1]一文，著录了四十七家建阳书林刻书堂号姓名，其中有一"潭阳书林刘钦恩（荣吾）"，此名钦恩字荣吾者，疑即富沙刘荣吾，因宗谱残缺，二名俱无，无法从中得到直接印证。可为之间接印证的，是范宁先生的《东京所见两部〈水浒传〉》一文。[2] 文中写道："……卷一题《新刻全像忠义水浒志传》，清源姚宗镇国藩父编，武林郑国扬文甫父同校，书林刘荣吾父梓行。书的目录最后有'藜光堂''忠义志传'章各一枚。……"同一个刘荣吾，刻《三国志传》时署"明富沙刘荣吾梓行"，刻此《忠义水浒志传》则署"书林刘荣吾父梓行"；上文说过，富沙即建州，上文还说过，凡建刻牌记中出现"书林"二字均指崇化书林，那么，此刘荣吾必为崇化人氏无疑。以上推论如果不错，那么富沙和潭阳书林之间就画上了等号。这个等号就是通过：富沙——建州别称，建阳——历史上隶属于建州，这个地名之间的"三级跳"来实现的。它的用法和"闽芝城潭邑"（余氏刻本中每见。芝城，建宁府城别称）的用法大致相同，只是富沙与书林之间省去了"潭邑"二字，更具"跳跃性"罢了。

2. 明代刘氏刻本综录

以下据古今各书目所载，整理一表《明代刘氏刻本综录》（表2），共辑录

---

[1]《文物》1979 年第 6 期。

[2]《明清小说研究》第一辑，北京：中国文联出版社，1985 年。

刘氏书坊23家，知名者22人（书院刻书除外），从中可以大致了解明代刘氏刻书家及其刻本的基本情况，由于水平和条件限制，下表所列尚不完整。主要原因是笔者系业余从事建刻史研究，且地处偏远，不可能有太多时间泡在图书馆，所阅书目及掌握的资料都十分有限，遗漏之处一定很多，故下表所列只能仅供参考而已。

表2　明代刘氏刻本综录

刻书者	书　名	刻印年代	著录或现存	备注
刘氏翠岩精舍	纂图增订群书类要事林广记前、后、续、别、外、新集各二卷	永乐戊戌（1418）	杜录、陆跋、陆志	十九行三十二字
	通鉴节要五十卷	宣德三年（1428）	杜录	
（刘文寿）	增修附注资治通鉴节要续编三十卷	宣德七年（1432）	提要（朝鲜铜活字翻印本）	十行十七字，刘文寿字应康
（刘应康）	小四书五卷	宣德十年（1435）	杜录、北图	两节板，黑口，双鱼尾，四周双边
	联新事备诗学大成三十卷	正统九年（1444）	杜录、浙图	
	事文类聚翰墨全书一百三十卷	正统十一年（1446）	杜录	分为前甲、乙、丙、丁、戊、己、庚、辛、壬、癸，后甲、乙、丙、丁、戊共十五集
	五伦书六十二卷	景泰五年（1454）	提要、浙图	十一行二十二字，黑口，四周双边
	史钺二十卷	景泰七年（1456）	傅录、初编	十二行二十四字，黑口，四周双边

刻书者	书 名	刻印年代	著录或现存	备注
	尚书辑录纂注六卷	景泰间 (1450—1457)	杜录	
	新刊通真子补注王叔和脉诀三卷、新刊补注通真子脉要秘括二卷	成化己丑 (1469)	森志、杜录	杜录无前三卷
	吏学指南八卷	正德十四年 (1519)	杜录	题"翠岩堂刊"
	新刊南轩先生文集四十四卷	嘉靖元年 (1522)	傅录、标注、杜录、北图	十二行二十三字，黑口，四周双边。题"翠岩堂慎思斋刊"
	鬼谷阴符经一卷	万历十六年 (1588)	杜录	题"翠岩馆刊"
	素书一卷	万历十六年 (1588)	杜录、陆志	题"翠岩馆刊"
刘氏日新堂	鼓吹续编十卷	永乐二十二年 (1424)	杜录	
	书传大全通释十卷卷首一卷	宣德乙卯 (1435)	提要	十一行二十一字。又题作"守中书堂刊"
	新刊宋学士夹漈先生六经奥论六卷总论一卷	成化四年 (1468)	北师、中国古籍	北师目作"明刊"。刊刻年代据《中国古籍善本书目》改
	增修笺注妙选群英草堂诗余前集二卷后集二卷	成化十一年 (1475)	杜录	

续表

刻书者	书 名	刻印年代	著录或现存	备注
	新增说文韵府群玉二十卷	弘治七年（1494）	杜录	
	新刊通鉴一勺史意二卷	弘治十七年（1504）	北图	十行二十字，黑口，四周双边
	东汉文鉴二十卷	弘治乙丑（1505）	杜录	
	资治通鉴纲目发明五十九卷凡例一卷	弘治间（1488—1505）	杜录	
	性理群书集览七十卷	正德六年（1511）	杜 录、浙图×	十一行二十二字，黑口，四周双边
	奇效良方六十九卷	同上	联目、浙图	
	新刊医林类证集要二十卷	嘉靖八年（1529）	杜录、北大	十二行二十三字，卷十二、二十后各有牌记一方
刘克常	新笺决科古今源流至论前集十卷后集十卷前续集十卷别集十卷	宣德丁未（1427）	傅录、杜录、丁志（作元大德丁未）、魏书、北图（作至正丁未）	十五行二十五字，注双行同，黑口，四周双边，双鱼尾
刘剡	诗经疏义会通二十卷	正统庚申（1440）	傅录	何英跋中提到
刘宽	资治通鉴纲目五十九卷	宣德乙卯（1435）	书林清话	

续表

刻书者	书 名	刻印年代	著录或现存	备注
刘氏溥济药室（刘宽）	类证伤寒活人书括四卷	明宣德癸丑（1433）	森志、杜录	
	新编医方大成十卷	成化十七年（1481）	联目、北图	
刘弘毅慎独斋	资治通鉴纲目五十九卷	弘治十一年（1498）	提要、标注、故宫	十行二十二字，白口，四周双边
	续资治通鉴纲目二十七卷	弘治十七年（1504）	北师	
	礼记集说十卷	同上	标注、北大、中国古籍	正德十六年（1521）刘洪重修本
	大明一统志九十卷	弘治十八年（1505）	缪记、标注、杜录	十行二十二字
	资治通鉴节要二十卷	正德四年（1509）	孙记、标注、杜录	巾箱本，十三行二十二字
	璧水群英待问会元选要八十二卷	同上	浙图	
	群书集事渊海四十七卷	正德癸酉（1513）	提要	十二行二十四字
	十七史详节二百七十三卷	正德十一年（1516）	标注、傅录、丛书、北图（配本）、北大、故宫	十三行二十六字，小字双行同，黑口，四周双边
	东莱先生五代史详节十卷	同上	提要、北师	十三行二十六字，小字双行同，黑口，四周双边

刻书者	书　名	刻印年代	著录或现存	备注
	寒山诗集一卷	同上	万录	
	皇明政要二十卷	正德十二年（1517）	杜录	八行二十八字，黑口
	三苏氏家传心学文集七十卷	同上	杜录、标注	标注未署年代
	群书考索前集六十六卷后集六十五卷续集五十六卷别集二十五卷	正德十一年至十三年（1516—1518）	傅录、标注、初编、北图、故宫×、浙图、北师×、杭大	十四行二十八字，黑口，四周双边
	历代经籍考二十四卷	正德十三年（1518）	北师	
	宋文鉴一百五十卷	同上	标注、浙图、故宫	十二行二十五字
	文献通考三百四十八卷	正德十一年至十四年（1516—1519）	丁志、缪记、提要、北图、杭大、故宫、浙图、图录	十二行二十五字，黑口，四周双边
	历代通鉴纂要九十二卷	正德十四年（1519）	杜录、故宫×	十行二十字，白口，四周单边
	史记大全一百三十卷	正德十六年（1521）	提要、傅录	十行二十字，黑口，双栏。改刻建宁府活字本
	孙真人备急千金要方三十卷	同上	森志、标注、浙图、联目	十行二十二字

续表

刻书者	书　名	刻印年代	著录或现存	备注
	史记集解索引一百三十卷	同上	杜　录、故宫×	十行二十字，白口，四周双边
	读史管见八十卷	正德间（1506—1521）	杜录、陆志	
	欧阳行周文集十卷	同上	莫目、标注、叶志	十行二十字
	西汉文鉴二十一卷	嘉靖二年（1523）	缪记、标注、提要	巾箱本，十行二十字
	东汉文鉴二十卷	同上	缪记、标注、提要	同上
	资治通鉴纲目五十九卷	嘉靖己丑（1529）	森志、故宫	十行二十二字。故宫目作"正德间刊"
	容春堂集六十六卷	嘉靖十三年（1534）	丁志、杜录	十一行二十二字，白口，四周单边
	资治通鉴纲目前编十八卷外纪一卷	明	提要、标注	十行二十二字
	春秋经传集解三十卷	嘉靖间（1522—1566）	杜录、故宫	覆宋阮氏巾箱本
	新刊蛟峰批点止斋论祖二卷	明	北图、杜录	
	象山先生全集三十三卷	明	故宫	
	瀛奎律髓四十九卷	明	杜录、故宫	巾箱本
	春秋胡传三十卷纲领一卷提要一卷、诸国兴废说一卷、列国东坡图说一卷、正经音训一卷	明	中国古籍	

刻书者	书　名	刻印年代	著录或现存	备注
（木石山人）	潜室陈先生木钟集十一卷	明	提要	十一行二十二字
	椒丘先生文集三十五卷	明	郑目	
	历代名贤确论一百卷	明	陆跋	十一行二十四字
刘宗器安正堂	新增说文韵府群玉二十卷	弘治甲寅（1494）	提要	十一行二十一字，小字双行二十九字。嘉靖三十三年（1554）重修
	丹溪先生金匮良方三卷	弘治十六年（1503）	标注、杜录	
	推求师意二卷	同上	杜录	
	针灸资生经七卷	弘治甲子（1504）	森志、杜录	
	新刊金文靖公北征录一卷、后北征录一卷、新刊杨文敏公后北征记一卷	同上	图录、北图	十二行二十六字，黑口，四周双边
	新刊详增补注东莱先生左氏博议二十五卷	正德六年（1511）	标注、杜录、北图、中国古籍	
	集注分类东坡先生诗二十卷	正德十一年（1516）	标注、北大×、陆志、故宫	北大无年号，陆志误作元刻
	类聚古今韵府续编四十卷	正德丁丑（1517）	杜录、孙记	十一行二十九字，黑口，四周双边

续表

刻书者	书　名	刻印年代	著录或现存	备注
	周礼集注七卷	正德十三年（1518）	中国古籍	
	集千家注批点补遗杜工部诗集二十卷附录一卷年谱一卷	正德十四年（1519）	北图	十行二十三字，黑口，四周双边
	分类补注李太白诗二十五卷	正德庚辰（1520）	叶志、傅录、杜录	十一行二十三字，黑口，四周双边
	象山先生文集二十八卷外集五卷	正德辛巳（1521）	莫目、于目、杜录	于目误作元刊
	诗经疏义会通二十卷纲领一卷图一卷	嘉靖癸未（1523）	傅录、瞿目、标注、丁志、北图、中国古籍	十一行二十一字，注双行同，黑口，四周双边
	东莱先生吕太史全集四十卷	嘉靖三年（1524）	杜录	
	重刊宋濂学士先生文集二十六卷附录二卷	同上	杜录、丁志	十一行二十二字，黑口，四周双边
	礼记集说大全三十卷	嘉靖九年（1530）	中国古籍	
	新刊京本礼记纂言三十六卷	同上	杜录、浙图、中国古籍	
	春秋胡传集解三十卷	同上	中国古籍、杜录	

续表

刻书者	书　名	刻印年代	著录或现存	备　注
（刘仕中）	春秋集传大全三十七卷序论一卷、春秋二十国年表一卷、诸国兴废说一卷	嘉靖九年（1530）	杨谱、中国古籍	又有安正堂九年刻十一年刘仕中安正堂印本
	甘泉先生文录类选二十一卷	同上	杜录	
	韩文正宗二卷	同上	瞿目、杜录	
	止斋文集五十一卷	嘉靖十年（1531）	杜录	
	伤寒直格论方三卷后集一卷续集一卷、伤寒心镜一卷	嘉靖壬辰（1532）	叶志、杜录	十行二十一字
	新刊医学启源三卷	同上	罗录、北图	十行二十一字，白口，双鱼尾，四周双边
	璧水群英待问会元选要八十二卷	同上	杜录	
	大学衍义补摘要四卷	嘉靖十二年（1533）	杜录	
	管子二十四卷	同上	杜录、初编	十行二十一字，白口，上下单边，左右双边
	韩文考异四十卷外集十卷遗文一卷	同上	杜录、标注	十行二十四字，白口，四周双边

续表

刻书者	书　名	刻印年代	著录或现存	备注
	淮南鸿烈解二十八卷	同上	傅录、标注、杜录	十行二十一字，白口，四周双边。杜录、标注题为"淮南子二十八卷"
	临川王先生荆公文集一百卷	嘉靖十三年（1534）	提要	十一行二十二字
	周易传义大会二十四卷	嘉靖十五年（1536）	杜录、中国古籍、故宫	十一行二十六字，黑口，四周双边
	礼记集说大全三十卷	嘉靖三十九年（1560）	中国古籍	十一行二十一字，小字双行同，白口，四周双边
	网山集八卷	嘉靖间（1522—1566）	标注、莫目	
	止斋先生文集二十六卷附录一卷遗文一卷	同上	丁志	
	阳明先生文粹十一卷	隆庆六年（1572）	浙图	
	明医指掌图前集五卷后集五卷	万历七年（1579）	联目、浙图	联目作"明万历七年刘氏重刻本"
	新刻琼琯白先生集十四卷	万历二十二年（1594）	杜录、魏书、北大	九行十八字，白口，四周单边，单鱼尾

续表

刻书者	书　名	刻印年代	著录或现存	备注
（刘双松）	镌玉堂厘正龙头字林备考韵海全书十六卷首一卷	万历二十三年（1595）	中国古籍	杜录题作"韵海全书十六卷"
	金石节奏四卷	万历二十五年（1597）	杜录	
	新锲全补历法便览时用通书大全四卷	同上	杜录	
	三苏先生文集七十卷	万历二十七年（1599）	杜录	
	锲太上天宝太素张神仙脉诀玄微纲领宗统七卷	同上	联目、上图	有日本翻刻本
	锲王氏秘传图注八十一难经评林捷径统宗六卷	同上	联目、北大	与下一刻本合刊，合称"合并脉诀难经太素评林"
	锲王氏秘传叔和图注释义脉诀评林捷径统宗八卷	同上	联目、杜录	
	事文类聚前集六十卷后集五十卷续集二十八卷别集三十二卷新集三十六卷，外集十五卷	万历丁未（1607）	杜录、浙图	
	新编事文类聚翰墨大全一百三十四卷	万历三十九年（1611）	北图（重修嘉靖三十六年杨氏归仁斋刻本）	分甲、乙、丙、丁、戊、己、庚、辛、壬、癸，后甲、乙、丙、丁、戊十五集

刻书者	书 名	刻印年代	著录或现存	备注
	锲王氏秘传知人风鉴源理相法全书十卷	万历间（1573—1620）	提要	十二行二十八字
	礼记集注十卷	同上	中国古籍	九行十八字，白口，四周双边
	琼琯白玉蟾武夷集八卷	同上	北大、浙图	
	淮海先生文集四十卷后集六卷	同上	杜录、北大、浙图	
	三子金兰墨四卷	同上	杜录	
（刘莲台）	鼎锲注释淮南鸿烈集解二十一卷	同上	杜录	
	鼎锲全像唐三藏西游释厄传十卷	同上	提要、孙目、傅目	上图下文，十行十七字
	新锲李阁老评注左胡纂要四卷	明	杜录、浙图、中国古籍	
	新编汉唐纲目群史品藻三十卷	明	北图	十一行二十一字，白口，四周双边
	重刻翰林校正少微通鉴大全二十卷首卷二卷	明	提要、北图	十一行二十七字
	唐钟馗全传四卷	明	孙目	题"安正堂补正"
	伤寒明理论三卷方论一卷	明	联目	
	新刊性理大全七十卷	明末	提要、杜录	十一行二十六字。杜录作"明万历刊"

续表

刻书者	书 名	刻印年代	著录或现存	备注
刘辉明德堂	大广益会玉篇三十卷、玉篇广韵指南一卷	弘治间（1488—1505）	杜录、中国古籍	《中国古籍善本书目》作"明刊"
	国语七卷、国语补音三卷	正德十二年（1517）	杜录	
	诗经大全二十卷纲领一卷图一卷、诗序辨说一卷	嘉靖元年（1522）	杜录、浙图、中国古籍	题"建宁书户刘辉刊"
	新刊袖珍方四卷	同上	杜录、上医	十七行二十六字，黑口，上下鱼尾，四周双边
	新刊陶节庵伤寒十书十卷	嘉靖十年（1531）	杜录、北图	
	书经大全十卷	嘉靖十一年（1532）		题"建宁刘氏书户刊"
	卫生宝鉴二十四卷补遗一卷	嘉靖乙未（1535）	杜录、联目、森志、北大	森志断为万历乙未（1595）刊
	广韵五卷	明	中国古籍	
刘廷宾	新编纂图增类群书类要事林广记四十卷	成化十四年（1478）	杜录	
刘氏庆源书堂	四书集注大全四十二卷	弘治十四年（1501）	杜录、中国古籍	十二行二十字，黑口，四周双边。杜录作二十四卷，据《中国古籍善本书目》改

续表

刻书者	书　名	刻印年代	著录或现存	备注
刘氏文明书堂	广韵五卷	同上	杜录、杨谱	十行二十字
刘成庆	大明兴化府志五十四卷	弘治十六年（1503）	提要（天一阁抄本）	十一行二十五字。与建阳张好同刊
书林刘氏	仁峰文集二十四卷外集一卷	嘉靖辛卯（1531）	四库、标注	
	本草蒙荃十二卷	嘉靖间（1522—1566）	联目	
	新刊京本校正增广联新事备诗学大成三十卷	明	傅录	十三行二十五字
刘宽裕	文公先生资治通鉴纲目五十九卷	万历间（1573—1620）	杜录、杨谱、浙图	
刘舜臣	新刻注释孔子家语宪四卷	同上	杜录	
乔山堂刘龙田	新刻药鉴二卷	万历二十六年（1598）	杜录、上医	上医所存为显微胶卷和照相本
	新锓京本句解消砂经节图雪心赋五卷、寻龙经诀法一卷	万历二十七年（1599）	杜录	
	刻京台增补渊海子平大全六卷	万历庚子（1600）	提要	十三行二十六字
	新刻图注伤寒活人指掌五卷首一卷	同上	联目、北图、图录	十一行二十五字，白口，四周双边

刻书者	书 名	刻印年代	著录或现存	备注
	新锓丹溪先生医书纂要心法六卷	万历二十九年（1601）	标注、联目、北大	
	精刻芸窗天霞绚锦百家巧联四卷	同上	杜录	
	本草集要八卷	万历三十年（1602）	联目	
	鼎刻台阁考正遵古韵律海篇大成二十卷	万历三十二年（1604）	杜录、中国古籍	《中国古籍善本书目》馆藏代号印错
	鼎雕燕台校正天下通行书柬活套五卷	万历三十三年（1605）	杜录	
	刻梅太史评释骆宾王文钞神驹四卷	万历三十五年（1607）	北师	
	新刻钱太史评注李于麟唐诗选玉七卷	万历庚戌（1610）	提要	十行十九字
	注解伤寒百证歌发微论四卷	万历辛亥（1611）	森志、杜录	
	类证增注伤寒百问歌四卷	万历壬子（1612）	森志	
	刻黄帝内经素问钞七卷	万历四十年（1612）	联目	题"闽建乔木山房刻"，首页作"潭建龙田刘大易梓"
	新镌曾元贤书经发颖集注六卷	万历四十三年（1615）	标注、北大、北图、中国古籍	题"书林刘龙田忠贤堂刊"

刻书者	书　名	刻印年代	著录或现存	备注
	重刻元本题评音释西厢记二卷后附录一卷、蒲东崔张珠玉诗集一卷、钱塘梦一卷	万历间（1573—1620）	傅目、北图、丛书	十行二十字，图二十四幅、单页方式
	新刻学余园类选名公风采四卷	同上	杜录	题"刘大易刊"
	新锲考正绘图注释古文大全十卷续集十卷	同上	杜录	
	古文品外录二十四卷	同上	杜录	
	新锲订正评注便读草堂诗余七卷	同上	郑目、杜录	题"乔山书舍刊本"
	新刊明医杂著二卷	同上	杜录	十一行二十四字，白口，上下单边，左右双边
	二刻小儿痘疹保赤全书二卷	同上	杜录、上医、北大	北大作"日本乔山堂刻本"
	千家姓一卷	同上	北图	
	新锲家传诸症虚实辨疑示儿仙方总论十卷	同上	杜录	
	新锲太医院参订徐氏针灸大全六卷	同上	联目	
	商程一览二卷	明万历间	杜录	题"乔山精舍刊"
	书法丛珠一卷	同上	提要（收入余文台万用正宗不求人卷十六）	两节板，下栏十二行十八字，上栏十四行十五字

续表

刻书者	书 名	刻印年代	著录或现存	备注
	董翰林神龙经注三卷	同上	杜录	
	新刻葵阳黄先生南华文髓八卷	同上	杜录	十行二十字，白口，四周单边
	新刊太乙秘传急救小儿推拿法二卷	同上	丹考	题"刘氏乔山梓行"
	新刻闇然堂类纂皇明新故事六卷	同上	郑目、杜录	题"乔山刘氏梓行"
	新锲台阁清讹补注孔子家语五卷首一卷	同上	郑目	
	胤产全书四卷、妇人脉法一卷提纲一卷	明	北图	九行二十字，白口，四周单边，单鱼尾
	锲便蒙二十四孝日记故事四卷、新锲类解官样日记故事大全七卷	明	傅目	日本覆刻本
	新锓全像大字通俗演义三国志传二十卷	明	孙目	上图下文，十五行二十五字。又题"汲邮斋藏板"
	新刻全补医方便懦三卷	明	杨谱、上医	十行二十五字，白口，上下鱼尾，四周单边
	新刻文房备览天下难字四卷	明	张文	
	类定缙绅交际便蒙文翰品藻	明	张文、李文	
	五订历朝捷录百家评论	明	张文、李文	
	新锲图像麻衣相法四卷	明	张文、李文	

刻书者	书 名	刻印年代	著录或现存	备注
刘玉田	新刊地理纲目荣亲眼福地先知四卷	明	天一阁	
刘孔敦	重订相宅造福全书二卷	崇祯二年（1629）	杜录	
刘太华	新镌国朝名公神断详刑公案八卷	明	孙目、傅目	上图下文，十行十八字
刘肇庆	新刊京本性理大全七十卷	明	提要	翻刻明师古斋本，题"发祥堂藏板"
藜光堂刘荣吾	篆林肆考十五卷	崇祯间（1628—1644）	杜录、郑目、吉林、北图	十行，字数不一，白口，四周单边
	精镌按鉴全像鼎峙三国志传二十卷	明	柳目	上图下文，十五行二十六字
	鼎镌全像水浒忠义志传二十五卷	明	范文	嵌图式，图题八字，下文，十五行字数不等
富沙刘兴我	新刻全像水浒传二十五卷	崇祯间（1628—1644）	傅目、柳目	嵌图式，图题八字，下文，十五行字数不等
刘希信	新刊京版校正大字医学正传八卷	明	联目	有日万治二年（1659）吉野屋权兵卫翻刻本

刘氏书院刻本综录

刻书者	书　名	刻印年代	著录或现存	备注
化龙书院（刘文）	云庄刘文简公文集十二卷外集十卷年谱一卷	元	丁志	著录明正统本时提到
	四书问目	明永乐间（1403—1424）	四库	
	云庄刘文简公文集十二卷外集十卷年谱一卷	正统九年（1444）	丁志、傅录	十行二十字
云庄书院（刘稳）	云庄刘文简公文集十二卷	嘉靖二十三年（1544）	杜录	
（刘耑）	古史通略一卷	嘉靖间（1522—1566）	杜录	题云庄精舍刊，云庄书院又称云庄精舍
	新编古今事文类聚前集六十卷后集五十卷续集二十八卷别集三十二卷新集三十六卷外集十五卷	元	浙图、森志	十三行二十四字

（三）明代刘氏知名刻书家举隅

明代刘氏知名的刻书家有二十几人，这里介绍其中几位代表人物。他们是以校勘书籍知名的刘剡，著名刻书家刘宏毅、刘龙田，及明末版画家刘素明。

1. 刘剡　字用章。《（嘉靖）建阳县志》作"祖章"，《（道光）建阳县志》和贞房谱均作"用章"。考明弘治丁巳（1497）杨氏清江书堂刊《增修附注资治通鉴节要续编大全》一书，原题"松坞门人京兆刘用章编辑"，据此，应以"用章"为是。

王重民《中国善本书提要》著录翻元本《四书辑释大成》一书时，提到了刘剡的师承关系，解决了刘剡自称"松坞门人"的来历问题。兹摘录如下："考王逢，字原夫，号松坞，乐平人。师事洪初，初之学得于朱公迁，迁得于吴中行，中行得于饶鲁，鲁得朱子正绪。……逢于永乐十五年游建阳，余始恍然于刘剡受业松坞之门，必在此时也。时朱子之传渐微，逢与剡虽非鸿儒博学，然其所纂述，亦足供乡塾讽读，振起村俗。"贞房谱卷一中，适有明永乐十七年（1419）松坞王逢应刘剡之请为其重修宗谱所作《跋》，为王先生的论述提供了一个直接论据。

书影4：《贞房刘氏宗谱》
中的刘剡像

刘剡是元翠岩精舍刘君佐的玄孙。贞房谱卷三有其小传，云："剡，荣五，字用章，号仁斋。家贫力学，不干石（仕）进，博究经籍。纂修《少微鉴》，释《宋元续编》〔书史〕，校正本谱。八月二十八日生，口月十五日卒……"（书影4）与县志中的"刘剡传"相比，宗谱没有提供更多新的资料。倒是宗谱卷一明永乐二年（1404）题"赐进士前翰林庶吉士授承直郎秋官主事镏敬"撰《刘氏族谱系序》颇值一提。序曰："今用章盖麻沙之派也。其为人聪敏俊彦，博物洽闻；其纂修采摭，以著乎经史者若干集；其刊行书籍嘉惠后学者广矣……"这恐怕是明确提到刘剡不仅"校正"[1] 书籍，而且也"刊行书籍"的唯一记载了。傅增湘《藏园群书经眼录》卷一著录嘉靖二年（1523）刘氏安正堂重刻《诗经疏义会通》一书时，引何英跋云："永乐丁酉英于叶氏广勤堂参校增辑，稿成未及付梓。正统庚申叶君景达（逵）促付梓，乃重加增定，付京兆刘剡刻之。"据此，可知朱公迁撰《诗经疏义会通》的第一刻本应为明正统间刘剡所刻。

刘剡所编的书，除上文提到的《宋元通鉴全编》《增修附注资治通鉴节要续编》外，尚有四库存目著录的《四书通义》。因此，刘剡是一个校、编、刻全能的刻书家。明代刻书家熊宗立曾从刘剡学习校、刊书籍。只是刘剡在校

---

[1] 〔明〕冯继科等：《（嘉靖）建阳县志》卷十一《刘剡传》，《天一阁藏明代方志选刊》本，上海：上海古籍书店，1962年。

勘方面，更多的只是实践，而没有有关这方面的论述或著作留传下来。即使在校勘方面，我们也只能估计在明前期建阳书林出版的许多书曾经刘剡校正，而不能确定具体还有哪些书。

2. 刘宏毅　亦作弘毅，名洪，号木石山人，贞房二十一世孙，刘宽的曾孙。按宗谱作"道洪"，卷二有《宏毅先生道洪公像》。赞云："秀毓书林，八斗才深。璞中美玉，空谷足音。藏修游息，前古后今。惟质惟实，纲目传心。——均亭黄大鹏赞。"卷三世系载："道洪，字宏毅，著《纲目质实》。"（书影5）道洪之名，疑谱刊误，因其兄名深，堂弟名濂，族兄中还有瀚、渊、演等，故其名应以"洪"为是。

书影5：《贞房刘氏宗谱》中的刘宏毅像

刘宏毅慎独斋从弘治戊午（1498）到嘉靖十三年（1534）三十六年时间，出书三十六种。内容以史部书为主，次为集部书。其中颇多卷帙浩大的巨著。如《十七史详节》二百七十三卷、《文献通考》三百四十八卷、《群书考索》二百一十二卷、《宋文鉴》一百五十卷、《史记》一百三十卷。在明中叶的建阳书坊中，慎独斋的刻书种数虽不算最多，但因其所刻大部头巨著甚多，如以卷数计，则可以和建阳任何一家名肆相比。

刘弘毅慎独斋刻本在质量上也每为后人所称道。明高濂说："国初慎独斋刻书，似亦精美……"[1]清叶德辉则云："刘洪慎独斋刻书极伙，其版本校勘之精，亦颇为藏书家所贵重。"[2]"慎独斋本《文献通考》细字本，远胜元人旧刻。（元）大字巨册，仅壮观耳。"[3]道出了慎独斋刻本在形式上的特点。慎独斋所刻之书，多密行细字，字体版式，颇类元刊，若无牌记，容易误认。

---

[1]〔明〕高濂：《遵生八笺》五《燕闲清赏笺》上，成都：巴蜀书社，1992年，第538页。

[2]〔清〕叶德辉：《书林余话》卷下，《书林清话》附，北京：中华书局，1957年，第28页。

[3]〔清〕叶德辉：《书林清话》卷七，北京：中华书局，1957年，第173页。

3. 刘龙田（1560—1625）　　名大易，字龙田，号爋文。万历间（1573—1620），他以刘龙田乔山堂、乔山书舍、乔木山房、龙田刘氏忠贤堂、潭阳书林刘大易、乔山堂刘少岗等名号刻书甚多。

《刘氏忠贤传》卷一有《龙田公大易传》，为康熙、道光《建阳县志》"刘大易传"所本。传曰："公讳大易，字龙田，开国公贞房彦二十三世孙，福棨公之子。……乡邻待以举火者数十家。初业儒，弗售。挟策游洞庭、瞿塘诸胜，喟然曰：'名教中自有乐地，吾何多求？'遄归侍养，发藏书读之。纂《五经绪论》《昌后录》《古今箴鉴》诸编。既卒，以子孔敬贵，赠户部广东清吏司主事。崇祯间，祀乡贤祠。"其子刘孔敬，字若临，天启五年（1625）余煌榜进士，历官山西布政使司参政。所谓"以子孔敬贵"，即指此。《贞房刘氏宗谱》卷三也有他的小传。云："大易，寿四，公字龙田，号爋文。嘉靖庚申（1560）十月十九日生，天启乙丑（1625）六月十七日卒。诰封承德郎、户部广东主事，祀乡贤祠。纂《五经绪论》《昌后录》《古今箴鉴》。葬崇化茶布桥竹仔寨，妣余氏……"根据以上记载可知：

（1）刘龙田与书林余氏尚有姻戚关系。疑其所刻《书法丛珠》一书后，曾将版片转让给姻戚余象斗。象斗得其书板后，原封不动地编入《万用正宗不求人》一书中，加上"潭阳余文台梓"的牌记重加印行，并非有意作伪。[1]

（2）刘孔敬中进士这一年，正好刘龙田逝世，所谓"以子孔敬贵"，则都是刘龙田逝世后的事情，与其生前毫无关系。刘氏一生以刀为锄，耕耘书版，今可考知者，尚有四十几种刻本。他的乔山堂作为刘氏刻书的最后一个名肆，在刻本的内容和形式上，比其前辈刻书家来，都有新的突破和提高。他所刻的《西厢记》，一反建本多上图下文的习俗，改为全页巨幅，使人物和主题更为突出，被誉为是"宋元版画之革命"[2]。刘氏在中国版刻史和文化史上所作的这些贡献，无论是在方志还是在《刘氏忠贤传》中，均无一字揭示，死

---

[1]　肖东发《建阳余氏刻书考略（下）》以此为例，认为是余象斗有意作伪。文见《文献》1985 年第 1 期。

[2]　郑振铎：《中国版画史序》，见《西谛书话》下册，北京：生活·读书·新知三联书店，1983 年，第 496 页。

后却因子"贵",被抬进"乡贤祠""名贤祠"[1]中。

4. 刘素明　名国好,以字行,刘宏毅的五世孙。明末书林的刻工。

在明天启、崇祯间（1621—1644）,经刘素明之手所刻书颇多,且多用插图。郑振铎先生在介绍明末刻本《砥订西厢记》时说:"刻工为刘素明,即刻陈眉公评释诸传奇者。绘图当亦出其手。素明每尝署名于图曰'素明作'。明代刻图者多兼能绘事。盖已合绘、刻为一事矣。已与近代木版画作者相类,不仅是'匠',盖能自运丘壑,非徒摹刻已也。"[2]又在《中国版画史序》中高度评价了刘氏的版画创作:"明万历间之版画家,若黄氏诸昆仲,若刘素明,皆已自能意匠经营,勾勒作稿,其精美固无逊于名画家所作也。"

以下据各家书目所录,将有刘素明所作版画插图的刻本整理如下:

【有图山海经十八卷】明李文孝刻本,图74幅,题"素明刊"。（提要）

【注释评点古今名将十七卷】明天启刻本,图10页,署"素明刊"。（提要）

【李卓吾先生批评三国志一百二十回】明建阳吴观明刻本,精图120页。题"书林刘素明全刻像"。（孙目）

【禅真逸史八集四十回】明刻本,图20页,题"素明刊"。（孙目）

【古今小说四十卷】明昌、启间天许斋刻本,精图40页,题"素明刊"。（孙目、傅目）

【警世通言四十卷】明金陵兼善堂刻本,明衍庆堂二刻增补本,各有图40页,题"素明刊"。（孙目、傅目）

【新编孔夫子周游列国大成麒麟记二卷】明末刻本,图10页,题"素明刻像"。（提要）

【鼎镌玉簪记二卷】明师俭堂刻本,著录作刘素明刻。（傅目）

【砥订西厢记】明末刻本,图20页40幅,著录刻工为刘素明。（郑振铎《劫中得书记》）

---

[1]〔清〕李再灏、梁舆等《（道光）建阳县志》卷五《学校志》:"名宦祠中祀……赠户部主事刘龙田大易。"（清道光刊本,叶15A。）

[2]郑振铎:《劫中得书记》,《西谛书话》上册,北京:生活·读书·新知三联书店,1983年,第283页。

【明珠记】明师俭堂刻本，记刻工作刘素明。（魏隐儒《古籍版本鉴定丛谈》）

以上所录有两点应引起我们注意。一是刘素明不仅为建阳书坊绘画刻版，而且也为外地书坊挥毫操刀，如金陵兼善堂、衍庆堂等。这对提高两地的版刻技艺，促进两地的文化交流，作出了有益的贡献。正因如此，关于刘素明的籍贯就产生了建阳、金陵或歙县[1]的说法。笔者的看法是，明末活跃在这几地书坊间的刘素明，应为同一人，是建阳书林的刻工。这不仅因为贞房谱中有刘素明的名字，还因为明万历前后，建阳有相当一部分的刻书家到外地开办书肆，仅笔者所知，到金陵的就有叶贵、熊振宇、余昌宗等，到广州的有吴世良、熊世锜等。刘龙田之子刘孔敦则曾为金陵周如泉万卷楼校正书籍。刘素明很可能就是应某些书肆之聘到金陵等地的。二是刘素明作为刻书世家的后人，完全有条件自开书肆，却甘于以一刻工自居，乐于为他人作嫁衣，这在明万历后有着深厚书贾气的建阳书坊，尤为可贵，不失为一个献身于版画艺术的艺术家。刘素明的版画继承了建刻版画淳朴古拙的特点，又吸收了徽派版画工丽秀逸的长处，于古拙中见精美，淳朴中透雅趣，颇能代表建刻版画的艺术风格。建刻版画，肇始自元至治间（1321—1323）虞氏的"全相平话五种"、余氏勤有堂的《古列女传》，其间经熊氏种德堂、杨氏清江堂、刘龙田、余象斗等辈的努力，在版画史上自成一家，形成了所谓"建安画派"。而刘素明的版画创作，可以说为建刻版画作了一个光辉的总结。

（四）需要说明的几个问题

1. 版刻年代辨误

过去，由于缺乏刻书家生平史料，鉴定版本只能凭刻本本身所提供的"信息"，如牌记、纸张、字体等，而难以结合刻书家的生活年代来判断，因此鉴定版本常会产生某些失误。最典型的，莫过于刘克常刻的《新笺决科古今源流至论》一书，其刊刻年代，有元大德丁未（1307）、元至正丁未（1367）、明宣德丁未（1427）三种说法，其中每两种说法正好相距 60 年。假

---

[1] 郑振铎《中国版画史序》："歙人黄刘诸氏所刊，流丽工致"，下又说："明万历间之版画家，若黄氏诸昆仲，若刘素明……"，则认为刘素明是歙县人。（见郑振铎：《西谛书话》下册，北京：读书·生活·新知三联书店，1983 年，第 488、493 页。）

设刘克常曾两次刊刻此书，又假设第一次刊刻是在他二十岁左右，那么第二次刊刻就必须在他八十岁左右，而这几乎是不可能的事，故其中必有两种说法是错的。

第一种说法，是《善本书室藏书志》，根据是"目录后有大德丁未建阳书林刘克常识"语。第二种，是《北京图书馆善本书目》及魏隐儒先生《古籍版本鉴定丛谈》，根据不详。[1] 第三种，是《藏园群书经眼录》，根据是目后有"□德疆圉协洽之岁仲夏建阳书林刘克常敬识"刊记。查贞房谱，于十九世中查到刘克常的名字，为刘宽之子。据此可知，第三种说法是正确的。否则，刘宽是宣德间刻书家，其子却在元代刻书，该如何解释？

2. 关于刘氏安正堂

刘氏安正堂从弘治甲寅（1494）刻《韵府群玉》到万历辛亥（1611）刻《翰墨大全》，营业时间长达108年，刻本多达62种，是明代刘氏中营业时间最长，刻本最多的名肆。安正堂中知名的刻书家有刘宗器、刘仕中、刘双松（朝缙）、刘莲台（永茂）[2] 四人，疑为祖孙四代。四人中仅刘仕中在宗谱中有名，余者因谱残缺（或刊脱），均无法找到。但他们必为贞房中人无疑。理由之一同元代刘锦文，上文已述。理由之二，宗谱中既有刘仕中之名，那么其余三人也必为此族中人。且仕中之孙有"永保、永应、永成"等，故颇疑刘永茂（莲台）实乃仕中之孙，永字辈皆为其兄弟行。又因刘仕中乃刘辉之子，在刻书业中，子承袭父的堂号是常见的，故又疑刘辉即刘宗器，因二者均在弘嘉间刻书，生活年代相符。只是谱中仅记刘辉之名而无其字，难以定论，录之以就教于高明。

---

[1] 〔清〕叶德辉《书林清话》卷四："予旧藏至正甲午建阳翠岩精舍所刊《陆宣公奏议》卷一末碑牌中，有'近因回禄之变重新绣梓'云云，与此本（按即刘克常本）所称'先因回禄'一语正吻合。由是推之，当是至正之丁未也。"（北京：中华书局，1957年，第109页。）北图藏本的根据或与此同。

[2]《中国古籍善本书目》（经部）卷三著录《春秋集传大全》一书作"明嘉靖九年安正堂刻十一年刘仕中安正堂印本"（第275页）。《中国善本书提要》著录明末刊《新刊性理大全》七十卷，卷末有"建邑书林安正堂刘莲台重刊"牌记（第228页）。可知刘仕中、刘莲台均为刘宗器后人。

3. 关于刘稳

刘稳，刘爌九世孙。麻沙《刘氏族谱》附有《西族南派世系》，有其小传。云："稳，潭公长子，字宗轩[1]，号道斋。正统朝刊刻《云庄文集》，自撰有序。生子二：熺、端。"杜信孚《明代版刻综录》第五卷著录明云庄书院刻本，介绍刘稳小传曰："刘稳，字朝重，衡阳人。嘉靖三十五年进士，南诏兵备道。有《山房漫稿》。"则是将建阳的刘稳误为衡阳的刘稳了。

（五）明末清初刘氏刻书的衰亡

明末启、祯间，刘氏刻书开始衰落。其中一个偶然的也是重要的因素是，由于刘龙田的逝世，其子刘孔敦的金榜题名，使乔山堂就此打烊，刘氏刻书失掉一支主力。但与明清之交的战乱相比，这毕竟是微不足道的。乔山堂关门了，其他刘氏书坊仍存，上文《综录》中还可见到这个时期刘氏的好几种刻本，因此，刘氏刻书的衰落是一个过程。这个过程就是衰于明末，亡于清初。

1. 清代建阳的刻书

朝代更替，江山易姓，明清之交尤其是清初福建长期的战乱给建阳书林带来的灾难是空前严重的。朱维幹《麻沙书话》说："闽北最繁荣的建阳，在所谓康熙盛世，只剩得一座空城！清中军守备金朝弼奉命驻防建阳。时城中虚若谷焉，茸若薮焉。比户洞开，阒无人也；道路崎岖，败瓦积也；深夜无闻，鸡犬尽也。盖烟销于甲寅（康熙十三年）之烽火者，不知凡几！"[2] 战乱，使昔日繁华的刻书中心变成了边远僻地！

但是，建刻并未就此绝迹。我们从有关资料中还可以零星地知道有以下几种刻本：清初余氏三台馆刻《陈眉公先生选注左传龙骧》；清初余元熹、张运泰刻《汉魏名文乘》；清初余氏永庆堂刻《梁武帝西来演义》；清余明刻《天经或问》；清熊维刻《天经或问后集》；清顺治间熊志学刻《函宇通》；清光绪二年（1876）潭阳徐氏刻《雅歌堂全集》。从《（康熙）建阳县志·艺文志》中还可以读到书坊《梓书书目》凡 150 种。可见，清代建阳还是有刻书

---

[1] 傅增湘《藏园群书经眼录》卷十四著录旧写本《云庄刘文简公文集》，题"……十世孙道斋刘稳宗安重刊"，则"宗轩"又作"宗安"。

[2] 朱维幹：《福建史稿》上册，福州：福建教育出版社，1985 年，第 266 页。

的。其规模、数量虽远不能与前朝相比，传世的刻本更是罕见，但毕竟还有少数几个书坊在苦苦支撑着，就像一场戏演到尾声，大幕欲落未落之时，我们仍可瞥见舞台上浓墨重彩的演员的面影。

2. 对清代刘氏刻书的推测

根据贞房谱的记载看，有可能在清初刻书的有两人：刘舜臣和刘肇庆。刘舜臣（1597—1653），字弼虞，刘玉田之孙，于万历间刻有《注释孔子家语》。其时，他不过二十岁左右，入清十年故去，因此，他在清初具有刻书的可能。刘肇庆，字开侯，号刚堂，刘龙田之孙。北大藏有明刻《新刊京本性理大全》七十卷。卷一题："潭阳后学刘肇庆校"，书名页题"发祥堂藏板"，可知发祥堂是刘肇庆的刻书处。[1] 据宗谱载刘肇庆的生卒年，生年为万历戊申（1608），卒年为康熙甲寅（1674），则其刻此本时应在明末崇祯间，入清31年方才故去，所以他在康熙间刻书的可能性最大。

此外，《中国古籍善本书目》（经部）卷二著录"明建邑书林刘雅夫"刻《重镌徽郡官板翁太史补选文公家礼》八卷，现存安徽省图书馆。查贞房谱，于卷三查得其名。曰："元颂，（行）远四。公字雅夫，康熙庚戌年（1670）正月初十日生，乾隆庚辰年（1760）正月初六卒，寿九十一。"由此可知，刘雅夫不可能在明代刻书。所谓"明建邑书林刘雅夫刻本"，实应为清刻本。顺便值得一提的是，笔者在贞房谱的底叶偶然见到残书两页，书口题《瀋性渊源》，内容宣扬道家的炼丹之术。白口，上下鱼尾，四周双栏，半叶九行，行十九字。纸质较宗谱用纸稍白。"玄"字缺末笔，知为康熙间所刻。其后人重修宗谱时，因书衣太薄，随手撕下两页，衬入书中。70多年后，偶被我灯下照见。

综上所述，清代刘氏还有小规模的刻书，但数量很少，加上交通不便，发行量少，以致很少有刻本流传下来。

---

[1] 王重民先生为慎重计，将此刻定为"建阳书坊据吴勉学印本"翻刻（详见王重民：《中国善本书提要》，上海：上海古籍出版社，1983年，第228页。）

三、刘氏刻本的贡献

（一）在保存和传播文化遗产方面的贡献

"古人已死书独存，吾曹赖书见古人"[1]，陆游的这两句诗，虽是对古代著书者而发，但若无历代刻书者的刊刻流传，古书又何曾能够"独存"？从这个意义上说，我们不能不感激历史上那些名不见经传的刻书者。

刘氏刻本在保存、继承和传播我国优秀的文化遗产方面，做出了积极的贡献。如最早的《元氏长庆集》因战乱毁于唐末五季，宋宣和间重新辑成，由刘麟刊行于世。现存刻本包括《四部丛刊》影印本均直接或间接来源于刘麟刻本。又如元至正六年（1346）刘氏日新堂刊《伯生诗续编》，为元代四大家之一的虞集诗集中最古之本；刘龙田乔山堂刊《西厢记》为现存"北西厢"的最早版本，等等。

在浩如烟海的古典文献中，刘氏刻本也有不少为人所称道的善本佳刊。如刘元起宋庆元间刻《汉书注》，取宋祁的十六家校本，又别采十四家本参校，兼采刘敞、刘攽、刘奉世三刘刊误。明南监本、汲古阁本均以之为底本，反青出于蓝而"逊"于蓝，每有刊误和疏漏。刘叔刚刻《附释音春秋左传注疏》被清阮元称为"南宋雕版六十卷中最善之本"[2]。刘氏天香书院刻本《监本纂图重言重意互注论语》，杨守敬跋云："余以重价购之至。其雕镂之精，纸墨之雅，则有目共赏，诚为稀世之珍。余携归时，海宁查君翼甫一见心醉，不惜重金坚求得之。余与约能重刊此书者方割爱……"[3]刘洪慎独斋刻书既多且快，校勘精严，正德间所刊《文献通考》能校正 11221 字；为建宁府改刊《史记》，计改差讹 245 字，态度精审，为人称许。

刘氏刻本受到后世官、私各家推重，每被翻刻或影钞，今可考者尚不下

---

[1]〔宋〕陆游：《剑南诗稿》卷四十一《读书》，《陆游集》，北京：中华书局，1976年，第 1040 页。

[2] 潘宗周、张元济：《宝礼堂宋本书录·经部》，扬州：江苏广陵古籍刻印社，1984 年，第 20 页。

[3] 王文进：《文禄堂访书记》卷一，扬州：江苏广陵古籍刻印社，1985 年，第 27 页。

数十种。除上文提到的刘麟刊《元氏长庆集》、刘元起刊《汉书注》外，较著名的还有以下几种：《天禄琳琅丛书》影印宋麻沙刘氏仰高堂刊《音注老子道德经》二卷；清和珅影刻刘叔刚《附释音礼记注疏》六十三卷；上虞罗叔言《芸窗丛刻》影印刘氏日新堂刊《伯生诗续编》三卷；毛氏汲古阁影写元日新堂《书义主意》六卷；天一阁影钞明张好、刘成庆刻本《大明兴化府志》五十四卷；《古本戏曲丛刊》初集影印刘龙田《重刻元本题评音释西厢记》二卷。

以上所列，难免有遗珠之憾，但已足以说明刘氏刻本具有很高的文献和版本价值。

（二）在促进中外文化交流方面的贡献

建版书籍，早就流传到了海外。刘氏元房十二世刘祖安于宋咸淳丙寅（1266）撰《刘氏故居庆源堂记》[1]，文中写道："东阳为建上邑，而麻沙实据东阳上流。山川奇伟，人物蕃熙，经史子集百家之书流通于天下，号曰图书外府，实七闽奎文之地。"谢枋得抗元兵败流寓建阳时，写下了《书林十景》[2]的组诗，其六《云衢月夜》中有"长虹跨陆登云桥，会通四海同车书"[3]的诗句。黄遵宪在清光绪间任驻日参赞。他在《日本杂事诗·长崎》一诗中，描写了"人人喜问上清书""麻沙争购"的情景。

在众多流传海外的建本中，刘氏刻本占据了不小的数量。仅上文两个《综录》中，《经籍访古志》著录日本聿修堂等处藏书 18 种；《中国善本书提要》著录美国国会图书馆藏书 8 种；《藏园群书经眼录》著录日本内阁文库（今日本国立公文书馆）等处藏书 6 种；加上《中国通俗小说书目》《日本访书志》《医籍考》著录的日本公私藏书；《伦敦所见中国小说书目提要》著录的英国博物馆等处藏书，估计流传海外的历代刘氏刻本，至今尚不会少于五六十种。

---

[1]《刘氏忠贤传》卷六。

[2]〔明〕冯继科等：《（嘉靖）建阳县志》卷三，《天一阁藏明代方志选刊》本，上海：上海古籍书店，1962 年。

[3] 县志将此二句误为"长虹跨陆登云衢，会附录诸作车书"，此据《（嘉靖）建宁府志》卷九订正。

在流传到海外的刘氏刻本中，还有一些史料价值极高的孤本。如 20 世纪 60 年代在日本德山毛利家藏书中发现的元泰定刘氏日新堂刊《新编事文类要启札青钱》，是一部反映元代士农工商各阶层人民生活的日用百科全书，对研究元代的民俗、文学、历史具有相当高的史料价值。[1] 其余如日本藏明书林刘荣吾刊《鼎镌全像水浒忠义志传》、明刘莲台刊《鼎锲全像唐三藏西游释厄传》，英国牛津大学藏刘龙田刊《新锲全像大字通俗演义三国志传》等，均为研究我国古典文学的重要资料。

刘氏刻本流传到海外后，也每被翻刻或影印。主要有以下几种：（1）宋刘元起庆元本《汉书》，日本人视为"国宝"，1977 年由京都朋友书店影印出版。（2）日本文化九年（1812）覆刻元至正日新堂刊《四书大成》三十六卷。[2]（3）20 世纪 60 年代日本古典研究会影印元泰定刘氏日新堂刊《新编事文类要启札青钱》五十一卷。[3]（4）朝鲜活字本，翻明宣德七年（1432）刘文寿刊《增修附注资治通鉴节要续编》三十卷。（5）日本承应二年（1653）、宽文三年（1663）日本两次翻刻明万历安正堂刊《锲太上天宝太素张神仙脉诀玄微纲领宗统》七卷。（6）日本宝永八年（1711）覆刻刘龙田刊《新锲类解官样日记故事大全》七卷。（7）日本万治二年（1659）吉野屋权兵卫覆刻明刘希信刊《新刊京版校正大字医学正传》八卷。

以上所举，虽不够完整，但已足以说明刘氏刻本在海外的影响以及在中外文化交流方面的贡献。此外，宋刘氏天香书院刊《监本纂图重言重意互注论语》一书也曾流落日本，清代由杨守敬访回，现存北大图书馆，成为稀有的流传海外后又返回祖国的珍贵版本之一，足以写入中日文化交流史中。

（原载《文献》1988 年第 2、3 期）

---

[1] 周迅：《二十年来日本刊印中国史籍概说》，《文献》1982 年第 13 期。

[2] 邵懿辰撰、邵章续录：《增订四库简明目录标注》卷四，上海：上海古籍出版社，1979 年，第 146 页。

[3] 史复洋、白化文：《日本刻印的中国类书》，《艺文志》第二辑，太原：山西人民出版社，1983 年，第 325—326 页。

附

贞房刘氏系图

第一世	翱（895—936）							
二	噪							
……								
九	南寿							
十	中正（叔刚）							
十一	喆						及甫	
十二	机						詹	
十三	资						章	
十四	君导						君佐	
十五	锦	铢					镕	
十六	潭	瀚	演			准	涛	
十七	桐	松	柏		顺	橦	梓	
十八	寿	宽			意	竣		
十九	狗	垒	克常		炫	剡	埈	文辉
二十	坚	缸			文贞文寿（应康）	瑞	银（1457—1532）	
二十一	仁郎	道洪（宏毅）	仕奇		镗 鏸	元佑	天洞（1488—1561）	
二十二	肇	仕良	仕贤	余德			福棨（号乔山 1522—1881）	
二十三	世德	成威			大金（玉田 1557—1639）	大易（号龙田 1560—1625）		
二十四	子庶				孔年 孔业 孔嘉	孔敬（1581—1673）	孔教 孔敦（1608—1674）	
二十五	国好（素明）国琼（玉明）				舜臣 弼虞（1597—1653）	肇庆		
二十六	元颂（雅夫 1670—1760） 志干							

选录自《贞房刘氏宗谱》卷三，民国九年（1920）忠贤堂印本

建阳熊氏刻书述略

建阳刻书史上，有一明显区别于外地书坊的历史现象，那便是许多书林大族均子承父业，世代相沿，形成了著名的刻书世家。建阳熊氏便是其中之一。对熊氏的刻书历史，笔者在《明代刻书家熊宗立述考》[1]一文中已略有提及。由于《述考》一文着重于考述熊宗立一人的生平，余者因篇幅所限，仅对其中几个较重要的人物略为介绍，因此，还有必要对熊氏刻书的历史源流作进一步的阐述。为避免重复，凡《述考》中较详者，本文略之，较略者，本文详之。

一、熊氏刻书源流

建阳熊氏分为东、西二族，熊氏刻书中占主体的是西族。西族中又以书林让房一派中刻书者居多。据《潭阳熊氏宗谱》载，[2]西族始祖熊秘原居崇泰里（今莒口乡）樟埠一带，后因子孙繁衍，故这里又称熊屯。传至十三世熊祖荣，因其入赘从崇泰里迁居到崇化里书林，祖荣由此被称为始入书林始祖。祖荣之孙忠信（1216—1286），字明决，是元代刻书名家翠岩精舍刘君佐的岳父，生有三子，分为恭、俭、让三房。长天佑，恭房祖；次天燧，俭房祖；末天儒，让房祖。明代熊氏刻书家，多为让房子孙，恭房仅熊体忠、熊体道等少数几人而已。

（一）宋代

建阳熊氏刻书中，今可考的年代最早者，是东族的熊克（东族居建阳城外赤岸）。他于宋乾道、淳熙间刻有《老子注》二卷、《孝经注》一卷、《毛诗

---

[1] 《文献》1987年第1期。

[2] 参见拙文《明代刻书家熊宗立述考》中的介绍。

指说》一卷、《宣和北苑贡茶录》一卷。熊克，字子复，绍兴间举进士，知诸暨县，被荐为校书郎，累迁起居郎兼直学士院，出知台州，淳熙十二年（1185）罢。著有《九朝通略》《诸子精华》《中兴小纪》等。从熊克的生平可知，其刻书与后来书林熊氏的坊刻不同，应属家刻性质。

（二）元代

南宋灭亡后，南方的一些理学家不愿出仕，退而建立书院，以阐扬道统为己任。这些书院因教学的需要，也每有刻书。熊禾便是其中的知名者。

熊禾（1247—1312），字去非，号勿轩，又号退斋，熊秘十七世孙，属祖居崇泰里熊屯中军房一派。熊禾是朱熹高弟辅广的再传弟子。宋咸淳十年（1274）举进士，授宁武军司户参军。入元不仕，与母族至亲刘应李隐居武夷山中，建洪源书堂授徒讲学，后十二年又在建阳梓里修复鳌峰书院。宋末爱国诗人谢枋得抗元兵败，流寓建阳时，与熊禾意气相投，成为至交。江西的著名学者胡一桂（庭芳）、董真卿等均慕名拜访，进行学术交流。熊禾武夷洪源书堂所刻《易学启蒙通释》二卷，系胡一桂父方平之作，即胡一桂入闽所携，交熊禾刻之。董鼎著《孝经大义》一卷，系鼎子真卿携带入闽，熊禾嘱其族兄熊敬为其刊行。

元代，熊氏中从事坊刻者，今可考者仅四家，即熊氏万卷堂、熊氏博雅堂、熊氏卫生堂和建安熊氏。熊氏博雅堂于元代所刻书，仅见日人森立之《经籍访古志》著录《明本排字九经直音》一种。森氏曰："卷端木格题'熊氏博雅堂刊'五字，……卷末有'至正丁酉日新书堂绣梓'印记。"日新堂乃元明间建阳名肆，熊氏博雅堂与其在同一刻本中出现，应是两家书坊合刻。同时，于此可证博雅堂系建阳熊氏所经营的书肆。

综观宋元二代熊氏的刻书，虽然数量少、规模小，表1《历代熊氏刻本综录》中，辑录宋、元刻本仅12种，但其中家刻、书院刻、坊刻各种形态备具，这就为明代熊氏较大规模的坊刻积累了实践经验，打下了一定的基础。

（三）明代

明代，以熊氏种德书堂为中心，出现了众多的熊姓书肆。其中刻书最多的是熊宗立和熊冲宇。此外，知名者还有熊斌、熊大木、熊台南、宏远堂熊体忠、熊体道、忠正堂熊龙峰、诚德堂熊清波、熊心禹、熊仰台、燕石居熊稔寰、熊振宇、熊玉屏、熊安本、熊九香（岳）、熊九敕、熊秉宸、熊飞雄飞馆、熊之璋等十八家；只知堂名不知人名者五家，即熊氏一峰堂、卫生堂、鳌峰堂、博雅堂和书林雨钱世家。其中除熊斌和熊之璋非书林中人，应属家刻，刻书地点在崇泰里外，余者均为坊刻。

这个时期的熊氏刻书，以正德间（1506—1521）为界，大致可分为前后两个时期。前期以熊宗立的种德堂（有时又称中和堂或熊氏种德堂）为主，主要刊刻医籍，其中以自编自刻者居多，刻书趋向专业化是其特点。后期以熊冲宇（名成冶，宗立五世孙，刻书堂号亦名种德堂）为主，主要刊刻民间日常用书及童蒙读物，间或也有科举应试之书、医学书籍和通俗文学作品等，刻书内容广泛，形式多样化，是这个时期熊氏刻书的主要特点。表1辑录了明代熊氏刻本共99种，其中难免有所遗漏，但已大致可以反映出这个时期熊氏刻书的基本情况。

在此需略加说明的是书林雨钱世家的刻书情况。表1中辑录其刊刻的三种刻本，《中国古籍善本书目》（经部）、《北京图书馆善本书目》和王重民先生的《中国善本书提要》在著录中，均题作"书林两钱世家"或"书林两钱馆"。对此，笔者开始是持怀疑态度，后来致信向北京图书馆的专家请教（信中仅提北图目著录的一种刻本，书名见表1），蒙北图善本组函复，略云，经查，"两钱"应是"雨钱"，并已在新编《北京图书馆善本书目》中更正云云。查《中国古籍善本书目》（经部）卷一著录的明万历二十五年（1597）"两钱世家"刻本，也是北京图书馆藏本，则"两"字应也是"雨"字之误无疑。

何以断定"雨钱世家"是熊氏书肆？有史料为证。如《（嘉靖）建阳县志》卷十一《列传》载："熊衮，崇泰里人。事亲至孝。忽三日骤雨，本家园地皆满。惟熊氏所得者堪用，其邻里仆隶所得皆化为土，因号衮为雨钱翁。"查《潭阳熊氏宗谱》，知熊衮为熊秘长子。谱曰："……时方艰，遗例无俸给，父之薨也，无以具葬，孝格纯天，雨钱三日夜以毕，口口世因称'雨钱公'。"在一般情况下，我们完全可以对县志和宗谱中这种带有浓厚迷信色彩的记载付之一笑。但对熊氏子孙来说，却是每每引为自豪的一件事。宗谱中就有所谓"熊氏西族尚书郭门公孝忠雨钱堂上房长官支派"世系，"雨钱公故里图、神道碑、祝文"等。据上述记载推断，"雨钱世家"应是熊氏书肆。就像熊氏始祖熊秘建了一座鳌峰书院，其后辈子孙中就有了号鳌峰的熊禾、号鳌峰后人的熊大木那样，熊氏的二世祖既号"雨钱翁"，其后辈子孙中也就有了以"雨钱世家"命名的书肆。

（四）清代

清代熊氏的刻本，与整个建阳书坊的命运一样，也在逐渐衰落。从有流传的熊氏刻本看，清代的熊姓书坊有两家，即刻有《函宇通》的熊志学和刻《天经或问后集》的熊维大集堂，均见王重民《中国善本书提要》著录。熊志学（1650—1675），让房二十五世，字鲁子，以明经任光泽县训导。熊维，又名启孙，字立文，让房二十九世。此外，《增订四库简明目录标注》卷十七著录元赵孟頫撰《松雪斋集》，系清种德堂重刻元沈氏本，未知此清种德堂是否系熊氏后人所经营的书肆，《标注》未录姓氏，难做定论，为慎重计，未列入表1。

值得一提的是，《潭阳熊氏宗谱》中还有一些有关清代熊氏刻书的零星记载，虽吉光片羽，却弥足珍贵，移录如下：

> （三十一世）见龙，伯先公之子，行智一，字际云。康熙丙申年（1716）十月廿五日生，乾隆己丑年（1769）十二月十三日殁。葬平地掌，坐寅向申。业商书籍……（恭房伯汶公派天祥公世系）
>
> （三十二世）海公，廷绵公次子，行宽一，字汇万，号醇斋，邑庠生。康熙丙申年（1716）三月初三日生，乾隆癸卯年（1783）三月十九日卒……（恭房九棘公派以炯公世系）
>
> 海字汇万，号醇斋，……乡试五次不第，遂矢志刊刻。《勿轩公文集》《四书标题》《易学图传》《春秋五论》，编次疲劳，恭呈学宪汪新公撰序，并首传世……（卷首）

熊见龙和熊海究竟刻了哪些书，今已难以尽考，宗谱中提到熊海的四种刻本，在表1所引用的那些书目中均未著录，很难说是否还有刻本传世。说起来，这似乎是一件令人奇怪的事，建阳宋、元、明三代的刻本流传至今，均已长达数百年不等，现珍藏在国内外大中图书馆的数量仍不在少数，其中仅以收入《中国古籍善本书目》（经部）的熊氏刻本就有11种，其余诸姓就更多了；相反，距今年代最近的清代刻本反而更罕为流传。但是，如果我们了解了清代建阳刻书历史背景，也就见怪不怪了。

首先，清初福建长期的战乱使生产力受到了极大的破坏，书坊纷纷倒闭。与宋、元、明三代相比，建阳已失去了昔日刻书中心的地位。少数幸存的几家书坊虽仍在坚持，但由于战乱，道路阻塞，昔日繁华的"图书之府"成了边远僻地，给本来就为数不多的清代建本的销售造成很大困难。如嘉庆间浦城祝氏留香书室所刻《何博士备论》一书就因"道远，贾人偶得，诧为奇货"[1]。浦城乃出闽入浙的要道之一，嘉庆间的浦城尚且"不通交易"，建阳的情况就可想而知了。

其次，在建刻逐渐衰败的同时，原与建阳鼎足而立的金陵、苏杭一带的书坊却更加发达起来。乾嘉以后的大藏书家和校勘学家如黄丕烈、顾广圻等均集中在江浙一带，他们都提倡刻书，尤其提倡辑刻丛书、逸书，加上官方内府刻书盛行，各省书局尾随其后，也刊刻了大量书籍。这些坊刻、私刻、官刻在数量、质量以及在经营条件方面与清代的建刻相比，均占据了压倒性的优势。这些，势必直接影响建阳刻本的销路，也造成了今日清代刻本反较前朝刻本更为罕见的现象。

表 1　历代熊氏刻本综录

刻书者	书　　名	刻印年代	著录书目[2]及其他
熊克	老子注二卷	宋乾道庚寅 （1170）	标注
	孝经注一卷	乾道间 （1165—1173）	直斋书录解题
	毛诗指说一卷	同上	通志堂集·经解序
	宣和北苑贡茶录一卷	淳熙九年 （1182）	四库、陆志

---

[1]〔清〕黄丕烈著，潘祖荫辑：《士礼居藏书题跋记》卷三，周少川点校，北京：书目文献出版社，1989年，第80页。

[2] 本表及行文中所使用之书目简称，请参看下文《明代刻书家熊宗立述考》后所附《引用书目简称与原书对照表》。

刻书者	书　名	刻印年代	著录书目及其他
熊氏万卷书堂	山谷外集诗注十四卷	元至元乙酉（1285）	涉园序跋集录
熊禾洪源书堂	易学启蒙通释二卷	至元己丑（1289）	四库（引熊禾、刘泾跋中提到）
熊敬	孝经大义一卷	大德九年（1305）	四库、莫目
鳌峰书院	勿轩易学启蒙图传通义七卷	至正癸巳（1353）	于志、陆志
	侯鲭录八卷	明	标注、提要、上图（均作八卷），傅录（作二卷）
熊氏博雅堂	明本排字九经直音二卷	元至正丁酉（1357）	森志
	联新事备诗学大成三十卷	明永乐六年（1408）	杜录、北大
建安熊氏	王状元集百家注分类东坡先生诗二十五卷、东坡纪年录一卷	元	傅录、北图
	新刊河间刘守真伤寒论方三卷后集一卷续集一卷别集一卷	元	傅录
熊氏卫生堂	新编西方子明堂灸经八卷	元	瞿目、展目、北图、联析
	新刊铜人针灸经七卷	明	森志、杜录

刻书者	书 名	刻印年代	著录书目及其他
熊宗立种德堂	王叔和脉诀图要俗解六卷	正统丁巳（1437）	丹考（又名"勿听子俗解脉诀"）
	新编妇人良方补遗大全二十四卷	正统五年（1440）	联目
	类证注释钱氏小儿方诀十卷	正统五年（1440）	联目
	新刊袖珍方大全四卷	正统十年（1445）	丁志（误为洪武刊）、于目、版本志
	类编活人书括指掌方十卷	天顺五年（1461）	张志、杜录
	伤寒直格三卷后集一卷续集一卷别集一卷	天顺癸未（1463）	四部总录·医药编
	外科精要附遗三卷	天顺甲申（1464）	森志、丹考
	新编妇人良方补遗大全二十四卷	同上	森志
	增广太平惠民和剂局方十卷、指南总论三卷、图经本草一卷	成化二年（1466）	森志、杜录
	新编名方类证医书大全二十四卷、医学源流一卷	成化三年（1467）	联目、北大（日翻刻本）
	类证陈氏小儿痘疹方论二卷	成化己丑（1469）	森志

刻书者	书　名	刻印年代	著录书目及其他
（中和堂）	标题详注十九史音义明解十卷	成化七年（1471）	天一（中和堂，熊宗立另一堂号）
	勿听子俗解八十一难经六卷	成化八年（1472）	联目、丹考、北大
	医经小学六卷首一卷	成化九年（1473）	联目、上图
	新刊补注释文黄帝内经素问十二卷、新刊黄帝内经灵枢十二卷、黄帝内经素问遗篇一卷、新刊素问入式运气论奥三卷、素问运气图括定局立成一卷、黄帝内经素问灵枢运气音释补遗一卷	成化甲午（1474）	丁志、北图、北大、联目
	新刊素问入式运气论奥三卷、黄帝内经素问遗篇一卷	成化甲午（1474）	丁志、联目（无遗篇）
熊氏种德堂	灵枢经十二卷	同上	四库、丹考
	活幼全书八卷附一卷	弘治八年（1495）	联目
	居家必用事类全集十卷附四卷	明	标注
	类证注释钱氏小儿方诀十卷	明	丹考（引熊氏自序提到）
	注释伤寒论十卷	正德四年（1509）	杜录、联目、森志。此本以下为熊宗立后人所刻

续表

刻书者	书　名	刻印年代	著录书目及其他
	新刊袖珍方大全四卷	嘉靖十八年 （1539）	联目
	书经精说十二卷	隆庆四年 （1570）	杜录
	诗经开心正解七卷	隆庆间 （1567—1572）	杜录
	周易四卷	万历元年 （1573）	中国古籍
	新刻金陵原板易经开心正解六卷	同上	中国古籍、西谛（作五卷）
	书经集注十卷	同上	中国古籍
	鼎镌洪武元韵勘正补订经书切字海篇玉鉴二十卷	同上	西谛
	新刊演山省翁活幼口议二十卷	万历癸未 （1583）	有中医古籍出版社影印日抄本
	新镌赤水屠先生注释天梯翰墨四卷	万历三十五年 （1607）	
	新刊翰苑广记补订四民捷用学海群玉二十三卷	同上	傅目
	新镌评林注释列朝捷录四卷	万历三十六年 （1608）	杜录
	书经便蒙讲义二卷	万历三十九年 （1611）	杜录
	镌紫溪苏先生会纂历朝纪要旨南纲鉴二十卷	万历壬子 （1612）	提要

刻书者	书　名	刻印年代	著录书目及其他
	皇明集韵天梯书经正文四卷	万历间（1573—1620）	中国古籍
	新刻杨会元真传诗经讲意悬鉴二十卷	同上	同上。（成冶，熊冲宇名成冶，号冲宇）
	书经开心正解六卷	同上	杜录
	四书集注十九卷	同上	中国古籍、傅目、西谛
	史记评林一百三十卷附史记短长说一卷	同上	提要（与熊体忠、刘朝箴同刊）
	锓顾太史续选诸子史汉国策学玄珠四卷	同上	杜录
	鼎锓叶太史纂玉堂鉴纲七十二卷总论一卷	同上	杭大
	新镌翰府素翁云翰精华十二卷	同上	西谛
	新刊太医院校正图注指南王叔和脉诀四卷	同上	杜录
	医学丛书五种二十九卷	同上	杜录
	雅尚斋遵生八笺十九卷	同上	杜录
	悬壶故事五卷	同上	杜录
	杜律选注六卷	同上	郑目
	新刻汤学士京本校正按鉴演义全像通俗三国志传二十卷	同上	杜录

刻书者	书　名	刻印年代	著录书目及其他
	周易本义四卷图说一卷附新锲尊朱易经讲意举业便读四卷	明	中国古籍
	颜字四书二十八卷	明	中国古籍
	鼎镌六科奏准御制新颁分类注释刑台法律十八卷	明	雷录
	唐诗正声二十二卷	明	杜录
	新刊指南台司袁天罡先生五星三命大全四卷	明	北图
	新刻杨救贫秘传阴阳二宅便用统宗	明	西谛（有一、二两卷）
	医家赤帜益辨全书十二卷	明	联目
熊斌	熊勿轩先生文集八卷	成化二年（1466）	丁志、标注
	诗学权舆二十二卷	明	杜录
福建熊氏	日记故事七卷	嘉靖二十一年（1542）	傅目（题熊大木校注，疑其自刻）
熊氏一峰堂	新刊性理大全七十卷	嘉靖癸丑（1553）	提要、杜录
熊台南	新刻订正家传秘诀盘珠算法士民利用二卷	万历元年（1573）	杜录

刻书者	书　名	刻印年代	著录书目及其他
熊云滨宏远堂	新刊精备讲意易经鲸音本义二卷附周易本义四卷	万历五年 （1577）	中国古籍
	百家录粹六卷	万历七年 （1579）	杜录
	玉堂校传如岗陈先生二经精解全编九卷	万历二十二年 （1594）	北师大
（熊体忠）	地理参赞玄机仙婆集十三卷	同上	杜录
	庄子南华经精解九卷	万历二十二年 （1594）	西谛
	鼎锲李先生易经考传新讲七卷	万历二十五年 （1597）	杜录
	精刊编集阳宅真传秘诀六卷	万历二十七年 （1599）	杜录
	新刻出像官板大字西游记二十卷	万历间 （1573—1620）	提要、孙见
	屠先生评释谋野集四卷	明	标注、北大
	玉堂鉴纲七十二卷	明	福师大
熊体道	新刻明鉴利用阴阳历正发全通书大成	明	北大，仅存卷五

刻书者	书 名	刻印年代	著录书目及其他
熊龙峰	重刻元本题评音释西厢记二卷	万历二十年（1592）	孙见、杜录
	冯伯玉风月相思小说一卷	万历间（1573—1620）	孙目
	孔淑芳双鱼扇坠传一卷	同上	孙目
	苏长公章台柳传一卷	同上	孙目
	张生彩鸾灯传一卷	同上	孙目
	新刻出像天妃济世出身传二卷	同上	傅目、杜录
熊清波诚德堂	新刻京本补遗通俗演义三国全传二十卷	万历丙申（1596）	孙目、提要、傅目
熊心禹	新锲书经定衡讲意六卷	同上	中国古籍
雨钱世家	鼎锲李先生易经火传新讲七卷	万历二十五（1597）	同上
	新锲益府藏板从姑修楔一线天会奕通玄谱口卷	明	北图
	历朝纲鉴辑要二十卷	明	提要
熊仰台	全像北游记玄帝出身传四卷	万历壬寅（1602）	柳目
鳌峰堂	重增释义大明律七卷	万历三十二年（1604）	杜录

刻书者	书 名	刻印年代	著录书目及其他
熊稔寰燕石居	屠先生评释谋野集四卷	万历四十四年（1616）	北师大
	新锓天下时尚南北新调尧天乐上下卷	万历间（1573—1620）	综录（与下本合称"秋夜月"）
	新锓天下时尚南北徽池雅调一、二卷	同上	综录
熊玉屏	新刻东坡禅喜集九卷	同上	杜录
熊安本（熊咸初）	群书六言联珠杂字二卷	同上	杜录
	新刊仁斋直指附遗方论二十六卷、小儿方论五卷、医脉真经一卷、伤寒类书活人总括七卷	同上	北图、杜录。（熊安本，号咸初）
熊振宇	书集传六卷	明	标注、莫目、天一
熊秉宸	新镌音释圈点提章提节大魁四书正文六卷	崇祯四年（1631）	北大
熊九香熊九敕	论孟注疏二十卷	崇祯丙子（1636）	标注
熊飞雄飞馆	精镌合刻三国水浒全传	崇祯间（1628—1644）	孙目、孙见、傅目
熊之璋	重刊熊勿轩先生文集四卷外附一卷	南明隆武二年（1646）	图录、北图
熊志学	函宇通	清顺治间（1644—1661）	提要
熊俊卿	历理通书三十一卷	康熙二十二年（1683）	人文
熊维大集堂	天经或问后集	清	提要

二、与外地书坊的交流

在建阳早期的刻书中，曾得到外地书坊特别是江浙一带刻工的帮助。如宋建宁府刻《育德堂奏议》和宋建安书院刻《周易玩辞》等刻本中，就出现了浙江的刻工蔡仁、余士等名字。[1] 同样，建阳书坊在长期刻书中所形成的特有风格对外地书坊也产生了很大影响。如上图下文这种建本所特有的形式，就曾为明中叶的金陵、徽州等地书坊所模仿。这种各地书坊之间的交流，在中国刻书史上是很重要的，它促进了各地书坊之间技艺的发展。在这方面，熊氏书坊颇有值得一提之处。综合起来，主要有以下两点。

1. 保存了外地书坊已经失传的版本

如熊氏博雅堂元至正间刻《明本排字九经直音》二卷，是翻刻明州（宁波古称）本，而明州原刻本，因年代久远反而不传。类似这种情况，还有熊冲宇万历间刊《新刻金陵原板易经开心正解》、熊云滨（体忠）万历间刊《新刻出像官板大字西游记》等。

熊云滨刊《新刻出像官板大字西游记》，即通常所说的金陵世德堂本《西游记》，是研究《西游记》的珍贵版本之一，见存日本，北京图书馆（今中国国家图书馆）则存有此书胶卷。实际上，此世德堂本《西游记》应为明万历间建阳书林熊云滨翻刻金陵世德堂本。对此，拙文《熊云滨与世德堂本〈西游记〉》[2] 已有较详细的论述。须补充说明的是，孙楷第先生传录此本所据底本是日本藏本，王重民先生传录所据底本是原北平图书馆藏本，二者均称此本卷中有"书林熊云滨重锲"刊记，[3] 这就说明熊本与世本之间存在着某种翻刻与被翻刻的关系，而不具有两种刻本拼配而成的可能性。

熊云滨，熊氏恭房二十七世孙。万历年间，他以熊体忠、书林熊云滨、熊云滨宏远堂等堂号刻书甚多。上表1共辑录其刻本八种。其中刻于万历二

---

[1] 宿白：《南宋的雕版印刷》，《文物》1962年第1期。
[2] 《文献》1988年第4期。
[3] 孙楷第：《日本东京所见小说书目》卷四，北京：人民文学出版社，1958年，第73页；王重民：《中国善本书提要》，上海：上海古籍出版社，1983年，第402页。

十五年（1597）的《鼎锲李先生易经考传新讲》与雨钱世家的同一刻本书名、卷数、刊刻年代全同，估计是同一刻本（据此，雨钱世家有可能是熊云滨的另一堂号），只是未见原刻，难以定论，附识于此，以就教高明。

《潭阳熊氏宗谱》卷首载熊氏生平曰："体忠，字尔报，号云滨。……辑有《四书大传》《书经久传》《书经鲸音》《玉堂鉴纲》《二经精解》《南华副墨》《遵生八笺》等集……"以上所列书目，被称为熊氏所"辑"者，实应为刻。如《玉堂鉴纲》《二经精解》在表1中已有刻本著录，其余几种疑熊氏均有刻本，或已不存，或表1辑录不全。又如《遵生八笺》系明高濂所编，今有熊冲宇刻本存世，竟也称熊体忠"辑"，可证其谬。再如《南华副墨》一书，据王重民先生《中国善本书提要》著录《南华真经副墨》八卷，有明万历刊八行本和九行本两种，均题兴化陆西星著，与熊氏并无多大关系。

尽管这样，宗谱所载已足以证明熊云滨系明末建阳书林的刻书家。熊刻《西游记》的意义在于完整地保存了金陵世德堂本的原貌，为研究《西游记》的演化过程提供了一个难得的版本。

2. 促进了外地书坊的发展

明万历前后，是建阳刻书极盛的时期。这个时期，建刻史上的诸大家如余、刘、叶、杨、詹、郑、陈等均盛极一时。据不完全统计，诸姓中在此前后共有六十几家书坊出现。[1]这个时期，也是熊氏刻书最盛的时期，在与熊冲宇同时或稍后一些的熊氏书坊就有十几家。

在这百家争"刻"的局面中，一些书坊为了更好地发展，直接在外地开书肆。这样客观上也就促进了外地书坊的发展。其中较知名者，如明万历间的建阳叶贵，即在金陵三山街开设书肆，刻书颇多。建阳书林的吴世良，嘉靖间在广州开办书肆，有刻本《孔子家语补注》等传世。熊氏中，则有在金陵刻书的熊振宇和在广东刻书的熊世奇。

熊振宇，让房二十五世孙，名成应，以字行，谱载："成应，文玑公长子，行宁一，字振宇。寓广，至金陵，四十四岁卒，即葬南京和尚巷。"熊振宇刻有《书集传》六卷行世，见邵氏《增订四库简明目录标注》卷二著录。从宗谱记载看，其刻书地点应在金陵。熊世奇，让二十七世孙。谱载："世

---

[1] 张秀民：《明代印书最多的建宁书坊》，《文物》1979年第6期。

奇，圣一，号长生。姙江氏，继姙魏氏。在广开书肆，后卒于广。"

此外，宗谱记载熊世奇的前后辈中有十几人均"寓广"，谱中虽没有像熊世奇那样直接注明"在广开书肆"，但颇疑与此有关。广东的刻书业在历史上并不发达，熊氏把书肆开设在广东，在客观上势必促进这个地区的刻书业的发展。柳存仁先生在著录广州五桂堂刻《半日阎王全传》一书时说："这完全是一篇平话的单行本的格局。广东本身是不出产平话的，它的最早的原文可能是由福建流传过来的，从宋元时代起福建的书坊便是印刷和发行许多书籍的中心。"[1] 柳先生的推论是有一定道理的。在此，我们不妨更进一步推论说，这些在外地开办书肆的建阳刻书家，或许其本身就是这种"流传"的媒介。

与上述问题有关的，是熊氏恭房三十世孙熊浩。宗谱世系中对其记载颇详，云："浩公，善长公之子，行濬一，字天具，号星斗，又号山鹰，别号风颠。幼习举子业，兼就岐黄魁首。著有《云水医经》《医学心法》《地理心镜》《孝子当知》。得遇明钦天监国师熊坛石（按，即熊明遇，明末避乱入闽，隐居建阳五载），秘传星经历法。与友游子六（按，即游艺，著有《天经或问》）、母舅魏梦赍共师事之，供（共）获秘传奥旨。著有《开辟昭絭》《历理大全通书》（有清熊俊卿刊本，见表1）行世，王康扶撰序。后因煓、燨兄弟分居，其书板数部俱出售浒湾……"熊浩既与游艺同师事于熊明遇，则其应为明末清初人。这个时期，是建刻由盛极而衰的时期，而浒湾书林却在此时逐渐兴起。浒湾，即今江西省金溪县浒湾镇。历史上曾有"临川才子金溪书"的说法，其中"金溪书"指的就是浒湾书林所刻的书。浒湾书林远远晚起于建阳书林，因距建阳较近，从建阳出发，经邵武，过光泽，出资溪，即金溪县，故所受建阳书林影响很大。如建阳历史上有一座"书林门"，浒湾书林则也有一座署名为"籍著中华"的门楼；建阳书林有"积墨丘"，浒湾书林则有"聚墨池"。明代建阳书林出版的一些通俗小说，如《三国演义》《水浒传》，童蒙读物如《百家姓》《千字文》《千家诗》等，浒湾书林也有出版。熊氏刻板出售浒湾，是在清初建刻逐渐衰微，浒湾书林逐渐兴起之时，因此客观上对浒湾书林的发展产生了积极的影响。孙楷第先生的《中国通俗小说书目》

---

[1] 柳存仁：《伦敦所见中国小说书目提要》，北京：书目文献出版社，1982年，第105页。

卷五著录明建阳书林余象斗撰《四游记》，就有题"许（浒）湾书林中巷大经堂道光十四年刻本"，疑也是清初余氏子孙将书板出售给浒湾书林后的产物。

三、熊氏刻书的特点与影响

从刻书的规模和数量看，熊氏刻书远不能和建阳余氏、刘氏等刻书大族相比。但综观熊氏的刻书史，尤其是有明一代，熊氏刻书自有其不容忽视的特点，以及余、刘等刻书世家所不能取代的影响。

熊氏刻本的内容比较广泛，经、史、子、集四部俱备。其中虽不乏庙堂之文，大雅之作，但从其基本倾向看，则是注意面向广大下层的劳动人民读者。内容通俗化，这是熊氏刻本的基本特点之一。

明前期的熊宗立，主要以刊刻医经典籍为主。所刊医籍，多以类编、俗解、注释等形式刊行，明晰易懂，便于初学，对明代医学的普及起到了重要作用。如其编刻的《类编活人书括指掌方》，自序云："……增入歌括，便其记诵，行是道者，苟能熟味其歌，详玩其图，则治病之际，瞭然在目，豁然于心，虽未能升仲景之堂奥，而仲景活人三百九十七法，不外是矣。"[1] 颇能代表熊氏刻书比较注意通俗化和大众化的基本立场。

明嘉靖间，熊大木则以编刻通俗小说和英雄传奇为主。熊氏所编纂的小说，现存的有《全汉志传》《唐书志传通俗演义》《南北两宋志传》和《大宋中兴通俗演义》等。虽然熊氏所编的小说还不太成熟，在艺术上显得比较粗糙，带有我国长篇小说草创时期的痕迹，但在当时看，深受广大劳动人民喜爱和欢迎，而为封建卫道士所不满。如明叶盛就说："今书坊相传，射利之徒伪为小说杂书，南人喜谈如汉小王（光武）、蔡伯喈（邕）、杨六使（文广）；北人喜谈如继母大贤等事甚多。农工商贩，抄写绘画，家畜而人有之，痴騃女妇，尤所酷好。"[2] 叶氏所说的杨六使，便是熊大木编撰的《北宋志传》

---

[1] 〔清〕张钧衡：《适园藏书志》卷六，民国五年（1916）南林张钧衡家塾刻本，第24页。

[2] 〔明〕叶盛：《水东日记》卷二十一，魏中平校点，北京：中华书局，1980年，第213页。

中的主要人物，即后来人们所熟知的杨家将中的杨六郎（按，叶氏误为杨文广）。熊氏的小说，能被当时的广大读者所"喜读喜谈"，与其通俗易懂，能被一般读者所接受显然有关。万历以后，熊冲宇的种德堂则以刊刻童蒙教育和民间实际应用的书籍为主。郑振铎先生在《劫中得书续记》中说："熊冲宇名成冶，即镌《易经开心》者。熊氏在闽建书林中，刊书甚多，通俗应用书及童蒙读物所刊尤伙……"[1] 又为熊冲宇所刻《新锲翰府素翁云翰精华》一书作跋曰："此明锲通俗书之一也，凡六卷。为万历间建安书林熊冲宇所印，斯类通俗流行之作，为民间日用的兔园册子，随生随灭，最不易保存。……研讨社会生活史者，将或有取于斯。"[2]

综观熊氏的刻书，尽管内容上不尽相同，但都比较注意通俗化和大众化，则应是一以贯之的特点。

与内容上的通俗化相辅而行的，是形式上的多样化，这是熊氏刻本的又一基本特点。

熊宗立所刊刻的医籍中，就广泛运用了图要、图括指掌图等插图示意形式。对一些内容古奥的医籍，还编成易记易诵的形式刊行。明嘉靖间，熊大木所刻的《日记故事》；万历间熊冲宇、熊龙峰、熊清波、熊飞等所刻书籍中均有精美的版画插图。特别是熊冲宇，所刻通俗流行之作，自不必说，即使是大雅之作如《四书集注》，也匠心独运地一反建本上图下文的惯例，于卷首冠图，单面巨幅，令人耳目一新。所刻《学海群玉》，则下绘渔、樵、耕、读四人图，饶有情趣。

万历间熊稔寰刊《秋夜月》，将版式分为三栏，上下两栏选录传奇、戏曲，中栏尽载散曲和民间歌谣，形式上别具一格。可与此相媲美的，是崇祯间熊飞刻《英雄谱》，在《三国演义》一书已有余象斗、刘龙田、黄正甫、杨起元、杨美生、郑世容、郑少垣、王泗源等多家刻本，《水浒》一书已有双峰堂、藜光堂等刻本的情况下，别出心裁地将《水浒》《三国》上下合刻，可谓形式上善于变通的佳例。

---

[1] 郑振铎：《西谛书话》下册，北京：生活·读书·新知三联书店，1983 年，第313—314 页。

[2] 郑振铎：《西谛书目·题跋》，北京：文物出版社，1963 年，第 10—11 页。

　　熊氏刻本在我国史学、文学、医学及传统经学等方面均产生了一定影响，在我国出版史上也占有一席地位。熊氏刻本流传到日本，每被日人翻刻或影抄。由于年湮代远，有些刻本在国内已佚，而日本有翻刻本或钞本流传，故中华人民共和国成立以来，出版部门每以日翻、日钞本为底本影印出版，所以熊氏刻本在中日文化交流史上也颇有值得一提之处。以下就熊氏刻本影响较大的两个方面，即医学及文学方面分析之。

　　1. 医学方面的影响

　　在中医学史上最有影响的熊氏刻书家是熊宗立。他在中医临床上也有丰富的实践经验，在历史上，曾以医学上的成就载誉书林，是一位刻书家兼医学家双重身份的历史人物。

　　熊宗立毕生致力于中医古籍的整理、校注和刊刻。其中仅自编自刻的中医古籍今可考者就有二十几种。其代表性著作和刻本如《勿听子俗解八十一难经》，为学习《难经》的门径书之一。《难经》约成书于春秋战国时期，由于年代久远，在传抄或刊刻过程中难免鲁鱼亥豕之误，且文字古奥艰涩，给后世学者造成学习上的困难。熊氏据《难经》原文逐条注解，文字通俗浅近，释文中每参以己见，且于卷首纂图二十八幅，便于初学，至今仍有一定参考价值。中医古籍出版社 1983 年 9 月据日本翻刻明成化八年（1472）鳌峰熊氏中和堂刊本影印出版。

　　又如《伤寒必用运气全书》和《素问运气图括定局立成》二书，系熊氏自编自刻，是其运气学说的代表性著作。前者把中医运气学说和伤寒六经的辩证关系加以联系，相互阐发；后者把《黄帝内经素问》中关于五运六气学说的内容加以图解，并编成歌诀，对中医运气学说的研究，有重要参考价值。此外，熊宗立编刻的《名方类证医书大全》博采众方，分门别类，是一部临床医方的类编，出版以后，广为流传。日人阿佐井野宗瑞于大永八年（明嘉靖七年，1528）翻刻此书，对日本汉医的发展产生了很大影响。由熊氏种德堂于明万历癸未（1583）刊刻出版的《活幼口议》一书，国内已佚，日本则有丹波元胤氏影钞本存世，中医古籍出版社 1985 年曾据此本影印出版。

　　2. 文学方面的影响

　　建阳刻书史上以编撰、刊刻通俗小说知名，而在文学史的某些方面又颇有影响的人物是熊大木和余象斗。熊大木的生活年代较余象斗早，是明嘉靖年间的刻书家。余象斗在万历间重刊熊氏编《南北两宋志传》一书，作序曰："昔大本（木）先生，建邑之博洽士也，遍览群书，涉猎诸史，乃综核宋事，汇为一编，名曰'南北宋两传演义'……"[1] 字里行间，颇有追慕古人之意。余氏于万历间也编刻了《南游记》《北游记》和《皇明诸司公案传》等几部小说，其间受到了熊氏的不少影响。

熊大木（约 1506—1579），名福镇，大木疑其字，号钟谷，又号鳌峰、鳌峰后人等，是熊宗立的曾孙。熊大木在刊刻书籍的过程中，自己也动手编写了不少通俗小说，是我国小说史上继《三国演义》《水浒传》之后出现的较早的编撰长篇通俗小说的作家，在我国讲史小说和英雄传奇小说的发展过程中，具有重要影响。熊氏所编的通俗小说最值得一提的有两部，即《北宋志传》和《大宋中兴通俗演义》。

《南北两宋志传》系《北宋志传》和《南宋志传》的合刊，各十卷五十回。其中《北宋志传》写杨家将抗辽事迹，是中国小说史上现存最早的描写杨家将故事的长篇小说。其主要贡献在于，使民间流传已久而又众说不一、零散不全的杨家将故事得以定型化、完整化、系统化，为后代作家在此基础上进行再创作保存了丰富的素材，对后代文学特别是戏剧方面产生了久远的影响。作品塑造的英雄群像如杨业父子、杨门女将、杨家小将，及焦赞、孟良等通过后代许多戏曲作家的不断丰富和完善，以至在现代的舞台、银幕上还不断出现。传统剧目如《李陵碑》《洪羊洞》《穆柯寨》《孟良盗马》等均直接取材于《北宋志传》。

《大宋中兴通俗演义》又名《大宋演义中兴英烈传》，是最早取材于岳飞故事的长篇小说。郑振铎先生说："《大宋中兴通俗演义》，叙岳飞生平者，最为流行，且似也写得最好，后来托名邹元标所作的一部《精忠传》，以及于华玉的节本，都从此本出。"[2] 郑先生在此仅指有明一代而言，实际上，清乾隆年间钱采、金丰编撰的《说岳全传》也是在熊氏作品的基础上进行的再创

---

[1] 孙楷第：《日本东京所见小说书目》卷三，北京：人民文学出版社，1958 年，第 43 页。

[2] 郑振铎：《插图本中国文学史》，北京：人民文学出版社，1982 年，第 925 页。

作。诚如鲁迅先生所说，这类小说史上的早期作品，虽"芜杂浅陋，率无可观。然其力之及于人心者甚大，又或有文人起而结集润色之，则亦为鸿篇巨制之胚胎也"[1]。

熊大木的小说之外，熊氏刻本中值得一提的文学作品，还有熊龙峰刊《小说四种》和熊稔寰编刻的《秋夜月》。此外，熊冲宇刻《通俗三国志传》、熊清波刻《通俗演义三国志传》、熊飞的《水浒》《三国》合刻本，均为研究《三国》与《水浒》的不可多得的珍贵版本。

熊龙峰刊《小说四种》是四篇短篇小说的合称，因其刻本国内久佚，后在日本内阁文库被发现而引起国内学术界和文学界的注意。小说艺术上比较幼稚，其主要价值在于版本的珍贵。常熟王古鲁据其在日本内阁文库所拍照片整理校注，古典文学出版社曾于1958年出版。

熊稔寰辑刻的《精选天下时尚南北新调秋夜月》也颇有可取之处。此刻前二卷名《新锲天下时尚南北新调尧天乐》，后二卷名《新锲天下时尚南北徽池雅调》，书分上中下三层，上下层主要是戏曲，中层为"时尚酒令"和"精选劈破玉歌"等。其中保存了许多明代散曲和民间歌谣，是研究中国戏曲史和通俗文学史的重要资料。说到明代民歌，人们往往提到冯梦龙选辑的《挂枝儿》《山歌》等。殊不知，熊氏此刻中的《精选劈破玉歌》大可与其相媲美。如《破玉歌·虚名》讽刺喜图虚名者，云："蜂针儿尖尖的，做不得绣；萤火儿亮亮的，点不得油；蛛丝儿密密的，上不得筘；白头翁举不得乡约长，纺织娘叫不得女工头。有什么丝儿相牵也，把虚名挂在傍人口？"《劈破玉·耐心》表达劳动人民真挚美好的爱情追求，云："熨斗儿熨不开眉间皱，快剪刀剪不断我的心内愁，绣花针绣不出鸳鸯扣。两下都有意，人前难下手，该是我的姻缘奇，耐着心儿守。"《秋夜月》现有民国餐秀簃程氏据熊稔寰燕石居本影印本。

（原载《古籍整理与研究》1991年第六辑）

---

[1] 鲁迅：《中国小说史略》第十六篇《明之神魔小说》（上），《鲁迅全集》卷九，北京：人民文学出版社，1973年，第295页。

附

熊氏世系图

第一世	秘（862—919）
二	衮（880—942）
……	
十三	祖荣
十四	志显
十五	忠信（1216—1286）
十六	天佑（恭房）　天信　天楼（俭房）
十七	伯祀　伯汶　伯禄
十八	昌　昱　仁（1361—1415）　鉴（字彦明 1336—1392）
十九	名　秦　运　道琼（1392—1441）　道淳（1402—1457）　礼（1367—1447）　宗立（1409—1482）
二十	铨　添得　成治（冲宇）　文世　寿仁　暖（1436—1508年）　瑞
二十一	录　旺　志学　志道　福仁　天玄　天育　天赐
二十二	佛通　元亨　梦河　梦龙　福山　福仁、福泰　福镇　福灿
二十三	继清　张景　文治　寿爵　福田、福亨　寿恩　德贵　寿崇　南谷
二十四	鹭　承应　成魁　文汉　文积　文和　文玑　文熙　文奎
二十五	朝卿　景祥　福保　飞　秉字　秉宁　成应　秉懋
二十六	奏郎　辅　忠建　志道　秉辰　有弟　安本　伍德
二十七	体道　体信　直六　世高
二十八	九棘　天羹　大善　肇元
二十九	以峒　九牧　天祥　启孙（字立文）
三十	曙　伯先　体忠、九穗、善成
三十一	廷锦　浩
三十二	见龙　海　材

选录自《潭阳熊氏宗谱》，清光绪元年（1875）印本

明代刻书家熊宗立述考

在明正统至成化年间（1436—1487），素有"图书之府"之誉的建阳县出现了一家著名的书肆，名曰种德堂（有时又称中和堂），这家书肆的主人就是熊宗立。由于熊宗立既精于刊刻，又深得医宗奥旨，且其刊刻者多为医学典籍，故其在中国书史和中医学史上，都占有重要地位。由于资料缺乏，史籍中对熊氏的记载大多只言片语，语焉不详，给我们了解熊氏的生平带来很大困难。为了较为全面地了解建阳熊氏的刻书情况，笔者曾多次到书坊乡进

书影1：《潭阳熊氏宗谱》

行实地考察。走访刻书家的后代，并从熊氏后人手中，借阅到了其珍藏的《潭阳熊氏宗谱》[1]（书影1）。从这份宗谱中，我发现了一些鲜为外界所知的有关熊宗立的生平记载。现参考以往一些专家学者的著述，并结合己知，试述于后。

---

[1] 《潭阳熊氏宗谱》，清光绪元年（1875）重修本。新叙后有"梓人豫章进贤乐畅怀、傅志发同刊"数字。共七册，不分卷，但第一册又称卷首。版框高十寸五分，宽七寸五分。黑口，上下鱼尾，四周双栏。上标"潭阳熊氏宗谱"，版心题目录，下据谱系分别记"书林、樟埠厅、吴屯、南林"等。卷首前有建阳县教谕儒学正堂刘松年光绪元年序；台湾府儒学训导璧次赵朝琮光绪元年序；建阳县事周玺嘉庆十二年序；明宣德七年前纂修国史江西府儒学云谷丘锡序。且有《勿轩先生著书目次》《勿轩先生全集序》《勿轩先生传》《鳌峰书院图》《鳌峰书院记》及人物像图一十六幅。二至六册均为谱系，共分"孝、友、睦、媚、任、恤"六集。

一、家乘叙略

熊宗立，字道宗，号道轩，又号勿听子（书影2）。明建阳县崇化里（今书坊乡）人。生于明永乐七年（1409），卒于成化十八年（1482）（此据宗谱所载）。据宗谱载，熊氏原为江西南昌人，其始祖熊秘曾任唐兵部尚书，因黄巢农民起义，乾符年间偕其侄熊博率兵入闽镇守温陵（今泉州），熊博曾任建州刺史。不久，熊博卜居建阳城关北门外的赤岸，称为东族。熊秘则卜居建阳崇泰里樟埠（今

书影2：《潭阳熊氏宗谱》
中的熊宗立像

莒口樟埠、焦岚一带），称为西族，并在此建鳌峰书院，作为子孙求学之所，后来熊宗立在其著述中每每自称"鳌峰熊宗立"，熊大木自称"鳌峰后人"即源于此。

熊秘的后代传到十三世，即熊宗立的高祖熊祖荣这一代时，因祖荣入赘从崇泰里迁居到崇化里，熊祖荣由此被称为始入书林始祖（书影3）。

熊祖荣入赘书林后，是否即加入刻书业的行列？熊宗立的前辈中是否也有刻书家？宗谱中没有记载。从今可以考见的版本看，建阳熊氏在宋代刊书有东族的熊克，刻有《宣和北苑贡茶录》一卷（见《四库提要》）；元季有鳌峰书院，刻有《勿轩易学启蒙图传通义》七卷（见《善本书室藏书志》）；建安熊氏，刻有《王状元集百家注分类东坡先生诗》二十卷，中国国家图书馆存）；《新刊河间刘守真伤寒论方》（《藏园群书经眼录》卷七）；元末有熊氏卫生堂，刻有《新编西方子明堂灸

书影3：始入书林始
祖熊祖荣像

经》（见《中国印本书籍展览目录》）。但总的来说数量少，规模小，基本上还属于家刻性质。真正从事坊刻，以刻书为业者，熊氏中人，应始自熊宗立。

如前所述，正因为熊氏在当时社会上的显赫地位和深厚的家学渊源，为熊宗立的著书立说，自编自刻医学书籍，打下了深厚基础。

二、师承关系

关于熊宗立的师承关系，多数史家说他从刘剡学阴阳医卜之术，这其实是不准确的。这一说法，主要是受了《建阳县志》的影响。如《（道光）建阳县志》卷十三云："熊宗立，别号道轩，从刘剡学阴阳医卜之术，注《天元》《雪心》二赋，《金精鳌极》《难经》《脉经》《药性赋补遗》，及集《妇人良方》等书行于世。"《建宁府志》和《福建通志》对熊宗立的记载与此大同小异，当从县志所录。刘剡何许人？他是否也精通"阴阳医卜之术"？《（嘉靖）建阳县志》云："刘剡，字祖章，自号仁斋。崇化人，世居书坊，博学不仕，凡书坊刊行书籍多剡校正，尝编辑《宋元资治通鉴节要》等书行于世，卒年七十。"[1] 刘剡既能传授熊宗立"阴阳医卜之术"，他本人至少也应精通医术才对，而县志对此却无一字记载，查阅《古今图书集成·医部全录》及《中国医学人名志》等，也一无所获。可见，刘剡只是一个较出色的书籍校刊家。熊宗立师承于他，主要学习的应是编辑、校刊书籍的方法，而在医学上当另有所承。此外，从年龄上看，刘剡比熊宗立也大不了多少。我们今天虽无从考证刘剡的生卒年，但据熊氏宗谱载，刘剡系熊宗立的堂侄熊宽的岳父。[2] 这样，在辈分上，熊宗立与刘剡是同辈人，刘氏不可能在与熊氏年龄相差无几的情况下，竟同时精通校勘学和医学，而熊氏则二者都要拜之为师。这还可以从刘剡的家学渊源看。书林刘氏在南宋有刘日新三桂堂、刘元起家塾、刘将仕、刘仲吉等，元有刘君佐翠岩精舍，明代则有刘洪的慎独斋、刘锦文

---

[1]〔明〕冯继科等：《（嘉靖）建阳县志》卷十一，《天一阁藏明代方志选刊》本，上海：上海古籍书店，1962年，叶4A。

[2]《潭阳熊氏宗谱》"祖荣公派提督忠信公三子让房天儒公世系"载：二十世宽公，宗正公三子，字孟洪，行富十三，姚刘仁斋女刘氏……

的日新堂，多为著名书肆，今可考见的版本不下数百种。从今可考见的刘剡校正的版本看，其每每自称"京兆刘剡"，[1] 这与刘君佐有时亦自称"京兆刘氏翠岩精舍"[2] 一样，其源于他们的祖先唐刘翱是京兆人。后翱卜居麻沙，书林刘氏多为其后。[3] 因此，刘剡作为刻书世家之后，精于校刊是较为可信的。而熊宗立的祖上，已如前所述，似还未有专门从事坊刻的记载，要以此为业，向能者学习，这应当是可以理解的。

那么，熊宗立的医术是向谁学的呢？关于这点，我们还得上溯至熊宗立的曾祖熊天儒，《宗谱》对他是这样记载的：

> 公字雅仲，辛十四，公丧父时甫三岁，兄抚养长成。好读书，晚年学医王中谷先生，传其秘妙，至今书林子孙以医名传世者，自公始也……

熊天儒的长子熊鉴，字彦明，即熊宗立的祖父，也是一个小有名气的医学家。他继承了其父的医学事业，曾编有医方类书《类编南北经验医方大成》十卷〔元至正癸未（1343）建阳进德书堂刊本，见日本丹波元胤《中国医籍考》方论三十〕。与刘氏刻书相比，熊氏的医学渊源虽没有远涉宋、元、明三代，但也经历了两朝四代人。可见，从世居同里之人刘剡学医之说，恐难成立。而最大的可能是，熊氏向刘氏学习校刊，同时结合自己的祖传医术，从而产生了熊宗立这个专刻医经典籍的刻书家。

三、版本综考

熊宗立所刊刻的书籍今可考见的有三十几种，大致可分为三种情况。

---

[1]　如明刊本《少微家塾点校附音通鉴节要》目录前题"京兆刘剡增校"，后有京兆刘剡跋。参见傅增湘：《藏园群书经眼录》卷三，北京：中华书局，1983年，第240页。

[2]　如明景泰七年（1456）刘氏刊本《史钺》，卷末有牌子曰："景泰丙子良月京兆刘氏翠岩精舍新刊。"

[3]　见《建州刘氏三族忠贤传》，今福建省南平市建阳区图书馆藏残卷。

（一）自编自刻者

《新编名方类证医书大全》二十四卷，明成化三年（1467）刻印熊氏种德堂刊。北京大学图书馆李氏存书有日本大永八年（1528）复刻明成化三年熊氏种德堂本。按，此书原名《医书大全》，首刊于正统十一年（1446），见熊氏自序。（丹考）

《勿听子俗解八十一难经》六卷，明成化八年壬辰（1472），鳌峰熊氏中和堂刊。见中医古籍出版社1983年9月影印日本翻刻熊本。（丹考）

《类编伤寒活人书括指掌图》十卷，明天顺五年（1461）建阳种德堂刊。（张志）

《王叔和脉诀图要俗解》六卷，又名《勿听子俗解脉诀》。明正统丁巳（1437）熊宗立刊。（丹考）

《原医药性赋》八卷。（黄目）

《山居便宜方》十六卷。（黄目、丹考）

《备急海上方》二卷。（黄目、丹考）

《类证注释钱氏小儿方诀》十卷。（丹考）

《伤寒运气全书》十卷，明天顺二年（1458）熊宗立刊。（黄目、丹考）

《伤寒活人指掌图论》十卷。（黄目）

《丹溪治痘要法》一卷。（黄目）

《祈男种子书》二卷。（黄目）

《地理雪心赋注》二卷。（黄目、县志、宗谱）

《居家必用事类全集》十卷。（黄目、县志、宗谱）

《增补本草歌诀》八卷。（丹考）

《黄帝内经素问灵枢运气音释补遗》一卷。（丹考）

《素问运气图括定局立成》一卷。（四库、丹考）

《洪范九畴数解》三卷。刊刻年代不详，有清雍正元年（1723）翻刻本。（见《贩书偶记》卷十）

《天元赋注》。（县志、宗谱）

《金精鳌极注》。（县志、宗谱）

《类编历法通书大全》三十卷。（杭大、县志、宗谱）

《妇人良方补遗大全》二十四卷。（丹考、县志、宗谱）

《类证陈氏小儿痘疹方诀》二卷。明成化己丑（1469）熊氏种德堂刊本。（森志、丹考）

（二）刊刻他人著述

《外科精要附遗》三卷，明天顺甲申（1464）种德堂刊本。（森志、丹考）

《素问入式运气论奥》三卷、《黄帝内经素问遗篇》一卷，明成化间鳌峰熊宗立刻本。（丁志）

《灵枢经》十二卷，明成化间鳌峰熊宗立刻本。（四库）

《新刊补注释文黄帝内经素问》十二卷，明鳌峰熊宗立刊本。（北图、丁志）

《医经小学》六卷首一卷，明成化间熊氏种德堂刻本。（上图）

《新刊袖珍方大全》四卷，明正统十年（1445）熊宗立刊本。（丁志、于志、版本志）

《钱氏小儿药症直诀》三卷，明熊宗立刻本。（杨志）

《太平惠民和剂局方》十卷、《指南总论》三卷、《增广和剂局方图经本草药性总论》一卷，明成化丙戌（1466）熊氏种德堂刊。（森志）

（三）熊宗立编撰而由其后人所刊

《伤寒活人书括指掌图论》十卷，明正德三年（1508）熊氏种德堂刊，疑熊宗立长子熊瑷刊，详见下文。（叶钞、张志）

《图注难经》四卷。

《图注指南脉诀》四卷，万历年间熊冲宇刊。（黄目）

《脉诀注解》，明万历间熊成冶种经堂本。（黄目）

四、宗谱中的熊宗立

与熊氏家族中其他刻书家相比，熊宗立可以说是最幸运的。他在《宗谱》中不但有小传，且在卷首有像和赞，这在《熊氏宗谱》中，是绝无仅有的。也正因如此，为我们厘清熊宗立的生平提供了难得的第一手资料。现将《宗谱》中有关熊宗立的记载录后：

十九世华十三讳宗立公遗像

医传世业，德振儒宗。发明小学，洞彻阴阳。博施济众，惠及穷壤。光风霁月，千载流芳。建宁府儒学教授任善赞。

公字道宗，号道轩，又号勿听子，生于永乐七年己丑七月初七日。既长，受业于刘仁斋先生剡之门。妣余氏丙戌五月初二日生。

十九世……宗立，礼公三子，行华十三，字道宗，号道轩，又号勿听。生于永乐七年己丑七月初七日，卒于成化十八年辛丑八月廿一日，享年七十三岁，葬钱塘焦湖山，坐巽向乾。继妣陆氏位福八，生于正月初二，卒于十二月初十，葬蔡布，俱有碑。公生而嗜学，善于孝友。受业于刘剡仁斋先生之门；尝读《易》，悟阴阳之奥，遂精克择。袭祖父之医术，皆不计酬，一以活人为心。著有《小学集解》《通书大全》《脉诀》《难经》《活人指掌》《妇人良口》《医方大全》《居家必用》等书行于世，载在《建阳县志》。妣余氏位甲八，长公三岁，丙午年五月初二日生。葬石溪小埠山挂壁蜈蚣形。生子二：瑷、瑞。

通过《宗谱》所载，结合熊宗立在其一些著述中自序，可以大致勾勒出熊氏的生平。熊宗立出生于一个医学之家，家中田产颇丰，在三朝刻书中心之一的建阳，也是一个颇为显赫的大族。与书林其他显姓如余、刘等有密切的姻戚关系。熊宗立少年时就酷爱学习，年轻时就学于书籍校勘家刘剡之门。熊氏在《医书大全》一书自序中说明此书的编撰缘起时说："余自幼多病，喜读医书，暇日因取前方，芟证归类措方入条……"[1] 因自幼多病而喜读医书，这是促使其走上编撰出版古医籍道路的直接原因之一。他还曾在坊间行医，具有博施济众之心，能治病救人而不计报酬，为他编写医籍也积累了丰富的经验。

通过宗谱的记载，可以帮助我们澄清以下几个问题。

---

[1]（日）丹波元胤编：《中国医籍考》方论三十"医书大全"条，北京：人民卫生出版社，1956年，第684页。

（一）关于熊均

曾有人撰文认为"熊宗立名均",[1] 这是不对的。造成差错的原因或许有二。一是受《经籍访古志》和《中国医籍考》的影响。前者在明天顺甲申（1464）种德堂刊本《外科精要附遗》书目序后云："按是书世唯传熊均校本及薛己补注熊本……"后者则将其列为熊宗立著。[2] 二是熊宗立的《医书大全》一书曾与熊均的《医学源流》合刊，今北大图书馆有日本大永八年（1528）覆刻明成化三年（1467）熊氏种德堂本，而一些版本目录仅注明"熊宗立辑",[3] 由于资料缺乏，故使人误以为编辑《医学源流》的熊均即编辑《医书大全》的熊宗立。实际上，熊均是熊秘的二十世孙，居住在崇泰里，属"熊氏西族上房长官祖居樟埠厅忠孝堂遗派"，他与居住在崇化里书林的熊宗立只是宗族血缘上的关系。熊均在辈分上比熊宗立还小一辈，但生活年代比熊宗立还早，生年为元天历三年（1330），卒年不详。其后人熊斌于明成化间曾刻有《熊勿轩先生文集》八卷行于世。

（二）关于熊氏种德堂刻书年代

从现存熊氏种德堂刊刻的书籍中，可考见熊宗立刻书的最早年代是明正统元年（1436），见于《伤寒活人书括指掌》一书熊氏自序。[4] 其时熊宗立二十七岁，在没有其他资料发现之前，这当是熊宗立从事刻书的最早年代。但经一些专家著述，熊氏种德堂在元代曾有刻本，主要有以下两种：

《新刊河间刘守真伤寒论方》三卷后集一卷续集一卷别集一卷。傅增湘先生在《藏园群书经眼录》[5] 中认为此为元代熊氏种德堂刊本。但据傅先生同书所载，此本"目后有牌子一行，文曰'归川葛雍校正，建安熊氏刊行'"，

　[1]　赵正山：《试论明代书籍校勘家熊宗立》，中华医学会福建分会医史学会论文；俞慎初、倪法聪：《熊宗立的生平及其学术见解》，中国医史文献研究所成立大会学术报告会论文。

　[2]　（日）丹波元胤编：《中国医籍考》目次方论四十八，北京：人民卫生出版社，1956年，第941页。

　[3]　方品光：《福建版本资料汇编》，福建师范大学图书馆，1979年铅印本，第63页。

　[4]　明正德二年（1507）种德书堂刻本《类编伤寒活人书括指掌图论》，卷首熊宗立序，末署"正统元年丙辰三月朔旦鳌峰熊宗立敬识"。

　[5]　傅增湘：《藏园群书经眼录》卷七，北京：中华书局，1983年，第598页。

文中并无熊氏种德堂之类的木记，可见此书当是熊宗立的祖辈所为。

《周易传》六卷，元至正九年（1349）种德堂刻本。《福建版本资料汇编》将其列在熊宗立名下，实为不妥。且不说熊宗立是明永乐以后的人，不可能在元代刻书，再说书林在元代还有一家阮仲猷的种德堂，安知此本所云种德堂必姓熊而不姓阮？因此，在没有确切的资料证实之前，只能姑且存疑。

（三）关于熊宗立的卒年

熊宗立的生年在宗谱中已有明确记载，无庸细述。但对熊的卒年似还须稍加说明。谱云："……终于成化十八年辛丑"，计算有误，如从成化十八年，则当为壬寅而不会是辛丑；如从辛丑，则当为成化十七年而不会是十八年。从谱中记载看，前者的可能性较大。因后文曰：享寿七十三岁，而从永乐七年至成化十八年壬寅，以虚岁算才只有七十三岁，若从辛丑算，只有七十二岁。

五、熊氏后人

熊宗立的嫡系子孙中，值得一提的刻书家有四人：熊瑗，熊宗立的长子；熊大木，熊瑗之孙；熊成冶（宗谱作成治），熊宗立的五世孙；熊飞，熊宗立的六世孙，熊成冶之子。

熊瑗　字贵衡。宗谱说他"文学德行授自先人，损己惠物，施药济贫，乡人铭感，称为种德居士。有司闻名，请乡饮宾。生于正统元年（1436）正月廿六日，卒于正德三年（1508）八月初八日，享寿七十一岁（按，应为七十三岁）……"

在熊氏种德堂所刊书籍中，虽没有发现明确标有"熊瑗刊"之类的木记，但笔者怀疑在熊氏刊本中，有一部分是在熊瑗主持下刊刻的，而种德堂之名也来源于他的"种德居士"之号。下面把明确标有"熊氏种德堂"木记的书列表如下，结合这些书的刊刻年代，这个怀疑也许可以证实或至少有它能够存在的理由。

书名	刻印年代
类编活人书括指掌方	明天顺五年（1461）
外科精要	明天顺甲申（1464）
太平惠民和剂局方	明成化丙戌（1466）
新编名方类证医书大全	明成化三年（1467）
类证陈氏小儿痘疹方诀	明成化己丑（1469）
医经小学	明成化间
伤寒活人书括指掌图论	明正德三年（1508）

以上七种书刊刻的最早年代是 1461 年，最晚是在 1508 年，即在熊宗立五十三岁至逝世的 27 年这段时间所刊。熊瓒的生卒年是 1436—1508 年，上列七种书的刊刻年代正好在熊瓒二十五岁至七十三岁逝世之前。据此看来，或许熊宗立在五十三岁之前还只是以"鳌峰熊宗立"或"熊氏中和堂"的名义刊书（鳌峰之得名由于鳌峰书院，中和堂则由于其先祖熊秘镇守温陵时，温陵府治即在中和堂，均有怀念之意），五十三岁之后直到逝世，则专心编撰医籍，而刊刻之业全部委以其子，这才出现了"熊氏种德堂"的牌记。只是由于熊氏的其他书的刊刻年代多不可明确考出，笔者的这个怀疑还一时难以完全被证实，姑录于此，以俟知者。

熊大木　遍查宗谱不见其名。疑即熊宗立的曾孙熊福镇。谱云：（二十二世）"福镇，天育公四子（按，应为五子），位福四，行用三，号钟谷。葬蔡埠半月山，立有碑。姚罗氏带来一子德贵为嗣。"此号为钟谷的熊福镇和号钟谷的熊大木应即同一人。根据是，二者的生活年代正好同时。由于二者均无明确的生卒年记载，要说明这一点，还得作一小小的考证。从熊大木所编撰的众多的通俗小说看，有明确年代可考者，一为嘉靖三十一年（1552）编的《大宋中兴通俗演义》，其自序云"时嘉靖三十一岁在壬子冬十一月望日"。[1]一为嘉靖三十二年癸丑编的《唐书志传通俗演义》，见是书李大年序。[2]此

　　[1]　孙楷第：《日本东京所见小说书目》，北京：人民文学出版社，1958 年，第 31 页。
　　[2]　孙楷第：《日本东京所见小说书目》，北京：人民文学出版社，1958 年，第 32 页。

二书的编撰时间，约在熊福镇四十五岁至五十岁左右。谱中虽无熊福镇的生卒年，但有其三哥福泰的生卒年，为 1496—1569 年。假设熊福镇比其兄小十岁，则其生卒年约在 1506—1579 之间。此外，熊大木在其所编的通俗小说中有时还自称为"鳌峰"或"鳌峰后人"，[1] 此鳌峰虽可理解为鳌峰书院，但也可理解为其曾祖熊宗立所每每自称的那个"鳌峰"，而后者，不正是告诉我们，熊大木就是熊宗立的后人吗？

熊成冶　熊宗立的五世孙，号冲宇。他在万历年间以"熊成冶种经堂""熊冲宇种德堂""闽建书林熊成冶""熊冲宇"等名号刊刻了许多医学、童蒙教育和民间实用类书籍。

熊飞　字希孟，号在渭，熊宗立的六世孙。他在崇祯年间以"雄飞馆"之名首刊《英雄谱》，别出心裁地将《水浒》和《三国》上下合刻。

为醒目计，现联系上下文，据《熊氏宗谱》，将"始入书林祖荣公派"下的一支，即与熊宗立前后有关的人物列一世系图于后。

第一世　　　　秘
……
第十三世　　　祖荣
十四　　　　志显
十五　　　　忠信（1216—1359）
十六　　　天佑、天燧、天儒（1284—1359）
十七　　　　　鉴（1336—1392）
十八　　　　仁　　　　　礼
十九　道诚、道谏、宗正　道谅、道谆、宗立（1409—1482）
二十　　　　宽　　　　　瑗（1436—1508）
二十一　　　　　　　　天玄、天育（1458—1543）

---

[1] 如《唐书志传通俗演义》一书题"鳌峰熊钟谷编集"，《全汉志传》一书题"鳌峰后人熊钟谷编次"。均见孙楷第：《中国通俗小说书目》卷二，北京：人民文学出版社，1982 年，第 48、32 页。

二十二	梅亨、福田、福泰（1496—1569）	福仁、福镇、福章
二十三	寿爵、寿正（1521—1580）	德贵
二十四	成冶、文汉（1551—1592）	
二十五	飞	秉宸

六、熊氏刻书的地位和影响

熊宗立的刻书在整个熊氏刻书中起着承前启后的作用，在明代建阳的刻书业中，也占有十分重要的地位。

在熊宗立之前，建阳熊氏虽偶尔也有刻书，如宋有东族熊克的家刻，元有鳌峰书院、建安熊氏和熊氏卫生堂等，但规模还很小，与建阳刘氏、余氏等难以相提并论。从现存的版本看，只不过寥寥数种，可以说基本上还属于家刻性质。到了熊宗立这一代，熊氏才开始由家刻发展为坊刻。自嘉靖到万历时期，建阳熊氏刻书大盛，熊宗立的后辈刻书家有熊瑗、熊大木、熊成冶、熊飞；熊氏的另一支，即世居樟埠厅（今建阳莒口乡樟布一带）的忠孝堂一派，也加入了刻书业，这便出现了熊清波的诚德堂、熊稔寰的燕石居。到明末清初，则还有熊之璋、熊体忠等。而熊宗立，在熊氏刻书中，占着十分重要的位置，起到了承前启后的作用。可以毫不夸张地说，没有熊宗立，就没有嘉、万时期熊氏刻书的大盛。

再从明前期建阳的刻书业来看，熊宗立也占有极其重要的地位。据史料载，由于一场大火，使麻沙书坊毁于元季，直到明嘉靖时，才有所恢复。[1] 在明前期，建阳元代延至明季的几个著名书肆，刻书量急剧下降；明初崛起的几个书肆也不甚景气，如刘氏日新堂、刘氏翠岩精舍、郑氏宗文堂、叶氏广勤堂、刘氏慎独斋、杨氏清江书堂等几个著名书肆，从洪武至成化年间，

---

[1]〔明〕冯继科等：《（嘉靖）建阳县志》卷四："麻沙书坊毁于元季，惟崇化存焉。今麻沙乡进士偕刘、蔡二氏新刻书板寝世，与崇化并传于世，均足以嘉惠四方云。"（《天一阁藏明代方志选刊》本，上海：上海古籍书店，1962年，叶33A。）（《竹间十日话》亦有类似记载。

今可考见的刻书量，总共相加也不过十来种；而熊宗立，在这段时间就多达三十种左右。[1] 由此可见，熊氏种德堂对扭转明前期建阳刻书业的不景气的局面，起到了不容忽视的巨大作用。

熊宗立继承了建阳历史上许多书肆如宋代蔡梦弼、魏仲举等既刻书又编书的优良传统，自编自刻了大量医学书籍，就其数量而言，在建阳乃至我国刻书史上也是仅见的。这种把编辑、刊刻、发行结合在一起的做法，对于后来的刻书家如熊大木、余象斗等产生了很大影响。只不过嘉靖以后的书林更热衷于编刻通俗小说，而较少像熊宗立这样专门从事古典医籍的编刻罢了。

在熊宗立所编的医籍中，大多以类编、俗解、注释、补遗等形式刊行，注意通俗化和形式多样化，这是熊氏刻书的特点之一，这从上文所列书目中便可看出。熊宗立刻书还继承了麻沙虞氏在元季开创的图文并茂的优良传统，在书籍中广泛运用了图要、图括、指掌图等插图示意形式，这在中国古医籍的出版史上也是很突出的，对于明代的医学普及起到了重要作用。

熊宗立的同族叔祖，宋末元初建阳的著名学者熊禾，在为书坊重修朱熹在乾道年间建的同文书院时，写下了《上梁文》，其中言道："……儿郎伟，抛梁东，书籍高丽日本通……儿郎伟，抛梁北，万里车书通上国……"[2] 值得一提的是，熊氏的子孙儿郎们并没有辜负他的期望。熊宗立编刻的《名方类证医书大全》，在当时就深受日本人的喜爱，由日人阿佐井野宗瑞于大永八年（1528）翻刻，成为日本翻刻的第一部中国古代医学典籍。[3] 他的《勿听子俗解八十一难经》，也被日人翻刻，中医古籍出版社 1983 年曾据日翻刻本影印出版。

（原载《文献》1987 年第 1 期）

---

[1] 据方品光编《福建版本资料汇编》（福建师范大学图书馆 1979 年铅印本）统计。

[2]〔清〕李再灏、梁奂等：道光《建阳县志》卷五《学校志》，清道光抄本，叶 50A—B。

[3] 张秀民：《明代印书最多的建宁书坊》，《文物》1979 年第 6 期；吴枫：《中国古典文献在日本的流传》，《社会科学战线》1980 年第 4 期。

附

引用书目简称与原书对照表

说明：本书《建阳刘氏刻书考》《明代刻书家熊宗立述考》《建阳熊氏刻书述略》等若干篇章均使用了不少省称，当年因篇幅所限被略去，此处特为补上，以期帮助读者更好地理解。

书目简称	所引原书
标注	邵懿宸《增订四库简明目录标注》
四库	永瑢等《四库全书总目》
陆志	陆心源《皕宋楼藏书志》
丁志	丁丙《善本书室藏书志》
莫目	莫友芝《郘亭知见传本书目》
瞿目	瞿镛《铁琴铜剑楼藏书目录》
于目	于敏中《天禄琳琅书目》
张志	张钧衡《适园藏书志》
黄目	黄虞稷《千顷堂书目》
杨志	杨守敬《日本访书志》
叶钞	叶昌炽《缘督庐日记钞》
王记	王文进《文禄堂访书记》
黄跋	黄丕烈《士礼居藏书题跋记》
孙记	孙星衍《平津馆鉴藏书籍记》
潘录	潘宗周《宝礼堂宋本书录》
杨谱	杨守敬《观海堂留真谱》
陆跋	陆心源《仪顾堂题跋》
莫录	莫友芝《宋元旧本书经眼录》
天一阁	范懋柱《天一阁书目》
缪记	缪荃孙《艺风藏书记》

续表

书目简称	所引原书
叶志	叶德辉《郋园读书志》
傅录	傅增湘《藏园群书经眼录》
森志	日·森立之《经籍访古志》
丹考	日·丹波元胤《中国医籍考》
初编	潘承弼、顾廷龙编《明代版本图录初编》
西谛	郑振铎《西谛书目》
傅目	傅惜华《中国古典文学版画选集》
雷录	雷梦水《古书经眼录》
提要	王重民《中国善本书提要》
孙见	孙楷第《日本东京所见小说书目》
孙目	孙楷第《中国通俗小说书目》
柳目	柳存仁《伦敦所见中国小说书目提要》
罗录	罗振常《善本书所见录》
周目	周叔弢、冀淑英《自庄严堪善本书目》
杜录	杜信孚《明代版刻综录》
郑目	郑庆笃等《杜集书目提要》
北图	《北京图书馆善本书目》
上图	《上海图书馆善本书目》
北大	《北京大学图书馆藏李氏书目》
展目	《中国印本书籍展览目录》
联目	《全国中医图书联合目录》
版本志	民国《福建通志·版本志》
中国古籍	《中国古籍善本书目》
杭大	《杭州大学图书馆善本书目》

书目简称	所引原书
北师大	《北京师范大学图书馆中文古籍善本书目》
福师大	福建师范大学图书馆藏书，据方品光编《福建版本资料汇编》
综录	《中国丛书综录》
图录	北京图书馆编《中国版刻图录》
人文	《北京人文科学研究所藏书目录》
丛书	《中国丛书综录》
故宫	《故宫善本书目录》
浙图	《浙江图书馆善本书目录》
魏书	魏隐儒《中国古籍印刷史》
上医	《上海中医学院古籍目录》
吉林	《吉林省图书馆善本书目》
县志	《建阳县志·熊宗立传》
宗谱	《潭阳熊氏宗谱》熊宗立小传
万录	万曼《唐集叙录》
张文	张秀民《明代印书最多的建宁书坊》
李文	李致忠《明代刻书述略》
周文	周迅《二十年来日本刊印中国史籍概说》
史文	史复洋、白化文《日本刻印的中国类书》
范文	范宁《东京所见两部〈水浒传〉》

明代小说家熊大木及其《北宋志传》

熊大木（约 1506—1579），明后期建阳崇化里书林人，号钟谷、鳌峰、鳌峰后人。他以编著出版为业，其刻书处名为"忠正堂"，有不少经他刊刻传世的书籍。在刻书的过程中，他又编写了不少通俗小说，是我国小说史上继《三国演义》《水浒传》等作者之后创作历史演义和英雄传奇小说的又一位民间作家。熊氏所撰的通俗小说，据孙楷第先生《中国通俗小说书目》和其他书目记载，现存的有《全汉志传》《唐书志传通俗演义》《南北两宋志传》《大宋中兴通俗演义》和《日记故事》等。

熊大木的生平，正史和方志上均不见记载。但从他编刻的书籍均题有"鳌峰熊钟谷编集"，特别是从《全汉志传》一书题有"鳌峰后人熊钟谷编次"的题识来看，他应是建阳著名的熊氏世家的后裔。其远祖熊秘在唐末乾符年间（874—879）官至右散骑常侍兵部尚书，因黄巢农民起义，从南昌避乱入闽，"至义宁，爱其山水，遂卜居焉，名曰熊屯。鳌峰书院，其所建也"[1]。从此，熊氏子孙的族望就与"鳌峰书院"紧紧地联系在一起了。如，熊秘的五世孙，北宋的熊知至，字意诚，博学能文，"宋天圣中，五领乡举不第，归隐鳌峰，以诗文鸣。有《鳌峰隐人集》行世"[2]。南宋爱国遗民、理学家熊禾也是"鳌峰"子孙。《（嘉靖）建阳县志》载："先生姓熊氏，讳禾，……世居鳌峰之阳，……宋度宗咸淳十年（1274）甲戌登第，授宁武州司户参军，而值宋亡，故不及大用。先生之才不阐，道不行于世，惜哉！入元乃隐居。……叠山谢氏（按即谢枋得），忠义人也，尝自势曰：'不见南朝不着鞋！'闻先生之义名，不辞远涉，自江右而至。及会，共诉宋亡之恨，因相与

---

[1]〔清〕李再灏等：《（道光）建阳县志》卷十三，清道光抄本。鳌峰书院在建阳崇泰里熊屯，今属建阳莒口乡。

[2]〔清〕李再灏等：《（道光）建阳县志》卷十三，清道光抄本。

抱持而哭，既而曰：'今天下皆贼者，所不为贼者，惟足下与我耳。"[1] 熊氏先人所树立的爱国主义精神和博学能文的传统，无疑会成为熊大木著作中所继承的一大特色。

从以上的记载中，可以知道熊大木的祖先，从熊秘到熊禾，在唐宋两代原有较高的社会地位，其后代或官或隐，尽管渐趋衰微，但可以说仍属于官宦阶层。传到熊大木这一代，大概早已沦为市民阶层了。按修县志的通例，"名宦必其人已去任，乡贤必其人已归老"[2] 方可榜上有名。当修《（嘉靖）建阳县志》时，或因熊大木尚在世，其人名事迹没有入志是不奇怪的，但当修万历、康熙志时，竟也未有一字提及熊氏，究其原因，或许有二。

其一，"避席畏闻文字狱"[3]。由宋至清，都是民族矛盾十分尖锐的年代。清代更是民族偏见极深，曾屡兴文字狱。为了加强思想控制，曾经将全国所有的遗籍藏书，严加勘审。熊大木编撰的小说中所宣扬的爱国主义思想和民族意识，自然为后来的清统治者所忌恨。乾隆时借编纂《四库全书》，曾禁毁了不少书籍。熊大木留传下来的小说中，如《岳武穆演义》一书就在禁毁之列。于是，盛于南宋，明末尚未衰歇的建阳民间刻书业，至清代就更萧条，其间流行的通俗小说刻本，摧残尤甚，士林中几乎视为畏途了。

其二，"著书都为稻粱谋"[4]。在封建时代官方史志纂修者眼中，总是视开书肆或编杂著者为商贾之流、不经之事，是难登"大雅"之堂的。如明嘉靖时所编《建阳县志》，对于建阳崇化书市的繁盛，仅约略一提，语焉不详。其卷五《图书》一节中虽列有《书坊书目》382 种，但对这些书的刊刻者均只字未提。如种德堂熊宗立，本是重要的刻书家，也只取其医术高明这一点，在卷十六《疗技》中略作介绍，至于其刻书方面的贡献，则付之阙如了。

---

[1]〔明〕冯继科等：《（嘉靖）建阳县志》卷六，《天一阁藏明代方志选刊》本，上海：上海古籍书店，1962 年。

[2]〔明〕冯继科等：《（嘉靖）建阳县志·凡例》，《天一阁藏明代方志选刊》本，上海：上海古籍书店，1962 年。

[3]〔清〕龚自珍：《咏史》，郭延礼选注《龚自珍诗选》，济南：齐鲁书社，1981 年，第 73 页。

[4]〔清〕龚自珍：《咏史》，郭延礼选注《龚自珍诗选》，济南：齐鲁书社，1981 年，第 73 页。

据此看来，从原居建阳崇泰里的唐、宋名门熊氏后裔，到现居崇化里的书林熊氏，居地虽仅隔数十里，却标志着熊氏家门地位的由盛而衰。因此，熊大木在他所编刻的书籍中，虽仍以"鳌峰后人熊钟谷编次"之类的题款自荣，除了借以溯述渊源外，已与其此时的社会地位无涉了。

对熊大木的名号、世系与生卒年，笔者曾在拙文《明代刻书家熊宗立述考》[1]中据《潭阳熊氏宗谱》的记载做过考证，因资料难得，移录如下。

熊大木　查遍熊氏宗谱不见大木其名，却从熊宗立系上曾孙查到一个号钟谷的人。谱云：（二十二世）"福镇，天育公四子（按，应为五子），位福四，行用三，号钟谷。葬蔡埠半月山，立有碑。姚罗氏带来一子德贵为嗣。"这位号为钟谷的熊福镇和号钟谷的熊大木笔者认为应即同一人。根据是，二者的生活年代正好同时。由于宗谱和熊氏著作均无明确的生卒年记载可查，要说明这一点，还得作一小小的考证。从熊大木所编撰的众多通俗小说看，有明确年代可考者，一为嘉靖三十一年（1552）编的《大宋中兴通俗演义》，其自序云"时嘉靖三十一岁在壬子冬十一月望日"[2]。一为嘉靖三十二年编的《唐书志传通俗演义》，系年有本书李大年序。[3]有此二书的编撰时间，再从谱中查考到熊福镇的三哥福泰的生卒年，为明弘治九年至隆庆三年（1496—1569）。以此推断，老五熊福镇比其兄老三小三五岁或六七岁是合理的。而当嘉靖三十二年三十岁上下，正处于立身创业盛年的熊钟谷，应当说其成就是很可观的了。虽然还无法断定其卒年，但仍从他著书刻书的数量看出他的生存的岁月尚不至于太短暂，而生年的上限已能大致确定，也算是幸事了。此外，熊大木在其所编的通俗小说中有时还自称为"鳌峰"或"鳌峰后人"[4]，虽可理解为以鳌峰书院为族望，但也可理解为他径以曾祖刻书家熊宗立所每每自称的"鳌峰"取号，而后者，正与熊大木即熊福镇也就是熊宗立后人的宗谱资料相吻合。

---

[1]　载《文献》1987年第1期。

[2]　孙楷第：《日本东京所见小说书目》，北京：人民文学出版社，1958年，第31页。

[3]　孙楷第：《日本东京所见小说书目》，北京：人民文学出版社，1958年，第32页。

[4]　如《唐书志传通俗演义》一书题"鳌峰熊钟谷编集"，《全汉志传》一书题"鳌峰后人熊钟谷编次"，均见孙楷第：《中国通俗小说书目》卷二，北京：人民文学出版社，1982年，第48、32页。

　　熊大木的代表作是《北宋志传》，与《南宋志传》合刊，通称《南北两宋志传》，各十卷五十回。《北宋志传》写杨家将抗辽事迹。作者广泛搜集了宋元时期民间流传的杨家将故事、宋元话本和元杂剧中的有关剧目，在此基础上加工整理而成。作品从北汉主刘钧摒逐忠臣、呼延赞出世写起，到杨业归宋，杨宗保大破天门阵、十二寡妇征西夏止。通过杨业一门世代抵抗契丹侵扰的事迹，贯穿了反抗外族入侵、歌颂抗敌英雄、谴责奸佞卖国的主题。

　　作品较好地塑造了杨家老少儿代人的英雄群像，叙述了杨家"一门忠勇尽亡倾"的悲壮故事。老将杨业，身经百战，威震四方，号称"杨无敌"。后因潘仁美的陷害，在陈家谷战役中身陷重围，在潘不发救兵，突围无望的情况下，头撞李陵碑壮烈而死。少年英雄杨宗保十四岁就执掌帅印。他不但能上阵与敌刀枪相搏，而且还能运筹帷幄，善于调兵遣将，指挥千军万马。而杨家的祖、父辈如佘太君、杨六郎、柴郡主等也能以抗敌大局为重，扶持青年晚辈治军。以佘太君为首的一班杨门女将，一洗封建女子弱不禁风的脂粉气，个个都是征战沙场的巾帼英雄。这在我国古代文学史上，除了北朝乐府《木兰诗》塑造的木兰形象外，像《北宋志传》这样集中塑造了女英雄群像的作品，恐怕是绝无仅有的，应是一种开创性和成功的突破。

　　当然，这些旧体民间小说往往通过封建性的忠君来表现爱国，还掺杂有许多呼风唤雨、鬼神迷信的内容，这些缺陷，连同其艺术上粗糙，都是毋庸评议的。

　　作为小说史上现存最早的描写杨家将故事的一部长篇小说，《北宋志传》的主要贡献在于，使民间流传已久、零散片断的杨家将故事得以基本定型化，这也是明代中叶朝廷与北方少数民族之间战争频繁，朝政紊乱状况的一个折射，有着一定的历史意义，继而在明末清初的民族斗争中起过激奋人心、鼓舞斗志的作用。后代的许多戏曲作家又从该书中寻找素材不断加以发展创造，以至在今天的舞台、银幕上还不断演出。

　　《北宋志传》现存最早的本子，是明万历年间建阳书坊余象斗的三台馆刻本，见存日本内阁文库（今日本国立公文书馆）（书影1）。较《北宋志传》稍后一些成书的杨家将故事的长篇小说，还有一种署名为"秦淮墨客"的《杨家府世代忠勇通俗演义》，简称《杨家府演义》，即在《北宋志传》基础上改编而成。郑振铎先生对此曾评说："前半全本于称为《北宋志传》的'杨家将'的故事，后半十二寡妇征西，及杨文广、杨怀玉的故事，似为作者创作，极荒诞不经，文字也很浅率。"[1] 可见，《北宋志传》早已将杨家将的基本人物和故事定型了。

熊大木值得一提的作品还有《大宋中兴通俗演义》，是最早取材于岳飞故事的长篇小说。郑振铎先生说："《大宋中兴通俗演义》，叙岳飞生平者，最为流行，且似也写得最好，后来托名邹元标所作的一部

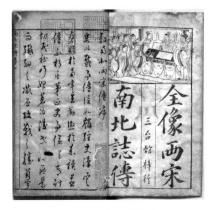

书影 1：日本国立公文书馆存明余氏
三台馆刻本《全像两宋南北志传》

《精忠传》，以及于华玉的节本，都从此本出。"[2] 郑先生指的仅对明代同类作品而言，实际上，清乾隆年间钱彩编次、金丰增订的"就其事而演之"[3] 的《说岳全传》也同样本于熊著。

因此，当代纂修方志，如何索隐钩沉，在人物志中多为类似熊大木这样的民间佚才留一席之地，是义不容辞的。

（原载《福建史志》1988 年第 2 期）

---

[1] 郑振铎：《插图本中国文学史》，北京：人民文学出版社，1982 年，第 925 页。

[2] 郑振铎：《插图本中国文学史》，北京：人民文学出版社，1982 年，第 925 页。

[3] 鲁迅：《中国小说史略》第十五篇《元明传来之讲史》（下），《鲁迅全集》卷九，北京：人民文学出版社，1973 年，第 294 页。

叶氏广勤堂与《三峰书舍赋》

　　叶氏广勤堂是元明间建阳著名书肆，刻书甚多。见于著录和现存的刻本中，最早有刻书家姓名的刻本是元天历庚午（1330）叶日增广勤堂《新刊王氏脉经》十卷，序后有行书写刻"天历庚午仲夏建安叶日增志于广勤书堂"牌记（书影1）。中国国家图书馆存原刊本。《四部丛刊》本即据此刻本影印，人民卫生出版社1956年3月也曾据此本影印出版。刻书家叶日增之名，仅此一见。

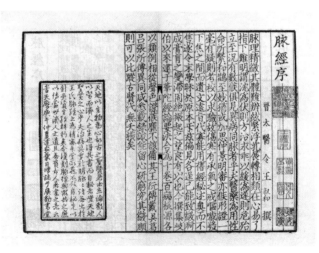

书影1：元建安叶日增广勤堂刻本《新刊王氏脉经》

　　此后，距此刻本后约100年，有明宣德四年（1429）书林三峰叶景逵编刻《选编省监新奇万宝诗山》三十八卷。叶景逵之名，见于莆阳余性初《万宝诗山叙》文中。此书为巾箱本，刻印精美，故旧传以为宋刻本，钱谦益、季振宜、郁松年、潘祖荫、莫友芝、李盛铎等名家均先后沿袭此误，错定为宋本。叶德辉据日人岛田翰所见皕宋楼藏本，考定为宣德四年所刻，其说比较准确。[1] 此书原刻本现存北京大学图书馆，即李盛铎氏旧藏本。

明正统十二年（1447），叶景逵广勤堂又刻印了《针灸资生经》七卷《目录》二卷。目录后有"正统十二年孟夏三峰叶景逵谨咨"木记，卷末有"三峰广勤叶景逵重刊"一行。此刻本今中国国家图书馆有收藏。

叶氏广勤堂最后一种有刻书家姓名出现的刻本，是题"明书林叶材广勤堂"所刻的《新刻历考纲目训解通鉴全编》二十卷《续集》若干卷，明魏时亨辑。原为郑振铎先生收藏，现存中国国家图书馆。存正集卷一至六、十至二十，续集存卷六至十五，共二十七卷。

广勤堂叶氏诸位刻书家的生平事迹，一向缺考。笔者曾仔细查阅过建阳《溪山叶氏宗谱》[2]，于其中仅索得"叶材"的事迹。世系中称其"生于弘治癸亥年（1503）正月十二，终于万历十九年（1591）三月廿四日"。嘉靖四十三年（1564）鳌峰渔人熊德舆谱序中云："今味道十二世孙苍崖讳材字文茂者，俊敏博雅，天资高迈，学海汪洋。……诚所谓善述者矣。"此叶材是宋儒叶贺孙（字味道，《宋史》有传）的十二世孙。但在叶材的祖、父辈中均无刻书家叶日增、叶景逵诸名。以建阳刻书家中的堂号之名，多为子承父、祖之业而相沿袭用的一般规律，此叶材字文茂号苍崖者，与明广勤堂叶材当非一人。由此可知建阳广勤叶氏与建阳溪山叶氏并非同一家族。《四部总录医药编》转录《浙江图书馆善本书目题识》叶景达（逵）刻本《针灸资生经》时认为"元天历中广勤堂尝刊是书，惟天历本刊者系叶日增，此本则日增之子景達所刊耳"，此认为叶景达（逵）是叶日增之子，实际上并无根据。

笔者于数年前查阅杨荣《文敏集》，于集中检得两条有关叶氏三峰书舍与广勤堂的史料，一为载于该集卷八的《三峰书舍赋》，一为卷十六的《广勤堂铭》，对厘清诸叶之间的关系，大有裨益。转录于下：

三峰书舍赋　有序

建阳书林叶添德景达氏，自其大父荣轩、父彦龄，世以诗书为业。尝作室以贮古今书版，日积月增，栋宇充牣，凡四方有所购求者，皆乐

---

[1]〔清〕叶德辉：《书林清话》卷四《广勤堂刻万宝诗山》，北京：中华书局，1957年，第113—114页。

[2]《溪山叶氏宗谱》，今福建省南平市建阳区图书馆存残本。

然应之，由是缙绅大夫莫不称誉其贤。其室之外有三峰，秀出霄汉。望之巉然挺拔，千仞岚光翠黛，浮动乎几席之间，甚可爱也。因名其室曰"三峰书舍"。

盖景达之意，其于群书不惟锓梓以广其传，而将欲俾其子孙，耳濡目染，无非道德之懿，口诵心维，莫匪仁义之说。然则书舍亦岂泛然而作也哉！闲来微言于予，予于（与）景达素相知，不可以辞，乃为赋其事，以彰厥美。其词云：

翳建阳之为邑，实南纪之奥区。仰紫阳之遗泽，沐道德之膏腴。欲媲美乎邹鲁，家讽诵乎诗书。况山川之形势，有磅礴而扶舆。矗三峰其突兀，伟奕奕兮华居。匪燕息之是安，乃版籍之攸储。

呜呼！尧舜道远，素王有作。删《诗》定《书》，考《礼》正《乐》，赞《易》理之玄微，严《春秋》之笔削。禁薄蚀于战国，再焚绝于秦虐。幸小复于汉代，徒骋骛乎穿凿。尚有赖于宋儒，卒光明而表襮。维紫阳之挺生，实阐扬夫正学，溯渊源于洙泗，蹑轨辙于濂洛。微词奥义资之以发挥，六经群籍因之以充拓。此三峰书舍之所由创而千载斯文之是托也。若乃其森若笋植，高若凌空，孤撑兮业笈，并峙兮龍嵷。根盘盘其数里，翠冉冉其千重。青连武夷之秀，势压云谷之雄。中有杰构，重檐翚飞，廓乎敞，[1]翼乎蔽亏。藻绘弗施，图史序列，庋阁逶迤。如栉之比，如鳞之差。名曰"书林"，为世所资。异孔壁之断烂，匪汲冢之怪奇。上该乎皇王之纪，下备夫技艺之词。莫不俱收而并蓄，旁积而靡遗。实人间图书之府，宜海内购求者之交驰也。

呜呼！噫嘻！世人金玉之丰，宁若子图书之蓄；子家图书之富，宁若身诵习之笃。穷往圣之遗言，籍先贤之膰馥。旧涵咏以优游，羌潜心而佩服。匪在躬之致勤，课孙、曾以私淑。殆见邓林之产，终需梁栋之材。渥洼之骏，高奋云衢之躅，声价昭乎前闻，辉光播乎乡族。益勉焉以自强，谅子心之攸属也。[2]

---

[1] 此处脱一字，《文渊阁四库全书》本作"宏敞"。

[2] 〔明〕杨荣：《文敏集》卷八，《四库明人文集丛刊》本，上海：上海古籍出版社，1991年，第112—113页。

广勤堂铭

维人之生，戴天履地。参乎其间，孰弗事事。凡百所事，莫匪由勤。勤则广业，怠则因循。农勤于庙，士勤于学，稼穑以丰，道义斯扩。德勤于积，职勤于修，世泽逾远，政绩日侵。相彼昊天，厥运有恒，健而不息，岁功乃成。圣人希天，纯亦不已，虽曰自然，宁或怠止。惟贤希圣，惟士希贤，咸克由勤，乃可至焉。卓哉叶宗，阀阅有伟，家积简编，世敦诗礼。昭兹扁揭，眷若书绅，以承先训，以饬厥身。咨尔后人，周旋兢惕，无怠无荒，是效是则。我铭厥词，堂构有辉，咨尔后人，式敬勿违。[1]

上文《三峰书舍赋》中称"叶添德景逵氏"，由此可知叶景逵（達）名添德，景達（逵）当为其字。"尝作室以贮古今书版"，并"日积月增"的"大父荣轩"，应即叶氏广勤堂的第一代主人叶日增。其元天历庚午（1330）刻印的《王氏脉经》距叶景逵明宣德四年（1429）刻印《万宝诗山》前后正好100年，在时间上至少也应是祖孙三代人，而不会是父子两代。《赋》中出现的叶景逵父乃叶彦龄，就正好为此提供了一个重要的证明。现存或见于著录的元明两代叶氏广勤堂刻本中，还有十来种或作"广勤书堂刊"，或作"三峰书舍"，或作"广勤叶氏"，而无刻书家姓名的刻本，从时间上推测，其中必有数种为叶彦龄所刊。

为叶氏三峰书舍作《赋》，为叶氏广勤堂作《铭》的杨荣（1371—1440），字勉仁，明瓯宁（治所在今福建省建瓯市）人。建文二年（1400）进士，历官成祖、仁宗、宣宗、英宗四朝，官至工部尚书，赠太师，卒谥文敏。他是明前期著名政治家和文学家。《明史》有传。

一位名重一时、权倾朝野的大臣之所以会为一位名不见经传的"书贾"题赋撰铭，是因为杨荣乃瓯宁人氏，与建阳叶景逵有乡亲之谊。杨荣又是一位嗜书如命的藏书家。家中藏书极为丰富，藏品装潢精美，案头环列，连盈数十架。其中有许多图书，即来自建阳书坊。而叶景逵则"凡四方有所购求

---

[1] 〔明〕杨荣：《文敏集》卷十六，《四库明人文集丛刊》本，上海：上海古籍出版社，1991年，第249页。

者，皆乐然应之"，二人由此相知而结交。建阳又是宋儒朱熹故里，他是一位"阐扬夫正学，溯渊源于洙泗，踵轨辙于濂洛"的著名理学家，后人"仰紫阳之遗泽，沐道德之膏腴"，刻印"微词奥义资之以发挥""六经群籍"的建阳刻书家也因而受到杨氏的赞扬。此外，杨荣的文集《两京类稿》《玉堂选稿》最早即由其子杨恭刻印于建阳书坊，书板亦存于书坊。其中与叶景逵是否有关，因此书板后因火灾焚毁，详情已不得而知。但此情无疑也是杨荣与建阳书林人物发生联系的一条纽带。

叶景逵的三峰书舍，因杨荣为其作赋而名噪一时。《（嘉靖）建阳县志》卷首有一幅《建阳县书坊图》。图中所标示的多为书院、寺庵、桥梁等，以书坊之名入图的，仅有两家。一为万卷书堂，另一家就是三峰书舍。由此可知，在明前期建阳众多书坊中，叶氏三峰书舍的名气，远在其他书坊之上。此外，从此图标示的位置看，三峰书舍位于"书林十景"之一的"云衢夜月"旁。杨荣《赋》中有"渥洼之骏，高奋云衢之躅"，其中，"云衢"[1] 即从三峰书舍的地理位置而言。

刻书家叶景逵，在《三峰书舍赋》中作"景達"，有的版本目录书如罗振常《善本书所见录》、莫友芝《宋元旧本书经眼录》也作"景達"，当系二字笔形相近之误。

（原载《福建图书馆理论与实践》2008 年第 3 期）

---

[1] 云衢，位于今建阳书坊乡巨村，离书坊村仅数百米。南宋《诗人玉屑》的编者魏庆之即此地人，参拙文《魏庆之里籍小考》（《文史》1992 年第 35 辑）。

刘洪慎独斋两部刻本的版权归属刍议[*]

明正德年间（1506—1521），建阳名肆刘洪慎独斋受地方官府的委托，相继刊刻了《群书考索》《文献通考》两部巨帙。由于此二书分别有"皇明正德戊辰慎独斋刊行""皇明己卯岁眷独斋刊行"等牌记，故各家书目均著录为"明正德刘氏慎独斋刻本"。

实际上，此二书虽产自书坊，但与传统意义上的坊刻本有所不同，其版权归属不应属于刘氏慎独斋，而应属于委托其刊刻的官方机构。

一、关于刻书家刘洪

刘洪（1478—1575），字弘毅，一作宏毅，号木石山人，明建阳崇化书林人，刘氏贞房二十一世孙，刻书家刘宽曾孙。建阳书坊《贞房刘氏宗谱》作"道洪"，卷二有《宏毅先生道洪公像》。赞云："秀毓书林，八斗才深。璞中美玉，空谷足音。藏修游息，前古后今。惟质惟实，纲目传心。——均亭黄大鹏赞。"卷三世系载："道洪，字宏毅，著《纲目质实》。"[1]道洪之名，疑谱刊误，因其兄名深，堂弟名濠，族兄中还有瀚、渊、演等，故其名应以洪为是。[2]

从明弘治十一年（1498）至嘉靖十三年（1534）三十六年间，他以"慎独斋""书户刘洪""木石山人"等名号刻书甚多，今可考者尚有三十几种。《群书考索》《文献通考》之外，还有《大明一统志》《十七史详节》《宋文鉴》

---

* 本文为国家社科基金后期资助项目《福建历代刻书家考略》（16FZS051）阶段性成果。

[1] 刘云珪等：《贞房刘氏宗谱》卷三，民国九年（1920）忠贤堂活字印本，叶37B—38A。

[2] 参方彦寿：《建阳刘氏刻书考》，《文献》1988年第2、3期。

《历代通鉴纂要》《史记》和《资治通鉴纲目》等。此外，在明中叶的建阳书坊中，刘氏慎独斋也是接受官私方委托刻印图书最多的书坊。[1]

二、两部刻本简介

1.《群书考索》

《群书考索》二百一十二卷，宋章如愚辑。明正德三年（1508），福建按察司佥事院宾巡历建阳时，将此书交建阳知县区玉，在建宁府、建阳和罗源一府两县的诸多官员的捐助下，这部前集六十六卷、后集六十五卷、续集五十六卷、别集二十五卷的大部头著作，在建阳书林著名书肆刘洪慎独斋的具体操作下，前后历时十年，一直到正德十三年才全部竣工。正德十六年又经重修。故此书今存有原刊与重修两种版本。

此书前集有正德三年戊辰（1508）莆田郑京序，叙述此书刊刻情况甚详：

> 乃者吾闽佥宪院公宾，巡历抵建阳，手出是书以示邑宰区公玉曰："是书大而天文地理之幽賾，君道臣道之宏远，经史礼乐之渊懿，以至兵刑制置财用……靡不深探本源，具载无遗。兹欲绣梓以广其传，然功用浩大，亥豕谬讹，非得涉猎古今，且裕于资本者，莫堪是任。子于书林可得若人，以供是役否？"区退而商诸义士刘君洪曰："非子莫克胜是任者。"刘曰唯唯。区遂以刘应命。贰守胡公瑛、通府程公宽、推府马公敬，闻而题之，佥以白诸新守费公愚，乃蒙叹赏。各捐俸金以资顾直，且因区宰初意，复刘徭役一年以偿其劳。刘自领命以来，与诸儒硕校雠维谨，鸠工督责，两越春秋，始克成书。一日，刘携一帙，属余于蔡氏之西塾，谓是书关系甚重，且诸公用心之勤，非有序述，曷彰其美？……是书囊括宇宙，包罗万象，真天下之至宝也。湮晦既久，乃得院公以公天下为心。费胡诸公，又从而赞襄之，且得贤执事者，殚厥心力，

---

[1] 参方彦寿：《建阳书坊接受官私方委托刊印之书》，《文献》2002 年第 3 期。

卒成不朽之传，使天下后世，得睹斯文大成，良非偶然也。……[1]

除了郑京序中提到建宁知府费愚、建宁府同知胡瑛、通判程宽、推官马敬之外，与此书有关的官员还有建阳县丞管韶、罗源知县徐珪等均参加了本书的校勘工作。此书卷首有作者章如愚"山堂先生真像"，前图后传，已开明后期建本全页巨幅人物版画之先声。此书行款半叶十四行，行二十八字，黑口，四周双边。前集目录后有"皇明正德戊寅慎独书斋刊行"牌记，后集目录后则有"皇明正德戊辰慎独斋刊行"牌记。

院宾（1465—?），字君聘，明代州振武卫（治所在今山西省代县）人。弘治六年（1493）进士。院宾的生平，见载于《弘治六年进士登科录》。清郝玉麟《福建通志》卷二十一《职官表》中仅在按察司佥事条下录其名而已。福建佥事之后，他还曾任江西按察司佥事，见载于清雍正《江西通志》卷四十七。

区玉（1465—?），字廷璋，明广州府番禺县（治所在今广东省广州市番禺区）人。弘治十五年（1502），以进士任建阳知县。邑人袁铦于弘治十七年撰《续建阳县志序》，称其"雅重斯文，垂情典籍，书林古典缺板，悉令重刊，嘉惠四方学者"[2]。

2.《文献通考》

《文献通考》三百四十八卷，元马端临撰。

正德十三年（1518），建阳知县邵豳校正元马端临《文献通考》三百四十八卷，亦交付书林刘洪慎独斋刊行。邵豳（1481—1539），字宗周，号紫溪，明东阳人。正德九年进士，正德十一年官建阳知县，任职六年（一说九年），政绩颇显，"兴学校，增学田，奖进生徒"[3]。《（万历）金华府志》则称其

[1]〔明〕郑京：《山堂先生群书考索序》，《群书考索》前集卷首，明正德院宾、区玉（刘弘毅）刻本，叶2A—4A。

[2]〔明〕冯继科等：《（嘉靖）建阳县志》卷末，《天一阁藏明代方志选刊》本，上海：上海古籍书店，1962年，叶1A。

[3]〔明〕冯继科等：《（嘉靖）建阳县志》卷十三《列传》，《天一阁藏明代方志选刊》本，上海：上海古籍书店，1962年，叶10B。

"授建阳知县九载，严正有能声，民咸德之。擢监察御史，出按广东"[1]。邵
豳在建阳，曾受知府张文麟之命，主持刻印《史记集解索隐》一百三十卷，
亦交由书户刘洪刊刻。半叶十行，行二十字，小字双行同，白口，四周双边，
今北大、湖南省图书馆等有存本。卷末刊记称"正德十六年十一月内，蒙建
宁府知府张、邵武府同知邹同校正过《史记大全》，计改差讹二百四十五字。
书户刘洪改刊"[2]。邹指邹武，字靖之，正德间任邵武府同知，与张文麟是
常熟同乡。

《文献通考》卷端即题"鄱阳马端临贵舆著述，东阳邵豳宗周校刊"。所
谓"校刊"，乃校正和刊行之意。表明此书系由建阳县衙出资，委付书坊
刊行。

《福建通志》载邵豳在建阳的政绩云："邑粮多被豪家飞诡，豳立法清丈，
沿丘履亩，纤毫必析，夙弊一清。增置学田，尽毁淫祠。擢，入为御史。"[3]
邵豳事迹另载《广东通志》卷四十。

明长汀李坚（字贞夫）有《别建阳尹邵宗周》一诗："建溪十日程，揭来
亦周遭。县侯能好客，病夫敢言劳。平生湖海情，所在多同袍。离居二三载，
悄然空谷逃。今晨值邵子，一见如饮醴。古来道义合，倾盖输心交。怜君知
己情，义气青云高。眷言雉坛盟，各保岁寒操。"[4]

三、关于二书的版权归属

一般来说，刻书牌记往往是鉴别古籍刻本的重要依据。明正德建阳刻本
《群书考索》《文献通考》，不少藏书机构也是根据此二书的牌记，著录为明正
德刘洪慎独书斋刻本的。

---

[1]〔明〕王懋德等：《（万历）金华府志》卷十七《人物》，台北：学生书局，1986
年，第1242页。

[2] 王重民：《中国善本书提要》史部，上海：上海古籍出版社，1983年，第71页。

[3]〔清〕郝玉麟等：《（乾隆）福建通志》卷三十一《名宦》，《景印文渊阁四库全
书》第528册，台北：台湾商务印书馆，1986年，第529页。

[4]〔明〕曹学佺编：《石仓历代诗选》卷四百六十二，《景印文渊阁四库全书》第
1393册，台北：台湾商务印书馆，1986年，第305页。

其中，《群书考索》前集目录后有"皇明正德戊寅慎独书斋刊行"牌记，后集目录后有"皇明正德戊辰慎独斋刊行"牌记，这是此本著录为"明正德三年至十三年刘洪慎独书斋刻本"或"明正德三年至十三年刘洪慎独书斋刻十六年重修本"[1]的主要依据。

《文献通考》卷首元李谦思序后有"皇明己卯岁春独斋刊行"牌记，目录后则有"皇明正德戊寅慎独精舍刊行"牌记。这是此本著录为"明正德十一年至十四年刘洪慎独斋刻本"或"明正德十一年至十四年刘洪慎独斋刻十六年重修本"[2]的主要依据。

由于历史现象的复杂性，表象往往会掩盖真相，从而造成对古籍刻本版权的误判。著录为明正德刘洪慎独斋刻本的《群书考索》《文献通考》就是这种误判的产物。

在《群书考索》卷首莆田郑京序中，我们已经知道，此书是建阳知县区玉于正德三年（1508）接受闽宪院宾的委托，由福建按察司、建宁府、建阳县出资，在建宁府知府费愚、同知胡瑛、通判程宽、推官马敬，"各捐俸金"的"赞襄"之下，集资刊刻的。资金不足的部分，则动用了手中的部分权力，"复刘徭役一年以偿其劳"。建阳县丞管韶、罗源知县徐珪等则参加了本书的校勘工作。所以，此书实际上可视为是一部官刻本。在《增订四库简明目录标注》中，对此本除了有邵氏所著录的"明正德中慎独斋刊本""明慎独斋刊本"之外，也有晚清周星诒所说的"建阳令区玉授书林刘洪刊"。[3]此即对同一刻本的版权归属，前人已有不同的认知。

《文献通考》一书，则是正德十一年（1516）邵图任知县时，交付书林刘洪慎独斋刊行，故此书卷端题"鄱阳马端临贵舆著述，东阳邵图宗周校刊"。所谓"校刊"，乃校正、刊行之意，故此书与《群书考索》相同，是由建阳县衙出资，委付书坊刊刻。

[1] 中国古籍善本书目编委会：《中国古籍善本书目》子部卷十九，上海：上海古籍出版社，1996年，第812页。

[2] 中国古籍善本书目编委会：《中国古籍善本书目》史部卷十三，上海：上海古籍出版社，1993年，第1112页。

[3] 邵懿辰撰、邵章续录：《增订四库简明目录标注》卷十四，上海：上海古籍出版社，1979年，第567页。

实际上，从这两部书的福建按察司、建宁府、建阳县等出资方来说，刘氏慎独斋只是接受委托刻书而已，故在《（万历）建阳县志》卷七《艺文志·梓书》中列有"县治书板"共八种，其中《文献通考》《群书考索》均列其中。[1] 而从明万历上溯至正德的七八十年间，绝无另外还有建阳知县刊刻此二书的记载。由此可知，这两部均由官府委托刘氏慎独斋刊行的大部头古书，其版权属官府，当时就是作为官刻来处理的，其书板就储存在建阳崇化书林官方收藏官版的"同文书院"中。[2]

四、提出这一问题的意义

对古代书坊接受委托刻书这一论题，通常在有关出版史、印刷史方面的著述中很少提到，反映在古籍图书的著录上，往往将本应著录为官刻或家刻的，误为坊刻，以故，笔者曾撰《建阳书坊接受官私方委托刊印之书》[3] 一文，对宋元明时期，建阳书坊接受官府委托刻书和接受私家委托刻书作了一番梳理，列举建阳书坊接受官私刻书三十几例。当初之意，只是为了纠正"在古籍图书的著录上，往往将本应著录为官刻或家刻的，误为坊刻"这一倾向。

其实，由宋至明，接受官私方、各地作家学者的委托刻书，是建阳书坊不少刻书家的共性；而隐藏在这一共性背后的，也是更为重要的，是建阳之所以能够连续历经宋、元、明三朝，都是全国刻书中心的原因，就是它能吸引并接受全国各地的官方机构、私家学者前来刊刻出版自己的所编所著。这是"中心"最主要的作用。不能发挥这样的作用，就不是中心。笔者认为，由宋至明福建坊刻"除建阳外，福州、莆田、泉州、汀州、邵武等地的书坊

---

[1] 〔明〕魏时应等修纂：《（万历）建阳县志》卷七《艺文志·梓书》，《日本藏中国罕见地方志丛刊》本，北京：书目文献出版社，1991年，第443页。《群书考索》作"山堂考索"。

[2] 〔明〕冯继科等《（嘉靖）建阳县志》卷五《学校志》载："同文书院，在崇化里。……正统三年（1438）提学佥事高超修葺之，典史廖荣又建前堂。东厅今藏《洪武正韵》《劝善》及诸官书板。"又叶17A—B。

[3] 载《文献》2002年第3期。

业也很发达"[1] 的观点有误。历史事实是，这一时期福建其他地区的坊刻并不发达，八闽各地刻书，主要是官府、私家刻书，是在建阳坊刻的辐射和带动下，与建阳坊刻形成互补和共同繁荣的局面。

　　将此观点落实到对刻书家的功能辨析上，且以此评判福建各地一些后起的书坊，如福州南后街、四堡、泉州等。认为能否吸引和接受官私方，尤其是外地人士前来刻印图书，这是评判地域刻书能否称为"刻书中心"的最重要标准。此举的目的，是为了纠正在地域文化研究中经常出现的滥称"中心"的现象。而且，这种现象不仅仅是福建一地所独有，其他省份也普遍存在。以故，这一标准对全国的出版史研究来说，也具有普遍的意义。这在以往的研究中，恰恰被人们所忽视。笔者于此加以重申，以期引起学界同道的关注。

（原载《中国出版史研究》2020 年第 2 期）

---

　　[1]　福建省地方志编纂委员会编：《福建省志·出版志》，福州：福建人民出版社，2008 年，第 28 页。

魏庆之里籍小考

宋诗话集《诗人玉屑》的作者魏庆之里籍，通常均作宋建安县（治所在今福建省建瓯市），见于《四库全书总目提要》《中国文学家大辞典》、上海古籍版（原古典文学版、中华上海版）《诗人玉屑》出版说明有关书籍中。但据笔者所知，魏庆之当为建阳崇化书林人，其主要依据是《建阳县志》中的两条记载。移录于后：

> 魏庆之，字醇甫，号菊庄。崇化里云衢人。少从学于考亭高弟王晟。不屑科举，惟种菊千丛，日与骚人侠士觞咏其间。阁学游九功尝赋诗嘉之，有"种菊幽探计何早，想应苦吟被花恼"之句。所著有《菊花吟稿》及手编《诗人玉屑》二十卷行世。绍定辛卯岁饥，捐粟以赈贫者，全活甚众。遇断桥圮路必倾囊修之，会大疫施药无算。有司欲上其事，立辞乃已。[1]
>
> 魏淳父庆之之墓，在崇化里奏仙坛。[2]

为了证实以上记载是否可靠，笔者曾到书坊乡（即古崇化里）进行实地考察。在魏氏后人魏孝瑞家中读到《钜鹿魏氏宗谱》。[3] 该谱卷一《名宦显绩》中有魏庆之的记载，曰：

> 魏庆之，字醇甫，建阳书林人。崇宁三年霍端友榜三甲进士。师于

---

[1] 〔清〕李再灏等：《（道光）建阳县志》卷十三；《（万历）建阳县志》卷六、《（康熙）建阳县志》卷六。

[2] 〔清〕李再灏等：《（道光）建阳县志》卷十八；《（康熙）建阳县志》卷三。

[3] 《钜鹿魏氏宗谱》，共十二卷十二册，清光绪二十六年（1900）重修本。

王晟，得考亭学。中岁厌科第，留情诗赋，种菊盈篱，觞咏自适，号菊庄翁。手编《诗人玉屑》若干卷，人孚（争）传之。辛卯岁饥，捐粟以赈贫者，所全活甚众。遇断桥圮路必倾囊修之，会大疫施药无算，有司欲闻旌之，庆之辞乃已。

宗谱所载与县志大致相同，且措辞用语也相差无几，疑修县志时，志官曾参考过魏氏旧谱。谱中所记的魏氏曾举进士的说法，据其所署年代来推算，若非传写刻版之误，则系后世修谱者有意作伪，因庆之乃宋理宗时人，其文友黄昇为《诗人玉屑》作序，后署淳祐甲辰（1244），其时庆之应还健在，他显然不可能在距淳祐甲辰整整一百四十年前的宋徽宗崇宁三年（1104）举进士。尽管这样，宗谱所载对了解魏氏的生平，弄清魏氏的里籍，仍不失为有价值的史料。

此外，宗谱中还有一幅魏庆之的坟地方位图，题"下历菊庄字庆之山图"。谱中另有一幅"书坊下历阳基图"，两相对照，此下历即书坊云衢（今名巨村，与书坊村已连为一体，是同一个自然村），两个地名，指的是同一地方。《（嘉靖）建阳县志》中有所谓"书林十景"，其中"云衢月夜"就在此地。县志所说的"奏仙坛"，应是云衢的某一个建筑物，今已不存。据魏氏后人言，巨村原有几座魏氏祖宗坟墓，大约在清初，此地因建孔庙，墓被拆除，其中可能就有魏庆之的墓。

通过以上记载，我们完全可以得出魏庆之是建阳崇化书林人氏的结论。魏氏被误为建安县人，缘于古代文人喜用古地名所致。建阳在三国吴景帝时曾隶属于建安郡（沿用至隋），因此，后来的学者就每用古建安郡名来代替建阳。如建阳人祝穆，是朱熹的学生。他在订正《全芳备祖》一书时，署名作"建安祝穆"。又如建阳书坊《贞房刘氏宗谱》[1] 卷一载有明登仕郎国子学正延平黄立于明宣德元年（1426）所作的《建安西族图谱叙》，文称："建安，与予邻郡也。予昔分郡邑庠时，闻其郡有故大家刘氏……"黄立本为建阳刘氏作序，题目却写作"建安西族"；建阳在明代属建宁府，文中却为建安郡。在建阳书林刻书业中，把建阳称为"建安"的现象，最为普遍。如"建安余

---

[1] 参阅拙文《建阳刘氏刻书考（上）》（《文献》1988年第2期）中的介绍。

氏勤有堂""建安刘氏翠岩精舍""建安刘氏日新堂",他们的刻书地点均在建阳,却也模仿文人袭用古地名的做法。假如不了解这种袭用,把他们所说的"建安"与建安县等同起来,就会得出错误的结论。魏庆之里籍之误,其原因盖源于此。

（原载《文史》1992 年第 35 辑）

萧腾鸿师俭堂的刻书地点

萧腾鸿师俭堂是明万历间（1573—1620）的著名书肆，所刻书以戏曲类为主。今存刻本有《鼎锲陈眉公先生批评绣襦记》二卷、《红拂记》二卷、《琵琶记》二卷、《西厢记》二卷、《幽闺记》二卷、《明珠记》二卷、《玉簪记》二卷等，多存北京图书馆（今中国国家图书馆）。

关于萧腾鸿师俭堂的刻书地点，有金陵和建阳两种说法。前一种说法，主要见于张秀民先生的《明代南京的印书》[1]和李致忠先生的《明代刻书述略》[2]。后一种说法，主要见于杜信孚先生的《明代版刻综录》[3]。由于以上三位先生在文中均未提到萧氏刻本的牌记，或虽提到牌记而其中未冠以有关地名，故无从判断萧氏书肆的确切刻书地点。

1988年，笔者在上海中医学院（今上海中医药大学）图书馆读到了几种明代刊刻的医籍，其中有明萧腾鸿刊刻的《小儿痘疹医镜》二卷。从本书的卷首题衔看，可以断定萧腾鸿的刻书地点是在建阳而非金陵。全书凡二卷二册，上卷首页第四行题有"建邑书林萧腾鸿庆云父梓"（下卷又作"潭阳书林萧腾鸿庆云父梓"）。"建邑书林""潭阳书林"指的就是建阳崇化书林。刻书牌记中冠以"建邑""潭阳"等地名的建阳书肆，张秀民先生的《明代印书最多的建宁书坊》[4]、李致忠先生的《明代刻书述略》中列举甚多，可证明"建邑""潭阳"即建阳。

（原载《文献》1989年第1期）

---

[1]《文物》1980年第11期。

[2]《文史》1984年第23辑

[3] 杜信孚：《明代版刻综录》卷七，扬州：江苏广陵古籍刻印社，1983年，第13—14页。

[4]《文物》1979年第6期。

王懋竑《读书记疑》的福州刻本

王懋竑（1668—1741），字予中，号白田，清江苏宝应人。康熙五十七年（1718）进士，历任安庆府学教授、翰林院编修等。他是清前期研究朱熹学说的著名学者，时人以"小朱子"称之。他的著作有《朱子年谱》《朱子文集注》《朱子语类注》《白田杂注》等。其中《朱子年谱》仍为今人考证朱熹生平思想的重要参考，胡适称"此书为研究朱子最不可少之书"[1]。

《读书记疑》十六卷，是王懋竑所撰的一部读书札记，"凡九经诸子之义蕴，历代史传之事实，唐宋诸大家诗文之得失，古今音韵之变更，有所见辄记之，区其类而录之"[2]。其中对朱熹的著作如《周易本义》《易学启蒙》等颇多考证，故对研究朱子学仍有重要的参考价值。此书现存的最早刻本，是清同治十一年（1872）福建抚署刻本。王懋竑的事迹，除了他研究朱熹，与福建勉强可以扯得上关系外，其生平，未见其曾涉足福建的记载，那么，他的《读书记疑》为何会在其逝世130多年后在福州出版呢？这与其时在福州担任福建巡抚的王凯泰有关。

王凯泰（1823—1875），字幼徇，一字幼轩，号补帆，清江苏宝应人。道光三十年（1850）进士，授编修。同治二年（1863），入李鸿章幕，被誉为李氏幕下"高级参谋"。先后历任浙江按察使、广东布政使。同治七年升任福建巡抚。在职期间，课吏兴学，被誉为"清代福州四大书院"之一的致用书院，即其所创。因其在闽"居官多善政"，光绪元年（1875）移驻台湾，以抵御日本的入侵，病逝于台湾后，闽人在乌石山南麓致用书院左侧建"王文勤公祠"而祀之。郭柏苍有《乌石山王文勤公祠》诗纪其事云："奖慰难勋谕祭详，年

---

[1] 胡适：《胡适散文》，北京：中国广播电视出版社，1992年，第309页。

[2] 〔清〕俞樾：《读书记疑序》，《读书记疑》卷首，清同治十一年（1872）福建抚署刻本，叶1A。

来庙祀遍岩疆。醇臣不厌邻巽懦，能吏终防背典常。岂有平反劳后死，决无拟议及居乡。千秋香火存公道，遗庙三楹傍讲堂。"[1]

书影 1：清福建抚署刻本《读书记疑》扉页

王凯泰是王懋竑的族玄孙。因《读书记疑》一书，在王懋竑逝世 130 多年后，其现存的书稿已"漫漶"不清，故王凯泰特邀著名学者俞樾校正书稿，并为此书作序。其时，正是王凯泰官福建巡抚的第五年，故王氏将此书刻印于福建抚署。封面题为"白田草堂续集——读书记疑十六卷"，由俞樾手写隶书上版；扉页有"岁在壬申中春月，开雕于福建抚署"牌记（书影 1）。今复旦大学图书馆有原刊本收藏。

除此书之外，据谢水顺先生《福建古代刻书》载，王凯泰于同治十三年（1874）在福州还刊刻了《归田唱和集》《湖上弦歌集》《岭南鸿雪集》等。他的《台湾杂咏》三十二首、《续咏》十二首，则在其逝世后，由晋江龚显曾将此书与侯官马清枢《台阳杂兴》三十首、山阴何澂《台阳杂咏》二十四首合编为《台湾杂咏合刻》，刊行于光绪八年（1882）。

（原载《闽都文化》总第 10 期 2009 秋季号）

---

[1] 〔清〕郭柏苍：《乌石山志》卷四，福州：海风出版社，2001 年，第 357 页。

专题探讨

"程门立雪"的文献考察

"程门立雪"这个典故，现在可以说是家喻户晓，为人们所熟知。但若认真考察这个典故的文献来源，却发现有许多不明之处。诸如：这个典故的最早文献出处何在？最早出现"程门立雪"一词的古典文献是什么？"程门立雪"一语的演变过程如何？等等。本文所要考察的，就是这些看似不成问题的问题。

一、对典故"程门立雪"出处的考察

要考察一个词或一个典故的来源，大多数人的第一感觉，就是要查找《辞源》，其次就是查《古书典故辞典》。《辞源》"程门立雪"条如是记载：

> 宋程颐门人杨时、游酢，一日往见颐。时值大雪，颐偶然瞑目而坐，二人遂侍立不去。待颐觉，时、酢始辞别，门外已雪深一尺。见《宋史》四二八《杨时传》。后人因用"程门立雪"为尊师重道的故实。元谢应芳《龟山稿》（按，应为《龟巢稿》）七《杨龟山祠》诗："卓彼文靖公，早立程门雪。载道归东南，统绪赖不绝。"文靖，杨时谥。[1]

《古书典故辞典》则介绍说："程门立雪，（是）宋代杨时、游酢见程颐的故事。《宋史·杨时传》载：'见程颐于洛，时盖年四十矣。一日见颐，颐偶瞑坐，时与游酢侍立不去，颐既觉，则门外雪深一尺矣。'元代谢应芳《杨龟山

---

[1]《辞源》第三册，北京：商务印书馆，1983年，第2308页。

祠》诗：'卓彼文靖公，早立程门雪。'后来，用为尊师重道的典故。"[1]

《辞源》与《古书典故辞典》的说法，其本意无疑是要揭示这个典故最早的文献来源，但从上文来看，显然没有达到这个目的；而且，"程门立雪"作为一个固定的成语，以及这个成语在最终形成时必然会有的一些演变过程，在两部工具书中也没有加以进一步说明。因为从《宋史·杨时传》的记载和谢应芳的诗句，人们也可以提炼出诸如"立寒雪""立雪师门""游杨立雪""立雪门外"之类的一些词组，而未必一定就是"程门立雪"。

考释词语典故来源，本应引证最初资料，今人所编之工具书如上引之《辞源》《古书典故辞典》，均引证《宋史·杨时传》，感觉仍不够到位。众所周知，《宋史》编纂于元朝末年，主纂者是元代的脱脱（1314—1355），考游、杨赴洛阳拜程颐为师是在北宋哲宗元祐八年（1093），下距脱脱纂修《宋史》少说也有250多年；把一个历史掌故的来源放在250多年之后的某一部典籍，无论如何也难以令人信服，或者说，把《宋史·杨时传》的记载作为"程门立雪"这一典故的最早出处，显然是不够准确的。

实际上，这个典故的最早出处是《河南程氏外书》卷十二。文曰：

> 朱公掞来见明道于汝，归谓人曰："光庭在春风中坐了一个月。"游、杨初见伊川，伊川瞑目而坐，二子侍立。既觉，顾谓曰："贤辈尚在此乎？日既晚，且休矣。"及出门，门外之雪深一尺。……右三事见《侯子雅言》。侯仲良字师圣，二先生之内弟。[2]

《程氏外书》是南宋理学家朱熹于乾道九年（1173）所编，是《程氏遗书》的续编。内容与《二程遗书》相同，也是二程的讲学语录，所据为朱光庭、陈渊、李参、冯忠恕、罗从彦、胡安国、游酢诸家所记。"程门立雪"一

---

[1] 杭州大学中文系《古书典故辞典》编写组：《古书典故辞典》，南昌：江西人民出版社，1984年，第460页。

[2] 〔宋〕程颢、程颐：《二程集》，王孝鱼点校，北京：中华书局，1981年，第429—430页；《程氏外书第十二》，朱杰人、严佐之、刘永翔主编《朱子全书外编》第2册，上海：华东师范大学出版社，2010年，第537页，个别字与《二程集》略有不同。

条即出自卷十二《传闻杂记·侯子雅言》。

侯子即侯仲良，字师圣，"河东人，二程子舅氏华阴先生无可之孙"[1]。他是二程的表弟，也师从于二程。事迹载《宋元学案》卷三十《刘李诸儒学案》。据《宋史·胡安国传》记载，侯仲良是一位"言必称二程先生"的理学家，胡安国对其评价甚高。他说："其安于羁苦，守节不移，固所未有。至于讲论经术，则通贯不穷；商榷时事，则纤微皆察。"[2]正因如此，故遣其子胡宏从之学。

《宋史·艺文志》著录侯仲良著有《论语解》一卷，朱熹对此书评价说："其学大抵明白劲正，而无深潜缜密沈浸浓郁之味，故于精微曲折之际不免疏略，时有罅缝。不得于言而求诸心，乃其所见所存有此气象，非但文字之疵也。"[3]

侯仲良与二程的关系如此密切，他的《侯子雅言》显系亲闻，即所谓"第一手资料"或"原始记录"。其书今虽已散佚，但有三条保存在朱熹编纂的《程氏外书》中，故其真实性和准确性应无可怀疑。

由于侯氏是将游、杨"立雪"与朱光庭"在春风中坐了一个月"的典故并列而记的，故在朱熹弟子和表侄祝穆（？—1256）所编的类书《古今事文类聚》前集卷二十三中，才有"坐春风立寒雪"的条目："朱公掞见明道于汝，归谓人曰：'光庭在春风中坐了一个月。'游定夫、杨中立初见伊川，伊川瞑目而坐，二子侍立，既觉，顾谓曰：'尔辈尚在此乎？今既晚，且休矣。'及出门，门外之雪深三尺。"[4]在同书别集卷二十七中，又将此一分为二，形成"坐春风、立寒雪"两个各自独立的条目。"坐春风"条曰："侯师圣云：朱公掞见明道于汝，归谓人曰'光庭在春风中坐了一个月'。""立寒雪"云：

[1]〔清〕黄宗羲原著、全祖望补修：《宋元学案》卷三十《刘李诸儒学案》，陈金生、梁运华点校，北京：中华书局，1986年，第1067页。

[2]〔清〕黄宗羲原著、全祖望补修：《宋元学案》卷三十《刘李诸儒学案》，陈金生、梁运华点校，北京：中华书局，1986年，第1067页。

[3]〔清〕黄宗羲原著、全祖望补修：《宋元学案》卷三十《刘李诸儒学案》，陈金生、梁运华点校，北京：中华书局，1986年，第1067页。

[4]〔宋〕祝穆：《古今事文类聚》前集卷二十三，《景印文渊阁四库全书》第925册，台北：台湾商务印书馆，1986年，第361页。

"游、杨初见伊川，瞑目而坐，二子侍立。既觉，顾谓曰：'贤辈同在此乎？日既晚，且休矣。'及出门，门外之雪深一尺。"前后区别只在于雪深"三尺"与"一尺"程度之别。

值得注意的是，在祝穆《古今事文类聚》前集所载这段话的文末，注明引文出处是《涪阴（陵）记善录》一书，而不是引用朱熹所编的《程氏外书》。考《涪陵记善录》是程颐的另外一位门人尹焞（1071—1142，字彦明，人称和靖先生，河南洛阳人，《宋史》卷四百二十八有传）于南宋绍兴四年（1134）以后，因避战乱在蜀中涪陵时，由其门人冯忠恕所记的语录。此书南宋尤袤《遂初堂书目·儒学类》有著录，但未署撰者名氏；张镃《仕学规范》卷首《编书目》中列有编纂这部书的参考书目一百种，《涪陵记善录》也是其参考书之一。《宋史·艺文志》作《涪陵记》一卷，作者为冯忠恕。此书今虽已久佚，但在宋代的一些儒学典籍中仍可读到部分内容。除《古今事文类聚》之外，朱熹编《程氏外书》卷十二从此书转录了有关尹和靖的言行八条，称"右八事《涪陵记善录》。冯忠恕所记尹公语"[1]。《伊洛渊源录》卷四《伊川先生遗事》第一条"王霖公泽言"，[2] 也是从《涪陵记善录》转录；卷十四则载"冯圣先，名理，汝州人。陈恬叔易为作志文，尹公再题其后。其子忠恕，从尹公学，《涪陵记善录》者也，志、跋皆见录中"[3]。《朱子语类》卷十七有郑可学记："因看《涪陵记善录》，问：'和靖说敬，就整齐严肃上做'；上蔡却云'是惺惺法'，二者如何？"[4] 一条。

无独有偶，将"春风""立雪"两个典故并列而言的，还有南宋徽州休宁人氏程若庸（字达原，号勿斋。生卒年不详，为咸淳年间进士，历任安定、

---

[1]〔宋〕朱熹编定：《程氏外书》卷十二，朱杰人、严佐之、刘永翔主编《朱子全书外编》第 2 册，上海：华东师范大学出版社，2010 年，第 538 页。

[2]〔宋〕朱熹：《伊洛渊源录》卷四《伊川先生遗事》，朱杰人、严佐之、刘永翔主编《朱子全书》第 12 册，上海：上海古籍出版社、合肥：安徽教育出版社，2002 年，第 976 页。

[3]〔宋〕朱熹：《伊洛渊源录》卷十四，朱杰人、严佐之、刘永翔主编《朱子全书》第 12 册，上海：上海古籍出版社、合肥：安徽教育出版社，2002 年，第 1107 页。

[4]〔宋〕黎靖德编：《朱子语类》卷十七，王星贤点校，北京：中华书局，1986 年，第 373 页。

临汝、武夷书院山长）。他在《斛峰书院讲义》中说："言学便以道为志，言人便以圣为志，是志也，坐春、立雪之时，身体心验之旧矣。'道南'之教，宁不以是为先务乎？由龟山、豫章而延平，逮吾朱子，大成集焉，推其说以教天下后世，至明且备。"[1]

以上通过对典故"程门立雪"出处的考察，可以知道，最早记载"程门立雪"这一典故的文献是北宋侯仲良的《侯子雅言》，其次是南宋初冯忠恕《涪陵记善录》，而将此完整保存且为后世所知的是朱熹所编的《程氏外书》。最早为这个典故"取名"的是祝穆，但是，他的"立寒雪"三字词，在后世并没有广泛流传开，也可以说，"程门立雪"作为一个成语，在南宋时并未形成。

二、对成语"程门立雪"的考察

"程门立雪"作为一个成语，在南宋时并未形成，这在晚宋的一些文献中还可以得到进一步的证实。

如早于《宋史·杨时传》，引用游、杨"立雪"这一典故的还有晚宋学者黄震（1213—1281）。他于景定三年（1262）十二月所撰的《立雪亭记》，[2]是为何茂远建"立雪亭"而作。文中说何氏于"横经吴泮，着亭梅间，扁曰'立雪'，取游、杨侍伊川瞑坐事也，风韵洒然如见矣"。"然大要归于循循善诱、与教不倦而已。伊川瞑目而坐，安知非适然，二子侍立，虽雪不敢去，盖其敬师之意。反之复之，使自得之，自有平时之讲贯在，岂在一立雪间耶"。此文通过对何氏建立雪亭的事迹，揭示了游、杨立雪程门重师重教的精神。但通观全文，还没出现"程门立雪"一词。

又如，在今人所编的《宋·游酢文集》[3]卷一中，有一篇署名为宋末谢

[1]〔清〕黄宗羲原著、全祖望补修：《宋元学案》卷八十三《双峰学案》，陈金生、梁运华点校，北京：中华书局，1986年，第2819—2820页。

[2]〔宋〕黄震：《黄氏日抄》卷八十六，《景印文渊阁四库全书》第708册，台北：台湾商务印书馆，1986年，第888页。

[3] 福建省姓氏源流研究会游氏分会、闽台文化交流协会南平分会编：《宋·游酢文集》，延边：延边大学出版社，1998年，第8页。

枋得的《御史游公传略并赞》。文中有"伊川倦卧，候之门外，雪深三尺，终无怠容"之说。从中可以看出，在南宋时期，"程门立雪"只是作为一个儒学故实流传，尚未形成固定的成语。在此顺便指出，在《宋集珍本丛刊》本《游廌山先生集》卷首中，这篇文章却不署"谢枋得"之名（书影1）。考《叠山集》，亦无此文，故此文是否谢枋得所撰，还值得进一步考察。但不管此文是否谢枋得所撰，文中没有出现"程门立雪"则是毫无疑义的。

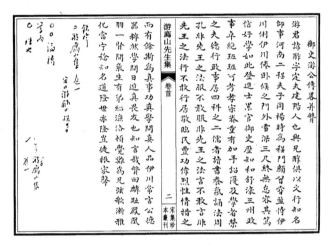

书影1:《宋集珍本丛刊》本《游廌山先生集》

最早出现"程门立雪"一词的古典文献，大概是生活于宋末元初的著名诗人、诗论家方回（1227—1305）的《桐江续集》一书。在该书卷三十三《赠清隐程居士诗序》中已有"程门立雪殆庶几"[1]一语。而生活年代略晚于方回的建阳熊禾（1247—1312），在他的笔下，也有了"程门立雪道南后，幸此一脉犹绵延"[2]的诗句。由于熊禾是一位著名的理学家，而不是一位著名的诗人，且《观洛行》一诗是一首长诗，"程门立雪道南后"被湮没在这首长达一百多行的长诗中，故而在历史上很少引起人们的注意。这可能就是《辞源》和《古书典故辞典》把生活年代晚于熊禾半个世纪的元代的谢应芳

---

[1]〔元〕方回:《桐江续集》,《景印文渊阁四库全书》第1193册,台北:台湾商务印书馆,1986年,第678页。

[2]〔元〕熊禾:《勿轩集》卷八《观洛行》,《景印文渊阁四库全书》第1188册,台北:台湾商务印书馆,1986年,第835页。

（1296—1392）《龟山祠诗》："卓彼文靖公，早立程门雪"作为最早描写这一典故诗句的原因。

除了以上诸人外，在元程端学（1278—1334）《积斋集》卷二《括苍尹仲明玉井樵唱序》中，则有"一则执经程门立雪不倦；一则饮酒吹笛于午桥花影之下，人品固不同也"[1] 的评价。在元吴景奎（1292—1355）《药房樵唱》[2] 卷二《再和韵赵敬德杂兴》一诗中，有"师门藉藉高风在，立雪英才旧姓游"的诗句。元人谢应芳除了上引《龟山祠诗》中有"卓彼文靖公，早立程门雪。载道归东南，统绪赖不绝"之外，在其《次韵寄题碧云禅老》诗中，还有"门前问话人立雪，想象吾家游与杨"[3] 的诗句。

"程门立雪"最早出现在工具书中，是元代阴时夫编纂的既是韵书，也是一部类书的《韵府群玉》。在此书卷十八中，已出现了小标题为"程门立雪"的条目（书影 2），标题下的正文则记载："游杨二子初见伊川，伊川瞑目而坐。二子侍，既觉，曰：尚在此乎，且休矣。出门，门外雪深一尺。"[4]

有了方回、熊禾的诗，有了阴时夫《韵府群玉》这几处文献记载，加上成书于元代的《宋史》中《杨时传》，我们似乎可以说，"程门立雪"这一成语，在元代已基本形成。

书影 2：明弘治刘氏安
正堂刻本《韵府群玉》

[1]〔元〕程端学：《积斋集》卷二，《景印文渊阁四库全书》第 1212 册，台北：台湾商务印书馆，1986 年，第 326 页。

[2]〔元〕吴景奎：《药房樵唱》卷二，《景印文渊阁四库全书》第 1215 册，台北：台湾商务印书馆，1986 年，第 434 页。

[3]〔元〕谢应芳：《龟巢稿》卷四，《景印文渊阁四库全书》第 1218 册，台北：台湾商务印书馆，1986 年，第 84 页。

[4]〔元〕阴时夫：《韵府群玉》卷十八，建阳刘氏安正堂明弘治七年（1494）重刊本。

三、"程门立雪"在明清时期的流传

然而，入明以后，这一成语并未广泛流传。之所以这么说，也是有文献依据的。

如明黄仲昭（1435—1508）《未轩文集》卷九《送北阁林先生之任潼川》有"执经我亦曾相从，菲才深荷开颛蒙。有时程门立寒雪，有时马帐谈春风"[1]的诗句。明李东阳（1447—1516）有"莫倚家风比谢王，正须立雪似游杨"[2]的吟咏。明顾璘《顾华玉集·山中集》卷六《赠张南畤迁教泷水》一文中有"游杨立雪，程道以南。故曰师严而后道尊，道尊而后人知敬"。冯徒吾《少墟集》卷十三《思庵野录序》对其时"沾沾之士少有所得，即高其举趾，傲世凌物，不复求益，视先生为何如"作了一番批评，并举"昔杨龟山既登第始立雪程门，朱晦翁同安任满犹徒步执贽延平"例子，表达了"古之大儒，其作用原自不凡"的垂范作用。[3]

这一点，我们还可以从明代的几部建阳刻印的通俗类书中找到例证。如明万历甲辰（1604），题为"吴道明编集、周子才校正、周载道补遗"，而由建阳书林黄次白集义堂刊行的《新刻便蒙对联图像七宝故事》，是一部供儿童阅读的启蒙读物。全书收对联故事一千五百多条，共二十卷，分为天文、地理、时令、人物、花木、鸟兽、器用、宫室、衣服、饮食、人事、文史等二十门。其中，卷

书影 3：明建阳书林黄次白集义堂刊本《新刻便蒙对联图像七宝故事》

---

[1]〔明〕黄仲昭：《未轩文集》卷九，《景印文渊阁四库全书》第 1254 册，台北：台湾商务印书馆，1986 年，第 511 页。

[2]〔明〕李东阳：《怀麓堂集》卷五十五《再用韵示兆先》，《景印文渊阁四库全书》第 1250 册，台北：台湾商务印书馆，1986 年，第 582 页。

[3]〔明〕冯徒吾：《少墟集》卷十三，《景印文渊阁四库全书》第 1293 册，台北：台湾商务印书馆，1986 年，第 213 页。

一介绍这一典故，题目居然是"定夫立雪"（书影3），而不是元代就已有的"程门立雪"。

又如，由"江湖散人太然子辑""建宁府城我迁杨乔补订"，闽建书林近贤刘君丽刊行的《新刻太仓藏板全补合像注释大字日记故事》卷二，题目也不是"程门立雪"，而是"立雪门外"（书影4）。

由此可知，"程门立雪"作为一个阐释儒学典故的固定成语，的确有一个漫长的形成过程。这么说的理由，是基于通俗类书作为民间通俗读物，其特点是将所有的内容分类编排的，"程门立雪"作为著名典故，不仅是和历史上尊师重教、勤奋好学这一类故事编排在一起，而且在这两部类书中，所有的故事题目都是四个字，如果"程门立雪"在宋元就已形成，并广泛被人们所知的话，那么，在明代的类书中，就不应出现"立雪门外""定夫立雪"这样不够准确、凝练的词语。

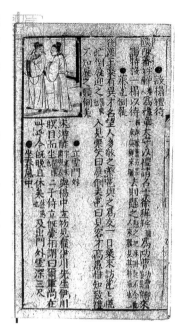

书影4：闽建书林近贤刘君丽刊本《新刻太仓藏板全补合像注释大字日记故事》

"程门立雪"作为一个固定的用词并广泛地应用，应该是在明清时期。在明代，闽北屏山刘童《鷹山游先生像赞》中，已有"立雪程门，吾道南矣"[1]的句子。在清康熙四十九年（1710）康熙皇帝御定的《渊鉴类函》[2]卷九中，有了"程门立雪"的条目。而在乾隆御制、蒋溥等奉敕而编的《御制乐善堂全集》[3]卷二十八中，甚至出现了题为《程门立雪》的诗篇。其诗云："洛学先生启，巍然道德崇。雪深双户外，乐

[1]〔明〕刘童：《鷹山游先生像赞》，《宋·游酢文集》》卷一，延边：延边大学出版社，1998年，第9页。

[2]〔清〕张英、王士祯：《御定渊鉴类函》卷九，《景印文渊阁四库全书》第982册，台北：台湾商务印书馆，1986年，第218页。

[3]〔清〕乾隆御制、蒋溥等奉敕编：《御制乐善堂全集》卷二十八，《景印文渊阁四库全书》第1300册，台北：台湾商务印书馆，1986年，第519页。

永一庭中。久立情靡倦，端居兴不穷。伊人非耐冷，应为坐春风。"特别是在成书于明代、清康熙间经邹圣脉增补的著名启蒙读物《幼学故事琼林》中，有了"负笈千里，苏章从师之殷；立雪程门，游、杨敬师之至"的内容。《幼学故事琼林》作为一部著名的童蒙读物，"程门立雪"这一典故，随着幼童琅琅的诵读之声，从此广泛地流传开来。

通过以上的考察，可以得出如下结论：从北宋元祐八年（1093）游、杨立雪程门故事的发生，到"程门立雪"这一成语的最终形成，其间经历了一个漫长的历史过程。从文献分类来说，既有记录这一史实的《侯子雅言》《程氏外书》和《宋史·杨时传》，也有将此作为典故写入诗中的方回、熊禾、黄仲昭、李东阳等人的诗作；还有对这一成语的形成和普及起到直接推动作用的通俗类书，如南宋祝穆的《古今事文类聚》、元代阴时夫的《韵府群玉》、明代建本类书《七宝故事》《日记故事》和清代启蒙读物《幼学故事琼林》等。

[原载《合肥学院学报（社会科学版）》2012 年第 1 期]

日本内阁文库藏本《书集传》中的"文公亲帖"

南宋庆元五年（1199）十一月中旬，朱子自感时日无多，在其理学思想体系的建构中，四书学、诗经学、易经学等方面均群书略备，礼经学也已委之于弟子黄榦，但在书经学方面，虽已草成《二典》《禹谟》《金縢》《召诰》《洛诰》和《武成》数篇，仍感迫切需要一位有造诣的弟子续成之。正如真德秀所说"环视门下生，求可付者"[1]，于是，高弟蔡沈（亦作"蔡沉"）成了继承此业的不二人选，此即朱子委托蔡沈作《书集传》六卷的由来。

朱子逝世后十年，即嘉定二年（1209），蔡沈不负师望，全面完成了该书的写作。淳祐七年（1247），其子蔡抗将此书进呈于朝，淳祐十年又将书稿交给其弟子吕遇龙刻印于上饶郡学，书名题作《朱文公订正门人蔡九峰书集传》六卷，后附《书传问答》一卷。中国国家图书馆有存本，为此书现存最早的宋刻本。

在此宋刻本卷首中，有四通总名为"赠太师徽国文公朱熹与先臣沉手帖"的书信，字体为楷体，与正文完全相同；而同样是这四通书信，在藏于日本内阁文库的元麻沙刘氏南涧书堂刻本中，却是朱子的行草手书，名为"文公亲帖"。无论是从哲学文献史料角度，还是名家法帖的角度，此"文公亲帖"均比宋刻有更重要的价值。

一、前人对"文公亲帖"的著录

在从学朱子期间，朱子前后有七通答书寄付蔡沈，后被朱子后人编入《晦庵先生朱文公文集·续集》卷三，也被蔡氏后人收入《蔡氏九儒书·九峰

---

[1]〔宋〕真德秀：《西山先生真文忠公文集》卷四十二《九峰先生蔡君墓表》，《四部丛刊》本，上海：商务印书馆，1929年，第643页。

集》中，蔡氏后人将此七通书信误为六通，称之为"答蔡仲默六书"。[1]

在这七书中，因内容的关系，有四通书信被选用在宋淳祐刻本《朱文公订正门人蔡九峰书集传》的卷首（书影1）。实际上，这四通书信的字体与此淳祐本正文的字体相同，都是楷体，而不是朱熹的手书体。故淳祐本虽将这四通书信命名为"赠太师徽国文公朱熹与先臣沉手帖"，只能说内容虽然是"手帖"的内容，但字体却不是朱熹的"手"书。

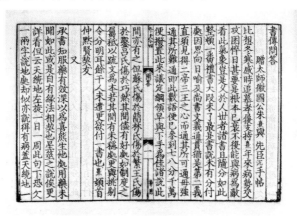

书影1：宋淳祐刻本《朱文公订正门人蔡九峰书集传》

令人诧异的是，这四通朱子写给门人蔡沈的手书，最终并非是通过原件的流传，而是通过元代麻沙本的雕版印刷术传之于后世。尤为吊诡的是，此事在历史上几乎从未被人提起过，因此也就罕为学人所知。此四通手书现仅幸存于元麻沙刘氏南涧书堂刊刻的《书集传》卷首中。由于这个刻本在国内无存，而仅存于日本内阁文库，最早在日本版本学家森立之（1807—1885）《经籍访古志》（卷一）略有提及：

> 书集传六卷，元椠麻沙本，昌平学藏。首载书序题晦庵先生订定，门人蔡沈集传，每半版十一行，行二十一字；次有庆元己未武夷蔡沈序，十一行，行十八字；文公亲帖，行草。陈淳安卿记文公语……蔡沈序后

---

[1]〔清〕蔡重编：《蔡氏九儒书》卷六《九峰集》"答蔡仲默六书"，《四库全书存目丛书》集部第346册，济南：齐鲁书社，1997年，第799—800页。

有"麻沙刘氏南涧书堂新刊"木记。[1]

由于文中对此"文公亲帖"的介绍过于简略,仅有"行草"二字,清叶德辉(1864—1927)《书林清话》卷四"元时书坊刻书之盛"据此转录说:

> 麻沙刘氏南涧书堂。无年号刻《书集传》六卷,见《森志》《杨谱》。(序后有木记云"麻沙刘氏南涧书堂新刊",亦称"建安刘氏南涧书堂"云。)[2]

文中就连《森志》原有的"文公亲帖,行草"几个字亦略去不提,而仅以"见《森志》"三字提示读者,故此帖的消息本来有通过叶氏传递给国人的可能性就此中断。

再说叶德辉氏提到的"杨谱",指的是清末杨守敬(1839—1915)的《留真谱》。在这一部版本学史上最早的书影图录中,有元麻沙刘氏南涧书堂刻本《书集传》的牌记书影,也有"文公亲帖"的书影。只是并非对"文公亲帖"原件的影印,而是选择性地手摹,且显得过于简单,仅留下开头与结尾的两行文字(书影2)[3],加上没有任何文字说明,故难以给后人留下深刻的印象。

森立之、杨守敬和叶德辉,作为日中两国的著名学者,由于他们的学术专长都侧重在古籍版本目录学方面,对朱子学并不十分了解,对朱子

书影2:清杨守敬《留真谱》手摹"文公亲帖"

的书法作品的存佚也不甚明了,对其重要性认识不足,这可能就是元麻沙本中"文公亲帖"没有引起他们特别关注的原因。

———————————

[1] (日)森立之:《经籍访古志》卷一,《日本藏汉籍善本书志书目集成》第1册,北京:北京图书馆出版社,2003年,第50—51页。

[2] 〔清〕叶德辉:《书林清话》,北京:中华书局,1957年,第108页。

[3] 〔清〕杨守敬:《留真谱初编》卷一,北京:北京图书馆出版社,2004年,第50页。

二、"文公亲帖"的基本情况

日本内阁文库，现名日本国立公文书馆，在日本东京都千代田区北之丸公园。此元麻沙刘氏南涧书堂刻本编号为"汉2015"，共一册六卷182叶。卷首正文之前分别为《书序》、武夷蔡沉《书集传序》、《文公亲帖》、《陈淳安卿记文公语》、《黄义刚毅然记文公语》和蔡抗题识等。行格为半叶十一行，行二十至二十四字不等，小字双行同。

此书最能引起朱子学研究者兴趣的，当然是"文公亲帖"。谁能想到，经过这么多年，经过这么多分处世界各地的朱子学者们的清理和"打扫"，竟然还有如此重大的遗漏！或者说，原来朱子还有四通如此美妙的书帖，借助元代麻沙本的技术，穿越时空一直流传到今天！这四通书信，用森立之的话来说，正好占两"版"（四个半版，古籍版本学称为"叶"，半版称半叶）。

第一通书信内容为：

> 熹比想冬寒，感时追慕，孝履支持。熹年来病势交攻，困悴日甚，要是根本日衰，不复能与病为敌。看此气象，岂是久于人世者？诸书且如此随分整顿一番，《礼书》大段未了，最是《书说》未有分付处。因思向日喻及《尚书》文义通贯犹是第二义，直须见得二帝三王之心而通其所可通，毋强通其所难通，即此数语，便已参到七八分。千万便拨置此来，议定纲领，早与下手为佳。诸说此间亦有之，但苏氏伤于简，林氏伤于繁，王氏伤于凿，吕氏伤于巧。然其间尽有好处，如制度之属，只以疏文为本。若其间有未稳处，更与挑别令分明耳。余干人未遣，更欲付一

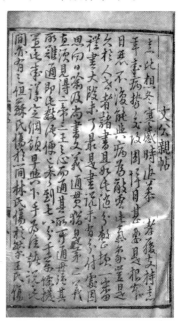

书影3：元麻沙刘氏刻本《书集传》"文公亲帖"第一通

书也。熹顿首　仲默贤契友。[1]（书影3）

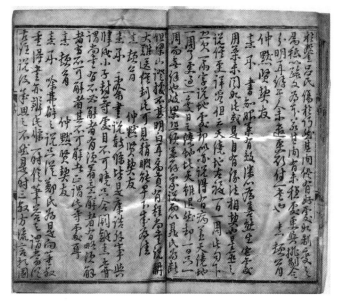

书影4：元麻沙刘氏刻本《书集传》"文公亲帖"第二、第三通

书二为：

　　熹承书，知服药有效，深以为喜。熊生它处用药未闻如此，或是自有缘法相契也。

　　星筮之说，俟更详看。但云"天绕地左旋，一日一周"，此句下恐欠一"两"字。说地处，却似亦说得有病，盖天绕地一周了，更过一度。日之绕地，比天虽退，然却一日只一周而无余也。岐、梁恐须兼存众说，而以晁氏为断。但梁山证据不甚明白耳。《禹贡》有程尚书说，册大难送，俟到此可见。稍暇能早下来为佳。熹顿首　仲默贤契友。[2]（书影4）

---

　　[1]　方按，此书在《四部丛刊》本《晦庵先生朱文公文集》中为续集卷三第五书，《朱子全书》亦同。

　　[2]　方按，此书在《四部丛刊》本《晦庵先生朱文公文集》中为续集卷三第四书，《朱子全书》亦同。

书三为：

熹承示喻书说数条皆是，《康诰》"外事"与"肆汝小子封"等处自不可晓，只合阙疑。熹尝谓《尚书》有不必解者，有须着意解者，有略须解者，有不可解者。其不可解者，正谓此等处耳。熹顿首　仲默贤契友。[1]

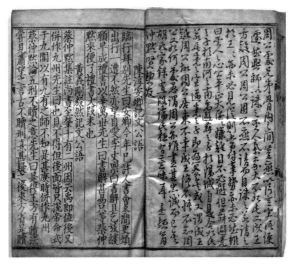

书影5：元麻沙刘氏刻本《书集传》"文公亲帖"第四通

书四为：

熹承喻，弗辟之说，只从郑氏为是。向董叔重得书，亦辨此条，一时信笔答之，谓当从古注说，后来思之不然。是时三叔方流言于国，周公处兄弟骨肉之间，岂应以片言半语，便遽然兴师以诛之？圣人气象，大不如此。又成王方疑周公，周公固不应不请而自诛之。若请之于王，王亦未必见从，则当时事势亦未必然。虽曰圣人之心公平正大，区区嫌

---

[1]　方按，此书在《四部丛刊》本《晦庵先生朱文公文集》中为续集卷三第六书，《朱子全书》亦同。）

疑自不必避，但舜避尧之子于南河之南，禹避舜之子于阳城，自是合如此。若居尧之宫，逼尧之子，即为篡矣。或又谓成王疑周公，故周公居东。不幸成王终不悟，不知周公又如何处？愚谓周公亦惟尽其忠诚而已矣。胡氏家录有一段论此，极有意味耳。熹顿首　仲默贤契友。[1]（书影5）

三、"文公亲帖"的文献意义

以上这四通称为"文公亲帖"的书信，在朱子学的研究中，有何积极意义？

第一，从文献校勘的角度来说，此四通书信，乃朱子手书，就这部分内容而言，比任何传世的版本无疑都要更准确。把这四通书信对照《四部丛刊》本或《朱子全书》本（以下统称为通行本），文字有不少优胜之处，因而也就更有校勘价值。

如第一通书"年来病势交攻"之前，"亲帖"还有"熹比想冬寒，感时追慕，孝履支持。熹"14字，通行本均无，可以补入通行本中。"要是根本已衰"的"已"，"亲帖"作"日"；此处用"日"，显然要比"已"字贴确。此外，还有"随分如此"本为"如此随分"，虽然不伤原意，但在此处，大可不必如此更改朱子的原作。

第二通书，通行本脱落"熹承书，知服药有效，深以为喜。熊生它处用药未闻如此，或是自有缘法相契也"一段文字，这是朱子师生之间相互关心，推荐用药的原始资料，毫无疑问应补入通行本中。

在此书信中，通行本又将亲帖中的"星篦"误为"星室"，显然是出自通行本编者对书帖的误读。

第三通书，通行本在"示喻书说数条皆是"之前，删去了"熹承"二字，在"康诰"之前多一"但"字；"熹尝谓《尚书》有不必解者"中的"熹"字，被通行本改为"某"。

---

［1］　方按，此书在《四部丛刊》本《晦庵先生朱文公文集》中为续集卷三第七书，《朱子全书》亦同

第四通书，在通行本的"弗辟之说"之前，"亲帖"还有"憙承喻"三字，通行本无。在文末"极有意味"，亲帖有一"耳"字，而通行本则无。略此一字，在语势上显得突兀、急促而不自然，等等。

在这四通书信中，结尾都有"憙顿首 仲默贤契友"这一亲切的称呼，在通行本中全都不见，这可能在宋闽本（建安书院本）中就已如此。古代的雕版印刷成本相对较高，为了节约成本，编者把他们认为无关紧要且一再重复的"闲字句"删去，这可以理解。这也是《晦庵先生朱文公文集》中绝大部分书信没有称呼的原因。在《晦庵先生朱文公文集》所收录，朱子写给师友门人的一千六百多通书信中，除了在卷首或卷中统之以"与×××"的小标题之外，书信正文中本应有的礼节性的客套和寒暄之辞统统被删除。正因为这个原因，在《晦庵先生朱文公文集》中有不少书信，没有称呼间隔而连续排列，有时甚至会出现两封书信不知断在何处的情况。上面说的朱子与蔡沈书本来共有七通，《蔡氏九儒书·九峰集》误为"六书"，原因就在于第六书正好66字，竖排为三行（每行22字）刚好满行无空格，与第七书在排列上紧密相连，既无空行，又无在正常情况下应有的客套和寒暄之辞以示间隔或区分，后人不明就里，因此将此两通书信误为一通，从而把"七书"误为"六书"。想来在一千六百多通书信中，这种为了节约成本而加以任意删减，使朱子书信的原始风貌不复存在，而造成对文字、文意伤害的情况，可能要远比我们想象的严重得多。

从朱子手书墨迹的角度来说，文公亲帖的重新发现，为朱子传世的书法作品增添了新的品种。

据现有资料统计，朱子传世的手书遗墨有30多种，在我国古代著名的书法家中，其传世作品数量不可谓不多。其手书遗墨的实物现主要珍藏在北京故宫博物院、南京博物院、辽宁省博物馆、台北故宫博物院、台北历史博物馆，以及日本东京国立博物馆等处。从20世纪初，上海商务印书馆于1918年首刊《朱熹书论语集注残稿》，1930年北平故宫博物院编印《朱子尺牍墨迹》以来，一直到70年代后，海峡两岸各地都有将朱子手书结集出版。或称"宋朱熹吴说翰墨"（台北故宫博物院，1970年），或题"朱子遗墨"（武夷山朱熹研究中心编，上海书店，1990年），或名"朱熹书翰文稿"（上海书画出版社，2002 年），或作"朱熹书法选"（福建美术出版社，2005 年）的有关朱子书法的出版物有十几种。近一二十年来，更有新的发现，如泰宁小均坳《四季诗》、朱熹榜书千字文（《朱熹榜书千字文》，中国青年出版社，2001 年），以及各地陆续发现的碑刻、木刻等，林林总总，不一而足。其中，间或还有一些假冒真迹、鱼龙混杂的伪帖，不时地从拍卖市场中冒出，令人在崇敬先哲的同时，又不得不多了一份警觉。[1]

以上这些存世的朱子书法作品，大致可分为信札、诗卷、题跋的手书真迹，以及碑刻、石刻、木刻的拓本等，却从未有过以雕版印刷的方式保存下来的朱熹手书遗墨，这部在元代麻沙坊问世，现珍藏在日本内阁文库（国立公文书馆）的珍贵著作，极有可能就是朱子遗墨中唯一的以这种独特的方式保存下来的真迹。这便是此书的珍贵和特异之处。

这几通"文公亲帖"之所以没有在晚宋淳祐十年（1250）上饶郡学刊本《朱文公订正门人蔡九峰书集传》中率先出现，而是现身在后出的元代麻沙本中，可能是蔡沈的后人认为朱子的手书太珍贵了，不便将其带到外地，故在宋本中只是出现了统一字体的"手帖"。而麻沙本则不同，由于刊刻此书的麻沙刘氏，与蔡氏实有通家之谊，其祖上有刘崇之、刘淮、刘子寰[2]等，与蔡元定、蔡沈一样，也都师从朱子。更重要的是，由于刘氏南涧书堂是在麻沙本地，监护"文公亲帖"不损坏不丢失，相对来说比较方便，也更让人放心，这可能就是"文公亲帖"被摹刻在元代的麻沙本中，从而成为流传后世的朱子遗墨中独具特色的品种之一的重要原因。

［原载《合肥学院学报（社会科学版）》2015 年第 1 期］

---

[1] 参拙文：《〈游云谷诗卷〉是朱熹真迹吗?》，《中华读书报》2011 年 7 月 27 日第 15 版《文化周刊》；《一幅伪造的朱熹书帖》，《中国文物报》2011 年 10 月 19 日 4 版；《是"国宝"还是伪帖? ——朱熹〈赠门人彦忠、彦孝同榜登第诗册〉考析》，《中华读书报》2012 年 3 月 14 日第 5 版。

[2] 参方彦寿：《朱熹书院与门人考》，上海：华东师范大学出版社，2000 年，第 168、220 页。

被遗忘的出版家朱门弟子陈宓

若干年前，笔者写了一篇《关注民生与书院建设的朱门弟子陈宓》[1]，主要从关注民生与书院建设两个角度对陈宓进行了基本的研究。实际上，承继朱熹学派重视文献传播的优良传统，陈宓也是一位关注图书出版、重视文献传播的出版家，具体表现在三个方面：一是他在各地担任地方官时，主持刊刻了为数众多的典籍；二是在莆田家居之时，在当地刊刻图书，是为家刻；三是为莆田兴化军官办学校刻书撰写了为数众多的序跋，促进了当地官刻的发展。但是，在以往的出版史研究中，陈宓在这些方面的贡献几乎不为人所知。可以说，在朱门弟子中，他是一位被遗忘的出版家。

一、历官州县之时刊刻图书

陈宓（1171—1230），字师复，号复斋，宋莆田人，乾道间丞相陈俊卿第四子。淳熙十年（1183）十月，朱熹因赴泉州吊友人傅自得之丧，归途曾馆次于莆田陈氏仰止堂，陈宓因与其兄陈守、陈定于此时同学于朱熹。由于这时陈宓年龄很小，只有十一二岁，等他懂事时，朱熹已去世，所以他后来又从学于朱熹的门人和女婿黄榦。陈宓后以父恩荫而历官州县，曾担任过安溪知县、南康知军和南剑州知州等职，并曾先后在安溪、南剑州两地刊刻了不少图书。

1. 在安溪刻书

陈宓最早刊刻图书，是在官安溪知县任上。据《（乾隆）安溪县志》卷十《古迹》载："印书局，在县治琴堂之右。（旧）志载：陈宓刊《司马温公书

---

[1] 载陈来主编：《哲学与时代——朱子学国际学术研讨会论文集》，上海：华东师范大学出版社，2012 年。

仪》《唐人诗选》……等书，今废。"[1] 据该志卷五《职官志》，陈宓知安溪，时在嘉定三年至六年（1210—1213）。据此记载，安溪印书局被称为是中国较早的以"印书局"命名的刻书机构。[2]

陈宓有《跋安溪县刊〈司马温公书仪〉》一文：

> 某尝叹此邑民俗不知习礼，冠昏丧祭，漫无所据，不牵于淫巫，则溺于释老，此无他，礼教不素明故也。朝廷礼典非闾巷所得，有简而易行、古而使今，唯《司马》一书可施于用。一日，语主簿赵君时传，刻之学官，使家传人习，其于国家化民成俗之意亦一助云。[3]

此为陈宓以司马光有关仪礼之书传播民间，以此来改造当地沉溺于宗教和巫术的不良社会风气。

《（乾隆）安溪县志》所谓《唐人诗选》一书，实为《唐人绝句》，陈宓有《跋柯东海集〈唐人绝句〉》，文曰：

> 某之友柯东海嗜诗，至老不衰，所集《唐人绝句》百余首。每得一首，行吟卧讽至于旬月，乃粘之屋壁。其用志之深，故其所得之艰也如此。读者当熟复研味，庶几有得。暇日欲假唐诗往往无有，因刻之县学，与有志者共之。[4]

按，柯东海，字梦得，莆田人，陈宓的同乡与诗友，著有《抱瓮集》《柯东海集》等。陈宓《复斋集》中有《次柯东海于安溪流惠亭》等诗十几首。宋陈

---

[1] 〔清〕庄成等：《（乾隆）安溪县志》，《中国地方志集成·福建府县志辑》第27辑，上海：上海书店出版社，2000年，第643页。

[2] 福建省地方志编纂委员会编：《福建省志·出版志》，福州：福建人民出版社，2008年，第16页。

[3] 〔宋〕陈宓：《复斋先生龙图陈公文集》卷十，《续修四库全书》第1319册，上海：上海古籍出版社，2002年，第360页。

[4] 〔宋〕陈宓：《复斋先生龙图陈公文集》卷十，《续修四库全书》第1319册，上海：上海古籍出版社，2002年，第360页。

振孙《直斋书录解题》卷二十著录"《柯东海集》十五卷，莆田柯梦得东海撰。尝试春官不第"[1]。

受陈宓的影响，在安溪的官员中，其下属或同僚也热心于图书刊刻，以此化成民俗。如县丞赵彦寓刊刻吕祖谦的《东莱择善》一书，内容为抄录历史文献中可供今人效法的嘉言懿行。陈宓有《跋〈东莱择善〉》云：

> 东莱先生为是书，淑人气质，使中人以下皆可为善，而无近名之迹，有益于后学弘矣。赵君彦寓丞泉之安溪，以是书图而刻之，揭于座右，朝夕览观，可谓好学也已。[2]

吕祖谦此书的编纂，有人认为，与其师胡宪有关。胡宪常"教诸生，于功课余暇，以片纸书古人懿行，或诗人铭赞之有补于人者，黏置壁间，俾往来诵之，咸令精熟"[3]。受此启发，吕祖谦后来专门以《择善》为题，抄录了历史文献中若干他认为有"所取"的"古人懿行"和历史事件，汇编成册，时时自勉之。[4]值得注意的是，吕祖谦此书的刊刻，历史上一向不见著录，陈宓此跋文，于此有填补空白之效。

在陈宓的影响下，其后任知县周玶在安溪印书局也刊刻了不少图书。周玶，字德辅，宋信州弋阳县人。嘉定九年（1216）任安溪知县。《（乾隆）安溪县志·宦绩》载："莅官政教兼举。当时以玶与赵彦侯皆继陈宓而治，为立祠并祀焉。"[5]因治绩显著，当地民众立名宦祠，与陈宓、赵彦侯并祀。

又据该志卷十《古迹》载："印书局，在县治琴堂之右。……周玶刊《西

[1]〔宋〕陈振孙：《直斋书录解题》卷二十，徐小蛮、顾美华点校，上海：上海古籍出版社，1987年，第609页。

[2]〔宋〕陈宓：《复斋先生龙图陈公文集》卷十，《续修四库全书》第1319册，上海：上海古籍出版社，2002年，第361—362页。

[3]〔清〕黄宗羲原著、全祖望补修：《宋元学案》卷四十三《刘胡诸儒学案》，陈金生、梁运华点校，北京：中华书局，1986年，第1399页。

[4]潘富恩、徐余庆：《吕祖谦评传》，南京：南京大学出版社，1992年，第21页。

[5]〔清〕庄成等：《（乾隆）安溪县志》卷五《宦绩》，《中国地方志集成·福建府县志辑》第27辑，上海：上海书店出版社，2000年，第518页。

山仁政类编》《安溪县志》《竹溪先生奏议》《庚戌星历封事集录》《宋书》《后村先生江西诗选》《张忠献陈复斋修禊序》《文房四友》《王欧书诀》等书。今废。"[1]

2. 在南剑（延平）刻书

嘉定十四年（1221），陈宓任南剑州知州，保持了他在安溪刻书的传统。在南剑的书院与官学均有刻本行世。

据元马端临《文献通考·经籍考》著录，陈宓之师黄榦有《孝经本旨》一卷。著录云："榦继熹之志，辑六经、《论》《孟》于言孝者为一书，厘为二十四篇，名为《孝经本旨》。"[2]

《孝经》为儒家专门阐释孝道的典籍。朱熹有《孝经刊误》一卷，为重新刊定《孝经》经、传而撰。以朱熹本意，欲再编纂前人所著可以阐发《孝经》之旨者，作为外传，因无暇顾及而委托黄榦，故有此书之撰。

据《勉斋先生黄文肃公年谱》，陈宓于嘉定十三年（1220）在延平刻印黄榦《孝经本旨》一卷。《年谱》载：

> 初，文公（朱熹）尝欲撮次他书之言，可发明《孝经》之旨，别为外传而未暇，为今先生之为此书，盖成其志也。门人陈宓刊于延平。[3]

此为陈宓在延平刊刻图书，传播朱子理学的罕见记载。但文中所言刊刻地点不够准确，刊刻时间也有误，需略加辨正。

先说刊刻地点，应为延平书院。陈宓《孝经本旨序》曰："朱文公尝刊《孝经》之误，今传于世。勉斋黄先生继文公之志，辑六经、《论》《孟》之言孝者，编为一书，厘为二十四篇，名之曰《孝经本旨》。……刻置延平书院，

---

[1] 〔清〕庄成等：《（乾隆）安溪县志》卷十《古迹》，《中国地方志集成·福建府县志辑》第 27 辑，上海：上海书店出版社，2000 年，第 643 页。

[2] 〔元〕马端临：《文献通考》卷一百八十五《经籍考》引《中兴艺文志》，明建阳刘氏慎独斋刻本。

[3] 〔宋〕黄榦：《勉斋先生黄文肃公文集·附》，《北京图书馆古籍珍本丛刊》本，北京：书目文献出版社，1988 年，第 845 页。

用示同志云."[1] 故此书刊刻的准确地点，应在延平书院。

再说刊刻时间，上引《勉斋先生黄文肃公年谱》将此书刊刻时间系于"嘉定十三年"条目之下，也不准确。因陈宓从南康改任南剑知州，是在嘉定十四年（1221），在延平九峰山模仿白鹿洞书院的规制创建延平书院，则是在嘉定十五年。对此时间的考证，颇多周折，详作考述于下。

《（嘉靖）延平府志·学校志》记载说："延平书院，在府城南九峰山之麓。中有祠，祀李文靖公。左右翼以廊庑，前面有门。嘉定二年郡守陈宓以延平为杨时、罗从彦、李侗、朱熹四贤讲道之乡，因仿白鹿洞规式建书院为奉祠讲学之地。院有礼殿，以祀先圣先师，有祠堂，以祀四贤，又及周、张、二程、廖德明、黄榦诸贤……其后郡守傅康、陈韡又有建置。端平间，敕延平书院额，有阁有堂，斋有濯缨、闻偲、光风霁月亭，有风月桥，后圮坏。郡守董洪修复。元末毁于寇。国朝知府俞廷芳始建堂专祀李侗……"[2] 在这段话中，"嘉定二年"的记载是错误的，理由有以下几点。

一是据同一《（嘉靖）延平府志·官师志》的记载，嘉定间的十七年中（1208—1224）任南剑知州的有 11 位，陈宓排名第 9，以此推算，陈宓的前八任的任期就必须全部集中在嘉定元年这一年之中，而这几乎是不可能的。

二是据《宋史·陈宓传》："嘉定七年，入监进奏院。……寻迁军器监簿。九年，转对言……归。在告日，擢太府丞，不拜，出知南康军。……改知南剑州。"[3] 这里出现了"嘉定七年"和"九年"两个纪年。很明显，陈宓知南剑州应在嘉定九年知南康军之后。

三是据现存各种《白鹿洞书院志》的记载。明周伟《白鹿洞书院志》卷三载："陈宓，字师复，莆田人，丞相俊卿之子。少为文公门人。嘉定间知南康军，有政声。公暇即造白鹿洞，与诸生讲学。今洞中石刻多其余迹。"[4]

---

[1] 〔宋〕陈宓：《复斋先生龙图陈公文集》卷十，《续修四库全书》第 1319 册，上海：上海古籍出版社，2002 年，第 358—359 页。

[2] 〔明〕郑庆云：《（嘉靖）延平府志》卷十二《学校志》，《天一阁藏明代方志选刊》本，上海：上海古籍书店，1961 年。

[3] 〔元〕脱脱等：《宋史》卷四百八《陈宓传》，北京：中华书局，1977 年，第 12310—12312 页。

[4] 朱瑞熙主编：《白鹿洞书院古志五种》，北京：中华书局，1995 年，第 506 页。

而据同一志书载，书院中有嘉定十一年（1218）
陈宓所题"流芳桥记"摩崖石刻。流芳桥，又
名濯缨桥。明李梦阳《白鹿洞书院新志》卷五
《文志二》载："流芳桥志：新安朱侯在郡，建
桥白鹿之东南陬，面直五老，溪流绀洁，未之
名。同游江西张琚、罗思、姚鹿卿、闽张绍、
燕潘柄，郡人李燔、胡泳、缪惟一，会讲洞学
毕，相与歌文公之赋，特名之'流芳'，既揭楣
间，因纪岸左。嘉定戊寅（1218）四月丙午，
莆阳陈宓书。"[1]（书影1）同卷又载，嘉定十

书影 1：陈宓在白鹿洞书院的
石刻拓片（胡迎建先生惠赠）

二年陈宓的手书石刻："自洁亭志：朱文公尝书
此以名洞之溪，今逸其迹。嘉定己卯（1219），莆田陈宓谨书。"[2]

　　根据以上史料，可以推出陈宓知南剑州应在嘉定十二年（1219）之后的
某一年，具体应是哪一年呢？这在南平志书中是找不到答案的。今南平市郊
的石佛山中有一方陈宓游记石刻，两百多字，可以帮助解决这一问题。石刻
全文如下：

　　　　仆到郡几半载，捄（救）遇不给。闻延平山水之胜者，距城十五里，
　　　　曰石佛之山。日与郡人罗自口知贵州、三山潘谦之、杨士训、赵季仁、
　　　　乡人王子贤同游。……遂书于壁。嘉定壬午，莆田陈宓。知事懋功立。

壬午为嘉定十五年（1222），虽然此石刻署年而不署月，但从他的诗《延平六
月祈雨感应赓林堂长韵》来看，此六月祈雨应是他在石刻中所说的"捄遇不
给"所采取的救灾"措施"之一。由六月加上"几半载"，由此推断陈宓赴南
剑任是在嘉定十四年六月左右。而在救灾之时，是无暇顾及书院建设的，故
延平书院的创建，应在陈宓到任之后的第二年，即嘉定十五年初，而不是
《（嘉靖）延平府志》卷十二《学校志》中所说的嘉定二年。

---

　　[1]　朱瑞熙主编：《白鹿洞书院古志五种》，北京：中华书局，1995年，第75页。
　　[2]　朱瑞熙主编：《白鹿洞书院古志五种》，北京：中华书局，1995年，第76页。

  另据方大琮《书杜尚书杲》："癸未夏过剑津，游道南书院，见旧士友云，去夏复斋先生于此写《孝经》一书，并文公刊误三千余字，或以为劳。"[1]方大琮（1183—1247），字德润，号壶山，宋宁宗开禧元年（1205）进士。他与"复斋先生"陈宓是莆田同乡。嘉定年间，应在陈宓官南剑知州之前，任南剑州教授。《（嘉靖）延平府志》卷九载："嘉定间教授南剑州。为人清明和粹，端厚静重，为时名儒。"他写给杜杲信中的"癸未"应为嘉定十六年（1223），而"去夏"，则是嘉定十五年夏。这与上文所推断的《孝经本旨》应刊行于嘉定十五年正相吻合。

  此书之外，陈宓在延平还刊印了黄榦《论语集义或问通释》十卷。此书又名《论语注义问答通释》，见南宋赵希弁《郡斋读书附志》卷五上著录。[2]陈振孙《直斋书录解题》卷三则作《论语通释》。[3]二书目所录卷帙相同，均为十卷。此书乃黄榦取朱熹的《论语集注》《论语集义》和《论语或问》三书所注，间有去取不同，阐发未尽之处加以发挥，故曰《通释》。《勉斋年谱》云："潘瓜山（柄）曰：'公晚年丐闲，方欲成先志。取文公诸书。以次通释《论语》。'"[4]陈宓《跋论语集义或问通释》："勉斋黄先生榦作《论语通释》一书，所以紬绎文公朱先生之意尽矣。某尝版于延平郡庠，与学者共之。"[5]

  在南剑州，陈宓还协助南康军刊刻朱熹《仪礼经传通解》一书。张虑《仪礼经传通解续序》称：

    南康旧刊朱文公《仪礼经传》与《集传集注》，而《丧》《祭》二礼俄空焉，盖以属门人勉斋黄榦，俾之类次而未成也。虑来南康，闻勉斋

[1]〔宋〕方大琮：《铁庵集》卷十七，《景印文渊阁四库全书》第1178册，台北：台湾商务印书馆，1986年，第226页。

[2]许逸民主编：《中国历代书目丛刊》第一辑（下），北京：现代出版社，1987年，第814页。

[3]许逸民主编：《中国历代书目丛刊》第一辑（下），北京：现代出版社，1987年，第1203页。

[4]〔宋〕黄榦：《勉斋先生黄文肃公文集·附》，《北京图书馆古籍珍本丛刊》本，北京：书目文献出版社，1988年，第842页。

[5]〔宋〕陈宓：《复斋先生龙图陈公文集》卷十，《续修四库全书》第1319册，上海：上海古籍出版社，2002年，第361页。

已下世，深恨文公之志不终。士友间有言勉斋固尝脱稿，今在南剑陈史
君处，欲全此书，索之南剑可也。南剑知之，果以其书来，且并遣刻者
数辈至，于是锓木，更一年而后毕。……嘉定癸未（1223）孟秋上澣四
明张虑识。[1]

张虑，字子宓，慈溪人，庆元二年（1196）进士。嘉定间，于陈宓之后继任
南康知军，有意将黄榦、杨复所续作《丧》《祭》二礼，与朱熹的《仪礼经传
集解》合为一书，重新刊刻。当得知黄榦书稿在陈宓之处，即写信给陈宓，
当时，陈宓正在南剑知州任上，序中所称"南剑陈史君"，即指陈宓。当时，
陈宓本欲将《丧》《祭》二礼刻于南剑，接到南康来信，觉得此书朱熹所作的
前一部分已在南康刊刻，黄榦、杨复续作也在南康刊刻，正可谓有始有终，
于是将书稿寄达南康，并为南康刻本写了一个短序，文曰：

朱文公先生所编《礼书》已刻于南康，独《丧》《祭》二门属勉斋黄
先生补而足之。宓假守延平，将刻之郡庠，适南康张侯虑以书来索。盖
延平本无此书，刻此二门则无始，南康已有此书，刻此二门则有终。于
是归其书于南康，俾得为全帙云。嘉定癸未（1223）七月初吉朝奉大夫
权知南剑州军州兼管内劝农事借紫陈宓谨书。[2]

二、莆田家居时的家刻与官刻

除了以上官刻本之外，陈宓在莆田，曾将其父陈俊卿（1113—1186）所
撰奏议遗文三百篇编纂成《正献奏议遗文》四十卷，刊行于家。此为莆田较
为罕见的家刻本。陈宓《题先君正献奏议遗文》说，其父陈俊卿于淳熙丙午

---

[1]〔宋〕陈宓：《宋嘉定癸未刊仪礼经传通解续序》，朱杰人、严佐之、刘永翔主编
《朱子全书》第 5 册 "附录"，上海：上海古籍出版社、合肥：安徽教育出版社，2002 年，
第 3414—3415 页。

[2]〔宋〕陈宓：《宋嘉定癸未刊仪礼经传通解续序》，朱杰人、严佐之、刘永翔主编
《朱子全书》第 5 册 "附录"，上海：上海古籍出版社、合肥：安徽教育出版社，2002 年，
第 3415 页。

（1186）去世后，翰林学士某为之写神道碑，朱熹为之写行状，杨万里为其撰铭，"独平生之文未见于世，奏稿既不尽留，他文复多散逸。先兄寔、守必欲收拾无所坠失而后传，抱志未偿，不幸继殁。宓用是大惧，亟取存稿刊于家。奏议表札合三百篇为四十卷，诗文别为集"[1]。

为莆田官刻本作跋，是陈宓推动莆田官刻发展的一大重要贡献。莆田作为文献名邦，但在南宋时期的刻书史料，见于著录者其实不多，而陈宓作为文名卓著的刻书家，请他作序作跋，却数量不少，这就为莆田的刻书留下了不少珍贵的史料。

宝庆年间（1225—1227），兴化军儒学刊刻《学问指南》一书，就是由陈宓为之作序。序文称：

> 朱先生集初出，学者以先睹为快，而卷帙博钜，未易家置而人诵。同志之士，或犯不韪，曰故取其切于问学者，凡若干篇刻版郡庠，使欲见全书而不得可得此而读之，庶知义理之本源，圣贤之途辙，有沿河至海之易，无临渊羡鱼之难，岂不韪与（欤）？校官陈君森闻而喜曰：是吾志也。属郡人陈某书于卷甲。[2]

"朱先生"即朱熹，此序是说朱熹文集问世后，因卷帙浩博，常人购置不易，故选取此书中有关问学的篇章若干篇，名其曰《学问指南》，刊刻于"郡庠"，即兴化军学。时任儒学教授的是陈森。[3]

由兴化军莆阳教官陈森主持刊刻的另一部刻本是朱熹的《易学启蒙》，也由陈宓作跋：

> 文公于易本义特发明象占一节，以补程传之阙。今于此书第三、四

---

　　［1］〔宋〕陈宓：《复斋先生龙图陈公文集》卷十，《续修四库全书》第 1319 册，上海：上海古籍出版社，2002 年，第 359 页。

　　［2］〔宋〕陈宓：《复斋先生龙图陈公文集》卷十，《续修四库全书》第 1319 册，上海：上海古籍出版社，2002 年，第 357 页。

　　［3］〔清〕汪大经等：《兴化府莆田县志》卷七《职官》，清光绪五年（1879）补刊本民国十五年（1926）重印本。

篇，一以明蓍策，一以考变占，凡古法之见于他书者，固以收拾而无遗矣。……莆阳学官诸书略备，校官陈君森谓此书独缺，刻示好学者，俾某书于后……[1]

绍定间（约 1228—1229），福州人氏陈汲任兴化军学教授，先后在军学刊刻了朱熹的四种著作，分别为《小学》《文公朱先生家礼》《四书章句或问辑略集注》和《近思录》。这四种刻本均由陈宓作序或跋。

《跋小学之书》云：

> 右《小学》四篇，文公朱先生为童子初学设也。然道无精粗，体用相须，不从事于此，则无以为《大学》之基。自幼习之，善矣。其或年过以长，失于幼习，可不汲汲乎以此以补之哉！……校官陈君汲既锓《大学》诸书，并锓此以惠后学，其于教人之术，本末备矣。[2]

《文公朱先生家礼序》云：

> 礼者，圣人所以节文天理，施诸日用，使人有所据依也。……其书世未多见，三山陈君汲分教莆田，锓置学官，以淑同志，可谓知教人先务矣。不鄙谓某志其岁月，某喜乡人由是而习于礼也，遂为之书。[3]

《跋四子章句或问集注辑略》：

> 朱文公平生精力尽于《四子章句·或问·集注·辑略》，决择是正，精确详密，虽使孔孟复生，若合一契。盖以《大学》为学之始，《论》

---

[1]〔宋〕陈宓：《复斋先生龙图陈公文集》卷十，《续修四库全书》第 1319 册，上海：上海古籍出版社，2002 年，第 360—361 页。

[2]〔宋〕陈宓：《复斋先生龙图陈公文集》卷十，《续修四库全书》第 1319 册，上海：上海古籍出版社，2002 年，第 363 页。

[3]〔宋〕陈宓：《复斋先生龙图陈公文集》卷十，《续修四库全书》第 1319 册，上海：上海古籍出版社，2002 年，第 357 页。

《孟》次之……是书遐陬远峤或广其传。莆阳学官……三山陈君汲笃信君子也，哀学余廪慨然鸠工锼刻，以惠学者。俾知进学之门庭，造道之阃奥，可谓以文公之心为心矣。书成，属某识于卷末，用勉同志云。[1]

《跋近思录》云：

> 陈君汲既刻文公朱先生诸书于莆阳学官矣，又谓《近思录》乃四先生名言要论，皆发六经所未明之旨，在学者尤不可缓。……[2]

淳祐九年（1249），兴化军军学教授苏思恭刻印司马光《稽古录》，以朱熹长沙刻本为底本，陈宓为之作跋：

> 右《稽古录》，文公朱先生刻于长沙，屡欲奏御，俾经筵讲读之缺，而卒不果。其语见于甲寅冬去国时，遗郑公一书。……郡博士苏君思恭从郑公之子外府丞寅得潭本，并摹其书，锲之学官，用广其传。庶几他日必有以是书酬先贤之志者。[3]

三、陈宓在朱子学传播史上的贡献

拙文《两宋莆田官私刻书考述》（《文献》2008 年第 3 期）一文中，对陈宓刻书的事迹只字未提，盖缘于以下三个方面的原因。

一是此之前的有关两宋刻书、两宋出版和版本目录之类的著作，几乎无人提及陈宓刻书。

二是陈宓的文集因未收入《四库全书》，在史料的阅读与搜集上有难度。

---

[1]〔宋〕陈宓：《复斋先生龙图陈公文集》卷十，《续修四库全书》第 1319 册，上海：上海古籍出版社，2002 年，第 362 页。

[2]〔宋〕陈宓：《复斋先生龙图陈公文集》卷十，《续修四库全书》第 1319 册，上海：上海古籍出版社，2002 年，第 361 页。

[3]〔宋〕陈宓：《复斋先生龙图陈公文集》卷十，《续修四库全书》第 1319 册，上海：上海古籍出版社，2002 年，第 361 页。

三是无论是由陈宓主持刊刻的图书，还是由其作跋的典籍，迄今为止，均没有原刊本存世。

然而，尽管有以上几点理由，无论是在莆田或是福建的地方文献史，还是在朱子学传播史上，陈宓都是一个不应忽视的人物！

首先，在莆田或是福建的地方文献史上，陈宓创造了好几个第一。一是他所开创的安溪印书局应是福建最早的以"印书局"命名的刻书机构。二是他于嘉定十五年（1222）在延平书院刊刻的《孝经本旨》一书，是福建已知最早的官办书院刻本。据拙著《福建书院刻本之最》，已知福建最早的私家书院刻本，是南宋淳熙十四年（1187）朱熹武夷精舍刻本《小学》；最早的官办书院刻本，是嘉熙三年（1239）建安书院刻本《晦庵先生文集》。其中建安书院刻本晚于此延平书院，故应以延平书院为最早。[1] 三是陈宓实为莆田历史上，朱子学传播的第一人，以往被严重忽视。

拙文《两宋莆田官私刻书考述》[2]，对两宋莆田的 17 位官私刻书家所刊刻之书，刻本的存佚，刻书家的生平等基本情况作了较为详尽地分析和考证，其中刊刻朱熹著作的仅有王庚一人。他于咸淳间（1265—1274）任兴化军教授，曾在兴化郡学刊刻朱熹《周易本义》十二卷。而陈宓或直接刊刻朱子的著作，或为刊刻朱子著作撰序作跋，所涉内容就有朱熹的《学问指南》《易学启蒙》《小学》《文公朱先生家礼》《四书章句·或问·辑略·集注》《近思录》，以及阐释朱子学的著作、黄榦的《孝经本旨》和《论语集义或问通释》等十几种，内容广泛涉及朱子学的易经学、礼经学、孝经学和四书学等诸多方面，因此，称其为最早将朱子学较为系统地传播到莆田的学者，也毫不为过。在以往的研究中，无论是全国性的出版史、刻书史研究专著，还是福建地方性的相关研究中，陈宓的贡献几乎不为人所知，在相关成果中，也没能得到反映，可以说是一位被遗忘的出版家。

（原载《朱子文化》2015 年第 2 期）

---

[1] 方彦寿：《福建古书之最》，北京：中国社会出版社，2004 年，第 235 页。

[2] 方彦寿：《两宋莆田官私刻书考述》，《文献》2008 年第 3 期。

宋明建本类书与朱子学文献二题

宋明时期的建阳刻本，曾经是传播朱子学说的有效载体。这不仅表现在朱子及其后学的很多著作是在建阳出版的，还表现在朱子学的不少短小精悍的文章往往也被选入建本的日用类书中，成为当时庶民阶层耳熟能详的读物，从而在普通民众读者中推广和普及了朱子学说。而后者，在以往的研究中，往往被人们所忽略。本文以朱子《训子帖》、真德秀《训蒙八规》为例说明这一历史现象。

一、《与长子受之》的两个版本

《与长子受之》是朱子于宋乾道九年（1173）写给长子朱塾的一封长信，内容是嘱咐朱塾到婺州（治所在今浙江省金华市）吕祖谦处求学，在路上、到达后，以及在学习过程和日常生活中必须注意的事项，其中还特别强调了一些不能违反的行为。文载《晦庵先生朱文公文集·续集》卷八，最早是南宋建安书院刻本（书影1）。当代最新的版本

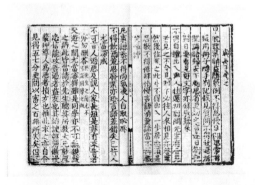

书影1：宋建安书院刻本
《晦庵先生朱文公文集》中的《与长子受之》

见载于朱杰人、严佐之、刘永翔主编《朱子全书》第25册（上海：上海古籍出版社、合肥：安徽教育出版社，2002年，第4789—4792页）。全文1500多字。这个版本，为研究朱子学者所熟知。

此帖的第二个版本，出自元无名氏编纂的《居家必用事类全集》，元建阳书坊刻本，名为《训子帖》（书影2），和《与长子受之》相比，内容有很大不同。具体不同在何处，首先必须弄明白《训子帖》的全文和来龙去脉，才好作进一步的说明。

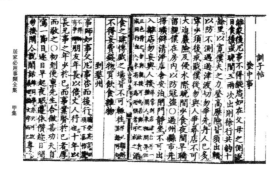

书影2：元建阳本《居家必用事类全集》中的《训子帖》

《训子帖》全文如下：

训子帖

塗（方按，通"途"）中事

1. A 离家后，凡事不得纵恣。如在父母之侧，逐日食后，或晚间三两次出，则徐行，共约十余里，以宽役夫之力。登高历险，皆须出轿，以防不测。遇过津渡，切勿争先，舟人已多，宁少须后，戒戢仆从，勿与人争。寻店不可太迫岩险及侵水际，晚间少食，夜间早睡，留亲仆在房内，以防寇盗。

2. A 过州县市井，择旷僻清净店舍安泊，闭门静坐，不可出入离店，勿妄与人接。（寻常到店肆，自有一种闲人，来相问劳，但正色待之，勿与亲接可也。若与之饮食，或同行出入，未有不为所误者。可戒之）[1] 酒食之肆，博戏之场，皆不可辄往。（推此类。则其余可知）不得妄费钱物，买饮食杂物。

3. A 到婺州

事师如事父，凡事咨而后行。（听受其言，切须下气怡声，不得辄有争辩）朋友年长以倍，丈人行也。十年，以长兄事之。年少于己，而事业贤于己者，厚而敬之。

---

[1] 方按，括号内的文字原为小字，即古书中的小字双行排列，下同。

4. A 初到便禀先生，合做甚功夫。自写一节目，逐日早起夜眠。遵依儧趁。日间勿接闲人，说闲话（虽同学，亦只可说义理、论文字而已）专意办自己功，则自然习熟进益矣（课册随众赶了，不得拖延怠慢）

5. AB 早晚授业请益随众例，不得怠慢。日间思索有疑，用册子随手札记，俟[1]见质问，不得放过。所闻诲语，归安下处思省。要切之言，逐日札记，归日要看。见好文字，亦录取归来。

6. AB 不得自擅出入，与人往还。初到，问先生有合见者见之，不令见则不必往。人来相见亦咨禀，然后往报之，此外不得出入一步。居处须是恭敬，不得倨肆惰慢。言语须要谛当，不得戏笑喧哗。

7. AB 凡事谦恭，不得尚气凌人，自取耻辱。

8. AB 不得饮酒，荒思废业，亦恐言动差错，失己忤人，尤当深戒。

9. AB 不可言人过恶，及说人家长短是非。有来告者，亦勿酬答。（于先生之前，尤不可说同学之短。）

10. AB 交游之间，尤当审择。虽是同学，亦不可无亲疏之辨。此皆当请于先生，听其所教。大凡笃厚忠信、能攻吾过者，益友也。其谄谀轻薄、傲慢亵狎，导人为恶者，损友也。推此求之，亦合见得五七分，更问以审之，宜[2]无所失矣。但恐志趣卑凡，不能克己从善，则益者不期疏而日远，损者不期近而日亲。此须痛加检点而矫革之，不可荏苒渐习，自趋小人之域。如此，则虽有贤师长，亦无救拔自家处矣。

11. AB 见人嘉言善行，则敬慕而纪录之。见人好文字胜己者，则借来熟看，或传录而咨问之，思与之齐然后已。（不拘长少，惟善是取。）

12. AB 以上数条，切宜谨守。其所未及，亦可据此推广。大抵只是勤谨二字，循之而上，有无限好事。吾虽未敢言，而窃为汝愿之。反之而下，有无限不好事，[3]吾虽不欲言，而未免为汝忧之也。盖汝若好学，在家足可读书作文字，讲明义理。不待远离膝下，千里从师。汝既不能如此，即是自不好学，已无可望之理。然今遣汝者，恐汝在家汩于俗务，不得专意，又父子

---

[1]《朱子全书》本作"候"。

[2]《朱子全书》作"百"。

[3] 从"吾虽未敢"至"无限不好事"A本脱。

之间不欲昼夜督责，及无朋友闻见，故令汝一行。汝若到彼能奋然勇为，力改故习，一味勤谨，则吾犹有望。不然，则徒劳费，只与在家一般。他日归来，又只是旧时伎俩人物，不知汝将何面目归见父母亲戚、乡党故旧耶？念之念之！夙兴夜寐。无忝尔所生。在此一行，千万努力！

13. A浦城路虽差径，然过太湖，不可不见余姨夫、黄二十八丈。过临江，不可不见诸徐丈、陈姨夫，及百五叔兄弟。若但一见而行，亦不当留滞半日。况不止此，则何时可到？又轿夫亦不能候。不若只从崇安去，只道中见刘知府、王大姑，前路并无人可见，直到衢州。依旧只从陆路去，不必登舟也。

14. A过铅山，遣人投范宰书。书并深衣一角，不必相见。

15. A过衢州，见汪尚书。

16. AB到婺州先讨店权歇泊定。即盥栉具刺，去见吕正字。初见便禀："某以大人之命远来，亲依先生讲席之下，礼合展拜。傥蒙收留，伏乞端受。"便拜两拜。如未受，即再致恳云："未蒙纳拜，不胜皇恐。更望先生尊慈特赐容纳。况某于门下，自先祖父以来，事契深厚，切望垂允。"又再拜起，问寒暄毕，又进言："某晚学小生，久闻先生德义道学之盛，今日幸得瞻拜，不胜慰幸。"坐定，茶毕再起，叙晚学无知，大人遣来从学之意："窃闻先生至诚乐育，愿赐开允，使某早晚亲炙，不胜幸甚。"又云："来时大人拜意，有书投纳。"即出书投之。又进说："大人再令拜禀，限以地远，不得瞻拜郎中公几筵。今有香一炷，令某拜献。今参拜之初，未敢遽请，容来日再诣门下。令弟宣教大人亦有书，并俟来日请见面纳。"揖退，略就坐，又揖而起。（如问他事，即随事应答。如问将来宿食去处，即云："大人书中已具禀，更听尊旨。）次日，将香再去，仍具刺，并以刺谒其弟。（问看同居有几子弟，皆见之，只问门下人可知也。见其兄弟皆拜。）茶罢，便起禀："某昨日禀知，乞诣灵筵瞻拜，更俟尊命。"如引入，即诣灵筵前再拜焚香，又再拜讫，拜其兄弟两拜，进说："大人致问，昨闻郎中丈丈奄弃明时，限以地远，不获奔慰，不胜惨怆之私。令某拜禀，切望以时节哀，为道自爱。"又再拜，移出。（如问就学宿食去处，即说："昨蒙喻潘丈教授借安泊，大人之意，不敢以某久累其家，恐两不稳便，已自有书与之，只欲就其家借一空阔房舍，或近宅屋宇安下，不知尊意如何？"看说如何。如令相见，即借人出去，并问其兄弟几人，并见之。如不问，即且去，俟午间再去见问以此事。见潘丈亦如此说。大抵礼数务要恭谨详缓，不要张皇颠错。）

17. A 婺州有邵台簿，是吾同年，恐知汝来，试问先生见之否。如见，亦当叙年家之契，请其纳拜。吕家诸位，如舍人位子弟，不知同居否？如异居，少定亦往见之。

18. AB 何丈托问婺州寄居前辈有姜子方者，是李中书之甥，在婺州五通庙前[1]住。建炎间曾从马殿院（伸），辟为抚喻司属官。今其家有何子弟？

19. AB 间见先生，说吾问宗留守家子弟，闻多有在婺州者，其家记录留守公事颇详，不知可托借传一本否？墓志似是曾侍郎[2]，吕家必有本也。

20. A 所将去银五两八钱，可纳先生处，乞令人买置金谷支用。（先问看如何，或只令人来取去买，不必送去也）茶一角三十斤，俟潘家借屋有定说，即自作来送去。

21. A 过崇安见潘尉，问宋家黄通托问陆宰，取《通鉴》。

22. A 到信州将林择之书，去见上饶县王丞。问他有回信，即付范富归，或令范富回日取归。更问他新知高州翁判院在此有事，今其家在甚处。其侄监丞自江西罢官赴召来此，今在甚处。如监丞尚在信州，即往见之。如只在高州家，即买纸赠去上纸。（状上称表甥孙状，献知府判院翁公）汝见监丞及高州之子县丞皆拜，唤他作表舅。说吾不知他尚在信州，不曾得写慰书。并说妈致意监丞，昨承颁惠衣物。久不得拜问之意。汪尚书书可只留在家中，不用将去。如须要去见时，他是尊官，不可叙事契。纳拜只便叙寒暄毕，又叙晚进小生服膺甚久。今日遂获瞻望道德之光，岂胜荣幸。就坐吃茶了，便起再叙。某山野小生，无所知识，徒以大人幸得出入门下。遂获窃闻德业之隆，不胜景仰。今者大人遣诣吕正字先生席下，经由此拜，本不敢僭越，参候敬慕之深。辄干典谒。特蒙与进。下情不胜慰感之至。急于就学，即今遂行。无由再诣台墀，伏乞台察。揖就坐，少顷再起揖。（须有此揖，方案汤矣。不起揖，坐无了时）汤毕便起（更不揖，今见达官多如此）降阶两、三

---

[1]《朱子全书》无"五通庙前"。

[2]《朱子全书》"郎"作"中作"。

步回揖。主人回。及出，若欲见时须如此。

23. A右晦庵先生送其子游东莱先生门，于其行，训云。

说明：以上为元刻本《居家必用事类全集》甲集所载《训子帖》全文。加上编号1—23，是为了便于区分与《晦庵先生朱文公文集·续集》卷八中《与长子受之》一文的不同之处。其中，A指的是源自《居家必用事类全集》这一建本类书的《训子帖》，从A1—22段均为《训子帖》的内容；A23为《居家必用事类全集》编者所加的说明；B指的是源自《晦庵先生朱文公文集·续集》的《与长子受之》，从B5—12、B16、B18—19，共11段，为A、B两个版本都有的内容。

通过比较，可以看出，《训子帖》的内容比《与长子受之》多出了1300多字。据《晦庵先生朱文公文集·续集》卷首王遂序：

> 岁在癸卯，遂假守建安，从门人弟子之存者而求其议论之极，则王潜斋已刻之方册。间从侍郎之子请，亦无所获。惟蔡西山之孙觉轩早从之游，抄录成秩，刘文昌家亦因而抄掇，悉以付友人刘叔忠，刊落其烦而考订其实。继是而有得焉，固无所遗弃也。……淳祐五年正月日后学王遂序。（四部丛刊本《晦庵先生朱文公续集》卷首）

由上可知，《续集》的文字，当然也包括《与长子受之》的书帖都是来自建阳蔡觉轩（蔡模）、刘文昌家中，且经刘叔忠"刊落其烦而考订其实"。其原始未经编辑删节的书帖应该是《训子帖》的全文，而被收入《续集》卷八的《与长子受之》，正是经刘叔忠"刊落其烦"之后的文字，也就是束景南先生所说，乃节取此《训子帖》数段而成。[1]

笔者要强调的是，这种"刊落其烦"或"节取"，其实是很不可取的。

---

[1] 束景南先生说："《居家必用事类全集》甲集朱熹《训子帖》，按：该帖末云：'右晦庵先生送其子游东莱先生门，于其行，训云。'《朱文公文集续集》卷八有《与长子受之》，乃节取此帖数段而成。"（见氏著《朱熹年谱长编》卷上，上海：华东师范大学出版社，2001年，第493页。）

第一，这封 2000 多字的书信，竟被删去了 1300 多字，破坏了朱子书帖的完整性，造成了朱子学文献的支离破碎！

第二，作为父亲，朱子一向给人一种严父的印象。很大程度上，就来源于《与长子受之》。其中所留下的文字，如"早晚授业请益随众例，不得怠慢""不得自擅出入，与人往还""不得倨肆惰慢。言语须要谛当，不得戏笑喧哗""不得尚气凌人，自取耻辱"。这一连串的"不得"，给人一种口气生硬，缺少父子之间的温情的感觉。然而，当读到《训子帖》后，特别是其中被删去的部分文字，如"登高历险，皆须出轿，以防不测。遇过津渡，切勿争先，舟人已多，宁少须后，戒戢仆从，勿与人争。寻店不可太迫岩险及侵水际，晚间少食，夜间早睡，留亲仆在房内，以防寇盗。""过州县市井，择旷僻清净店舍安泊，闭门静坐，不可出入离店，勿妄与人接。"字里行间，流露出一种慈父的温情。朱塾（1153—1191）赴婺州之年，不过刚满二十岁，生平第一次远离父母单独出远门，虽有"仆从"相伴，然而山高水远，舟车劳顿，世道人心险恶，作为正常人都免不了担心，何况是自己的亲生儿子！而这些在节本《与长子受之》的文字中是看不到的，只有在全本《训子帖》中才得以表露无遗！这正好说明，朱子本人也是其在《家训》中所说的"父之所贵者，慈也"的实践者，一位有血有肉有真情的父亲！而这，正是元代建阳刻本《居家必用事类全集》一书对保存朱子文献，还原一位伟人作为普通人方面的贡献！

最后，有必要介绍一下元无名氏编纂的《居家必用事类全集》一书。《居家必用事类全集》是建阳一部流传久远，传播广泛的刻本。今存最早刻本为元代刻本。本书甲集开篇《为学》就是朱子的《朱文公童蒙须知》，将此文衣服冠履第一、语言步趋第二、洒扫涓洁第三、读书写文字第四、杂细事宜第五共五段文字全部录入。紧接其后的，就是朱子的《训子帖》。之后，则是真德秀《西山真先生教子斋规》、朱子《朱文公白鹿洞书院教条》《程董二先生学则》，以及《朱子读书法》《朱子论作文》等。

此书今有《北京图书馆古籍珍本丛刊》本，由书目文献出版社 1988 年影印出版。

二、真德秀《训蒙八规》的两个版本

真德秀的《训蒙八规》，也有两个版本。一个版本即名《训蒙八规》，另一版本名《西山真先生教子斋规》。这两个版本最早都出现在建本中，《训蒙八规》最早出现在晚宋由陈元靓编纂的《事林广记》，《西山真先生教子斋规》则出现在《居家必用事类全集》中。

《事林广记》，全称《新编纂图增类群书类要事林广记》，共四十二卷，宋建阳陈元靓编。陈元靓，号广寒仙裔，著有《博闻录》《岁时广记》及此书。他所编《事林广记》约成书于宋理宗端平间，是现存最早的百科全书式的民间日用类书，开后来建阳书坊刻印日用类书之先河。《事林广记》的宋刻本今已不存，现存的最早刻本是元至顺间（1330—1333）建安椿庄书院刻本，此后还有元顺帝至元六年（1340）建安郑氏积诚堂刻本、元建阳余氏西园精舍刻本、明永乐十六年（1418）建阳刘氏翠岩精舍刻本、明弘治九年（1496）建阳詹氏进德精舍刻本等。

元至顺间（1330—1333）建安椿庄书院、顺帝至元六年（1340）建安郑氏积诚堂和元建阳余氏西园精舍三家书坊先后刊刻的《事林广记》都收入了不少朱子学的内容。如椿庄书院本前集卷一《天象类》（正文作"天文类"）开篇就是朱子的《太极图》和《太极图说》；卷十《家礼类》有朱子的《文公婚礼》《文公丧礼》和《祭礼》等；卷

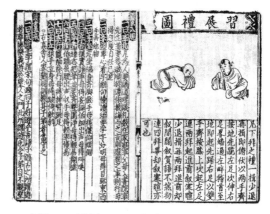

书影 3：元顺帝至元六年郑氏积诚堂刻本《纂图增新群书类要事林广记》中的《训蒙八规》

十一《乡仪杂仪》有《晦庵先生跋》。后集卷三、卷四为《圣贤类》，内容为先秦孔孟儒学以及七十二贤等内容；卷五《先贤类》为两宋周敦颐、二程、张载、邵雍、司马光、杨时、游酢、罗从彦、李侗、朱熹等著名理学家的事

迹。卷六《学校类》有朱子《文公白鹿洞规》全文，列在《宋朝太学旧规》之后，说明在晚宋，朱子的《白鹿洞书院揭示》经宋理宗御书之后，已引起社会各界的广泛关注。卷八《儒教类》有朱子的《晦庵先生大学序》和《小学》节选；卷九《幼学类》则有真德秀的《训蒙八规》（书影 3）等。

《训蒙八规》原文不长，移录于下：

　　一曰学礼：凡为人，要识道理，识礼数，在家庭事父母，入书院事先生，并要恭敬顺从，遵依教诲，与之言则应，教之事则行，毋得忽慢，自任己意。

　　二曰学诵：专心看字，断句慢读，须要字字分明，毋得目视东西，手弄他物。

　　三曰学坐：定坐端身，齐脚敛手，毋得偃仰倾侧。

　　四曰学言：朴实语事，毋得妄诞，低细出声，毋得叫唤。

　　五曰学书：臻志把笔，并要齐整圆净，毋得轻易糊涂。

　　六曰学揖：低头屈腰，出声收手，毋得轻率慢易。

　　七曰学行：笼袖徐行，毋得掉臂跳足。

　　八曰学立：拱手立身，毋得跛倚欹斜。

元无名氏编纂的《居家必用事类全集》甲集《为学》中，在《训子帖》《颜氏家训》之后也有真德秀的八规，名为《西山真先生教子斋规》（书影 4），内容与《训蒙八规》大体相同，但文句和八规的顺序略有不同，全文如下：

　　一曰学礼：凡为人，要识道理，识礼数。在家庭事父母，入书院事先生，并要恭敬顺从，遵依教诲。与之言则应，教之事则行，毋得怠慢，自

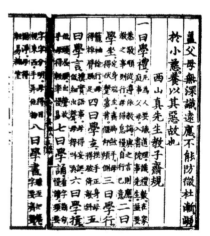

书影 4：元建阳刻本《居家必用事类全集》中的《西山真先生教子斋规》

行己意。

二曰学坐：定身端坐，齐脚敛手，毋得伏龊靠背，偃仰倾侧。

三曰学行：笼袖徐行，毋得掉臂跳足。

四曰学立：拱手正身，毋得跛倚欹斜。

五曰学言：朴实语事，毋得妄诞；低细出声，毋得叫唤。

六曰学揖：低头屈腰，出声收手，毋得轻率慢易。

七曰学诵：看字、断句、慢读，须要字字分明，毋得目视东西，手弄他物。

八曰学书：凝至把笔，字要齐整圆净，毋得轻易糊涂。

这两种不同版本的真德秀八规，因两种建阳刻本的传播，从此以两种不同的名字代代相传。大体来说，以《训蒙八规》的题目和顺序流传的，大多为建阳书坊刻本。除上文已经提到的椿庄书院本、郑氏积诚堂本之外，还有元建阳余氏西园精舍刻本《事林广记》，明万历四十年（1612）建阳刘氏安正堂重刊本《增补天下便用文林妙锦万宝全书》卷二十八《训童门·教子指南·训蒙八规》、明建阳余象斗刊本《新刻天下四民便览万用正宗》卷六《师儒门·训蒙八规》等。

以《西山真先生教子斋规》之名流传的，则多为元明以后的儒家学者。除上文所说《居家必用事类全集》之外，还有元代程端礼撰《读书分年日程》卷首（《景印文渊阁四库全书》本），顺序与《居家必用事类全集》所列"学礼""学坐""学行""学立""学言""学揖""学诵""学书"全同。特别值得一提的是，清初仪封张伯行官福建巡抚，在福州创建鳌峰书院，编刻《学规类编》一书，列于此书卷一的，除了朱子的《白鹿洞学规》和程端蒙、董铢的《程董学则》之外，就是真西山的《教子斋规》。而这一学规的传播，追溯其源头，则离不开宋以来建阳书坊相关刻本的不断刊行！

（原载《朱子文化》2016 年第 1 期）

黄昇《花庵词选》新论
——我国最早有评点的词选

我国最早的诗词评点，通常多认为始于宋末的刘辰翁（1233—1297，字会孟，号须溪）。传世的经其评点的作品有元代建本《增刊校正王状元集注分类东坡先生诗》，题"庐陵须溪刘辰翁批点"。所谓"批点"，指的是此书书页中有行间旁批与诗后评点。叶德辉《书林清话》云："刘辰翁，字会孟，一生评点之书甚多。同时方虚谷回，亦好评点唐宋人说部诗集。坊估刻以射利，士林靡然向风。有元以来，遂及经史。……大抵此风滥觞于南宋，流极于元明。"[1]叶德辉在此所说的评点之风起于南宋，无疑是正确的。但书有评点，最早并不始于刘辰翁，也不始于方回，而是始于生活年代均早于刘辰翁和方回的建阳词人黄昇。

黄昇，字叔旸，号玉林，又号花庵词客，南宋建阳人。生卒年不详，据其所作词所署年号，《南柯子》一词署"丙申重九"，丙申为端平三年（1236）；《木兰花慢》署"乙巳"，为淳祐五年（1245）；《唐宋诸贤绝妙词选》卷首胡德方序末署"淳祐己酉"（1249），和《木兰花慢·乙巳病中》一词中有"老矣复焉求""念少日书痴，中年酒病，晚风诗愁"数言，以及其友人冯熙之（取洽）为之撰《沁园春》（中和节日，为黄玉林寿）一词中有"百年大齐，恰则平分""作风流二老，岁岁寻盟"，《西江月》（太岁日作）中有"老子齐头六十，新年第一今朝"[2]诸句综合分析，黄昇之生年至少应有五十至六十岁，而"乙巳"是淳祐五年（1245），则黄昇之生活年代应在绍熙初至淳祐末年（1190—1252）之间。

---

[1]〔清〕叶德辉：《书林清话》卷二，北京：中华书局，1957年，第33—34页。

[2]〔宋〕黄昇：《中兴以来绝妙词选》卷十《花庵词选》，沈阳：辽宁教育出版社，1997年，第350页。

黄昇"早弃科举，雅意歌咏"[1]，无意于功名而追求田园归隐之趣，和建阳文人游九功、魏庆之、延平冯取洽等过从甚密，互相唱酬往来。魏庆之编成著名诗话集《诗人玉屑》，黄昇为其作序刊行，予以很高的评价。黄昇所撰《玉林诗话》和《中兴词话》，原书已佚，今散见于《诗人玉屑》中。

黄昇所编《花庵词选》共二十卷。前十卷名《花庵唐宋诸贤绝妙词选》，选录唐、五代、北宋 134 家词人的作品；后十卷名《中兴以来绝妙词选》，选录南宋 88 家词人的词作，末附黄昇自作词 38 首。前十卷由建阳文人胡德方序，后十卷黄昇自序。黄昇本人既工于作词，其词有"上逼少游，近摹白石"[2]之誉；同时，又精于评论。《四库全书简明目录》称其"于词极有鉴别，选录己作尤冷暖自知"，"去取亦特为谨严"[3]。因此，在宋人的词选中，无论是从内容还是从形式上看，其词选都具有独到之处。

首先，从形式上看，黄选开了词作评点的先例。编者对部分词作作了简短的评论，有些见解还相当精辟，对后世产生的影响很大。如他评李白词《菩萨蛮》《忆秦娥》"二词为百代词曲之祖"。评唐李询《巫山一段云》曰："唐词多缘题所赋，《临江仙》则言仙事；《女冠子》则述道情；《河渎神》则咏祠庙，大概不失本题之意，尔后渐变，失题远矣。"道出了词牌的最早的本来面目，及其以后的演变，这种说法沿用至今。再如他评苏轼的词"横放杰出，自是曲子缚不住者"；评姜夔词云"白石词极精妙，不减清真乐府，其高处有美成所不能及"；说柳永"长于纤艳之词，然多近俚俗，故市井之人悦之"；评李煜《乌夜啼》（无言独上西楼）一词"最凄婉，所谓亡国之音哀以思"；评张孝祥的《六州歌头》等词"骏发蹈厉，寓以诗人句法"；说邵武严仁的词"极能道闺闱之趣"。这些评论，大多三言两语，言简意赅，对后世产生很大影响。如清初词人朱彝尊编选的《词综》，往往爱引用黄昇的评论，在书中每每可见"黄叔旸云"如何如何，即为一例。

---

[1] 〔清〕永瑢等：《四库全书总目》卷一百九十九，北京：中华书局，1965 年，第 1821 页。

[2] 〔清〕永瑢等：《四库全书总目》卷一百九十九，北京：中华书局，1965 年，第 1821 页。

[3] 〔清〕永瑢等：《四库全书总目》卷一百九十九，北京：中华书局，1965 年，第 1824 页。

如果说，以上所录，可看成是对某一具体词作的评点的话，那么，在黄选中也已出现了在后人诗词评点中颇为流行的总评。如他在所选唐代词之前，有一段评语说："凡看唐人词曲，当看其命意造语工致处，盖语简而意深，所以为奇作也。"

从全书来看，附在词作之后的点评即所谓"后缀"虽然不多，但偶而试笔之作却极为精到。如评万俟雅言的《长相思·山驿》云："雅言之词，词之圣者也，发妙旨于律吕之中，运巧思于斧凿之外。平而工，和而雅，比诸刻琢句意，而求精丽者远矣。"评僧仲殊《诉衷情·寒食》一词，"字字清婉，高处不减唐人风致"。说阮阅词虽仅存一首，然"英妙杰特，所谓百不为多，一不为少"。

黄昇之后，刘辰翁评点诗词，朱彝尊编选《词综》，周济辑《宋四家词选》，或前有例言、序论，或眉有旁批，或后有缀语，不能不说是受黄昇评点此选的启发。虽然，从数量上看，全书选词一千多首，而有评点的词作不足百首，这可能就是黄氏此选为前人所忽视，而未将其视为最早有评点的词选的主要原因。但正因如此，反而恰恰可以从另一个侧面证明黄氏此选为此中之最。因为作为一项创新之举，前人可供参考、借鉴之处不多，而仅凭个人之力，要将一千多首词作都作出完善、精到的点评，是一件很困难的事。况且，作为一项创新之举，此举能否得到词家的认可，读者的赞同，还很难说，故而黄昇于此不过是略作尝试而已。至于此举如何完善和发展，那已是后来者如刘辰翁、方回等人的事了。

再从内容上看，与其他宋人选本如《乐府雅词》（曾慥选）、《绝妙好词》（周密选）相比，和他们片面追求艺术性而忽视作品的思想内容不同，黄选则较为注意词作的思想性。一批爱国词人的具有爱国主义思想的作品在词选数量中居于首位，如北宋苏轼 31 首，居《唐宋诸贤绝妙词选》之冠；南宋辛弃疾、刘克庄均 42 首，居《中兴以来绝妙词选》之冠。其余如张元幹、张孝祥、陆游、陈亮等词人的作品也数量居前，从而广泛地反映了时代精神，读者可以从中窥见当时社会的缩影。

值得注意的是，对专写"应制之词"的康与之，词选也录了 23 首。对其词作，黄氏斥之为"粉饰治具"。在民族矛盾极为尖锐的南宋初期，这类粉饰太平之作充斥着当时的词坛，可谓悲哀。然而作为一种曾经存在的文学现象，黄昇采用的是客观冷静，尽曝其丑的办法，让读者了解什么是"西湖歌舞"，无行文人。而对其词作的评点，则采用了一种冷峻的春秋笔法。如评康词《瑞鹤仙·上元应制》是"此词进入，太上皇帝极称赏'风柔夜暖'以下至末章，赐金甚厚"。"赐金甚厚"四字，在写实的背后隐藏着讥讽。评《喜迁莺·丞相生日》为"此词虽佳，惜皆媚灶之语，盖为桧相作耳"。寥寥数字，康氏诌媚权奸的劣行跃然纸上。总之，在宋人所编的词选中，黄选是一个较好的选本。清焦循在《雕菰楼词话》中云："周密《绝妙好词》所选皆同于己者，一味轻柔圆腻而已。黄玉林《花庵绝妙词选》，不名一家，其中如刘克庄诸作，磊落抑塞，真气百倍，非白石、玉田辈所能到。可知南宋人词，不尽草窗一派也。"《四库全书简明目录》则称其"去取精审，在曾慥书之上"。这些，都是公允的评价。

这部我国现存最早有评点的词选出现在南宋末期的建阳，是文学发展的内在原因和外部环境双重因素交织的结果。

先说外部环境。

南宋时期的建阳是我国著名的三大刻书中心（蜀、浙、闽）之一，被誉为"图书之府"。[1] 这里书坊（私人出版社）众多，刻本众多，经、史、子、集，靡所不备。朱熹对此曾有"建阳版本书籍行四方者，无远不至"[2] 的描述。

其时，为了确保刻书业所需的书稿，许多书坊主人与当地文人合作编刻图书，从而形成了一支松散型的，而又颇具实力的编辑队伍。[3] 他们或自己著述，或整理、校注、阐释前人的著作。内容除儒家典籍、史学著作、医学书籍、日用类书之外，文学著作也是其中的重点。如魏齐贤编辑《圣宋名贤五百家播芳大全文粹》、叶棻编辑《圣宋名贤四六丛珠》、蔡梦弼编辑《杜工

［1］〔宋〕祝穆编、祝洙补订：《宋本方舆胜览》卷十一，上海：上海古籍出版社，1991年，第127页。

［2］〔宋〕朱熹：《晦庵先生朱文公文集》卷七十八《建宁府建阳县学藏书记》，《四部丛刊》本，上海：商务书馆，1929年，叶17B。

［3］方彦寿：《宋代建本编辑考述》，《编辑学刊》1999年第6期。又载《中国编辑研究》2000年专辑，北京：人民教育出版社，2001年。

部草堂诗笺》《草堂诗话》、何士信编辑《草堂诗余》、魏仲举编辑并刊刻《五百家注音辩昌黎先生文集》《五百家注音辩柳先生文集》等。

黄昇友人魏庆之，本建阳崇化书林人，[1] 是一位地道的书坊编辑。他隐居在刻书中心，得当地藏书家多，古籍刻本丰富之地利，编成综合性诗话集《诗人玉屑》，由黄昇作序，刊行于宋淳祐四年（1244）。在此地编书刻书蔚然成风的影响下，能诗善词的黄昇编纂《花庵词选》，并就近在建阳书坊刻印出版，也就不足为奇了。

为编词选，黄昇曾到建阳书坊广泛搜访各家词集刻本，这在他的词选中有蛛丝马迹可寻。如《中兴以来绝妙词选》卷一首载"康伯可，名与之，……凡中兴粉饰治具，及慈宁归养，两宫欢集，必假伯可之歌咏，故应制之词为多。书市刊本，皆假托其名"。此"书市"，与魏庆之《诗人玉屑》卷十一《考证》"少陵有避地逸诗一首，……题下公自注云：至德二载丁酉作。此则真少陵语，今书市诸本，并不见有"中的"书市"指的是同一地方，即建阳崇化书市。《（嘉靖）建阳县志》卷三载："书市在崇化里，比屋皆鬻书籍。"《（嘉靖）建宁府志》卷十则云："书市在崇化里书坊，每月一、六日集。"由此可见，与魏氏编辑《诗人玉屑》一样，黄昇也曾到此地搜访图书。

此外，以建阳为中心的闽北，是南宋儒家学说的主要代表——朱子理学的发祥地。朱熹一生七十一年（1130—1200），除了在外地宦游数年外，有六十多年是在闽北武夷山、建阳等地度过的，为构建其庞大、缜密的理学思想体系，朱熹在闽北创建书院，广招门徒，培养理学人才，从而形成了一个在学界有着广泛影响的考亭学派。这个学派以建阳为中心，广泛开展各种文化学术活动，而著书立说是其重点；内容则广泛涉及传统经学、史学、文学乃至自然科学等各个方面，而又以诠释儒家经典为主要内容。朱熹通过遍注群经，将自己的理学观点贯穿其中，从而形成其集大成的理学思想体系。如四书系列有《四书章句集注》，《书经》系列有《书集传》，《易经》系列有《周易本义》，礼经系列有《仪礼经传通解》《文公家礼》等。当他将这种注经的方法转向文学领域时，就有了其阐释《诗经》和《楚辞》的两部经典之作——《诗集传》和《楚辞集注》。

---

[1] 方彦寿：《魏庆之里籍小考》，《文史》第 35 辑，北京：中华书局，1992 年。

朱熹这种注释典籍的方法，以及他的某些文学思想不仅在社会各界产生了影响，而且对其后的文学界也有重要启示。如魏庆之编《诗人玉屑》，采用的就是类似朱熹在注经中经常使用的"集注""集解"中的"集"，即博采众长的方法。据笔者统计，该书广泛采集唐宋人的文集、诗话、文言笔记等达180多种。其中也包括从《朱文公文集》《朱子语类》中节选朱熹论诗的语录多达44条。

又如地处建阳邻县的邵武的文学批评家严羽撰《沧浪诗话》，在首章《诗辨》中，他提出学诗"须熟读《楚辞》，朝夕讽咏以为之本"，"以李杜二集枕籍观之，如今人之治经"。其说就来源于朱熹的"三百篇，情性之本。《离骚》，词赋之宗。学诗而不本乎此，是亦浅矣"[1]。以及"作诗先用看李、杜，如士人治本经。本既立，次第方可看苏、黄以次诸家诗"[2]等说法。

即以黄昇而论，其词选词评也受到朱熹的影响。他在其所撰《中兴词话》[3]中有如下一段词评：

> 闺词牵于情，易至诲淫。马古洲有一曲云："睡鸭徘徊烟缕长，日长春困不成妆。步欺草色金莲润，捻断花须玉笋香。轻洛浦，笑巫阳，锦纹亲织寄檀郎。儿家门户藏春色，戏蝶游蜂不敢狂。"前数语不过纤艳之词耳，断章凛然，有以礼自防之意，所谓发乎情，止乎礼义，近世乐府，未有能道此者。

文中"发乎情，止乎礼义"本出于《诗大序》，原文为"变风发乎情，止乎礼义"。对此，朱熹颇不以为然。他说：

> 《大序》亦有未尽。如"发乎情，止乎礼义"，又只是说正诗，变风

---

[1] 〔宋〕魏庆之编：《诗人玉屑》卷十三，王仲闻校勘，上海：上海古籍出版社，1978年，第267页。

[2] 〔宋〕黎靖德编：《朱子语类》卷一百四十，王星贤点校，北京：中华书局，1986年，第3333页。

[3] 〔宋〕魏庆之编：《诗人玉屑》卷二十一，王仲闻校勘，上海：上海古籍出版社，1978年，第480页。

何尝止乎礼义？

　　"止乎礼义"，如《泉水》《载驰》固"止乎礼义"；如《桑中》有甚礼义？《大序》只是拣好底说，亦未尽。[1]

所谓"变风"，是指《诗经》中除二南之外的十三国风。其中有许多表现爱情的诗篇，朱熹斥之为"淫奔之辞"，并认为其中既有"止乎礼义"的篇章，如《泉水》《载驰》，也有未能"止乎礼义"的，如《桑中》等，不可一概而论。黄昇编词选的淳祐年间，朱熹已被朝廷下诏从祀孔庙，地位显赫，并赐"考亭书院"御书匾额，在朱熹故居的建阳更是影响巨大。正因朱熹有此一说，故黄昇在《中兴以来绝妙词选》卷六马古洲此词后，将《中兴词话》中的这一大段文字删去，而代之以比较含蓄的"末二句有深意"数字。由此可知，黄昇在评点词选时，曾受到朱熹的直接影响。

　　再说内在原因。

　　到黄昇所处的南宋后期，词这一文学形式若从唐代李白（701—762）算起（黄昇认为李白的《菩萨蛮》《忆秦娥》为百代词曲之祖，见《唐宋诸贤绝妙词选》卷一）至少也有500多年的历史了。其间名家辈出，流派众多，佳作纷呈，仅唐、五代的词选就有三种。即唐代吕鹏的《遏云集》[2]、后蜀赵崇祚的《花间集》、无名氏的《尊前集》。而在两宋时期，在黄昇选本问世之前的289年间（960—1249），仅有曾慥的《乐府雅词》、鲖阳居士序本《复雅歌词》[3]两种选本问世。这种情况，与词在宋代文学中的地位显然不相适应。

　　与宋诗话数量之众多相比，宋代词话的写作也可谓冷寂，除了散见于宋人文集、笔记之中的零散之论外，可视为词论的专著在黄昇之前，则仅有王

---

　　[1]〔宋〕黎靖德编：《朱子语类》卷八十，王星贤点校，北京：中华书局，1986年，第2072页。

　　[2] 此集久佚，黄昇《唐宋诸贤绝妙词选》卷一载李白《清平乐令》评点之语云："按，唐吕鹏《遏云集》载应制词四首。"

　　[3]〔宋〕陈振孙《直斋书录解题》卷二十一著录此词选，今佚。黄昇《绝妙词选序》云："《复雅》一集，又兼采唐宋，迄于宣和之季，凡四千三百余首。"可见，此选应编于北宋末。黄昇选词，曾参考过此书。

灼的《碧鸡漫志》一种而已。由此可见，宋词的评论也是远远落后于创作实践的。

作为一位工于词作，且对诗词理论均有所研究的词人，黄昇对其时词选少、词论落后的状况自是了然于胸。正是为了扭转宋代词家众多，然皆"散在诸集"，读者"未易遍窥"（胡德方序中语）这一不利局面，黄昇"据家藏文集之所有，朋游闻见之所传"，广征博集，编成《花庵词选》。其中后十卷《中兴以来绝妙词选》则是针对此前的词选，如《复雅歌词》《乐府雅词》未及选入南宋词人之作而编。正如黄昇在自序中所说："中兴以来，作者继出，及乎近世，人各有词，词各有体，知之而未见，见之而未尽者，不胜算也。"故黄昇此选，也可看成是对"中兴以来"词坛的一次前所未有的回顾和总结。我国台湾学者萧鹏先生将此归纳为是"以选为史的特征"。他说：

> 《花庵词选》是一部意在存史的选本。它所要展示和反映的，不是某一个作家群或某一种风格，某一种情趣。它是整个历史进程的实录，是每一词坛的各种层次、各种群体和各个作家的完整面貌之大汇展。[1]

应该说，萧鹏先生对《花庵词选》的评价很高，也是符合史实的中肯之论。

值得注意的是，黄昇在其《中兴以来绝妙词选序》中提出了他的选词标准。他说：

> 佳词岂能尽录，亦尝鼎一脔而已。然其盛丽如游金、张之堂，妖冶如揽嫱、施之祛，悲壮如三闾，豪俊如五陵。花前月底，举杯清唱，合以紫箫，节以红牙，飘飘然作骑鹤扬州之想，信可乐也。

文中提出了盛丽、妖冶、悲壮、豪俊、清丽、飘逸等多种风格并存的观点，既是对唐宋，特别是对宋"中兴以来"词坛上各种风格流派的一次盘点，也是其遴选词作的标准之一。根据他的这一选词标准，就避免了其前如曾慥

---

[1] 萧鹏：《唐宋人选词与词选通论·群体的选择》，台北：文津出版社，1982 年，第 154 页。

《乐府雅词》那样，"涉谐谑去之""小人或作艳曲，谬为公（指欧阳修）词，今悉删除"，[1]从而不选柳永、苏轼等诸家词作的弊病；也避免了其后如周密《绝妙好词》偏重音律，讲究形式美，"一味轻柔圆腻"，不顾词作内容，以致排斥雄壮豪迈的辛派词人词作的偏颇。正因如此，黄昇的词选在两宋选本中，代表那个时代词人选词的最高成就，理应引起今人的关注和重视。

黄昇的生平事迹，史志无载，但从其词作中可约略得知一二，从而帮助我们了解黄昇的隐居生活。其中《酹江月·戏题玉林》是这一方面的代表作。词曰：

> 玉林何有？有一湾莲沼，数间茅宇。断堑疏篱聊补葺，那得粉墙朱户？禾黍秋风，鸡豚晓日，活脱田家趣。客来茶罢，自挑野菜同煮。
>
> 多少甲第连云，十眉环座，人醉黄金坞。回首邯郸春梦破，零落珠歌翠舞。得似衰翁，萧然陋巷，长作溪山主。紫芝可采，更寻岩谷深处。

词的上阕描写他的隐居生活。词人好像指点着我们一一观看他的莲沼、茅宇、疏篱、禾黍、鸡群和小猪，领略他的一瓯清茶、野菜同煮的田家之趣。下阕则笔锋一转，描写官宦人家的奢侈豪华的生活，上下两阕形成了鲜明的对比。最后作者指出后者最终只不过是过眼烟云般的一枕黄粱罢了，哪里比得上自己这样生活在山水之间，能长久地做大自然的主人呢？这首词可以说是黄昇"早弃科举，雅意歌咏"的最好注脚。他为寻"田家趣"，归隐在建阳一个叫玉林的小村庄里，这便是他自号"玉林"的由来。

正因为黄昇工于词作，在词的理论和实践上都有独到之处，方能在宋人的诸多词选中独树一帜，从而在词选的内容和形式上都有所突破，达到"发妙音于众乐并奏之际，出至珍于万宝毕陈之中"[2]的效果。

《花庵词选》的最早刻本是南宋淳祐九年（1249）建阳刘诚甫刻本（书影

---

[1]〔宋〕曾慥：《乐府雅词序》，《四部丛刊》本，上海：商务印书馆，1929 年，叶1A。

[2]〔宋〕胡德方：《花庵唐宋诸贤绝妙词选序》，〔宋〕黄昇《花庵词选》，沈阳：辽宁教育出版社，1997 年，第 4 页。

1），中国国家图书馆存前十卷。版式为半叶十三行，每行二十三字，细黑口，左右双边，上有"耳子"记卷数。此书通行本则有《四部丛刊》初集本，中华书局 1958 年点校本、辽宁教育出版社 1997 年《新世纪万有文库》本等。

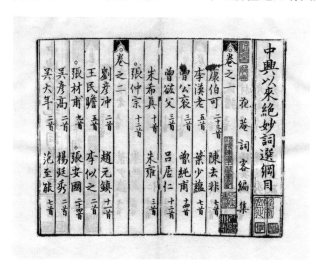

书影 1：宋淳祐九年刘诚甫刻本《中兴以来绝妙词选》

　　黄昇的籍贯，通常的工具书均作宋建安（治所在今福建省建瓯市）人。《四库全书总目》据其与建阳游九功、魏庆之交往甚密，推测他也是建阳人。此外，黄昇的词选，前十卷请建阳胡德方序，黄昇所撰《中兴词话》《玉林诗话》也多录建阳当地人的作品，以此推之，黄昇当为建阳人。

　　　　　　　　　　　　　　　　（原载《泉州师范学院学报》2006 年第 1 期）

《元刊杂剧三十种》的刻本性质与刊刻地点另议

引言

　　《艺术百家》2010 年第 1 期刊杜海军博士的文章《〈元刊杂剧三十种〉的刻本性质及戏曲史意义》，对我国台湾学者汪诗珮博士于 2006 年 2 月完成的博士论文中，关于《元刊杂剧三十种》的刊刻地及刻本性质提出商榷。大致说来，汪文认为"元刊杂剧"应为"建本"，杜文则驳斥此一说法，认为"元刊杂剧"并非"建本"，而属于"剧团私刻本"。对此，本文试图在二人立论的相异点上，提出第三种说法，为"元刊杂剧"的刻本性质及刊刻地点，进行更深入地讨论与对话。

　　《元刊杂剧三十种》作为我国现存的唯一由元代刊刻的元杂剧作品集，从清末王国维以来，对其刻本的性质、刻本的地点，就曾有多种猜测。但均因刻本本身所提供的信息太少，以及刻本之外的其他方面，诸如藏书家对此的著录，戏曲史对此的记载等方面史料的匮乏，而难以形成定论。也正因这些缘故，向来对此的研究也乏善可陈。

　　这一局面，因近年来台湾清华大学汪诗珮博士的论文《从元刊本重探元杂剧——以版本、体制、剧场三个方面为范畴》的第一章第一节《元刊杂剧刊刻地的辩证》对此展开的全面探讨，以及广西师范大学杜海军先生《〈元刊杂剧三十种〉的刻本性质及戏曲史意义》一文，对此所发表的不同见解，从而引起了学界的重新关注。

　　从表象上看，汪诗珮博士和杜海军先生分别从两个"截然不同"的角度提出并论证了各自的观点，可谓"针锋相对"，但若换一种思维角度去思考，愚意以为，二者却可以相互补充、相互融合，去其偏，得其全，从而构成一个比较完整的答案。

一、汪、杜两位先生的观点

汪诗珮博士受贾二强《明成化本说唱词话刊于北京说献疑》[1]一文的启发，认为元刊杂剧事实上属于"建本"系统，即刊刻于建阳。

贾二强的文章主要通过分析比对明《成化本说唱词话》与元建阳刻本"全相平话五种"的内封面构图、版面格局、细部处理、内文刻书用字等，认为两者非常相似，认为明成化本说唱词话并非如书题所言系"北京新刊"，而是出自建阳书坊。同时，他还说："今传《元刊杂剧三十种》内有多种书名冠以'大都新编''大都新刊''古杭新刊'，……余多年前师从当代版本名家黄永年先生攻研版本目录之学，先生曾指明其误，谓审其版刻风格，必出建刻。至王氏（按：王国维）所言汇刊者，实亦为建阳书坊，题'大都''古杭'者，亦未必尽如王氏所说于一仍旧本，实是建阳书坊抬高身价以促销的手段。"

在此基础上，汪诗珮博士按照王秋桂、贾氏、黄氏指出的线索，以元代诸多建本与元刊杂剧版本，从文字、椭圆形阴文刻法、内文重复的字词所使用的符号、另起一段话头所用的相同符号，以及二者所使用的相似的简俗体字等若干方面的细致比对，认为《元刊杂剧三十种》就是元代建阳书坊刻本。

但她又从市场销售方面，对书坊刻印这些舞台演出本的目的提出了一些疑问。她说："关目本这样的舞台演出本，理论上应该是'古杭'或'大都'某一家剧团的独家秘本、单传本。一般来说，属于身段谱、演出掌记本的材料，几乎皆以'钞本'行世；基于剧团资金、演员彼此竞争等因素考量，将之公开刊刻出版颇令人不解。从书商的角度来看，刻印舞台演出本出版的市场在哪里？一般读者很难对这种宾白不全、舞台指示却俯拾皆是的剧本有兴趣吧？那读者购买群在哪里？即使是明清以降，我们也不易见到把演出本、身段谱之类的本子刊刻出版的例子。如果是私家刻印的秘本还有可能，但元

---

[1] 台湾"中研院"历史语言研究所编：《古今论衡》第四期，2000年。

刊本显然是坊刻，而且还是由追求利益不遗余力的福建书坊所印行，这些单行关目本能发行至何处？有利可图吗？种种问题显示，元刊杂剧的关目本并不是寻常的本子，并暗示元杂剧流播的特殊性。"

对汪诗珮的观点，杜海军先生提出了不同的见解。他认为，"元刊《杂剧三十种》，是艺人为了演出或传授剧目而自刻，而非坊本"。他认为，汪诗佩所列举的五点理由多难成立。福建坊刻最主要的是售卖盈利，《元刊杂剧三十种》显然没有一种是适合售卖的。其理由一是从整体上说，元刊杂剧字间距特密，往往不能以传统的版本方法描述。二是行文省略太多，无规律可寻，难以阅读。三是错字太多。属于那种"随意不讲究规则的刻本，读者既难看懂文本，又不可能产生购买欲望的图书"，这是"否定《元刊杂剧三十种》非建本的一个重要性指标"。在此既非建本，又不适合售卖的基础上，他推论说："这些剧本有可能就该是剧团为满足自用而刻，是专门为杂剧演员学习传授，为提供剧场观众了解剧情刻就的，或者说，就是剧团自刻本。"

以上观点，从表象而言，针尖对麦芒，究竟孰是孰非？

二、《元刊杂剧三十种》的刻本性质与刊刻地点

传统的版本学告诉我们，古籍刻本的分类有官刻本、私刻本和坊刻本之别。汪诗珮博士将《元刊杂剧三十种》断为建刻，且认定为坊刻本。窃以为，建刻应无疑，"坊刻"则未必；杜海军先生将《元刊杂剧三十种》断为剧团刻本，且认定为自刻本。窃以为，剧团刻本有理，自刻则未必。此话怎讲？窃以为，《元刊杂剧三十种》是元代"古杭"或"大都"的某一剧团委托建阳书坊刊刻的，其目的一是自用，二可售卖给其他剧团和一些对戏剧特别有兴趣的戏迷。要说清这个问题，就不能不提到宋明时期刻书中心建阳书坊的一个独具特色的功能——接受官私方委托刊印图书。

对此，笔者几年前曾经有过《建阳书坊接受官私方委托刊印图书》[1]一文。文中提出，书坊，又称为书肆、书铺、书堂等，是我国古代民间专门从事刻书、售书的机构。在传统的古籍分类中，通常多为官刻、私刻、坊刻这

---

[1] 载《文献》2002 年第 3 期。

一"三分法"，并将书坊刊刻的图书称为坊刻本，以别于官刻本和家刻本。研究古籍刻本者，也通常将此视为一种固定不变的分类模式。实际上，我国古代书坊刊刻的图书不全是坊刻本，有一部分也是"官刻本"和"家刻本"，这与古代某些书坊兼具的"印刷厂功能"有关。

古代的书坊，通常拥有书工、刻工、印工，书坊主人或聘请编、校、撰人，或自编自刻，集编、刻、售于一身，相当于现代的出版社和书店。其特点是受经济规律的驱使，以刻印图书市场上的畅销书为主。版本学上所谓的"坊刻本"，指的应该是这一类书坊所刊刻的图书。还有一些书坊，则经常接受官府、私宅的委托，刻印图书。委托方负责出资，以及书稿的编辑和校对等，在版式的设计，纸张、墨色的选择上，书坊必须按照委托人的要求办理。这种书坊，相当于现代的印刷厂，其刻本的性质，则应视委托方的具体情况而定，而不应简单地视为坊刻本。

对古代书坊接受委托刻书这一论题，通常在有关出版史、印刷史方面的著述中很少提到，反映在古籍图书的著录上，往往将本应著录为官刻或家刻的，误为坊刻。

在拙文《建阳书坊接受官私方委托刊印图书》中，笔者列举了建阳书坊接受官府委托刻书，宋代刻本 3 例，元代刻本 3 例，明代刻本 18 例。接受私家刻书，宋代 8 例，元代 6 例，明代 5 例。官府和私家为何要委托书坊刻书？因为从本质上来说，许多有过刻书经历的官私方，并非专门的刻书机构，没有专业书坊那样拥有自己的专业刻工、印工和装订工匠。但由于偶发的原因，或因自身的需要，而临时需要刊刻某些著作。在远离刻书中心的地方，为了满足这种临时性的需求，有的是采取招募刻工的办法，而更多的往往就是将书稿交付刻书力量雄厚的书坊，委托他们刊行。

对这种委托书坊刊行的刻本的性质，毫无疑问，应视委托方的具体情况而定。由官方出资者，应视为官刻，由私家出资者，应视为家刻。这与现代出版社委托印刷厂印刷，其版权仍归出版社所有，而不能归印刷厂，其道理是一样的。

以这样的观点来看待《元刊杂剧三十种》，我们就会得出如下的结论：这是元代建阳书坊接受外地（"古杭"或"大都"，书影 1）某一剧团的委托而刻印的"汇刊本";从刻本性质而言，应属于民间私家（团体）刻书，从刊刻地点而言，则应属于建阳刻本。

以这样的观点来看待《元刊杂剧三十种》，汪、杜两位先生的争论和疑惑都将迎刃而解。

争论一：《元刊杂剧三十种》是否建阳书坊本？

肯定者如汪博士所言，《元刊杂剧三十种》从文字、椭圆形阴文刻法、内文重复的字词所使用的符号、另起一段话头所用的相同符号，以及二者所使用的相似的简俗体字等若干方面均有太多的建本特征。为什么会这样？因为这些刻本均出版于建阳书坊，有以上所说的建本特征是很正常的。

否定者如杜先生所说："福建坊刻最主要的是售卖盈利，《元刊杂剧三十种》显然没有一种是适合售卖的。"这个立论的基础是站在"坊刻售卖盈利"的传统认识上。其理由一是从整体上说，元刊杂剧字间距特密，往往不能以传统的版本方法描述。二是行文省略太多，无规律可寻，难以阅读。三是错字太多。属于那种"随意不讲究规则的刻本，读者既难看懂文本，又不可能产生购买欲望的图书"，这是"否定《元刊杂剧三十种》非建本的一个重要性指标"。

当我们说，这是建阳书坊接受某剧团的委托刻书，对书坊来说，本来就是"非卖品"，而是刊印后由该剧团全部运走，作为他用，或如杜先生所说的"是剧团为满足自用而刻，是专门为杂剧演员学习传授，为提供剧场观众了解剧情刻就的"。基于这样的认识，他把"没有一种是适合售卖的"作为"非建本的一个重要性指标"，也就不成立了。

书影1：《元刊杂剧三十种》之
《大都新编关张双赴西蜀梦》

　　汪博士所说的《元刊杂剧三十种》是建本，是从与元建阳刻本"全相平话五种"的比较而得出的。假如我们要反驳汪博士的观点，也可以说，上图下文是"全相平话五种"最突出的特点，而《元刊杂剧三十种》却无一有插图，为什么会这样？因为委托刻书者是剧团，而且是一个经济实力并不充裕的剧团，这从《元刊杂剧三十种》拥挤的版面就可以看出，如此，则节省开支是他们刻印这一汇刊本的指导思想，这才出现了杜先生所说的"元刊杂剧字间距特密，往往不能以传统的版本方法描述"和"行文省略太多，无规律可寻，难以阅读"等现象。在文字排列都出现如此拥挤的情况下，不能奢望他们能像传统的建本或如"全相平话五种"那样，腾出每页三分之一的版面来刊印版画插图。这也是现存最早的三种元散曲总集，即被称为"元人杨朝英所选北散曲总集第一部"的《朝野新声太平乐府》（书影 2）和"元人杨朝英所选北散曲总集第二部"的《乐府新编阳春白雪》，以及无名氏所编的《梨园按试乐府新声》等，也如《元刊杂剧三十种》一般，均由杨朝英等委托建阳书坊刊行，全本亦均无一插图的原因。

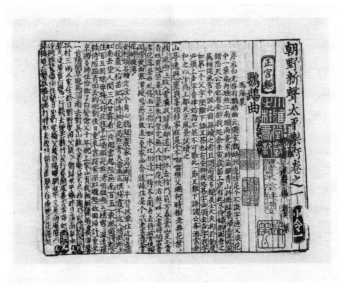

书影 2：元建阳刻本《朝野新声太平乐府》

　　争论二：《元刊杂剧三十种》是否建阳书坊的"汇刊本"？

　　杜先生认为，汪诗珮博士"所谓二者文字体'极像'，是一种将《元刊杂剧三十种》（视为）一个多种风格刊本的集合体"，他认为"三十种杂剧中许多杂剧本身之字体的差距已经很大"，有的"字体整齐如宋体"，有的"则字体字字皆呈斜势"，"有的是正体，有的如草书"，以此来否定汪诗珮"将《元刊杂剧三十种》作为一个有整体风格的刻本"，此举实际上也是否定了王国维的"汇刊"之说。其实，这个问题并不难解释。试想，一个经济实力并不充裕的剧团，在资金有限而又要刊刻数十种剧本之时，他们面临的最重要的选择是什么？当然是价格最便宜的受托方，而建阳书坊无疑是他们的最佳选择——众所周知，历代建本的价格最为低廉，元代也是这样。

其次，当他们将书稿交付书坊之后，是选择一家书坊一部一部地刊刻，还是找多家甚至十几家书坊同时刊刻？当然是后者！因为只有这样，他们才能在较短的时间内将这些图书刻就，从而将这些刻本和刻板一次性运回，以节省在外的出差成本和运输成本。这就是这些刻本虽然产生在同一个地方，但因操刀刊行的具体刻书作坊不同，从而出现杜先生所说的"三十种杂剧中许多杂剧本身之字体的差距已经很大"的原因。

在此，还必须对杜先生所说的剧团刻本的归属做一点简要的辨正。他认为，《元刊杂剧三十种》"既非官刻本，也非私刻本"，是"一种剧团自刻本，是艺人为了演出或传授剧目而自刻，非是坊本"。这就把所谓剧团刻书置于官、私、坊三大刻书系统之外，这种说法，显然不妥。以刻书机构来分类的话，官方刻书机构之外的一切民间组织和个人从事刻书，可视为民间刻书。民间专门从事刻书并以此为业，售卖盈利的，被称为坊刻；坊刻之外的其他民间团体、组织和个人，不以盈利为目的的，如私家、私宅，私办学校、寺院道观等，均视为私刻。故剧团刻书，其性质应与私办学校、寺院道观等一样，仍应属于私刻范畴，将其置于官、私、坊三大刻书系统之外别为一"类"，容易造成种属概念的混淆。

结　语

通过以上的分析，我们可以得出以下结论。《元刊杂剧三十种》是"建本"，所以才会有诸多建本所具有的共同特征；《元刊杂剧三十种》又不是纯粹的"建本"，由于在版式的设计、字体的选择等方面书坊必须按照委托人出资方的要求办理，这就出现了一些与传统建本不相契合的现象（如无上图下文等）。从刻本性质来说，《元刊杂剧三十种》是元代民间私家刻本；从生产单位来说，《元刊杂剧三十种》又是元代民间私家（剧团）委托建阳书坊刊行的特殊的"建本"，所以，在这些刻本中，才会出现许许多多建阳坊刻所具有的明显的缺点。这些问题，眼明者如汪诗珮博士，实际上已经有所察觉，所以她才会说"种种问题显示，元刊杂剧的关目本并不是寻常的本子，并暗示元杂剧流播的特殊性"。这种非同寻常的特殊性就在于，《元刊杂剧三十种》是从建阳刻书作坊，经过书坊书工、刻工、印工手工生产流水线操作出来一种特殊的"私家刻本"。所以，在这些刻本中，难免留下太多非此非彼、亦此亦彼的特征。当我们运用传统的官刻、私刻、坊刻"三分法"，用一种固定的非此即彼，非私刻即坊刻的思路来考察这些刻本时，就会产生解不开的困惑。

（原载《艺术百家》2011 年第 3 期）

明代建阳刻本广告刍议

明代是我国刻书事业的鼎盛时期，建阳作为著名的刻书中心，是当时全国刻书数量最多的地方。宋人祝穆在《方舆胜览》一书中，曾将宋代建本书籍列为当地的"土产"，摆在建茶、建盏之前。无独有偶，明人王士性在《广志绎》一书中，罗列当时天下著名的物产，也将明代建阳的书籍，与苏杭之币、扬州之姬、徐州的骡车、无锡的大米、温州的漆器等相提并论。[1]

明代建阳刻书业的兴盛，是其所处的那个时代的政治、经济、文化、地理等方面的客观因素所产生的交合作用，也是宋元以来数百年刻书文化的沉淀和经验积累的结果。以刻书家自身而论，竞争意识强烈，善于调动和运用各种手段进行宣传和推销，也是其中重要原因之一。具体言之，这种宣传和推销主要体现在建本的广告上。

明代建阳刻书家的广告意识，比起宋元时期的刻书家来，要深厚得多。他们刊刻的图书，既是记载文化知识的载体，也是进行自我宣传的有效工具。宋元刻本，刻书家的自我宣传主要体现在刻本的牌记上，而明代的刻书家则在版画、牌记、序文、凡例、书题等各种可能的场域，调动各种手段进行自我宣传。

一、利用版画做广告

如明弘治五年（1492）建阳詹氏进德书堂刻印的《大广益会玉篇》，是南朝梁顾野王所撰的一部字书。这部书的牌记经过版画家的精心设计，非常有特色。牌记通常只刻印刻书家的姓名堂号、刻书年月等，多为文字而无图画。而詹氏此刻本的牌记则设计了一幅私塾先生授课的情景。图右书"弘治壬子

---

[1] 〔明〕王士性：《广志绎》卷一，吕景琳点校，北京：中华书局，1981年，第5页。

孟夏之吉"，左书"詹氏进德书堂重刊"，上书"三峰精舍"，有如一副对联。对联内的画面则像一扇敞开的门；门的上方竹帘高卷，一位老先生正在堂前高坐，手捧一书；左侧立一书僮，右前侧一位学生正在聆听先生的教诲；而身后则是画有三座山峰的屏风，寓意此即为"三峰精舍"。而整个画面设计的用意在于，《大广益会玉篇》这一部古代的字典，

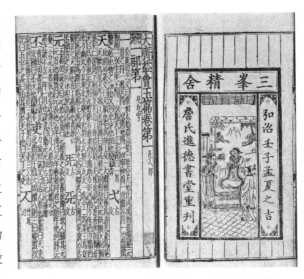

书影1：明弘治詹氏进德书堂刻本《大广益会玉篇》

就是一位有形而无言的老师，是传播知识的向导。（书影1）这幅版画插图的设计和创作都达到了相当高的艺术水平，比较含蓄地起到了广告的作用，在古代书坊刻本中，是不多见的。

熊宗立编刻的《类编历法通书大全》，是一部日用类书，书中配有精美插图，版式已从建阳早期刻本的上图下文式易为单面全图。图左右则为建本习见的一对联语。左云："开百世历日流行"，右云"集诸贤阴阳总括"，上端横书"鳌峰熊宗立类编"。画面表现的是一位中年学者侧坐在书桌旁，聚精会神地读书，一书僮双手举着一盏灯，缓缓走近书桌前。从构图来看，画面表现的应是日暮黄昏时的情景，画中的读书人实际上就是刻书家熊宗立本人。这是建本中较早出现的书家宣传自我形象的版画。（书影2）

书影2：熊宗立图像（选自明刻本《类编历法通书大全》）

《新刻芸窗汇爽万锦情林》六卷，将小说与戏曲合编为一书，为明代小说与传奇丛编类书籍，明万历间余象斗自编自刻。书分上下两层，书内插图，单面全图。扉页插图，为《读〈万锦情林〉》。画面屏风上有"三台馆"三个小字，这幅图表现的是"三台馆主人"披阅《万锦情林》的情景。书坊主人将自己的画像印制在版画上，上下左三处配以刻书堂名、书名，以及本书主要内容，加上"海内士子，买者一展而知"之类的话，构成了一幅很好的带有版画插图的图书广告。（书影3）

余象斗是明后期建阳书坊中比较注重自我宣传的刻书家。他往往将"仰止子""三台馆"等名号直接印在书名之中，目的就是为了取得读者的第一印象，在此基础上更进一步，就是他经常把自

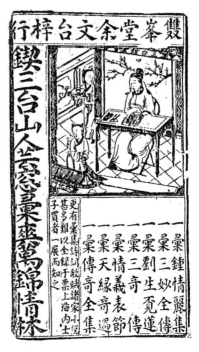

书影3：明余象斗三台馆刻本
《新刻芸窗汇爽万锦情林》

己的画像刻印到图书之中。除上文提到的《万锦情林》外，万历二十六年（1598）刊刻的《三台馆仰止子考古详订遵韵海篇正宗》一书，卷首就有《三台山人余仰止影图》。王重民先生对此图作了以下生动的描述：

　　图绘仰止高坐三台馆中，文婢捧砚，婉童烹茶，凭几论文，榜云"一轮红日展依际，万里青云指顾间"，固一世之雄也。四百年来，余氏短书遍天下，家传而户诵，诚一草莽英雄。今观此图，仰止固以王者自居矣。[1]

---

　　[1]　王重民：《中国善本书提要》，上海：上海古籍出版社，1983年，第61页。

此外，据肖东发先生《建阳余氏刻书考略》一文介绍，余象斗刻本《新刊理气详辩纂要三台便览通书正宗》卷十一中也有"三台山人余仰止影图"；《新刻天下四民便览万用正宗》卷首有"三台山人余仰止影图"（书影4）等。

二、利用牌记做广告

在明代建本中，利用牌记做广告已是甚为普遍的现象，几乎所有的刻本中都有这一方面的内容。

相对而言，明前期的建本牌记中的广告，内容尚比较质朴，符合实际。如熊宗立刻印的《补注释文黄帝内经素问》，目录后牌记云：

书影4：明万历余氏双峰堂刊本《新刻天下四民便览三台万用正宗》

> 是书乃医家至切至要之文，旧本昏蒙讹舛漏落，本堂今将家藏善本三复订正，增入《运气入室奥论》，重新绣梓。鳌峰熊氏种德堂识。

文中强调的只是此书在医学上的重要性，以及经过家藏善本反复校正，无旧本之错讹，等等。

万历间，潭阳源泰堂刻本黄仁溥编《皇明经世要略》，封面有题识云"此编系国朝边戎武场要务，皆硕辅宏论也。初刻自本堂，买者须认源泰为记"。文中以一句话概括此书主要内容之后，接着强调此书出自本堂初刻，并提醒读者认清书堂的标记。

明后期建本中，像源泰堂这样比较平实的广告词已不多见，代之而起的类似余象斗刻本《三台万用正宗》的牌记（书影5）：

坊间诸书杂刻，然多沿袭旧套，采其一，去其十，弃其精，得其粗，四方士子惑之。本堂近锓此书，名为《万用正宗》者，分门定类俱载全备，展卷阅之，诸用了然，更不待他求矣。买者请认三台为记。

书影 5：明万历余氏双峰堂刊本《新刻天下四民便览三台万用正宗》牌记

文中标榜唯我独为"正宗"的广告味十足。这种以对比的方式，抬高自己，贬低他人，几乎充斥了明后期建本的牌记广告之中。如陈氏存仁堂万历刻本《万宝全书》牌记：

坊间《万宝全书》，不啻充栋，然不一精检，鲁鱼亥豕，混杂篇章者有之。本堂特请名士，校雠事物度数，一仿古典，启觌书札，别摸书藻，端写绣梓，点画不差，应酬便用，价比南金矣。

此书实际上是根据当时书坊流行的《万锦不求人》《学海全书》《五车拔锦》《养命全书》等通俗类书，杂采拼凑而成，本身就是"混杂篇章者"，所谓"价比南金"，不过是自我吹嘘而已。

三、利用序文做广告

这也是明代建本广告的一个特点。其好处是序文不受字数限制，书中有何优点尽可慢慢道来。如万历二十五年（1597）书林郑云斋刻本《四民利用便览五车拔锦》序云：

> 余家世业万卷书，凡天地帝王古今名物片词只字，有利于民者，莫
> 不了然胸臆，第欲删繁就简，摘粹而拔尤者，竟未之觏也。近书林郑氏
> 新集《五车拔锦》若干篇。……其间天文、地理、人纪、国法、文修武
> 备，与夫冠婚丧祭之仪、阴阳术数之学，悉皆分门定类……

以下还有一段长长的文字，不外乎是说此书如何如何之妙。这段"广告词"，
不是直接从出版商自家的角度来说，而是虚拟了一个撰序人，从第三者的口
中说出，出版商的目的，是要以此取得比其直接粉墨登场更好的广告效应。

以序文做广告的另一好处是，撰序人多为学者名流，广告效果尤佳，且
以撰序人的角度赞扬出版商，有利于塑造出版商自身的形象。如正德四年
（1509）刘弘毅刻本《资治通鉴节要》有一段刘吉序文云：

> 建阳义士刘君弘毅，自幼酷好经史，乐观是书。久之，亦大有所得，
> 乃于暇日取其真本，正彼讹舛，命门人独明子辈，录而成帙，将寿诸梓
> 以传。

这实际上是一段塑造出版商自身形象的广告词。文中强调刘氏是一位"酷好
经史"的"书林义士"，以其刻书，刻本质量自然属于上乘，由此而吸引
读者。

余象斗万历间刻印题袁黄编《历史大纲鉴补》，卷首有韩敬序云："……
闽建邑余君文台，慷慨豪侠，行义好施，夙与袁有通盟谊。其二三伯仲郎俱
以文学名，而长君君及屡试辄冠，翩翩闽中祭酒，束装千里，来购是
书。……"与刘弘毅相比，由余象斗托名于韩敬的这一段广告词更有"特
色"，文中诸多动态的描写，将余氏打扮成一位风度翩翩的书坛侠士，其广告
效应已不是仅仅宣扬一本书那样所能取代的了。

四、利用凡例做广告

这种情况，在建本中不多见。据日本酒井忠夫先生所撰《明代的日用类

书与庶民教育》[1]一文介绍，存日本内阁文库（今日本国立公文书馆）的潭阳杨居理道卿刻本《士民便用云锦书笺》中，有《凡例》七则，依次将此书门类、注释、音字、校订等各个方面一一撰写了广告：

> 门类之全。人生日用，几数百事，苟有事楮墨，何可不备？兹独细为编汇，凡属文字之科，靡不巨细兼修，断无缺漏之叹。
>
> 注释之精。博学典故，世所共推，况柬札中多援古为喻，苟非详释，难令人人易晓。本刻参今考古，况无造义，读者辨之。
>
> 音字之详。柬牍以便其民，四民中宁人人博学？况有古典，即存古字，非细为音叶，未免疑惑，兹特附于上，使人一披瞭然。柬牍之有音字，则自本馆始也。
>
> ……

杨居理的《凡例》广告，可称为"系列性广告"，在古代图书广告中并不多见。在广告手段上，是一个创新。

五、利用书名做广告

在明代建本中，这是一个较为普遍的现象。书坊主人为使书名醒目，以调动读者的购买欲，总是在书名上加上许多前缀，从而使书名越来越长。如：

《新镌评林旁训薛郑二先生家藏酉阳搜古人物奇编》（余应虬近圣居刻本），21字；

《鼎镌六科奏准御制新颁分类注释刑台法律》（熊冲宇种德堂刻本），18字；

《锲王氏秘传图注八十一难经评林捷径统宗》（刘双松安正堂刻本），18字；

《新刊徽郡原板校正绘像注释魁字登云金璧故事》（书林黄耀宇刊

---

[1] 参见（日）林支春：《近世中国教育史研究》，东京：国土社，1973年。

本），20 字；

《精刻张翰林重订京本排韵增广事类氏族大全》（陈国旺积善堂刻本），19 字；

《新锲两京官板校正锦堂春晓翰林查对天下万民便览》（书林陈德宗刻本），22 字；

……

在这些书名附加的成分中，其内容主要包括：一是宣扬版本来源，并经权威人士校正，以示可靠，如"徽郡原板校正""两京官板校正""王氏秘传""张翰林重订"等；二是标示编辑方法或体例，如"评林旁训""图注""绘像注释""分类注释"等；三是标榜刻本质量，如"精刻""新锓""新锲"等。

这种"叠订架屋"书名产生的原因，与图书市场竞争激烈，以及书坊主人急于求售的心理有关。刻在书卷中的牌记、序文等尽管可以写进大量的广告用语，但终究是印在卷中，读者不易一眼看到，而书名则不同，插在架中，不用动手，便一望即知。于是在有限的书名中，便夹进了无限长的广告词，从而形成了这种冗长的书名。至于文中夹杂的"京本""徽板""翰林校正"，等等，恐怕很多都只是虚张声势而已。如余象斗刊刻《列国志传》，此书编撰者是其叔翁余邵鱼，本应是地道的家传建本无疑，但其书题却称《新刊京本春秋五霸七雄全像列国志传》。"京本"二字，毫无疑问是出版商为取得广告效应，经过多方选择后而随意增添上去的。

综观明代建本广告，虽有一些比较成功的范例，对今天的图书广告而言，也有一些有益的借鉴，但总体来看，虚假浮夸的成分占了更大的比重。这种现象，尤以明后期的建本广告更为突出。明后期的建阳刻书家很少有人能真正从提高刻本的质量着手，以此提高图书发行的竞争能力，而是煞费苦心地炮制各种名目繁多的广告，则不能不说是舍本逐末了。

（原载《文献》2001 年第 1 期）

朱世泽与《考亭志》辨正

《考亭志》十卷，明朱世泽编，明万历十六至十七年（1588—1589）刊行于建阳书坊。此书在国内罕见，据《中国古籍善本书目·史部》所著录，仅南京图书馆有收藏。[1] 在国外，也仅有日本内阁文库（今日本国立公文书馆）等处有收藏。此外，此书另有日本宽政七年（1795）据万历刊本的传抄本，现亦存日本内阁文库。

本文即据此抄本，对《考亭志》的内容、编者、卷帙、刊者和刊印地点等以往所存在的失误之处，一一作出辨正。

朱世泽，字仲德，号斌孔，朱子十三世孙。生于明嘉靖癸亥（1563），卒年不详。他在考亭书院的琅琅书声中长大，受到良好的教育。曾先后编纂《考亭志》，担任《（万历）建阳县志》分纂和《蔡氏全书》编辑。万历乙酉（1585），他搜集考亭、建安和婺源三宗的世系，编成宗谱，名曰《太师徽国文公朱子世家文献》。此书后由其伯父朱钟文续编为《考亭朱氏文献全谱》，于万历四十八年（1620）刊印。《四库全书总目》著录云：

> 《考亭朱氏文献全谱》十二卷。明朱钟文撰。钟文字吾沧，朱子十二世孙。官大足县知县。新安朱氏支派非一，其北洛墩头之朱，本不出于考亭，时方酿金购谱建祠，钟文恐其乱宗，乃溯唐茶院公以来世次，纂纪本末，搜讨颇详。分类凡十三门，曰广睦，曰明宗，曰溯本，曰尊祖，曰著居，曰庭训，曰褒典，曰汇文，曰列传，曰宦达，曰女德，曰外戚，

---

[1] 《考亭志》十卷，明朱世泽撰，明万历十七年（1589）刻本，南京图书馆存，序号一一八〇五。《中国古籍善本书目·史部下·史部地理类二》，上海：上海古籍出版社，1993 年，第 1049 页。

日杂纪，冠以朱子所作世谱原序。[1]

此谱现存日本东京大学东洋文化研究所（书影1）。

朱世泽的另一位伯父朱用圭，一作用珪，曾历官安徽滁州同知。《（光绪）滁州志》载："朱用珪，字七峰。福建建阳人，由选贡，嘉靖二十七（1548）年任。"[2] 朱用圭也非常重视考亭朱氏的历史文献编纂，曾广为搜集资料，编辑《考亭阙里志》，为《考亭志》的前身。

书影1：《考亭朱氏文献全谱》

一、关于《考亭志》的卷数

历史上，对此书曾有过十三卷、十卷和四卷等几种不同的著录。

著录为十三卷的，是清黄虞稷《千顷堂书目》。在此书目卷八中，著录为"朱世泽《考亭志》十三卷"[3]。查此抄本《考亭志》仅有十卷，据此，很容易得出黄虞稷的著录是错误的结论。然而，细读《考亭志》中的文字，在卷末后附朱世泽《叙锲考亭志颠末》一文，文中有"妄为编摩，分为十卷，而以外志三卷附焉"，由此可知，此书可能另有一"后以外志三卷附焉"的版本行世，而黄虞稷所据以著录的，正是这个版本。只是这个版本除了《千顷堂书目》和朱世泽本文所言之外，再也不见后人著录，故有可能现已无刻本存世。

著录为十卷本的，最早有丁立中《八千卷楼书目》，见于该书目卷八，著录作"明朱世泽撰，明刊本"[4]。民国赵鸿谦《松轩书录》所见即钱塘丁氏八千卷楼藏本，所记较为详尽：

[1]〔清〕永瑢等：《四库全书总目》卷六十，北京：中华书局，1965年，第543页。

[2]〔清〕熊祖诒等：《（光绪）滁州志》卷四之一，《中国地方志集成·安徽府县志辑》第34辑，南京：江苏古籍出版社，1998年，第357页。

[3]〔清〕黄虞稷：《千顷堂书目》卷八，《景印文渊阁四库全书》第676册，台北：台湾商务印书馆，1986年，第220页。

[4] 丁立中：《八千卷楼书目》，钱塘丁氏聚珍仿宋本。

《考亭志》十卷，明朱世泽撰。首列凡例，凡例第二则云："《志》以雷公礼序诸端者……"，按此本无雷序。前五卷目题"《考亭志》智字本目录"。后五卷目题"《考亭志》仁字本目录"，末有自序，无刊印年月，似万历间刊本。每半叶十行，行二十四字。附藏印（丁氏八千卷楼藏书记）。[1]

著录为四卷本的，是《浙江省立图书馆善本书目题识》，在此书卷三中，著录作"《考亭志》智字本四卷，明万历丁亥朱子十四世孙（按：十四世误，应为十三世）世泽重编。刊本前有凡例，其卷一之第三叶重复而文字稍异，知当日刊成以后复有修改之叶。惟卷一燕居庙条下有小字注云'右都御史林公俊撰记，见八卷末'。又献靖公祠条下有注云'礼部尚书陈公文记见八卷'。今检此书实止四卷。验诸目录亦复相应，岂编书之时原有八卷，临刊乃复删减耶？又按目录所载卷四之后半有《朱集潭钞》，兹全阙。又卷三《考亭日抄》之末及卷首雷礼旧序皆有阙叶。有印文二，曰吕履谦印，曰文之氏。"[2]

在未见抄本《考亭志》之前，笔者曾以为《浙江省立图书馆善本书目题识》所记可能是一个残本，而在详阅抄本之后，才知这其实是一个误解。在抄本卷首目录中，其文字如下，括号内的文字原为小字：

考亭志智字本目录：

一卷　沧洲形胜（附各对联）

二卷　道学赞扬（魏了翁年谱序附）

三卷　考亭日抄

四卷　朱子手泽

（文公著序书目、文公笔辨）

（胡缉朱子大全序附）

（前曰沧洲病叟集，后曰朱集潭抄）

---

[1]　赵鸿谦：《松轩书录》，《中央大学国学图书馆年刊》1929年第2期，第29页。

[2]　陆祖谷编：《浙江省立图书馆善本书目题识》卷三明本乙（上），浙江省图书馆，1932年，第42—43页。

目录之后，即开始一至四卷的正文，一至四卷正文之后，又开始了五至十卷的目录：

考亭志仁字本目录

五卷　　及门造士

六卷　　历朝诰谥　附各奏疏

七卷　　隆儒缛典　附各官书

八卷　　名公翰墨　附文庄公丘浚瀛洲桥记

九卷　　飨堂典章

十卷　　谒祠题咏　附谒云谷诗二首

也就是说，五至十卷的目录不是衔接在卷四之后，而是另外排列在卷四正文之后！这样，如果没有将此书做一详细的翻阅，而只是在卷前几页匆匆浏览一过，就会误以为此书仅仅只是四卷，因而出现《浙江省立图书馆善本书目题识》那样的著录；所以，上文所说的"这其实是一个误解"，说的是《浙江省立图书馆善本书目题识》编者对此书卷数的误解。当然，也有另外一种可能，即浙江省立图书馆的藏本确实是一个残本，即仅存前四卷，而后六卷亡佚。

这种一至四卷、五至十卷的四六分，与上文介绍赵鸿谦《松轩书录》所著录的一至五，六至十卷的前、后五五分的情况小有差异，可能这是刻本与抄本的不同之处。

二、关于《考亭志》的编者与书名

在日本前田育德会尊经阁文库另藏有明万历版《考亭志》十卷，据馆藏著录，此本虽然是1991年据内阁文库存本所复制，但奇怪的是，作者却著录为"明朱用圭"而非朱世泽。

此外，在《考亭紫阳朱氏总谱》中有朱世泽的小传，其中提到了朱用圭与这部志书的关系，以及志书的原名：

为继承伯祖朱用圭遗志，以编《考亭阙里志》为己任，《考亭阙里志》编成后，就正于族长朱奎，又进行修改订正。万历乙未（1595），更名为《考亭志》，由督学徐即登刊刻行于世。此外，他还编著《潭阳文献》九卷。明刊本《考亭志》今存于南京图书馆，传为海内孤本。[1]

在这段话中，出现了此书的原名，具体刻印时间和刊刻者等。

先说编者。上文之所以会出现朱用圭所编，实由来有自。在《考亭志》卷末朱世泽《叙锲考亭志颠末》一文中，有如下一段话：

嘉靖岁在壬子，伯祖用圭公同知滁州事，时适古和雷公官南太仆，司同滁阳，三索《考亭志》，欲以应之而其道无由也。缘卤略其梗概，辱公代修，而公擢大司空北去，仅仅撰序以贻用圭公，不幸用圭公卒，而志终不果辑。

这里说到了朱用圭于嘉靖三十一年（1552）在任滁州同知时，曾与时任南太仆寺卿且"司同滁阳"（即同在滁州设司）的雷礼有交集。雷礼（1505—1581），字必进，号古和，江西丰城人。嘉靖十一年进士，历官福建兴化府推官，官至工部尚书，著有《皇明大政记》《国朝列卿记》《南京太仆寺志》等十几种著作。因与这位知名学者有同官之谊，朱用圭于是与雷礼谈起正在搜集资料欲纂修"考亭志"的意愿，这引起了雷氏的兴趣，此后曾前后三次向用圭索要志书初稿而不得；而用圭只是说起编纂此书的"梗概"即提纲，并希望雷氏能帮助其"代修"，后因雷氏提拔为"大司空"而调离滁州，仅仅留下了一篇序言，又因其后不久朱用圭不幸逝世，这部志书最终未能在朱用圭手上成书。这部欲修而"未果"的志书，可能正如赵鸿谦《松轩书录》在转录该书凡例所言"以雷公礼序诸端者"，而雷序中恰恰提到了朱用圭与此书的重要关系，这应该是日本前田育德会尊经阁文库将此书著录为"朱用圭（编）"的由来。

---

[1] 闽北朱子后裔联谊会、武夷山朱熹研究中心合编：《考亭紫阳朱氏总谱》，2000年铅印本，第415页。

次说书名。上文所说的"以编《考亭阙里志》为己任，《考亭阙里志》编成后，就正于族长朱奎……"是说此书原名为《考亭阙里志》，在此，"考亭"二字有误，而应为《南闽阙里志》，见于朱世泽《叙锲考亭志颠末》一文以下一段话：

> 今我文祖婺源有紫阳书院，则父母之邦也；尤溪有南溪书院，则悬弧之他（地）也；建安有环溪书院，则童戏画卦之所也；崇安有武夷书院，则晚岁讲学之区也。未闻以"阙里"称者，惟溪山清邃，盖文祖卜筑以成献靖公之志，而佑启我后人者也。是以葬祝文母于建阳之寒泉林，葬刘夫人于嘉禾之九峰山麓，则建阳之考亭实文祖付道沧洲而老其天年之所，是以宋理皇赐书院额，熊勿轩先生记目之为"南闽阙里"也。由兹以谭，则考亭诚文祖之阙里，而考亭书院不可与诸书院同年语也明矣。……文祖，孔孟以后一人，孔有《阙里志》，孟有《三迁志》，而考亭独阙焉，是世泽之罪也，是世泽之罪也！……知而不传弗仁也。……雷公序妄为编摩，分为十卷，而以外志三卷附焉。用熊勿轩先生语名曰《南闽阙里志》，就正族长征仕郎八十五翁奎公，然后乃敢捐己赀以寿诸梓，嘉与海内知重文祖者共之。[1]

再说具体刻印时间。

对此书的刊刻时间，有上文所说的万历乙未（1595）、万历十六年（1588）、万历十七年三种说法。

万历乙未一说，来源于清末印本建阳《紫阳堂朱氏宗谱》朱世泽小传，其中有"万历乙未（1595）提学道徐公节（即）登序诸书要序，刻传海内"一语，但在这句话之前，还有一句则被修谱者所忽略，即"万历己丑（1589）蒙提学道耿公定力建（倡）刊《考亭志》，嘉其留心先人，送学作养"。耿定力，字子健，湖北麻城人，万历间任福建督学副使。《福建通志·名宦志》有

---

[1]《考亭志》卷末，日本宽政七年（1795）据万历刊本传抄本，现存日本国立公文书馆。

其小传，称其"具人伦藻鉴，所识拔皆知名士"[1]。万历己丑，即万历十七年（1589），因此，此书刊刻成书的时间应在万历十七年前后。之所以说是"前后"，是因为在此书卷十之后，有"万历十六年戊子夏刊"一行，表明此书开印于万历十六年夏季。这应该就是日本内阁文库存本据以著录为"明万历十六年序刊"的由来。然而，细读文本，在此书中还有好几处在万历十六年之后发生的事件。

一是在卷九《飨堂典章》中，有《修考亭志成告祖祠文》，文曰：

> 刻《考亭志》完告家庙，万历十七年己丑五月十五日十三世孙世泽谨具志书全部，……刊志流传，延今两载，版始锲完，谨具数言，聊表心颤。……

二是在卷七《隆儒缛典》中，有"钦差提督学校福建按察司副使耿口口为公务事"的公文。其主要内容是官府为修葺武夷山紫阳精舍，曾拨专项钱粮375箩，而被"朱氏子孙无行者，视为赈贫济饥之物争分"，而"前刻《考亭志》批准充附生朱世泽，其志行不苟，或可行令掌管此租。选择外姓及本族生儒读书习礼于精舍内，庶为爱礼存义之意"。后署明年月为"万历十八年九月初五日，行外原批，行至建阳县，即将本道宪牌刻板张挂精舍内"。后有朱世泽小字注云：

> 世泽窃念宗师老大人藉入邑庠作养，揣分逾涯，敢侥望之福？……

宗师老大人即耿定力，藉入邑庠作养，亦上文已经提到的"送学作养"，即送到县学，成为县学的"充附生"。

三是在卷六《历朝诰谥》末页，甚至还出现了"万历二十年七月初七日奉圣旨程朱正学崇尚已久，岂可轻议"一条。

在以上所录文字中先后出现了"万历十七年己丑"（且明确说为"刊志流

---

[1]〔清〕郝玉麟等：《福建通志》卷二十九《名宦志》，《景印文渊阁四库全书》第528册，台北：台湾商务印书馆，1986年，第463页。

传，延今两载"）、"万历十八年九月初五日"、"万历二十年七月初七日"三个纪年，如果此书刊印于万历十六年（1588），就不应该出现此后发生的事件，由此可以断定，此书应为开印于十六年，历时两年，而下延至万历二十年仍不时有内容以新书版补入。

最后说刊刻者。上文有"万历乙未（1595）提学道徐公节（即）登序诸书要序，刻传海内"一语，说的应该是徐即登为诸书作序之后，由朱氏付诸刊刻并传海内，被误解为"徐即登刊刻行于世"。徐即登（1544—1626），字德俊，号匡岳，江西丰城人。明万历十一年（1583）进士。累官礼部郎中，历福建提学副使、福建参政等，师从于名儒李材。在福建提学副使之时，因"闽旧为徽国（朱文公）教化之地，即登崇圣学，正文体，与诸生穷性命指归，士风丕变"[1]。文中所说的"提学"，指的正是徐氏官福建提学副使之时。

实际上，此书的刊刻者是朱世泽，在其《叙锲考亭志颠末》一文最后几句说得明白："然后乃敢捐己赀以寿诸梓，嘉与海内知重文祖者共之。"所谓"捐己赀以寿诸梓"，是说用自家的钱交付书坊雕印，说明此书的刻印，在资金上与徐即登没什么关系，故此书的刊刻者毫无疑问应该是朱世泽。

三、此书的刊印地点

按说，书院志书，编纂在书院，其刊刻地点理所当然也应该在书院。在以往的研究中，包括笔者在内，也是这么认识的。[2]然而，实际上，此书的刊刻地点并不在考亭书院内，而是在建阳书坊。

在此书卷九后附《修考亭志成告祖祠文》中说：

> 刻《考亭志》完告家庙，万历十七年己丑五月十五日十三世孙世泽

---

[1]〔清〕谢旻等：《江西通志》卷六十九《人物志四》，《景印文渊阁四库全书》第515册，台北：台湾商务印书馆，1986年，第418页。

[2] 参拙文《福建书院刻书述评》，《中国书院》第4辑，长沙：湖南教育出版社，2002年；拙著《朱熹考亭书院源流考》，北京：中国文史出版社，2005年，第146页。

> 谨具志书全部，焚告于考亭始祖太师徽国公丙五十二公曰：远孙世泽，
> 碌碌无寻，窃自客岁寄处书林，召工剞劂，刊志流传……

由此可知，此书的刊刻，前后历时两年，为方便校对书稿，以刻版印制，朱世泽"寄处"建阳书林。也由此可知，古人刻书之困难，即便是距离考亭仅数十公里处就有建阳书林，但在古代交通工具落后的情况下，仍属不易。

四、《考亭志》的史料价值

由于以往此书锁在深闺，其内容罕为人所知，以至于有人根据书名，想当然地认为这只是一部"乡村志"[1]。实际上，《考亭志》是一部以朱熹和考亭书院为中心的书院志书，而不应视为是考亭村的村志。但由此事例可以知道，由于此前从未有过完整介绍此书的文章，加上以往极少被学者所引用，其内容几乎不为世人所知，也就不足为奇了。

正因如此，故有必要简要地介绍一下此书各卷的基本内容。

卷一《沧洲形胜》，主要内容包括介绍考亭东西南北四向的地方疆界；朱熹创建的竹林精舍和沧洲精舍的沿革，以及宋理宗赐额之后考亭书院的历代沿革。其中《考亭图》与《考亭图说》，详细描绘了明万历年间书院的建筑概况。其后，有书院附近的山、潭、亭、坊表、桥、社、寺和井，以及《考亭八景诗》，此外还有明代的地方官题写的书院对联等。

卷二《道学赞扬》，辑录了朱松的《洗儿诗》、刘子翚《字朱元晦祝词》，描述朱熹画像的《文公自题三首》，以及朱熹友人陈亮、门人赵汝腾等《赞文公像》。此外，《家庙藏文公六十一岁时真影》（书影2），是

书影2：《考亭志》所附《家庙藏文公六十一岁时真影》

---

[1] 陈明考序《回瑶村记》："乡里村一级历来很少修志，到明清时代才开始逐步出现。明朝万历年间（1573—1620），朱熹后裔邑生员朱世泽撰《考亭志》。"（李家钦编著：《建阳大典》，北京：作家出版社，2006年，第173页。）

《考亭图》之外的本书的第二幅图像。后附陈淳、李方子和吴寿昌等一批朱熹门人的《表扬朱子杂文》。

卷三辑录了宋晚学魏了翁《朱文公先生年谱序》，朱熹门人祝穆《朱子易箦私识》，后学王柏《朱子系年录跋》，以及《考亭日抄》。该《日抄》记录了从绍熙二年（1191）五月辞鸿庆宫归次潭阳，下迄庆元六年（1200）三月于考亭正寝，到十一月壬申下葬建阳唐石大林谷期间，所作序文、跋、记、赋、铭诸轶事而系之年月。

卷四为《朱子手泽》，列有《文公著述书目》共 25 种；《文公亲书字》，其中考亭存有墨刻板者及各处题者 12 种、四字扁 17 种；三字扁 19 种；二字扁 14 种等。后附明胡缉撰《朱子大全序》。其后是《沧洲病叟集》，从朱熹文集中"选其居考亭以后所著文，葺命以《沧洲病叟集》者，取公当时自号名之，而为此志益增重焉"。最后是《朱集潭抄》，内容是"外为邑人撰著及题潭阳山川者，即不计年月之先后，类而名曰《朱集潭抄》，盖亦无忘先人亲历品题之迹，并以为过者知式之去尔"。

卷五《及门造士》，辑录朱熹及门弟子共 338 人。其中福建 142 人，南京 24 人，山西 2 人，河南 2 人，陕西 1 人，浙江 40 人，江西 56 人，湖广 4 人，四川 6 人，广东 2 人，广西 1 人，外府县无考者 58 人。其内容，仅书各门人的姓名于各县名之后，而对"各门人之字号爵里、著述，及文公之与序、文、记、说、诗、铭、书启等事，初欲即见于各人之下，今既衷辑颇久，不能成帙，未备锓板也"。

卷六《历朝诰谥》附各奏疏，是历代朝廷对朱熹颁降的诰辞。时间从宋绍熙四年（1193）十二月除知潭州兼荆湖南路安抚使，到明万历二十年（1592），前后四百年间对朱熹的褒扬，共四十多条。

卷七《隆儒缛典》附各官书，是历代地方官府对考亭书院的修葺。辑录了从宋刘克庄任知县始建考亭祠以来，下至明万历年间，历代官府对考亭书院的重修重建的史实，使"破坏者完，倾颓者整，门墙栋宇如新"。

卷八《名公翰墨》，收入熊禾、虞集、彭时、林俊、杨四知、王世懋、杨应诏和程世京等有关书院的记文。

卷九《飨堂典章》，辑录陆游、白玉蟾、黄榦、陈淳、真德秀、刘克庄和王埜等历史名人和朱门后学的祭祀之文。后附朱世泽《修考亭志成告祖祠文》。

卷十《谒祠题咏》，辑录宋明时期曾极、程永奇、程鸣凤、马廷鸾、熊禾、吕午、何乔新和程敏政等一批学者的吟咏考亭书院的诗赋。后附《谒云谷诗二首》和《考亭书院竖碑记》。

卷末附朱世泽《叙锲考亭志颠末》，万历戊子（1588）冬刘朝阳《考亭志后序》。

以上大致介绍了《考亭志》的主要内容，由此我们可以知道，这是历史上唯一一部全面记录朱熹考亭书院历史的书院志书。由于编志者距离朱熹的时代已有400年之久，故志书的编纂有较大难度。比如卷五《及门造士》，辑录朱门弟子共338人，仅列各门人的姓名在各县名之后，而缺生平事迹的基本概况；而且，这338人有不少是在其他地方从学的弟子，不全是从学于考亭的门人，造成这种情况的，恰恰是因为年代久远，原始资料欠缺的缘故。

尽管如此，这部志书仍有不少其极具史料价值之处。

书影 3

一是保留了历史上最完整的描绘考亭书院的平面图（书影3）。而在此之前，我们所能见到的比较完整的只是《（道光）建阳县志》中的《考亭书院之图》，与《考亭志》中的图相比，县志中的书院图所描绘的不过只是此图的局部，甚至不到一半的篇幅。而在此图中，我们可以由此读到大量的在县志图中所见不到的内容，诸如龙舌洲、鲤鱼洲、盖竹社、沧洲桥、聚星亭、方塘阁和玉尺山，乃至"朱氏子孙世居之屋"等。而《家庙藏文公六十一岁时真影》，将此图与明正德刻本《朱子实纪》中的"太师徽国文公像"[1]比照，可以断定，此图应来源于《朱子实纪》；由此也可以推断，本书卷五《及门造士》中338位朱门弟子，其来源应该是参考了戴铣《朱子实纪》中319位门人，宋端仪《考亭渊源录》[2]296位门人的史料，而略有增补。

二是卷一《沧洲形胜》，对考亭书院的历史沿革，特别是对元明以下书院的修复，在以往的府县志书中大多语焉不详，而在此志书中有不少珍贵的史料记载；卷四《文公亲书字》，对万历时期，仍在考亭书院存有刻板，以及各处所题者作了一个较为全面的罗列，对于评判不少流传于今的朱子手迹的真伪，提供了一个重要参考坐标。

[原载《湖南大学学报（社会科学版）》2016年第2期]

---

[1] 明正德八年（1513）鲍雄刻本《朱子实纪》卷首。
[2] 明隆庆三年（1569）林润刊本《考亭渊源录》卷六至二十二列朱子门人296人，卷二十三为"考亭门人之无记述文字者"，仅列其名，共88人。

南明建阳刻本《经国雄略》

　　2013年6月28日，《南方周末》发表了暨南大学文学院中外关系史研究所马明达教授《钓鱼岛史料的重要发现——南明史籍〈经国雄略〉关于钓鱼屿的记载》一文。文中指出，"钓鱼岛自古以来就是中国的领土，这是被大量历史文献资料所证明了的。其中，南明弘光朝时由郑大郁编刻的《经国雄略》中，有《琉球东界合图》《琉球南界合图》《琉球北界图》三幅海图，其中《琉球南界合图》明确地画着'钓鱼屿'的位置，较之成书略早的郑若曾《筹海图编》卷一《福建七》、茅元仪《武备志·海防十二》的海图来，都更为清晰，因而具有很高的史料价值"。（书影1、书影2）

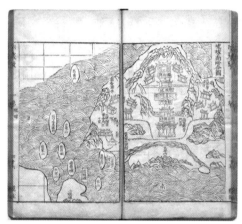

书影1：《琉球南畔合图》

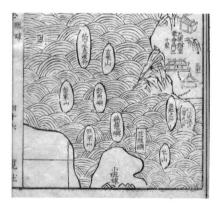

书影2："钓鱼屿"局部放大图

　　此书编者郑大郁，字孟周，号观社主人，温陵（今泉州）人。此书之外，他还有《篆林肆考》十五卷，由建阳书坊刘肇麟刻印；[1] 同时，他还曾为建阳刘荣吾

---

　　[1]　沈津：《美国哈佛大学哈佛燕京图书馆中文善本书志》，上海：上海辞书出版社，1999年，第83页。

藜光堂刻本《鼎镌全像水浒忠义志传》作序。以上种种，表明郑大郁与建阳书坊有着较多的交往。郑氏在编刻《经国雄略》之时，北方已是清王朝的天下，南方的福建则进入了短暂的南明弘光时期（1645），故郑大郁编纂此书，目的是希望能为处于风雨飘摇之中的朱明王朝中兴恢复之业助力。所以他在自序中说："是编也，取当事宏谟，无忠不抒者，简入选中，严订刊广，用佐中兴。一部《经国雄略》，贤于十万师远矣。企仰治平，端其有待。观社主人郑大郁识。"[1] 郑芝龙在序中评价此书："搜罗古今，援证天人，与夫山川形便，安攘富强，极之帆海绝徼，靡不群载考图，俾留心经国者，读此备知穷变度险，孚号忠志，协佐中兴，殆虚语哉！史称岳武穆班师还鄂，两河豪杰，太行忠义，率众归之。由是金人动息，山川险易，武穆咸得其实。我皇上果能推诚信任，更得其所任之将，如岳武穆、邓、耿其人者，将见非常之略展，非常之功立，则是编《经国雄略》，诚有裨于乃心王事者之一券也，功岂浅鲜乎哉！"[2]

此书之所以会收录有关钓鱼屿的几幅图，并非偶然，与编者郑大郁的爱国思想和学术认知有关。他在自序中说："昔人有云，宋初南渡时，士大夫相见，咸痛哭流涕，誓不与虏俱生，然后江浙粗安，而韩岳著绩。"因此，他编纂此书的目的，就是希望其时能有"披忠仗义之人，委身锋镝，为朝廷扫除腥秽，以佐我圣主中兴，必光复帝室而后已"。在此书《纪例》中，他提出了"图得考始明，考因图益著，二者废一不可"的观点，并将此观点贯穿到全书的编纂中。因此，此书四十八卷，共分为《天经考》三卷，有图 20 幅；《畿甸考》五卷，有图 8 幅；《省藩考》四卷，有图 29 幅；《河防考》四卷，有图 8 幅；《海防考》三卷，有图 9 幅；《江防考》三卷，有图 23 幅；《赋徭考》二卷，《赋税考》二卷，《屯政考》二卷，此三种无图；《边塞考》六卷，有图 27 幅；《四夷考》二卷，有图 28 幅；《奇门考》三卷，有图 32 幅；《武备考》九卷，有图 61 幅。正如郑大郁所言"是编博搜异授，以至皇舆典志，经文纬武之书，咸为绘图考订，分门别部，逐干寻枝，标本不紊"[3]。

---

[1]〔明〕郑大郁：《经国雄略自序》，《经国雄略》卷首，南明弘光建阳刻本。

[2]〔明〕郑芝龙：《经国雄略序》，《经国雄略》卷首，南明弘光建阳刻本。

[3]〔明〕郑大郁：《经国雄略·纪例》，《经国雄略》卷首，南明弘光建阳刻本。

此书国内有国家、上海和福建等几家图书馆有存本，但多为残帙。美国哈佛大学图书馆和日本公文书馆所藏为全本，笔者所阅即日本藏本。

对此书刊行的地点，马明达教授认为，是南明福王朱由崧弘光元年（乙酉，1645）夏天刻印于福建，且根据书口下每页均有"观社"二字，卷首郑大郁的《纪例》自署"观社主人郑大郁识"，则《经国雄略》的刊印者也应该是郑大郁本人。这一说法，不一定准确。确切地说，此书的刊行地点，是在福建建阳书林，是温陵（今泉州）郑大郁委托建阳书坊王介爵三槐堂所刊。

之所以得出这一结论，是因为此书卷首除了有南安伯石江郑芝龙序、附魏去非答书、乙酉春王三月温陵郑大郁孟周自序、题"观社主人郑大郁识"所作《纪例》十四则之处，还有题"乙酉中夏既望日书林义弟张运泰来倩序"，此"书林"，指的就是建阳书林。此书之外，书林张运泰还于清初与刻书家余元熹合作编选、刻印了《汉魏名文乘》六十一种。这是一部丛书，编于明末，刻于清初，选汉魏六十一家文集。《四库全书总目》卷一百九十三有著录，今国内唯广西图书馆存全帙，苏州大学和邵武市图书馆所存为不全本。此外，在《经国雄略》全书首卷《天经考》卷一首页末行有"潭阳王介爵锡九较梓"题识（书影3）；《畿甸考》卷一、卷三分别有"潭阳王登丹量百参

书影3：《经国雄略》卷一

阅"一行；《河防考》卷四有"潭阳丁钟祥吉有参阅"一行；《海防考》卷三、《边塞考》卷二和卷六分别有"潭阳王介蕃康扶参阅"一行；《江防考》卷三有"潭阳丁钟宸玉墀参阅"；《赋税考》卷一前有"潭阳黄希石小良参阅"；《武备考》卷六有"潭阳詹其日贞明"与"清溪詹鑛开丽"同较（校）。对"图书之府"建阳的历史有所认知的人氏都知道，"潭阳"乃建阳别称，如此之多的"潭阳"人氏作为校读出现在书中，可以证明此书即刊行于"潭阳书林"。而在《省藩考》卷首，又有"郑孟周编订《省藩考》三槐堂较梓"牌记

（书影 4），此三槐堂，即潭阳王介爵的堂号。

最后，要强调指出，此书虽为潭阳王氏三槐堂所刊，但在版权的归属上，应属郑大郁观社所有。也就是说，此书是由郑大郁出资，委托王介爵在建阳刊印。一是因为此书每页下方均有"观社"二字，此为郑大郁表明版权之意；二是全书每卷均有不少版面为空页，说明出版者资金较为雄厚。一

书影 4：《经国雄略》三槐堂刻本牌记

般来说，书坊刻书，为了节约成本，空版空格的现象只会出现在每卷最后一页，而不大可能在卷中出现；而此书每卷均有不少版面为空页，可能是委托方为了赶时间缩短工期，在委托王氏三槐堂主筹之外，还调集了建阳好几家书坊同时雕版印刷，而在分配各自负责的版面时，测算有误所造成的。

王重民先生认为此书"多载郑氏事迹，如郑芝龙、郑鸿逵、郑芝豹所造作，传世极少，赖此书得以保存一二"。他对郑成功的父亲郑芝龙的史料尤为关注，所撰《中国善本书提要》对此书所载的郑芝龙《恢复末议》《经国雄略序》两篇文章均予以全文移录。[1]

对此书的总体评价，郑振铎先生认为，郑大郁的《经国雄略》"是一部包罗万有，讲究'治国平天下'的书，而尤以治兵为主，其中插图不少。这时，建版的声势已很寂寞。这部书乃是这时期典型的建版之书，稍振颓风"[2]。

（原载《福建史志》2016 年第 1 期，收入 2016 年中国印刷技术协会、中国印刷博物馆、北京印刷学院主办《第九届中国印刷史学术研讨会论文集》）

［1］ 王重民：《中国善本书提要》，上海：上海古籍出版社，1983 年，第 346－347 页。

［2］ 郑振铎：《中国古代木刻画史略》，上海：上海书店出版社，2011 年，第 145 页。

建本类书述略

　　类书是辑录史籍中史实典故、名物制度、诗赋文章、丽词骈语等，按类或按韵编排，以便查询和检索的工具书，是我国古代百科全书式的资料汇编。其内容之广泛，资料之丰富，列古代各类工具书之首。我国第一部类书是产生于公元 220 年由魏文帝曹丕下令，由刘劭等编辑的《皇览》。

　　建阳书坊刻印类书的历史源远流长，迄今宋、元、明三代刻本所存甚多。以编纂时代而言，唐以后编纂的重要类书均有刻印；以编纂者区分，则可以分为官方组织力量编纂的、学者独力编纂的，以及书坊自编自刻的三种类型。这三种类型均有刻本。

　　唐初高祖李渊下令由欧阳询等编纂的《艺文类聚》一百卷，现存的建阳刻本是明嘉靖九年（1530）郑氏宗文堂刻本。这个刻本，在清代曾被误为元刊。唐玄宗时由徐坚奉敕编纂的《初学记》，共三十卷，是为了给皇太子们练习做学问的入门功夫而编的一部类书。此书现存的最早刻本，就是建阳刻本，是南宋绍兴十七年（1147）东阳崇川余四十三郎刻印的。所谓"东阳崇川"，即建阳崇化。这个刻本，刻印精湛，笔迹瘦劲有力，带有明显的建本特征。日本宫内厅书陵部现存一帙，为海内外硕果仅存的藏品。《初学记》的另一建本是明嘉靖十六年郑逸叟宗文堂刻印的。此本卷末有跋说："《初学记》三十卷，宋后刻于麻沙。今岁书林郑逸叟再购，以板其书。"因后有"宋后"二字，清代的藏书家孙星衍《平津馆鉴藏书籍记》将其误为元刻本。

　　唐代著名诗人白居易为积累写作素材，曾编辑了一部类书，名《白氏六帖》，共三十卷。后来，孔子的四十七世孙宋朝的孔传仿白氏之书，作《孔氏六帖》。这两部类书，南宋时建阳书坊均有单刻本行世。不久，建阳书坊又有人将此二书合为一书，名曰《唐宋白孔六帖》，合并刊刻，全书共一百卷。此宋建本《唐宋白孔六帖》天壤间现已无完本存世，仅日本静嘉堂存残帙三十八卷；上海图书馆存二卷；台湾"中央"图书馆所存最多，有四十二卷。

建本中最为有名的类书刻本是"四大部书"。指的是北宋时期由官方组织力量编纂的《太平御览》《太平广记》《册府元龟》和《文苑英华》四部大书。其中，前三种为类书，后一种为文章总集。把这四种书称为"四大部书"，据余嘉锡先生考证，始于宋代，并沿用至今。

《太平御览》和《太平广记》，由于都编于宋太平兴国年间（976—984），故均以"太平"命名。《太平御览》初名《太平总类》《太平类编》，宋李昉等奉宋太宗之命编纂。所谓御览，即皇帝看的书。宋太宗为炫耀自己勤奋好学，命每日进呈三卷，以备"乙夜之览"，并诏命将此书原名《太平总类》改为《太平御览》。全书共一千卷，分为五十五部，五千四百二十六门，引用书目达两千五百多种。全书内容丰富，包罗万象，现已失传了的许多著作，赖此书得以保存片断，是保存宋以前古典文献最多的一部大类书。

《太平御览》宋代刻本有两种，闽刻本和蜀刻本。闽刻本在蜀刻本之前，是已知现仍有残帙存世的最早刻本。蜀刻本有庆元五年（1199）成都路转运判官蒲叔献序，提到福建刻本。略云："《太平御览》以载籍繁伙，无复善本，唯建宁所刊，多磨灭舛误，漫不可考。"表明所谓闽刻，实际为建宁刻印，刊刻时间远在庆元以前。此建宁，指的是建宁府，历史上，建阳县属其管辖。此书卷帙浩大，以私家或书坊之力刻印比较困难，故此建宁本当为官府刻本，刻工即就近在建阳书坊招募。此刻本今日本静嘉堂文库存残帙三百五十一卷，原为清末藏书家陆心源皕宋楼旧藏。陆氏《仪顾堂集》中有《宋板太平御览跋》，定为"北宋官刊祖本"，刻印时间虽不一定准确，但官刊之说，还是对的。20 世纪 30 年代，商务印书馆影印《四部丛刊三编》，《太平御览》一书即有部分卷帙为宋建本，乃张元济先生东渡日本于静嘉堂文库摄得照片补入。

《太平广记》是一部采集野史、小说、遗文为主的类书，也由李昉等奉敕监修。全书五百卷，分为九十二类，一百五十多细目，引用书目四百七十五种。本书对后世小说、戏曲的发展影响深远，被称为"小说家之渊海"。[1]明代曾任寿宁知县的冯梦龙有《太平广记钞》八十卷，冯氏加以评点。《太平

---

[1]〔清〕永瑢等：《四库全书总目》卷一百四十二，北京：中华书局，1965 年，第1212 页。

广记》的建本，藏书家一向很少著录，唯冯梦龙《太平广记钞·小引》中说："皇明文治大兴，博雅辈出，稗官野史，悉传梨登架，而此书独未授梓。间有印本，好事者用闽中活板，以故挂漏差错，往往有之。"表明《太平广记》一书，明代福建有活字印本行世。明代福建的活字印刷，主要集中在建阳一带。著名刻本有嘉靖三十一年（1552）芝城（建瓯别称）铜活字印刷《墨子》；万历元年（1573）建阳游榕铜活字印刷《文体明辩》。第二年（1574）游榕又与饶氏合作，印刷《太平御览》一书。因此，冯梦龙氏所说的"闽中活板"印刷《太平广记》，与建阳书坊有一定关系。

《册府元龟》，原名《历代君臣事迹》，是北宋杨亿、王钦若奉敕编纂的一部大型类书。全书共一千卷，一千一百一十六门。全书资料丰富，从上古到五代，概括了宋以前的全部十七史，对北宋以前的史籍的辑佚和校勘具有重要价值。

宋代以后，《册府元龟》由于卷帙浩大，一直没有刻印。"六百年止一写本，互相传抄。势家购之，必损钱到三、二十万，贫士竟生至梦有不之逮者。"[1]明崇祯十五年（1642）建阳知县黄国琦将此书在建阳书坊刻板印行。

黄国琦，字石公，号五湖，江西新昌人，明崇祯十年（1637）进士。他刻印此书，得到福建巡按李嗣京、建南道胡维霖等人的资助，召集了建阳书坊的大批刻工，只用了八个月时间，这项巨大的印刷工程即告竣工。明建阳刻本《册府元龟》，在内容上经过博学之士文翔凤和黄国琦的校正，借阅了侯官藏书家曹学佺的家藏抄本参校，又经数十人的复勘，订正了传抄本的不少错误。在刻印质量上，由于官府督刊，延请建阳书坊中的优秀刻工操作，故全书刻印精美。字大悦目，书体采用仿宋体，一丝不苟，堪称明代建本中的上品。岁月流逝，此明建阳刻本今已流传稀少，国内仅中国国家图书馆、中山大学图书馆存有屈指可数的几部。为了方便学术研究，中华书局于1960年6月曾将此书刻本影印出版。

由于类书荟群书之萃，既博且精，使读者翻阅起来有事半功倍之效，因此，闽北许多学者也动手编纂，且多在建阳刻印。其中最为著名的有朱熹门

---

[1] 〔明〕文翔凤：《册府元龟叙》，《册府元龟》，北京：中华书局，1960年影印明万历刻本，第16页。

人祝穆编纂的《古今事文类聚》、建安谢维新编纂的《古今合璧事类备要》、崇安陈元靓编纂的《事林广记》等。

《古今事文类聚》原书一百七十一卷。分为前、后、续、别四集，共四十八部，八百八十五子目。全书仿唐欧阳询《艺文类聚》的体例，每类首录群书要语，或叙内容梗概，作为总论，次辑古今事物，末录古今诸家文集。引文完整并注明出处。宋人的遗篇佚文，多有赖此书得以保存。元代富大用依祝穆原书体例续补成新、外二集，后祝穆裔孙祝渊又编成遗集，合祝穆原书，共七集二百三十七卷。元代，建阳书坊合三家为一编，刻而印之。清乾隆间修《四库全书》，即依据此刻本采入。明代建阳书坊又有重刻本，另又有建阳刘氏云庄书院刻本，明嘉靖建阳知县邹可张刻本等。书目文献出版社1991年8月曾据元建阳刻本影印出版。

《古今合璧事类备要》，共分前、后、续、别、外五集三百六十六卷，一百一十六门，二千三百一十七子目。内容涉及天文、地理、岁时、气候、典制、职官、姓氏、称谓、城邑、建筑等各个方面。南宋建安谢维新、虞载编。谢维新，字去咎，虞载，字子厚，二人受建阳书坊刘德亨委托编纂此书，编成后由刘氏刻印。这是建阳书坊与当地文人合作出版的产物。

《事林广记》，全称《新编纂图增类群书类要事林广记》，共四十二卷。宋崇安人陈元靓编。陈元靓，号广寒仙裔，著有《博闻录》《岁时广记》及此书。《事林广记》约成书于宋理宗端平间，是现存最早的百科全书式的民间日用类书，开后来建阳书坊刻印日用类书之先河。此书现存最早刻本是元至顺间（1330—1333）建安椿庄书院刻本。书中收集了宋代市井生活的各方面资料，并配有插图，形象、生动地反映了当时的市民生活和文化娱乐活动。如市民的"投壶""蹴气球"等。书中续集卷四《棋局篇》，是现存最早的《棋经十三篇》全文，后附《棋盘路图》《长生图》《遇仙图》等，也是现存较早的棋谱。《事林广记》的建本还有元顺帝至元六年（1340）建安郑氏积诚堂刻本、明永乐十六年（1418）建阳刘氏翠岩精舍刻本、明弘治九年（1496）建阳詹氏进德精舍刻本。这些刻本的卷数有的多，有的少，不尽相同。

对类书的作用，历史上向来存在两种不同的看法。一种看法认为，它是积累文化、著书立说的资料库。南宋建阳学者俞成在《萤雪丛说》中记载了著名学者吕祖谦教他的学生做学问、写文章的秘方。首先要读秦观编纂的类书《精骑集》，再看吕氏自编的《春秋权衡》。"自然笔力雄朴，格致老成，每每出人一头地。"[1] 他的学生照此施行后，写出文章果然不同凡响。

另一种观点以朱熹为代表。认为类书只是采录文章的片断，使人不读全书。他在《答吕伯恭书》，也就是写给吕祖谦的信中说："近见建阳印一小册，名《精骑》，云出于贤者之手，不知是否？此书流传，恐误后生辈，读书愈不成片段也。虽是学文，恐亦当就全篇中考其节目关键。又诸家之格辄不同，左右采获，文势反戾，亦恐不能完粹耳。"[2]

不管学者赞同也好，反对也好，南宋建阳书坊编刻类书可以说是既多且快。南宋岳珂在《愧郯集》一书中说："自国家取士场屋，世以决科之学为先。故凡编类条目，撮载纲要之书，稍可以便检阅者，今充栋汗牛矣。建阳书肆，方日辑月刊，时异而岁不同，以冀速售。"说明书坊刻印类书，是因为科举制度的存在，这类书便于应举士子检阅，读书人爱买，建阳书坊应其所需而大量编印。

元明时期，建阳书坊所编所刻的类书数量超过宋代，类书的内容已不仅限于科举应试之书，诸如书翰启札、诗赋词藻、姓氏人物、典故史实、幼学启蒙、民间日用等类书更是大量发行。刻本较多的有元建阳刘应李编《事文类聚翰墨大全》、元三山（今福州）林桢编《联新事备诗学大成》、明无名氏编《天下四民利用便览五车拔锦》、明余象斗编《天下四民利用便览三台万用正宗》、明武纬子编《四民捷用学海群玉》、明唐士登、熊大木合编《锦绣万花谷文林广记》等，迄今可考者，刻本不下百余种。

这些类书，由于通俗、易懂、实用，在当时甚受广大下层劳动人民读者的欢迎，在启育童蒙、传播知识方面也起到了巨大作用。

（原载《福建史志》2006 年第 2 期）

---

[1] 〔宋〕俞成：《萤雪丛说》卷下，《百川学海》戊集，民国武进陶氏据宋本景刊。

[2] 〔宋〕朱熹：《晦庵先生朱文公文集》卷三十三，朱杰人、严佐之、刘永翔主编《朱子全书》第 21 册，上海：上海古籍出版社、合肥：安徽教育出版社，2002 年，第 1445 页。

建本小说概述

　　建阳刻印小说的历史可以追溯到南宋时期，当时书坊已出现了稗官野史、文言小说的刻本。只是由于难以与正史之类的刻本竞争，加上官方每每禁毁，故这类刻本在当时的建本中，难以形成主流。

　　建阳刻印通俗小说则始于元代，现存的元代建本小说尚有六种，均为平话讲史小说。这六种小说分别为元至元三十一年（1294）建安书堂刻印的《三分事略》；元至治间（1321—1323）建安虞氏刻印的被今人通称为"元至治刊平话五种"。

　　《三分事略》是现存最早的带有书名页的图书，也是现存最早的三国故事小说。此书是元世祖至元以前民间流传的"说三分"故事梗概的较原始记录，已粗具后来罗贯中写作《三国演义》的雏形。

　　"元至治刊平话五种"，分别为《新刊全相平话武王伐纣书》《新刊全相平话乐毅图齐七国春秋后集》《新刊全相秦并六国平话》《新刊全相平话前汉书续集》《至治新刊全像平话三国志》，每种均为三卷，共十五卷。其中《乐毅图齐七国春秋》只有后集，应当另有"前集"；《前汉书》只有续集，应当有"正集"。或许还有《后汉书平话》。但到目前为止，所知仅此五种。平话，通常作评话。"平"是评论历史的意思。这五种平话小说，均为"说话"艺人的底本。宋代"说话"分为小说、讲史、说经、合生四家。讲史主要以讲唱历史故事为主要内容。这五种话本小说内容比较简率，文字粗疏，带有许多机械地记录民间口头文学的痕迹。其中《三国志》与《三分事略》是同一书的不同版本，也是后来罗贯中写作《三国演义》小说的材料来源之一；《武王伐纣书》则是明代小说《封神演义》的祖本。

　　建本小说的繁荣，出现在明嘉靖以后。其时，通俗小说、戏曲、日用类书是建阳书坊刻印最多，也是最具特色的书籍。传统的经史著作，至此已退居次要地位。其原因主要是明前期《三国演义》《水浒传》在文学界、出版界引起巨大反响，刻本供不应求，洛阳纸贵。书坊老板在销售中，感受到这类书籍甚为畅销，大有可为；但又苦于新的书稿严重短缺，青黄不接，于是群起效尤，仿照《三国演义》写历史演义，从开天辟地开始，一直写到明代。

明可观道人冯梦龙在《新列国志序》中说："小说多琐事，故其节短。自罗贯中氏《三国志》一书，以国史演为通俗演义，汪洋百余回，为世所尚。嗣是效颦日众，因而有《夏书》《商书》《列国》《两汉》《唐书》《残唐》《南北宋》诸刻，其浩瀚几与正史分签并架，然悉出于学究杜撰，仇儸砬溇，识者欲呕。"冯梦龙是明代通俗文学作家，对明代通俗文学的发展曾起过积极的推动作用。他的这段话是对一味拙劣地模仿，和以俗解史书来代替小说创作现象的批评。其中他所举的几种通俗演义，就大多出于建阳书坊。冯梦龙对这些建本历史演义采取的是否定的态度，这不够全面，至少有两点作用应予以肯定。

一是这类通俗历史演义，虽然水平不高，但在当时而言，由于老百姓爱读爱看，起到了普及历史知识的作用。当时的一位博通经史的学者作诗说："老夫胸有书千卷，反让僮奴博古今。"就是这种作用的形象反映。

二是这类小说为明代长篇通俗小说的繁荣起到了推波助澜的作用。其中还有部分小说，如鲁迅先生所说："虽芜杂浅陋，率无可观，然其力之及于人心者甚大，又或有文人起而结集润色之，则亦当为鸿篇巨制之胚胎也。"如冯梦龙的《新列国志》，就是在建阳书坊余邵鱼编撰的《列国志传》的基础上修改而成；清乾隆间蔡元放又对此书作了某些润饰，加上评语，改名为《东周列国志》，成为一部我国小说史上除《三国演义》之外流传最广、影响最大的通俗历史演义。

这时期，建阳刻印的通俗小说可分为历史演义、英雄传奇、神魔小说、世情小说和公案小说五种类型。

历史演义的领衔之作是《三国演义》，主要刻本有明万历二十年（1592）余象斗双峰堂《新刻按鉴全像批评三国志传》《新刊校正演义全像三国志传评林》；万历间刘龙田乔山堂刻本《新锓全像大字通俗演义三国志传》；明书林熊冲宇种德堂《新锲京本校正按鉴演义三国志传》；万历二十四年熊清波诚德堂《新刻京本补遗通俗演义三国志传》；万历三十年云林郑世容《新锲京本校正通俗演义三国志传》，等等。过去，学者多认为建本《三国演义》是罗贯中原作的节本，建阳书坊偷工减料，砍头去尾，以图速售。这种观点，已被《三国演义》版本研究的最新成果所推翻。周兆新先生通过对众多版本的细致甄别，得出与此截然不同的结论：万历间的建阳刻本是最接近罗贯中原作的版本，而时间较早的嘉靖本则是已对旧本作过修改的增补。

英雄传奇的首要之作是《水浒传》，主要刻本有万历间余象斗刻印的《京本增补校正全像忠义水浒志传》和《新刊京本全像插增田虎王庆忠义水浒全传》；天启间杨氏四知馆刻印的《钟伯敬先生批评水浒忠义传》；崇祯间刘荣吾藜光堂刻印的《鼎镌全像水浒忠义志传》；富沙刘兴我刻印的《新刻全像水浒传》，以及熊飞雄飞馆《英雄谱》合刻。在此之前，建阳书坊还刻印了《宣和遗事》一书，是施耐庵写作《水浒传》的祖本之一。此外，明万历间，建阳书坊还刻印了描写戚继光抗倭事迹的《戚南塘剿平倭寇志传》等。

神魔小说作者的第一人是吴承恩。他的《西游记》问世后，建阳书坊有杨闽斋清白堂、莲台刘永茂、书林熊云滨，以及余象斗的《四游记》合刻本，群起效仿的除余象斗南、北游记外，还有熊氏宏远堂的《列仙降凡传》，杨氏清白堂的《全相二十四尊得道罗汉传》《全像达摩出身灯传》、刘双松安正堂的《唐钟馗全传》，以及余氏萃庆堂刻印的《铁树记》《飞剑记》《咒枣记》等刻本，使建本神魔小说也蔚为壮观。

在明代建本神魔小说中，有一部描写妈祖故事的小说，一向罕为人知。这部小说就是明万历间由建阳熊龙峰刻印的《新刻出像天妃济世出身传》（书影 1、书影 2），又名《天妃娘妈传》。全书分为上下二卷，上栏图画，下栏文字。这是明代建本小说的常见版式，称为"上图下文"。这部小说所描写的主要情节，如与鳄精斗法、救护商船，与至今尚在福建沿海一带流传的妈祖伏在织机上，救助海上遇到风险的父亲的传说极为相似。当前，湄洲妈祖庙每年接待前来朝拜的海外侨胞人达数十万，成为福建对外开放的一个重要窗口。因此，这部明代建阳刻印的小说，就不仅仅在福建省出版史、小说史上具有重要意义，即使对增强海外侨胞的爱国思想，促进福建的经济发展，也自有其不容忽视的作用。

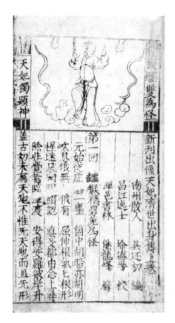

书影 1：建阳书林熊龙峰刊本　　　　　　书影 2：建阳书林熊龙峰刊本
《新刻出像天妃济世出身传》　　　　　《新刻出像天妃济世出身传》牌记

　　上述"天妃传"小说的刻印者熊龙峰，书堂名"忠正堂"，是明嘉靖间建阳通俗小说作家熊大木的后人。小说作者吴还初，号南州散人，生平事迹，史志无载，文学史亦不提其人。从小说的描写来看，作者对闽南一带的风俗民情，以及流传民间的妈祖传说，都极为熟悉，故能写成历史上唯一的一部反映妈祖故事的长篇小说，从其自署"南州"而言，作者是闽南一带的人当无可怀疑。

　　公案小说作为专集出版，最早的刻本即出自建阳，这便是刊行于明万历甲午（1594）的建阳朱氏与畊堂刻本《全相百家公案全传》，又作《新刊京本通俗演义增像包龙图判百家公案》。全书十卷一百回，叙述包公判案故事九十四则。全书杂取民间传说和宋元戏曲故事而成，流传于后世的《铡美案》《追鱼》等故事已见载于此书之中。

　　此外，明代建本公案小说还分别有余氏建泉堂、余氏文台堂和郑氏萃庆堂三种刻本的《皇明诸司廉明奇判公案》，以及余成章刻印的《郭青螺六省听讼新民公案》等众多刻本。

世情小说的著名刻本有明万历间熊龙峰刻印的《冯伯玉风月相思小说》《孔淑芳双鱼扇坠传》《苏长公章台柳传》《张生彩鸾灯传》，今人合称为"熊龙峰刊小说四种"，每种各一卷。原本久佚，后在日本内阁文库（今日本国立公文书馆）发现而引起国内外学术界的广泛注意。小说在艺术上甚为幼稚，其主要价值在于版本的珍贵。

万历间，余成章刻印《全相牛郎织女传》，是表现牛郎织女故事的最早刻本。

明代，建阳书坊除了上文曾提到的，以编印《列国志传》而知名的余邵鱼外，还出现了两位以编、刻通俗小说为主的著名刻书家和通俗小说作家：熊大木和余象斗。

熊大木（约1506—1579），明成化间建阳著名刻书家熊宗立的曾孙，承其祖上刻书之业，以"忠正堂"名号刻印图书。现存刻本有嘉靖二十一年（1542）《新刊大字分类校正日记大全》。在刊刻书籍的过程中，他自己也动手编写了不少通俗小说，是我国小说史上继《三国演义》《水浒传》之后，出现较早的编撰长篇历史演义和英雄传奇小说的作家，在我国通俗小说的发展史上，具有重要影响。

熊大木编撰的通俗小说，现存的有《全汉志传》十二卷、《唐书志传通俗演义》八卷、《南宋志传》十卷、《北宋志传》十卷、《大宋中兴通俗演义》八卷。其中，《北宋志传》和《大宋中兴通俗演义》分别是最早描写杨家将抗辽和岳飞抗金故事的长篇小说。

余象斗，名文台，三台山人、三台馆主人均为其号，双峰堂、三台馆则为其书堂之名。他从万历十六年（1588）至崇祯十年（1637），刻书数量达四十几种，今多有原刻本存世，所刻书多为通俗小说和民间通俗读物。由于具有一定的可读性，在下层劳动人民读者中，还是具有相当的市场。他除编著神魔小说外，还自编自刻了《新刻皇明诸司廉明奇判公案》，是我国较早的公案小说集。全书虽缺乏文采，艺术性较差，但在我国公案小说的发展史上，具有开拓之功。

（原载《福建文史》1997年第2期）

建刻戏曲考述

历史上，建阳曾是我国三大刻书中心之一，所刻书籍，称为"建本"或"麻沙本"。建刻书籍，内容广泛，举凡经史子集无所不备。其中，戏曲类占了一定比例。今存国内外图书馆数量不少，多为珍贵的古籍善本。

本文拟在前人有关著述的基础上，对建刻戏曲的历史，作一综合性的探讨，疏漏之处，尚祈识者补正。

一、建刻戏曲的历史背景

建阳的刻书业肇始于五代，繁盛于两宋，延续于元、明、清初，现存于国内外大中图书馆的宋、元、明刻本数量不下千种。根据现存刻本及著录看，建刻戏曲多为明以后所刻，宋代是个空白，元代间或有之。这种现象的产生，有其深刻的历史原因。

南宋靖康之难后，随着政治、经济、文化重心南移，南方各省得到空前发展。闽浙一带不但成为经济、文化的中心，还一跃而成为政治的中心。经济的发展，为建阳刻书业的兴盛提供了充裕的物质前提；文化的发展，则为其提供了充分的养料和土壤。

在经济、文化、出版业蓬勃发展的同时，南戏也在温州、莆田、仙游、泉州、漳州一带产生发展起来。早期南戏如《王魁》《赵贞女》等曾在福建闽南一带演出过。早已失传的南戏《朱文太平钱》，至今还保留在福建的梨园戏中。莆仙戏中至今尚较原始地保存着《荆（钗记）》《刘（知远白兔记）》《拜（月亭）》《杀（狗记）》等传统剧目。《张协状元》中则有"福州歌""福清歌"等，可以证明福建曾是南戏的发祥地之一。明代建阳通俗小说作家熊大木描写杨家将故事的长篇小说《北宋志传》，除根据《宋史》等正史记载改编外，还吸收了不少宋元杂剧、戏文的故事情节，如传统剧目《李陵碑》《洪羊洞》《穆柯寨》等。根据以上史料推测，宋元时期，福建沿海一带戏曲的发展曾经有过比较繁盛的时期。戏曲的繁荣，表现在出版业上必然是戏曲刻本的数量增多。但历史事实却是，宋元时期，居于全国刻书数量之冠的建阳刻书业，戏曲类书籍刊刻并不多，乃至今日甚少宋元刻本流传。其中一个重要的原因，窃以为盖源于封建正统文化抑制了民间戏曲的发展。

南宋中后期，朱熹的师友门人，在福建形成了一个庞大的学术流派，称为闽学派或考亭学派，并在福建文化史上占据了重要地位。但朱熹理学一旦成为官方文化以后，逐渐成为政治的附庸，具有极大的排他性，对民间戏曲的排斥便是其中之一。就连朱熹本人也曾于绍熙元年（1190）知漳州任上，禁止当地演戏。朱熹的学生陈淳承其衣钵，也有过禁戏的举动。在他们的影响下，许多封建文人鄙视民间戏曲。当福建的许多文人学者写出大量传统经学、文学、史学著作的时候，戏曲文学却鲜有人问津，反而每每面临着被禁的厄运，使戏曲在宋元时期只能在民间艰难而顽强地发展着。这么说并非否定宋元时期南戏在福建曾经有过比较繁荣的局面，因为戏曲演出的社会基础在当时来说，主要是广大下层的劳动人民观众；而戏曲类书籍刊刻出版的社会基础则至少是粗通文墨的读者。这"读者"与"观众"之间，即案头戏曲读物的欣赏者与舞台演出的观看者之间，虽有交叉的现象，但更多的却有一个文化层次的区别。当四书五经之类书籍大量刊行，所谓"泽满天下"的时候，小说、戏曲一类书籍，是很难与之争一席地位的。

宋元时期建阳书坊甚少刻印戏曲类书籍，还因为建阳乃考亭故居，朱熹在崇安、建安、建阳一带生活了几十年，考亭学派人物中有相当一部分是这一带的人，他们对建阳书坊的影响相当深刻，加上当时建阳书林人物与理学人物有千丝万缕的联系，使这种影响更加直接而明显了。如建阳刻书世家刘氏，与崇安五夫刘氏本同族。刘氏中有朱熹的老师刘子翚、刘勉之、弟子刘爚、刘炳、刘崇之等，多为理学名人。由于刘氏与朱熹渊源甚深，所受影响甚巨，故其在宋元时期所刻印书籍多为四书五经一类。据拙文《建阳刘氏刻书考》统计，宋元时期建阳刘氏刻印了 66 种图书，其中竟没有一种是戏曲类书籍。其他刻书名家如余氏、熊氏等无不如此。这种情况，到了明代才开始有较大的变化。

明代是我国刻书业极盛的时期，而建阳的刻书数量又居全国首位，其中戏曲类书籍占有相当的比例，使明代戏曲刻本的现存数量远较宋元刻本为多。

其原因有二。一是统治者的提倡。明初，统治者为缓和阶级矛盾，恢复社会经济，采取了一系列休养生息、繁荣经济的措施。洪武元年（1368），朱元璋诏令废除书籍税，直接刺激了刻书业的发展。同时，由于朱元璋子嗣繁多，为避免藩王犯上作乱，造成藩镇割据，朱氏平时比较重视进行防范和训诫。对各藩王除封地、厚赠之外，还专门赠给许多戏曲、小说类书籍，试图以此移性情、弭野心、消祸乱。明人李开先《张小山小令·后序》中便有"洪武初年，亲王之国必以词曲一千七百本赐之"的记载。在此潜移默化和最高统治者的"引导"之下，明代亲王中出现了不少长于文学，精通曲律之人。如朱有燉于永乐、宣德间曾自编自刻了《诚斋杂剧》22 种；宁藩朱权编刻了《太和正音谱》；郑恭王瞻埈五世孙朱载堉著有《乐律全书》《醒世词》等。上有所好，下必行焉。明代建本戏曲刊行的数量远远超过宋元时期，此为重要原因之一。

二是具有更加广泛的社会基础。明中叶后，社会政治趋于腐败，土地兼并的加剧，使农民大批破产，流亡市镇，成为廉价的手工业劳动者，促使城市经济得到发展，资本主义开始萌芽。市民阶层的逐渐扩大，为小说、戏曲等市民文学作品大量产生并刊板流行，提供了更加广泛的社会基础。在这种形势下，像宋代朱熹那样凭借官方的力量来禁止演出或刊刻戏曲，事实上已经不可能。明人叶盛说：

> 今书坊相传，射利之徒伪为小说杂书，南人喜谈如汉小王（光武）、蔡伯喈（邕）、杨六使（文广）；北人喜谈如继母大贤等事甚多。农工商贩抄写绘画，家畜而人有之，痴騃女妇尤所酷好。好事者因目为《女通鉴》有以也。甚则晋王休徵、宋吕文穆、王龟龄诸名贤，至百态诬饰作为戏剧，以为佐酒乐客之具。有官者不以禁杜，士大夫不以为非；或者以为警世之为而忍为披波助澜者亦有之矣。意者其亦出于轻薄子一时好恶之为。如《西厢记》《碧云𫘦》之类，流传之久，遂以泛滥，而莫之救欤！

他的话，反映了当时那些维护正统儒家思想的士大夫对明代小说、戏曲流行的现象颇为不满，但又欲禁不能的心境，也反映了明代小说、戏曲发展的盛况。

此外，由于朱熹理学北传，到了明代，朱学福建派系势力渐微，建阳的闽学中心地位已不复存在。建阳刻书世家中，新一代的刻书家受正统儒学的影响远较其前辈为逊。他们对刻印书籍内容的选择，考虑更多的是如何能速售赚钱，拥有广大读者的小说、戏曲就成了他们刻印的热门书。这也是明代建阳刻印这类书较多的原因之一。如所谓"以理学名家"的建阳刘氏也出现了刊刻《西厢记》的刘太华、刘龙田，以及为戏曲刻本制作版画插图的刘素明。

二、建刻戏曲述评

（一）建刻戏曲的数量

从国内外一些图书馆现存建刻戏曲的数量以及各有关书目的著录看，历史上建阳刻印的戏曲类书籍大约略少于金陵（南京）、苏州，而多于杭州、四川、歙县。据笔者所知，元、明、清三代建刻戏曲凡47种。限于见识，可能并不完整。

根据这47种刻本内容来看，大致可分为戏文传奇类、戏曲选集类、戏曲史料类三种类型。其中第一类最多，共32种；第二类次之，12种；第三类最少，仅3种。其中第三类的3种刻本，即宋赵令畤《侯鲭录》和分别有元、明两种刻本的元末陶宗仪《辍耕录》，按其体裁分，严格地说应属于笔记小说类。

由于各家书目著录中对其中某些刻本或书肆的地点说法不一，或未明确列为建本，因问题直接关系到建刻戏曲的数量，故略加辨析如下。

1. 未明确列为建本者，主要有：

日新堂本《西厢记》。即郑振铎先生《西厢记的本来面目》一文中列为第九种的刻本，并注明"未见"。庄一拂先生《古典戏曲存目汇考》卷四《崔莺莺待月西厢记》条："日新堂本目云：第一本《焚香拜月》，第二本《冰弦写恨》，……与现传明弘治金台岳家刻本同。"则庄先生似见过此本，但未注明刻书地点。日新堂乃元世祖至元到明嘉靖间建阳刘氏书肆，刻书甚多。拙文《建阳刘氏刻书考》列其元明刻本 36 种，由此可以断定。此《西厢记》乃建阳刘氏日新堂刻本。

明嘉靖进贤堂刻《风月锦囊》戏文总集。进贤堂是嘉靖间建阳书肆，堂主姓詹。明嘉靖间刻《新刊三礼考注》，目录后有"龙飞戊子岁孟夏月詹氏进贤堂刊"刊记，可证。

明崇祯忠贤堂刻《唾红记》。忠贤堂乃明万历间建阳刘龙田的堂名之一（此外还有乔山堂、乔木山房等堂号）。刘氏曾于万历四十三年（1615）以此堂名刻曾楚卿《书经发颖集注》，现存中国国家图书馆。此外，民国九年（1920）刻建阳书坊《贞房刘氏宗谱》，扉页即题"忠贤堂梓"。

2. 刻书地点误录者，主要有：

萧腾鸿的师俭堂，过去多被误为是金陵书肆。根据笔者在上海中医学院（现上海中医药大学）图书馆所见明萧腾鸿刻《小儿痘疹医镜》一书，可以断定萧氏师俭堂是建阳书肆。该书上卷有"建邑书林萧腾鸿庆云父梓"，下卷有"潭阳书林萧腾鸿庆云父梓"刊记。其中"建邑""潭阳"指的就是建阳。因建阳城内有大潭山，古称大潭城，故又称潭阳。文末附录中还有"潭邑""潭水""古潭""潭城"等，所指均为建阳，故萧腾鸿的师俭堂戏曲刻本应为建刻图书。

（二）建刻戏曲的主要贡献

建刻戏曲，源远流长。宋元刻本虽流传甚少，但有大量的明代刻本或翻刻本存世，这就为今天的戏曲研究，以及戏曲剧本的推陈出新提供了可供借鉴的珍贵资料。

如《侯鲭录》本为文言小说，但此书卷五全载王性之辨《会真记》文，并附《商调蝶恋花》十二首，实为戏曲史上极重要之史料。《辍耕录》则记载了金代上演的院本名目，对金戏剧之院本、杂剧、曲名、歌调考订颇详，是研究我国戏曲史的重要文献。《辍耕录》的最早刻本是元末建阳刻本，现珍藏于山西博物馆，用此刻本对校中华书局据武进陶氏刻本排印本，以及其他明刻本，可以发现其中许多错误，可证此本之善。

又如陈三五娘的故事，从南宋以来一直在闽南、广东潮州一带流传。至今梨园戏、莆仙戏、高甲戏、芗剧及潮剧中尚有《陈三五娘》剧目，是一出被誉为完全可以和《西厢记》相媲美的传统剧目，就是根据南戏《荔枝记》和明传奇《荔镜记》改编的。今存最早的《荔镜记》刻本即明嘉靖四十五年（1566）建阳余新安所刻。余氏此刻本卷末题识云："重刊《荔镜记》戏文计有一百五叶。因前本《荔枝记》字多差讹，曲文减少，今将潮、泉二部增入颜臣勾栏诗词北曲，校正重刊……"由此可知，余氏尚刻印过《荔枝记》戏文，其刻书态度也比较严肃认真。

现存于西班牙圣路宁佐皇家图书馆，刻于明嘉靖三十二年（1553）的《新刊耀目冠场攉奇风月锦囊》四十一卷，简称"《风月锦囊》"，是一部被称为"完全可以与《永乐大典戏文》三种，《九宫正始》、成化本《白兔记》，及明本潮州戏文等的发现相提并论的"戏文总集，是研究散曲、说唱、戏曲史的珍贵资料库。此书已由台湾学生书局于1987年影印出版，引起了国内外学者的广泛注意。此刻本的刊刻者是建阳詹氏进贤堂，是嘉靖间建阳著名书肆。

在建阳众多的戏曲出版家中，师俭堂萧腾鸿最值得一提。其刻印戏曲的数量和质量，均名列前茅。仅《西厢记》，他就刻了《汤海若先生批评西厢记》《鼎镌西厢记》《鼎镌陈眉公先生批评西厢记》三种。加上日新堂刊本、刘龙田乔山堂刊本、熊龙峰忠正堂刊本、王敬乔三槐堂刊本、潭邑书林岁寒友发兑本、潭阳太华刘应袭梓本、书林游敬泉刊本，使建阳刻印的《西厢记》，汤显祖、陈继儒、徐渭、李卓吾诸家评本一应俱全，为今天的《西厢记》研究提供了可供比较、鉴别的版本系列。此外，萧腾鸿刻印的六种戏曲，《西厢记》《幽闺记》《琵琶记》《红拂记》《玉簪记》《绣襦记》，甚为有名，通常称为"六合同春"本。其名源于清乾隆十二年（1747）修文堂将萧氏六种传奇修版印行合订，另加封面时，名曰《陈眉公先生批评六合同春》，此后，"六合同春"就成了萧氏六种传奇刻本的代名词。

与建阳所刻的其他正经正史类图书相比，建刻戏曲虽不算多，但其中仍保存了丰富的戏曲史料。一些没有单刻本流传的明清戏曲作品或已佚的剧本，在建本戏曲选集中也有所保存。如明蔡正河爱日堂刻本《八能奏锦》中，保存了明无名氏撰《升天记》以及《木梳记》散出。熊稔寰燕石居刻本《尧天乐》中，保存了明无名氏撰《阳春记》散出。清顺治间古潭广平堂刊《昆弋雅调》保存了明无名氏撰《完璧记》和《中郎传》散出等。

此外，四大南戏之一的《白兔记》今存版本虽然很多，但像明嘉靖间进贤堂所刻《风月锦囊》中的《全家锦囊大全刘智远》那样刻印年代较早的版本尚不多见。至于明代四大声腔之一的青阳腔改本《白兔记》，今已无完本存世，现存散出，均见于建本戏曲选集中。如明叶志元刻本《词林一枝》选《刘智远夫妇观花》一出；明书林廷礼刻本《玉谷调簧》选《智远夫妇观花》一出；蔡正河刻本《八能奏锦》选《承祐游山打猎》一出；熊稔寰燕石居刻本《尧天乐》选《汲水遇兔》《小将军打猎遇母》和《夫妻磨房重会》三出等。

由于古籍善本的罕见，难以满足人们对戏曲古籍的需求，中华人民共和国成立前后出版界有计划地选编了部分戏曲古籍刻本影印出版，其中便有许多建刻戏曲被选为底本。较著名的有：《古本戏曲丛刊初集》所收刘龙田刻《西厢记》、杨居采刻《红梨花记》；《四部丛刊》影印本所收元建刻《梨园按试乐府新声》；《古本戏曲丛刊二集》所收明建刻《麒麟记》；《古本戏曲丛刊三集》所收明杨居采《鹔钗记》；中国书店影印明熊稔寰刻《秋夜月》等。

值得一提的是建刻戏曲中大多刻本均有精美的版画插图，具有图文并茂、雅俗共赏的特点。其形式较小说刻本的版画插图更为活泼多样、不拘一格，技法更为圆熟。如余新安的《荔镜记》、刘龙田的《西厢记》、萧腾鸿的《幽闺记》《西厢记》《红拂记》《绣襦记》，陈含初的《破窑记》等刻本中的插图，或采用上图下文的形式，或采用单面方式，或合页连式，突破了建阳早期刻本仅限于上图下文方式的局限。建刻戏曲版画多根据戏曲中人物、场景和情节构思，人物形象生动传神，环境布局错落有致，雕刻刀法圆润，风格秀婉而浑朴。如刘龙田、萧腾鸿刻《西厢记》中的版画，均为建刻戏曲版画中的精品。

在明代版画三大画派中，建刻戏曲对促进建安画派的形成起到了积极的推动作用。由于刻书历史的悠久，建刻版画往往领风气之先，并通过各地书坊之间的交流，对后来居上的徽州、金陵画派的形成也起了推动作用。如上文提到，建阳萧腾鸿师俭堂会被误为金陵书肆，这与两地之间通过交流，版刻风格比较接近有一定关系。建刻戏曲及其版画，对促进福建乃至全国文化艺术的发展起到了积极的影响。

主要参考书目：

1. 庄一拂编著：《古典戏曲存目汇考》，上海：上海古籍出版社，1982 年。

2. 蒋星煜：《明刊本西厢记研究》，北京：中国戏剧出版社，1982 年。

3. 傅惜华：《明代传奇全目》，北京：人民文学出版社，1959 年。

4. 傅惜华：《中国古典文学版画选集》，上海：上海人民美术出版社，1981 年。

5. （日）青木正儿原著，王古鲁译著：《中国近世戏曲史》，北京：作家出版社，1958 年。

6. 刘念慈：《南戏新证》，北京：中华书局，1986 年。

7. 罗锦堂：《锦堂论曲》，台北：联经出版事业公司，1979 年。

8. 王重民：《中国善本书提要》，上海：上海古籍出版社，1983 年。

9. 魏隐儒编著：《中国古籍印刷史》，北京：印刷工业出版社，1988 年。

10. 杜信孚：《明代版刻综录》，扬州：江苏广陵古籍印刻社，1983 年。

11. 北京图书馆编：《西谛书目》，北京：文物出版社，1963 年。

12. 北京图书馆编：《北京图书馆善本书目》，北京：书目文献出版社，1987 年。

（原载《福建图书馆学刊》1993 年第 1 期）

附　录

建阳刻书史略

萌芽于五代，兴盛于两宋的福建刻书业在我国的图书出版史和印刷技术发展史上，占据了重要的地位。自宋迄明，建阳始终是全国的刻书中心之一，刻印书籍的数量居全国之冠，有"图书之府"的美誉。

历史上，福建的刻书以建阳为主，建阳刻书以坊刻为主，这是建刻的一大特点。由于历史悠久，书肆众多，许多刻书大族均子承父业，世代相沿，形成了著名的刻书世家，这是建阳书坊的又一显著特点。三是刻本数量众多，内容广泛，举凡经、史、子、集靡所不备。四是众多的书坊均集编、校、刻、销于一身。

在现存众多的建本图书中，举凡研究中国哲学、史学、文学、医学、民俗、出版等学科，均可从中找到各自所需的史料，因此，古代建阳刻书家们在保存和传播中华文化典籍方面的贡献是相当巨大的，理应受到尊敬和赞扬。

由于封建社会的传统偏见，视民间出版家为书贾之流，难登大雅之堂，方志缺载，正史更是不屑为之，故对今天的刻书史研究，造成很大困难。为撰此《史略》，笔者走访民间，稽查谱牒，研究版本，钩沉索隐。无奈由于史料甚缺，所编尚难尽如人意。若此对弘扬乡邦文化，推动社会精神文明的建设有助于一二，幸甚！

第一章　建刻溯源

建阳刻书始于何时？对此，通常有唐、五代、北宋三种说法。北宋时期的建阳刻本，今尚有少量的实物或翻刻本保留下来，此外有关藏书目录间或有所著录，故此说较易于为人们所接受。但五代说似更接近历史事实。

一、唐代说

通常认为建阳刻书始于唐代者，所持论据主要滥觞于清彭元瑞等编《天禄琳琅书目后编》卷二《仪礼图》条下所载：

> 是本序后刻"崇化余志安刊于勤有堂"。按宋版《列女传》载"建安余氏靖庵刻于勤有堂"，乃南北朝余祖焕始居闽中，十四世徙建安书林习其业。二十五世余文兴以旧有"勤有堂"之名，号"勤有居士"，盖建安自唐为书肆所萃。

彭氏此说，后被叶德辉《书林清话》等书所转载，影响甚大。如孙毓修《中国雕版源流考》说："独建安余氏创业于唐，历宋元明未替，为书林之最古者。"

对此，清人王先谦《续东华录》载，乾隆皇帝曾派人到建阳崇化书林做过专门调查，这次调查的结果是：

> 据余氏后人余廷勷等呈出族谱，载其先世自北宋迁建阳之书林，即以刊书为业。

"自北宋迁建阳县之书林"的书林余氏，显然不可能在唐代刻书。

据现存刻印于清同治辛未（1871）的《潭西书林余氏族谱》载，余氏"入书林之始"者，乃十四世余同祖，其生活年代约在北宋，与乾隆间的调查结果吻合。

持建刻始于唐代说者，其根据均源于上文所引《天禄琳琅书目后编》中的记载，否定了这条记载，也就否定了建刻始于唐代之说。因此，唐代说不能成立。

二、五代说

建刻始于五代说，论者不多见。唯朱维幹《福建史稿》据闽王王审知曾为徐寅刻印《钓矶文集》一书，推论说"麻沙印刷业可能在这个时期萌芽"。

此说虽为推论，但据宋人陆游《老学庵笔记》等文献记载，早在推行

"三舍法"的北宋熙宁、元符年间，一般的科举士子就已经熟知了"建本"或"麻沙本"。可见，最晚在北宋中期，署建阳或麻沙刻印的书籍就已经相当普遍，并已出现了"建本""麻沙本"等版本专用名词。这种专用名词的出现，必然是建本或麻沙本大量镂板问世、销售四方，并经人们频繁地接触后约定俗成的结果，而在刻书初期，是不可能产生的。

据此可知，建阳刻书业在北宋时期就已经相当发达，它的时间上限不可能是北宋。因为任何事物都有一个发生、发展的过程。建阳刻书业也不例外，也有它的萌芽发生期和发展期，这个萌芽发生期当在五代，而两宋则是它的发展乃至繁荣的时期。

第二章　建刻兴盛的原因

宋王朝的建立，结束了唐末五季分裂割据的局面，南方的经济得到迅速的发展。靖康之难后，出现了中国历史上第二次人口大迁移，闽浙一带不但成为宋经济文化的中心，随着南宋政权的南移，还成为政治的中心。

一、经济发展为刻书业提供了物质条件

择要言之，农业方面，闽北一带垦山陇为田，耕种面积进一步扩大。经济作物中，建茶、建莲被列为贡品。

矿冶业在国内占重要地位。宋初即在建州设铸造钱币的丰国监。手工业中建窑以黑釉闻名，所产兔毫盏是斗茶者喜好的茶具，列为贡品，风靡全国，远销海外。

与雕版印刷密切相关的造纸业更为发达。建阳多产竹纸，"嫩竹为料，凡有数品，曰简纸、曰行移纸、曰书籍纸，出北洛里"。还有以楮树皮制作的纸帐、纸被等，说明建阳一带的造纸工艺当时已达到很高的水平。

商业方面，宋商人的足迹遍及日本、朝鲜半岛和阿拉伯一带。福建的纺织品、建窑瓷器和建版书籍被大批销往海外。崇化书市为国内仅见"天下客商贩者如织，每月以一、六日集"，其他市场的盛况由此可见。

两宋福建的社会经济发展达到了前所未有的水平，这就为建版书籍的印刷提供了充裕的物质条件。

二、文风鼎盛为刻书业提供了良好的文化环境

宋代统治者有鉴于唐末五代武臣乱政的教训，奉行的是重文抑武的基本国策。科举制度以文章取士，各阶层为求取功名而研读经书、诗赋蔚为风气。随着政治、经济重心的南移，举凡文学、史学、哲学、科技等方面均出现了前所未有的全盛局面。

在文化方面，对建阳刻书业影响最为深刻的是朱熹创立的"考亭学派"。其影响主要有三。

一是兴建书院和书院刻书的影响。唐代，建阳有熊秘的鳌峰书院，北宋有游酢的廌山书院、宋咸的霄峰精舍。南宋时期，闽北一带出现了书院林立、讲帷相望的盛况。仅建阳，朱熹及其师友门人就创建了寒泉、云谷、考亭、西山、庐峰、溪山、环峰、潭溪等十几所书院。这些书院吸引了全国众多的学者前来求学。建阳书坊应其所需，刻印了许多教学用书。这就为建刻书籍的销售扩大了市场，为其提供了巨大的读者群。

为满足教学需要，许多书院也有刻书。书院刻书不惜工本，校勘精严，质量较坊刻为高。故书院刻书的存在，势必促进坊刻努力提高自己的出版质量。

二是提倡藏书，促进了刻书业的兴盛。朱熹曾撰《建宁府建阳县学藏书记》提倡藏书。他曾在童游建小书楼，在考亭建藏书阁、经史阁庋藏书籍，并在崇化书林建"书肆"收藏书板。此外，宋咸、魏颖、朱在、祝穆、詹体仁、宋慈等均为藏书家。这对建阳刻书业的发展无疑起到了积极的推动作用。

三是大批闽学者在建阳一带著书立说，为建阳书坊提供了丰富的稿源。这也是现存宋建刻本中以经部、子部儒家类书籍为多的直接原因之一。

总之，两宋福建文化事业的繁荣，为建阳刻书业的发展提供了良好的文化环境和充分的文化养料。

三、相对便利的交通

从全国范围看，福建僻处东南，但由于远离中原战场，社会环境却较为安定。特别是宋都南迁后，福建成为大后方，而建阳又是全闽通往北方必经之地，其交通地理上的重要性由此凸显出来。故前人有言：

> 万世道统毕于此，四方书籍聚于此。其邑虽小，而其所关系甚大。
> 刻为江浙入闽之咽喉。八闽北出朝千京阙，未有不由此者。

同时，经过历史上的不断开发，闽北的交通业已大为改善。当时从建阳北上，陆路有三条。其中闽赣古道两条，闽浙古道一条。

闽赣古道两条：

一是经武夷山分水关，至江西铅山县河口。河口通航，南货北运，由此沿信江运至上饶和玉山，再由玉山从陆路转运至浙江江山。至江山后，沿富春江、钱塘江顺流而下，便可"下吴越如流水"了。

这条古道，是福建古代通往苏杭的主要商路，虽辗转假道于江西，但因地势较为平坦，且连接闽、浙、赣、吴诸省，因此南北商货多由此通行。

二是经邵武，出光泽杉关，经江西黎川，过建昌，至临川，而后通中原诸省。麻沙和崇化，位于建阳至邵武的中心，因此建版书籍也有部分是从这条路销往中原地带的。

闽浙古道一条：由浦城北上，越仙霞岭，即到浙江江山。路途较闽赣古道直捷而比其险峻，沿途时有两山夹峙，巍峰叠嶂。因此，此道或为军事要冲，或为历代人士北上京杭或南入八闽的捷径。建版书籍的销售，也有一小部分由此向外扩散。

综上所述，正因为建阳"地连闽浙之要冲，而路踵轮蹄之往来"，这就为建本的速售提供了"无远不至"的便利。

此外，建阳地处闽北山区、森林资源丰富，可以源源不断地为麻沙、崇化两坊提供刻书所需的木板。这也是促进建刻发展的原因之一。

第三章　宋代建阳刻书

宋代是建阳刻书业兴盛的时期。其主要标志是刻书机构众多，官刻、家刻、坊刻三大系统已经形成；刻书地点分布广泛；刻印书籍数量居全国之首，是全国三大刻书中心（蜀、浙、闽）之一。

祝穆《方舆胜览》将建版书籍列为建阳的土产摆在建茶、建盏之前，并说："麻沙、崇化两坊产书，号为图书之府。"此外，据该书卷末《福建转运司录白》，长坪、熊屯两地也是书肆的聚集地。

以下按官刻、家刻、坊刻将宋代建阳刻书分述于后。

一、官刻

官刻指各级官方机构以公帑刻印书籍，其刻本称为官刻本。书院本通常也列入官刻本。以一县而言，官刻只有县治、县斋、县学以及书院刻书。建阳刻书的特点是以坊刻为主，官刻不是建刻的主流，因此，宋代建阳县的官刻本甚为罕见。

建阳的官刻通常由知县主持。如刘克庄于宋宝庆元年（1225）至绍定元年（1228）知建阳县，曾刻印自选《中兴五七言绝句》一书。跋曰："两年前，余选唐人及本朝七言绝句，各得百篇，五言绝句亦如之。今锓行于泉、于建阳、于临安。"

淳祐壬子（1252）赵与迵任知县，刻印朱鉴编《晦庵先生朱文公易说》二十三卷于县斋，"鉴尝为之序"。赵与迵，字景皋，燕懿王赵德昭裔孙。

与建阳县相比，建宁府的官刻本较多。南宋绍兴丁丑（1157）刻印《史记》一百三十卷；淳熙二年（1175）刻印《大戴礼记》十三卷；嘉定三年（1210）刻印《宋大诏令》二百四十卷。此后还刻印了《西汉会要》《东汉会要》《周易本义》等，可考者二十余种。先后历任州府事的韩元吉、洪迈、李大异、叶时、吴革、王埜、王遂等均主持过刻书。

此外，府治所在地的建安书院还多次刻印了《晦庵先生朱文公文集》。

府治刻书，所费资金，虽出自府库官帑，但多延请建阳书坊的刻工或直接交付建阳书坊刻印。因此与建阳刻书有一定联系，对建刻的发展起到促进作用。宋人周辉《清波杂志》卷四载："淳熙间，亲党许仲启官麻沙，得《北苑修贡录》序以刊行。"许仲启是提举茶事的京官，生产贡茶的北苑在府治所在地的建安（治所在今福建省建瓯市），当然不可能在麻沙任职，但他的书却在麻沙刻印。周辉把两件事糅在一起说，虽然说错了，却无意中透露了府治刻书多放在建阳刻印的一点信息。

二、家刻

家刻指的是私家刻书，即由私家和个人出资所刻印书籍，其刻本称为家刻本或家塾本。

北宋时期建阳私家刻书有建邑王氏世翰堂，嘉祐二年（1057）刻印《史记索隐》三十卷；蔡子文东塾之敬室，治平丙午（1066）刻印《邵子击壤集》十五卷；建安刘麟，宣和甲辰（1124）刻印《元氏长庆集》六十卷。

这只是历经数百年后，由清代藏书家保存的刻本中偶见著录的几种北宋私家刻本。

南宋时期，建阳私家刻书众多，文人学者也多有刻书。

（一）朱熹及其门人刻书

朱熹在建阳生活期间，刻印了不少书籍。在他的影响下，其门人也多有刻书。朱熹刻书，其目的有三。

一是出版自己的著作，传播其学术思想。二是解决所办书院生员的教学用书。三是解决其俸禄之不足，维持生计。

朱熹生平宦迹所至，南康、潭州、浙江、漳州等地多有刻书。在建阳，也刻印了不少书籍。可考者有，乾道五年（1169）刻印《太极通书》；乾道八年刻印《论孟精义》三十四卷；淳熙十四年（1187）刻印《小学》六卷。

蔡元定，字季通，号西山，朱熹高弟。受朱熹委托，曾刻印朱熹的《中庸章句》《诗集传》。其长子蔡渊则为朱熹刊行《周易参同契考异》一卷。

刘炳，字韬仲，朱熹门人。曾为朱熹刻印《龟山别录》《山记》等书。

祝穆，朱熹表侄，从朱熹学。嘉熙二年（1238）刻印所著《方舆胜览》七十卷。所编类书《古今事文类聚》最早也是自刻本。

此外，朱熹之子朱在、孙朱鉴、门人刘爚、廖德明、杨复、陈淳、杨方、杨楫、詹体仁等多有刻印书籍。因其刻书地点不一定在建阳，兹不赘述。

（二）其他私家刻书

南宋时期，建阳私家刻书有以下二十二家。建阳私家、坊肆刻书其宅名堂号前多喜用"建安"地名，此乃沿用古建安郡名。因三国吴景帝永安年间至隋代，建阳县隶属于建安郡之故，不是指建安县。今人或有以为建宁附廓之建安者，误。此需特别指出。

这二十二家私家刻书是：东阳崇川余四十三郎宅、建安余恭礼宅、麻沙镇水南刘仲吉宅、麻沙刘仕隆宅、麻沙刘将仕宅、建安刘元起家塾之敬堂、建安刘日新宅三桂堂、建安刘通判宅仰高堂、建安刘叔刚宅（又称刘叔刚一经堂)、建安陈彦甫家塾、建安陈氏、建安黄善夫家塾之敬室、麻沙镇南斋虞千里、麻沙镇虞叔异宅、建安虞氏家塾、熊克、建安蔡梦弼家塾、建安魏仲举家塾、建安魏仲立宅、建安魏县尉宅、建安魏忠卿家塾、钱塘王叔边家。

（三）著名刻书家及其刻本

黄善夫，字宗仁。宋庆元间刻印《史记》一百三十卷，合集解、索隐、正义为一书，为明代廖铠、汪谅、王延喆、朱惟焯四本之祖本，被称为"棱角峭厉，是建本之最精者"。中国国家图书馆存六十九卷。黄氏还刻印了《汉书》《后汉书》各一百二十卷；《王状元集百家注分类东坡先生诗》二十五卷，今均有原刻本存世。所刻书被誉为"镌工精湛，有银钩铁画之观""纸墨俱胜……洵推上乘"，为历代藏书家所推重。

刘元起，字之问，麻沙人。宋庆元间刻印《汉书》一百卷、《后汉书》一百二十卷。"雕镌精美，字体方峭，纸墨明湛"，是珍贵的宋刻本。其中《汉书》取宋祁等十六家校本，又别采十四家本参校，兼采刘敞、刘攽、刘奉世三刘刊误。明南监本、汲古阁本均以之为底本。刘氏所刻《汉书》被日本人视为"国宝"，1977年京都朋友书店据此书影印出版。

蔡梦弼，字傅卿，号三峰樵隐，崇化云衢人俞成称其"生平高尚，不求闻达，潜心《大学》。识见超拔，尝注韩退之、柳子厚之文"。蔡氏于宋乾道七年（1171）刻印《史记集解索隐》一百三十卷，是现存最早的《史记》集解和索隐刻本。"字画精朗，古香可爱，盖宋版之绝佳者""刻工劲秀，南宋版建本之精者"。原为清末四大藏书楼之一的聊城杨氏海源阁四经四史斋藏宋椠《史记》第一部，今存中国国家图书馆。蔡氏还于嘉泰甲子（1204）刻印《杜工部草堂诗笺》五十卷《外集》一卷。

魏仲举，名怀忠，以字行。魏氏于庆元六年（1200）自编自刻《五百家注音辩昌黎先生文集》四十卷；《五百家注音辩柳先生文集》二十一卷，被四库馆臣评为"椠锲精工，在宋版中亦称善本。今流传五六百年，而纸墨如新，神明焕发"。魏氏还编刻了《韩柳年谱》八卷、《三国六朝五代纪年总辨》二十八卷。

三、坊刻

坊刻指书肆、书铺、书堂等以盈利为主要目的的书商刻书，其刻本称为坊刻本。坊刻是建阳刻书业的主流。有的书坊还拥有自己的书工、刻工和印刷工匠，并聘请编、撰、校人。有的书坊老板甚至自编自刻，集编、刻、售于一身，相当于现代的出版社；有的书坊则接受委托雕印，相当于今天的印刷厂。书坊刻书的特点是受经济规律的驱使，以刻印图书市场上的畅销书为主，编撰名目新，刻印速度快，行销范围广。因此书坊之间互相抄袭改头换面重新印刷，以致偷工减料的现象时有发生。

宋代，建阳的坊刻以余、刘、蔡、虞诸姓比较有名。由宋迄明，世代相沿，形成刻书大族。今人甚至以"书林门阀""刻书世家"称之。

宋代建阳坊刻有以下二十七家：

建安余仁仲万卷堂、建安余腾夫、建安三请余卓、建安余彦国励贤堂、建安余唐卿明经堂、建安钱塘王朋甫、建安王懋甫桂堂、书坊王日休、麻沙刘智明、麻沙刘氏书坊、麻沙刘仲立、建安刘德亨、刘氏天香书院（名为书院，实为书堂）、建安蔡琪一经堂、建安蔡子文行之、建安崇化书坊陈八郎宅、建宁府黄三八郎书铺、建安黄及甫、建安虞平斋务本书堂、建安万卷堂、麻沙万卷堂、建安庆有堂、建安曾氏家塾、魏齐贤富学堂（又称毕万裔富学堂）、闽山阮仲猷种德堂、建阳龙山书堂、建安江仲达群玉堂。

著名刻书家及其刻本

余仁仲，生平事迹无考。所刻书或题"国学进士余仁仲校正"。故余氏有可能曾涉迹仕途。宋绍熙（1190—1194）前后他以"余仁仲万卷堂""余仁仲家塾"名号刻书甚多。岳珂《九经三传沿革例》称"世所传《九经》本以兴国于氏及建安余仁仲本为最善"。余仁仲所刊《九经》，今存《礼记注》二十卷、《春秋公羊经传解诂》十二卷、《春秋穀梁经传》十二卷三种。余氏所刻之书，历代藏书家均视为珍宝。被誉为"字划端谨，楮墨精妙""字画流美，纸墨精良，洵宋刻之上驷"。至今为国家、上海等图书馆所珍藏。

蔡琪，字纯父。宋嘉定间刻印《汉书集注》一百卷、《后汉书注》九十卷、《志注补》三十卷。"笔画工整，纸墨古雅，洵宋刻之最佳者。"蔡刻《汉书集注》为杨氏四经四史斋所藏《汉书》第一部，今存中国国家图书馆。

黄三八郎书铺，乾道元年（1165）刻印《韩非子》二十卷；五年（1169）刻印《钜宋广韵》五卷，字体劲秀，仿褚遂良体。前者今存清覆刻本，后者今上海图书馆存原刻本。

四、宋代建阳刻书的特点

1. 官刻、家刻、坊刻三大系统已经形成。就刻书规模和数量而言，占主体的是坊刻，私家刻书也占据了很大比例。元明两代，家刻渐微，坊刻则超过宋代。宋代的官刻、家刻与坊刻有极为密切的联系，有时甚至直接交付书坊刻印。

2. 刻本内容以正经正史为主，医籍、文人别集也占了一定比例。子部儒家类中以朱熹学派人物的著作居多。其原因一方面是宋代重科举，经书是士子求取功名、决胜场屋的必读书。另一原因是南宋理学大昌，建阳乃考亭故居，学者众多，这类书籍拥有考亭学派的大量读者。

3. 从字体看，宋建刻本大部分字体多似柳体，如余仁仲刻《礼记》《春秋公羊经传解诂》等；有的似宋徽宗瘦金体，如南宋初叶建阳书坊刻印《周易注》《晋书》，王叔边刻印《后汉书》等（王叔边、王朋甫等乃浙人开书肆在建阳者，故其署名"钱塘×××"，今书坊乡有钱塘村，地名来源与此有关）。间或也有褚遂良体，如黄三八郎刻印《钜宋广韵》。其总的特点是结构方正，笔划严谨，锋棱峻峭，瘦劲有力。杨万里有诗赞建刻《东坡集》曰："富沙枣木新雕文，传刻疏瘦不失真。纸如雪茧出玉盆，字如秋雁点秋云。"形象地道出这个时期建本书体的主要特点。

这个时期，建阳书坊还有一些工于篆书的书工。如余氏刻书世家中的书工余焕，真德秀曾命其书写"圣贤之言"。称赞其书法"如正人端士服古衣冠，巍坐拱手，使人望之起肃敬心，虽严师畏友曾不过是"。

4. 宋代建本大部分用竹纸印刷，元、明因之。建阳盛产毛竹，造纸原料丰富。"延、建、邵、汀皆做纸。凡篁竹、麻竹、绵竹、赤枧竹，其竹穰皆厚，择其幼稚者，制上等、中等（纸）。""建阳扣，土人呼为书纸。宋、元麻沙板书，皆用此纸二百年。"现存于中国国家图书馆的宋乾道七年（1171）蔡梦弼刻本《史记集解索隐》、元至元六年（1269）郑氏积诚堂刻本《事林广记》、元天历三年（1330）叶氏广勤堂刻本《王氏脉经》、元至顺三年（1332）余氏勤有堂刻本《唐律疏议》等，经专家鉴定，用的都是竹纸。

5. 版式上，多左右双边，细黑口，双鱼尾。有的在边线外左上角刻有"耳子"，内刻篇名或小题，便于读者查找。

第四章　元代建阳刻书

元代，建阳仍是全国四大刻书中心（大都、平水、杭州、建阳）之一。刻印书籍仍以数量多而闻名天下。现存的元代刻本中，建阳刻本几乎占了半数。

余氏、刘氏诸刻书大族之外，熊氏、郑氏、叶氏、詹氏诸姓刻书家继出，并延至明。

一、官刻

元代，未见建阳本县的地方官刊刻书籍的记载。但福建省内外的地方官却多有委托建阳书坊刻印书籍。这类书籍由于资金均出于官帑，其本质仍为官刻本。主要有：

1. 元至治（1321—1323）刻印《元典章》

《元典章》全称《大元圣政国朝典章》，前集六十卷，新集不分卷，是元代律令格例及司法判案等方面的资料汇编。由元代福建地方官抄录汇集，而后刻印于建阳书坊。此刻本原故宫博物院有收藏，解放前夕被携往台湾，近年来已影印出版，是研究元史的重要参考书。

2. 天历二年（1329）刻印《四书通》

元胡炳文《四书通》二十六卷，浙江儒学委托崇化书林余志安勤有堂刻印。张存中跋曰"泰定三年，存中奉浙江儒学提举志行杨先生命，以胡先生《四书通》能删《纂疏》《集成》之未删，能发《纂疏》《集成》之所未发，大有功于朱子。委命赍付建宁路建阳县书坊刊印，志安余君命工绣梓，度越三稔始克就"云云。

3. 元至正元年（1341）刻印《道园学古录》

元虞集《道园学古录》五十卷，元至正元年闽宪斡克庄委托朱熹五世孙朱炘刻印于建阳。炘，字光明，承务郎，任福建省都事。

宋嘉熙间，宋理宗表彰理学。王埜任建宁知府，重兴书院，拨给官帑、学田。此后，建宁府的书院从私学逐渐纳入官学的轨道，元代因之。书院刻书，通常纳入官刻范畴。

元代建阳书院刻本有下列数种：

至正癸巳（1353）熊氏鳌峰书院刻印熊禾《勿轩易学启蒙图传通义》七卷；元刘应李化龙书院刻印刘燨《云庄刘文简公文集》十二卷；元刘氏云庄书院刻印祝穆《新编古今事文类聚》前、后、续、别、新、外六集二百二十一卷。

此外，建阳学者蔡沈建于武夷的南山书院、熊禾的洪源书院、府城的建安书院、崇安的屏山书院元代均有刻书。

二、家刻

元代建阳的私家刻书，不如宋代之盛。主要有：

熊敬，熊禾的族兄。大德九年（1305）刻印董鼎《孝经大义》一卷。

建安傅子安宅，顺帝至元二年（1336）刻印朱熹《楚辞集注》八卷《辩证》二卷《后语》六卷。

蒋易，字师文，号桔山真逸，旧县志有传。顺帝至元五年（1339）刻印唐诗选《极玄集》上下二卷。

刘君佐翠岩精舍，至元甲午（1294）刻印陆贽《翰苑集》十五卷；延祐元年（1314）刻印程颐、朱熹《程朱二先生周易传义》二十四卷；泰定丁卯（1327）刻印苏天爵《国朝文类》七十卷目录二卷，同年又刻印胡一桂《诗集传附录纂疏》二十卷、《诗序附录纂疏》一卷、《诗传纲领附录纂疏》一卷、《语录辑要》一卷。建安郑明德宅，天历元年（1328）刻印陈澔《礼记集说》十六卷。

建安郑氏，无具体年号刻印顾野王《大广益会玉篇》三十卷、《新编正误足注玉篇广韵指南》一卷。

此外，元代建阳寺院也刻印了两种佛经。延祐二年（1315）建阳后山报恩万寿堂陈觉琳刻印《大宝积经》一百二十卷，今中国国家图书馆存卷二十、五十九两卷。据题记，此经书乃《毗卢大藏》本零种，当时是否全部刻印，难以详考。至正二十三年（1363）建阳大觉妙智禅寺刻印《四家录》二卷。

此时著名刻书家为刘君佐（约1250—1328），字世英，号翠岩。唐刘翱十四世孙。宋咸淳六年（1270）进士，曾任南恩（治所今广东省阳江市）道判。入元不仕。江西学者胡一桂游学建阳，君佐从其游。与熊禾、刘应李相友善。

刘氏本世居麻沙，宋末刘君佐迁居崇化书林，成为始入书林之始祖。其后辈子孙中从事刻书者颇多，其本人也刻印了不少书籍。

三、坊刻

元代，建阳坊刻数量超过宋代，计有以下四十四家。其中一些书肆冠以建宁、富沙、崇川、云衢等地名。建宁指建宁路，因元代建阳属建宁路，与邵武府治下的建宁县无关。富沙乃古建州别称，源于五代时王延政称富沙王。崇川乃崇化别名。云衢是崇化里的一个村名，今名衢村。

计有：崇化余志安勤有堂、建安余觉华勤有堂、建安余氏双桂书堂、余氏勤德堂、静庵余氏、西园精舍、刘氏学礼堂、建安刘承父、麻沙刘氏南涧书堂（又称建安刘氏南涧书堂）、建安刘氏、建宁路书市刘衡甫、刘锦文日新堂、建安刘氏书肆、刘氏明德堂、建安熊氏万卷堂、建安熊氏、熊氏博雅书堂、熊氏卫生堂、建安陈氏余庆堂、建安双璧陈氏留耕书堂、陈氏积善书堂、建安虞氏、建安虞氏务本书堂、建安虞信亨宅、建安蔡氏、詹氏建阳书院、詹氏进德书堂、郑氏积诚堂、建安郑天泽宗文堂、建安叶日增广勤堂、云衢张氏集义书堂、建安高氏日新堂、书林魏家、建安虞氏与耕堂、建安书堂、富沙碧湾吴氏德新书堂、建阳吴氏友于堂、云衢章天泽会文堂、建安椿庄书院、建安同文堂、建安玉融书堂、益友书堂、德星书堂、崇川书府。

著名刻书家及其刻本：

余志安（1275—1348），又名安定，字栎庄。约从大德八年（1304）到至正五年（1345）四十年间，以"勤有堂"名号刻书 30 余种。其中较著名的有《分类补注李太白诗》二十五卷、《集千家注分类杜工部诗》二十五卷《文集》二卷、《宋提刑洗冤集录》五卷、《唐律疏议》三十卷、《国朝名臣事略》十五卷等。所刻印《古列女传》，为现存较早的有精美版画插图的刻本，曾被误为宋版，被誉为"绣像书籍以来，以宋椠《列女传》为最精"。

刘锦文，字叔简。旧县志有传。刘氏从泰定元年（1324）到至正二十三年（1363）近四十年间，刻印书籍甚多。主要有《新编事文类要启札青钱》五十一卷、《伯生诗续编》三卷、《四书辑释》三十六卷、《诗经疑问》七卷、《春秋胡氏传纂疏》三十卷、《诗传通释》二十卷、《书集传音释》六卷等。刘氏于泰定元年（1324）所刻《新编事文类要启札青钱》一书，是一部反映元代社会生活的日用百科性质的类书，包含着丰富的社会生活内容，是研究元代历史、元代社会风俗的重要资料。原本国内久佚，20 世纪 60 年代日本古典研究会据德山市毛利家藏本影印出版。

建安虞氏，其名、字、号均失考。至治间（1321—1323）刻印《新刊全相平话武王伐纣书》三卷、《新刊全相平话乐毅图齐七国春秋后集》三卷、《新刊全相秦并六国平话》三卷、《新刊全相平话前汉书续集》三卷、《至治新刊全相平话三国志》三卷。被通称为"元至治刊平话五种"，是现存最早的讲史话本。全书上图下文，连环画式。在中国小说史、版画史上均占据了重要地位。

叶日增，字号未详，天历三年（1330）刻印《新刊王氏脉经》十卷，《四部丛刊》本即据此影印；又刻《针灸资生经》七卷目录二卷，今存中国国家图书馆。他还得了余志安勤有堂的许多板片，将余氏牌记铲去，另刻"广勤堂新刊"。今存至正二十二年（1362）刻印的广勤堂《集千家注分类杜工部诗》二十五卷《文集》二卷，即为原勤有堂刻板，叶氏得其板片后，改头换面，印行发售。明正统时，叶氏书板又归金台汪谅。汪氏得此板后，亦故伎重施，改换牌记印行。

四、元代建阳刻书的特点

1. 内容上，正经正史、文人别集之外，供市民阶层阅读的医书、类书较宋代更多，还出现了小说、戏曲刻本，如"全相平话五种"、《三分事略》《朝野新声太平乐府》《乐府新编阳春白雪》等。考亭学派人物的著作，除朱熹及其门人的著述外，其再传、续传弟子，如熊禾、胡庭芳、倪士毅等人的著述也大量印行。

2. 元代刻书多仿赵孟頫体。字体圆活，秀媚柔软。这也是元代建本书体的主要特点。此外，建阳一些善于创新的书坊，间或也有行书上版，如顺帝至元六年（1340）刘氏日新堂刻印虞集《伯生诗续编》，元末建阳刻印《朝野新声太平乐府》等，写刻精雅，别具一格。间或也有草书上版，如至元戊子（1288）郑氏刻《草书礼部韵宝》，相传为宋高宗赵构御笔。书体奔放，笔走龙蛇，颇具鸾翔凤翥之势。

3. 坊刻多用简体字或俗字。这种现象，尤以类书、小说等刻本为常见。

如《古今翰墨全书》《古今源流至论》《乐府新编阳春白雪》、虞氏"全相平话五种"等书使用最多。《至元新刊全相三分事略》甚至出现了假借同音字的现象。如"诸葛"作"朱葛","益州"作"一州"等。大抵以笔画简单的字代替笔画复杂的字，以图省工省事。

4. 版式早期沿袭宋本，字大行疏，多左右双边。中期行格趋密，多四周双边。版心多大黑口，双鱼尾。刘氏翠岩精舍刻印《广韵》，较早使用了封面，题作"新刊足注明本广韵"。虞氏"全相平话五种"则在封面上加上插图，这在出版史上是一个创新。

第五章 明代建阳刻书

明代是建阳刻书极盛的时期。官刻、坊刻的数量均超过宋元时期。在刻本内容上，也从前代较侧重正经正史转而更多地刻印通俗物如小说、戏曲以及民间日常用书上。

一、官刻

（一）县治刻书

明代，建阳县治刻书甚多，可考者有：

正统间（1436—1449）县令何景春刻印《风雅翼》十五卷。何景春，南康人，宣德三年（1428）任县丞，正统间升任县令。

正德六年（1511）孙佐刻印贺泰编《唐文鉴》二十一卷。孙佐，字朝相，号南州，正德五年任建阳知县。

嘉靖十七年（1538）李东光刻印李默《建宁人物传》四卷。李东光，字晋卿，号近江，南昌人，十六年（1537）以进士知县事。

嘉靖三十二年（1553）冯继科刻印季本《说理会编》十六卷。冯继科，字肖登，号斗山，广东番禺人。二十八年（1549）以举人知县事，曾主修《（嘉靖）建阳县志》。

此外，尹载鲁、顾名儒、邹可张、叶大受、黄国琦等均刻印了不少图书。

（二）书院刻书

明代建阳书院的刻书，主要是书院创建者的后人刻印其祖辈的文集，间或也有例外。主要有：

正统九年（1444）云庄书院刻印刘燫《云庄刘文简公文集》十二卷，嘉靖二十三年（1544）又重刻此书。

无具体年号同文书院刻印袁达《佩兰文集》三卷。

无具体年号鳌峰书院刻印赵令畤《侯鲭录》八卷。

除上述刻本外，明万历间县治还刻印了《文献通考》《黄氏日抄》《群书集事渊海》《孤树裒谈》《十七史详节》《潭阳文献》《文选》《山堂考索》等书，见于《（万历）建阳县志·艺文志》"梓书"目录中著录。

二、家刻

明代，建阳私家刻书的规模远不能与坊刻相比，刻本内容也多局限在刻印祖辈的文集或有关著作上。明代建阳私家刻书主要有以下几家。

熊斌，字文质，熊禾六世孙，成化间任广东博罗主簿。三年（1467）刻印熊禾《熊勿轩先生文集》八卷；五年（1469）刻印黄溥《诗学权舆》二十二卷。

朱洎（1412—1468），字宗信，朱熹八世孙，旧县志有传。正统十三年（1448）刻印《朱文公年谱》。

李有则，字子彝，号左溪，嘉靖二十八年（1549）举人。旧县志有传。嘉靖中刻印季本《律吕别书》一卷。

李有秋，字子遂，与徐渭友善，同为胡宗宪幕僚。嘉靖丙辰（1556）刻印胡宗宪《胡大参集》，徐渭序之。

朱世泽，字仲德，号斌孔，朱熹十三世孙。万历十七年（1589）编、刻《考亭志》十卷。

蔡有鲲（1566—1607），字冲扬，号翼轩，蔡元定十五世孙。万历间汇辑、刻印《蔡氏全书》，为今存《蔡氏九儒书》祖本。

熊之璋，字玉孺，号顽石，熊禾后裔。南明隆武二年（1646）刻印《重刊熊勿轩先生集》四卷附一卷。"时唐王朱聿键立于福州，称监国。隆武刻书，传世甚罕，此为仅见之本。"

三、坊刻

明代建阳的坊肆刻书极为繁盛。据周弘祖《古今书刻》统计，刻书数量较多的南京国子监 278 种，南直隶 451 种，江西 327 种，浙江 173 种。福建最多，达 477 种。福建刻本中，又以建阳书坊刻印最多，达 367 种。《（嘉靖）建阳县志》载"书坊书目"多达 451 种。这只是嘉靖间的统计数字，嘉靖至万历期间，新开张的书肆成倍涌现，刻书数量远超过上述数字。

明代建阳坊刻书肆达 202 家：

建安余氏双桂书堂，书林余氏，西园精舍，云轩余廷甫，余新安，建邑书林萃庆堂（余彰德、余泗泉），余绍崖、余允锡、余泰垣、余良木、余明吾均称自新斋，余自新克勤斋，余近泉克勤斋（又作余明台克勤斋），书林余幼山新安堂，余象斗双峰堂、三台馆、潭阳三台馆余开明（余应鳌、余君召、余季岳、余元素、余象乌等均为余象斗别名），书林仙源余成章（又作余仙源永庆堂），书林献可余应孔居仁堂，余良进、余秀峰、余良史、余完初怡庆堂，建邑书林余秀峰，书林余东泉，余氏建泉堂，书林余碧泉（又作克勤斋余碧泉），闽书林余应虬近圣居，书林余应科，潭阳余昌宗，余氏兴文堂，余南扶，余继泉，书林余熙宇，余张豹、余立予存庆堂，潭阳余应兴、余祥我；余云波；书林余恒；潭阳余楷；书林余长庚紫霞居，书林余松轩，书林余敬宇，书林余宪成，书林公仁余元长，书林余光熹，余寅伯，余氏敬贤堂，余元焘，余氏书瑞堂，余氏正慎堂。

刘文寿翠岩精舍（又称翠岩堂、翠岩馆、翠岩堂慎思斋），刘氏日新堂（又称京兆日新堂），建阳书林刘克常，书林刘宽，书林刘氏溥济药室，刘剡，建阳刘弘毅慎独斋（又作刘洪慎独斋，书户刘洪），刘宗器安正常（刘仕中、刘双松、刘莲台亦称安正常）；刘辉明德堂，刘廷宾，刘氏庆源书堂，刘氏文明书堂，建阳书林张好、刘成庆，建邑书林刘氏，刘宽裕、刘舜臣、刘龙田乔山堂（又称乔木山房、忠贤堂）；刘玉田，刘孔敦，潭阳太华刘应袭，潭阳刘肇庆发祥堂，刘荣吾藜光堂，富沙刘兴我（又作潭邑书坊刘兴我），潭城书林刘希信，书林刘氏本诚书堂。

熊氏博雅书堂，熊氏卫生堂，熊宗立种德堂、中和堂（熊冲宇、熊成建、熊建山、熊秉宸并称种德堂），熊氏一峰堂，书林熊体忠宏远堂，书林熊体道、熊大木、熊龙峰、熊佛贵忠正堂，熊清波诚德堂，书林熊心禹，雨钱世家、雨钱馆；熊仰台，鳌峰堂，闽建书林熊稔寰燕石居，潭邑书林熊玉屏，书林熊咸初，熊振宇，潭水熊秉宸建山含辉山房，熊九香熊九敕，熊飞雄飞馆，潭邑书林熊前溪，熊氏梅隐书堂，书户熊富，书林熊氏东轩，书林熊少泉，潭邑书林对山熊氏，建邑书林熊荣吾，书林午山熊氏。

陈氏余庆书堂，建邑书林陈奇泉积善堂、陈贤，潭阳玉我陈国旺，建邑书林陈耀吾存德堂，潭阳书林陈国晋，闽建书林陈德宗，陈怀轩、陈含初存仁堂，潭城书林陈孙安，闽中书林陈恭敬。

书林黄正慈集义书堂、黄直斋，建邑书林黄秀宇兴正堂，闽艺林黄灿宇，潭阳源泰堂，建邑书林黄正甫，黄辉宇，黄启胜亦政堂，建安黄氏，潭阳黄氏存诚堂，潭阳黄台辅。

建安虞氏务本堂，虞氏明复斋。

建邑书林三槐堂王泰源、王介爵、王敬乔，建阳书林王兴泉善敬堂，书林王仰庭积玉堂。

麻沙蔡氏道义堂，书林蔡正河爱日堂，书坊蔡益所。

书林魏氏仁实书堂，书林魏家。

游榕，游敬泉；詹氏进德书堂，詹氏进贤书堂，书林詹长卿就正斋，詹氏西清堂，闽建书林詹国正，书林詹圣泽，书林詹霖宇，闽建书林易斋詹谅长庚堂，闽书林勉斋詹圣学，詹恒忠，崇义詹道贤，建邑书林詹张景，福书林詹林所，书林茂斋詹圣谟，书林詹冲泉，闽建书林詹彦洪。

书林江氏宗德堂，麻沙江甫，江子升三槐堂，书林江原斋。

书林郑氏宗文堂、郑希善、郑云竹，闽建书林郑世豪、云斋郑世魁；书林郑以厚光裕堂，书林少垣郑纯镐，书林郑望云，闽中郑炯霞，书林郑以棋，书林郑瑞我，书林郑大经，书林郑伯刚，书林郑笔山，书林郑名相，书林郑子明，书林郑立斋，书林郑少斋，富沙郑尚玄人瑞堂。

建安叶景逵广勤堂，书林叶翠轩，书林叶一兰作德堂，南闽建溪近山叶贵，叶文桥南阳堂，书林叶天熹，书林叶顺檀香馆，书林叶仰峰，书林叶敬轩，书林叶见远，书林叶志元。

杨氏清江书堂，杨氏清白堂，潭城书林杨闽斋，杨起元，杨先春归仁斋，潭邑书林与耕堂杨钦斋，潭城书林同仁斋杨春荣，杨发吾守仁斋，杨君临四知馆，潭阳杨居理道卿，潭阳素卿杨居采，书林杨帝卿，建安杨氏遂初书房，书林杨奎先，建邑书林杨璧卿，书林杨景生。

朱自达与耕堂，朱仁斋与耕堂，朱氏尊德堂，建阳书林朱士全，朱仁傲、书林朱桃源、朱明吾紫阳馆，书林朱美初。

云衢堂，建阳张明，书林张闽岳新贤堂。

李氏建安书堂，书林吴世良，罗氏集贤书堂，罗氏竹坪书堂，闽建书林罗端源，周氏四仁堂，周静吾四有堂，周誉吾、周殿一留畦堂，萧腾鸿师俭堂、萧少衢、萧征韦，书林萧世熙，闽建书林拱唐金魁，书林夏庆、徐宪成，潭邑书林岁寒堂，建阳林氏，建安博文堂，书林龚氏明实书堂，书林德聚堂。

以上 202 家明代建阳书坊中，余姓 37 (48) 家，刘姓 25 家，熊姓 20 家，詹、郑、杨三姓均 16 家，陈、黄各 9 家，其余诸姓及姓氏缺考者 43 家。刻书多者如刘弘毅、熊宗立、余象斗、余彰德等多达三四十种，最少者也有一种，平均以五种计，就达一千多种。明代建阳书坊刻书之盛，于此可见。

明代，建阳除刻版印刷外，还出现了活字印刷。见于著录者有正德十六年（1521）刘洪木活字印《史记大全》一百三十卷。此本乃刘洪受建宁府委托为之改刻。

嘉靖三十年（1551）建邑浦涧王以宁铜活字印《通书类聚克择大全》。

万历元年（1573）游榕铜活字印刷徐师曾《文体明辩》八十四卷；二年（1574）游氏、饶氏又排印《太平御览》一千卷。

直到清道光十年（1830），熊氏种德堂还以木活字印刷《五经读本》。现存建阳余、刘诸姓族谱，多为清乾隆后木活字印刷的。

著名刻书家及其刻本

刘剡、刘弘毅、刘龙田、熊宗立（以上略）。

余象斗，名文台，以字行，号仰止子、三台山人、三台馆主人，又有别名余世腾、余象乌、子高、元素等。

从万历十六年（1588）到崇祯十年（1637）刻书凡四十余种，今多有刻本存世。余氏所刻书多通俗小说、戏曲及民间通俗读物。较著名的有《新刻按鉴全像批评三国志传》二十卷、《京本增补校正全像忠义水浒志传评林》二十五卷、《新刊京本春秋五霸七雄全像列国志传》八卷、《新刊按鉴演义全像大宋中兴岳王传》八卷、《新刊京本编集二十四帝通俗演义全汉志传》十二卷等。

余象斗刻书，集历代建阳余氏刻书优缺点之大成，所刻书多上图下文，图文并茂，雅俗共赏。既有雕镌精美的质量上乘之作，也有胡编乱凑、偷工减料、冒名顶替的下品。对其刻书，褒贬不一，毁誉参半。

在刻书实践中，余象斗也自己编写小说。著有神魔小说《南游记》《北游记》及公案小说《皇明诸司公案传》等。

熊成冶，号冲宇，熊宗立五世孙。万历间继承熊氏种德堂之业，刻印了二十余种书籍，所刻书以通俗应用书和童蒙读物为主。郑振铎先生曰："斯类通俗流行之作，为民间日用的兔园册子，随生随灭，最不易保存，……研讨社会生活史者，将或有取于斯。"

熊氏较著名的刻本有《新刊翰苑广记补订四民捷用学海群玉》二十六卷，配有精美版画，内封面上绘渔、樵、耕、读四人图，饶有情趣。又刻《四书集注》十九卷，于卷首冠图，单页巨幅。此外，还刻印《新刻汤学士校正按鉴演义全像通俗三国志传》二十卷、《新锲翰府素翁云翰精华》十二卷等。

熊龙峰，字号未详，刻书处曰忠正堂。万历二十年（1592）刻印《重刻元本题评音释西厢记》二卷，又刻印《冯伯玉风月相思小说》一卷、《孔淑芳双鱼扇坠传》一卷、《苏长公章台柳传》一卷、《张生彩鸾灯传》一卷，合称"小说四种"，国内久佚，后在日本内阁文库（今日本国立公文书馆）被发现而引起国内外学术界和文学界的注意。古典文学出版社 1958 年据此排印出版。

四、明代建阳刻书的特点

1. 刻书机构众多，官刻、坊刻数量均远超前代。上文所列 202 家坊肆，受资料限制，还只能说是不完全统计。明代从宫廷内府、经厂到州县，官刻风气盛行。建阳几乎每一任知县，均喜刻书。还有一些知县如李东光、冯继科、周士显、邹可张等人均喜与书林人物结交，其中虽不无附庸风雅之辈，但对刻书业而言，多少是一个促进。

2. 刻本内容广泛，经、史、子、集四部俱备。其中类书、小说、戏曲以及日用通俗书籍刻本数量远远超过前代，形成明代建本引人注目的特点之一。

3. 许多书坊聘请文人编、校书籍之外，书坊老板也自己动手编写。如编写小说有熊大木、余邵鱼、余象斗等人；编写类书则往往假托名人之名，以冀此招揽读者。

4. 明前期沿袭元代遗风，字体仍为赵孟頫体，版心仍为大黑口。中期版式风格、字体出现仿宋，字体方正，白口，左右双边，万历以后，字体由方变长，字划横轻竖重。

5. 插图本大量出现，小说、戏曲、日用书籍多带插图，版式多上图下文，甚至出现了三节板。

6. 校勘欠精，粗制滥造，随意窜改古书，有意作伪、弄虚作假的现象也时有发生。

第六章　清代建阳刻书

建阳的刻书业，从明万历间的极盛，到天启、崇祯间已逐渐走向衰落。到清代，宋以来全国刻书中心的地位已不复存在。从清初到清末约二百五十年间，建阳刻印的书籍今可考者，不过寥寥三十余种。

一、清代建阳刻书衰败的原因（略）

二、清代建阳刻书概况

清代建阳虽已失去昔日刻书中心的地位，但从清初到清末二百多年间，零零星星地还有一些刻本流传下来。以下按书院、家刻、坊刻分述之。

（一）书院刻书

康熙五年（1666）同文书院刻印姚文燮《昌谷集注》四卷。

雍正七年（1729）考亭书院刻印朱松《韦斋集》十二卷《年谱》一卷、朱槔《玉澜集》一卷。八年（1730）又刻印《朱子文集大全类编》一百一十卷。

雍正十一年（1733）庐峰书院刻印《蔡氏九儒书》九卷首一卷。

乾隆四十八年（1783）鹰山书院刻印游酢《游鹰山先生集》八卷。

道光二十年（1840）考亭书院刻印《朱子文集大全类编》一百一十卷。

同治三年（1864）鹰山书院刻印《游鹰山先生集》十卷。

同治九年（1870）云庄书院刻印刘爚《云庄集》十二卷。

光绪十二年（1886）庐峰书院刻印《蔡氏九儒书》九卷首一卷。

（二）家刻

顺治五年（1648）熊志学刻印熊明遇《格致草》、熊人霖《地纬》，合称《函宇通》。熊志学（1605—1675），字鲁子，号郭詹，以明经任光泽县学训导。

康熙三十四年（1695）潘耒遂初堂刻印顾炎武《日知录》三十二卷。潘耒，字次耕，号稼堂，江苏吴江人，顾炎武门人。此刻本乃潘氏委托建阳县丞葛受箕刻印于建阳书坊。

雍正六年（1728）朱玉刻印《韦斋集》十二卷《年谱》一卷、《玉澜集》一卷。朱玉，朱熹十六世孙。

道光十年（1830）江远涵编选、刻印《建阳诗抄》上下二卷附外编。江远涵，字槎生，《（道光）建阳县志》总纂江远青弟。

光绪二年（1876）潭阳徐氏刻印徐经《雅歌堂文集》二十二卷《诗抄》五卷《赋》一卷《诗话》二卷《外集》十二卷。

咸丰三年（1853）潭阳万氏刻印谢枋得《文章轨范》七卷。

（三）坊刻

明末清初余元熹、张运泰编选、刻印《汉魏名文乘》一百四十卷。

清初余郁生永庆堂刻印天花藏主人《梁武帝西来演义》十卷。

清潭阳余氏敦古斋刻印黄道周评辑《群书典汇》十四卷。

清初余氏三台馆刻印《陈眉公先生选注左传龙骧》四卷。

康熙十四年（1675）潭水余明刻印游艺《天经或问》三卷。

清初潭阳天瑞堂刻印方以智《药地炮庄》九卷《总论》三卷。

清初书林四知馆刻印《新选南北乐府时调青昆》四卷。

清顺治间（1644—1661）古潭书肆广平堂刻印《昆弋雅调》四卷。

康熙二十二年（1683）熊俊卿刻印《历理通书》三十一卷。

康熙三十六年（1697）光裕堂刻印林云铭《楚辞灯》四卷。

清建邑书林刘雅夫刻印《重镌徽郡官板翁太史补选文公家礼》八卷。

清熊维大集堂刻印游艺《天经或问》后集。

清书林德聚堂刻印《新刻出像玉鼎列国志》十二卷。

第七章　建阳刻书的影响（略）

一、前人对建本的评价

二、建阳刻书的保存和传播

三、建阳刻书在促进中外文化交流方面的贡献

（原载建阳市博物馆编《建本》，1994 年铅印本）

后 记

既然是后记，那就从最后一篇，也是本书最后一篇附文说起吧。这篇《建阳刻书史略》作于 20 世纪 90 年代初，实际上只是一份写作大纲，是我为写作《建阳刻书史》做准备的提要性质的简略文字。正好在此后不久，建阳市博物馆计划编印系列性的文物小册子，其中建本部分约我撰稿，于是就有了这本封面被署名为"建本"的小册子。

两年以后，在这本小册子的基础上，我进一步加工撰写，于是就有了收入本书的那篇长文《建阳古代刻书通考》。若干年后，《建阳刻书史》在这两篇文章的基础上成书。之所以在此要特别强调这篇文章，是因为：

其一，从《建阳刻书史略》到《建阳古代刻书通考》，再到《建阳刻书史》，可以说是我的"刻书"三部曲，留下我的思考和学术轨迹。比如，在这本小册子中提到，"据宋人陆游《老学庵笔记》等文献记载，早在推行'三舍法'的北宋熙宁、元符年间，一般的科举士子就已经熟知了'建本'或'麻沙本'。可见，最晚在北宋中期，署建阳或麻沙刻印的书籍就已经相当普遍，并已出现了'建本''麻沙本'等版本专用名词。这种专用名词的出现，必然是建本或麻沙本大量镂板问世、销售四方，并经人们频繁地接触后约定俗成的结果，而在刻书初期，是不可能产生的。据此可知，建阳刻书业在北宋时期就已经相当发达，它的时间上限不可能是北宋。因为任何事物都有一个发生、发展的过程。建阳刻书业也不例外，也有它的萌芽发生期和发展期，这个萌芽发生期当在五代，而两宋则是它的发展乃至繁荣的时期"。这一观点，虽然是立足于现有史料之上的一种推论，然而经本人以及一些学者的转引，已普遍被学界所认同。

二是这篇文章中的某些观点，是我后来重要学术成果的雏形。如其中提到朱子考亭学派在建阳兴建书院和书院刻书的影响。认为"这些书院吸引了全国众多的学者前来求学。建阳书坊应其所需，刻印了许多教学用书。这就为建刻书籍的销售扩大了市场，为其提供了巨大的读者群"。这是我对朱熹学派对建阳刻书业的影响最早的基本认识，是我有关这一方面论题诸多成果，以及出版的《朱熹学派与闽台书院刻书的传承与发展》一书（福建教育出版社 2015 年版）的滥觞。而收入本书的《"程门立雪"的文献考察》《日本内阁文库藏本〈书集传〉中的"文公亲帖"》《被遗忘的出版家朱门弟子陈宓》《宋明建本类书与朱子学文献二题》等文章，则是从建阳刻书对朱子学发展的影响这一角度所作的拓展。

又如文中提到府县等官府刻书，"所费资金，虽出自府库官帑，但多延请建阳书坊的刻工或直接交付建阳书坊刻印。因此与建阳刻书有一定联系，对建刻的发展起到促进作用"。

说坊刻，认为"有的书坊还拥有自己的书工、刻工和印刷工匠，并聘请编、撰、校人。有的书坊老板甚至自编自刻，集编、刻、售于一身，相当于现代的出版社；有的书坊则接受委托雕印，相当于今天的印刷厂"。若干年后，我撰写的《建阳书坊接受官私方委托刊印之书》，以及《南宋建刻"监本"探考》，都是对以上观点的深度挖掘和发挥。

以上拉拉杂杂说了这么多，无非是说这篇《史略》其实是我后来的许多研究成果的一块重要基石，虽然在文字上显得有些简陋，有些粗糙，但于我而言，却意义非凡。而这一块有着非凡意义的基石，就产生于建本的故乡——那片我曾经生活了数十年的土地上。当我在键盘上敲打，轻盈地撰写这篇后记之时，当年用蓝墨水笔逐字逐句在稿纸上爬行的情景不时地浮现在我的眼前，牵扯着我在这数十年的时光隧道中，不停地来回穿行、徘徊……

最后，感谢责任编辑骆一峰先生的认真编辑和辛勤付出，感谢建本文化有限公司叶昌长先生的鼎力支持，使本书得以顺利出版。

方彦寿

书于 2022 年初冬